华章经典·金融投资

战胜华尔街

BEATING THE STREET

|典藏版|

[美] 彼得·林奇 约翰·罗瑟查尔德 著
刘建位 徐晓杰 李国平 等译

机械工业出版社
China Machine Press

图书在版编目（CIP）数据

战胜华尔街（典藏版）/（美）彼得·林奇（Peter Lynch），（美）约翰·罗瑟查尔德（John Rothchild）著；刘建位等译. —北京：机械工业出版社，2018.2（2025.4重印）

（华章经典·金融投资）

书名原文：Beating the Street

ISBN 978-7-111-59022-4

I. 战… II. ①彼… ②约… ③刘… III. 股票投资-经验-美国 IV. F837.125

中国版本图书馆CIP数据核字（2018）第016498号

北京市版权局著作权合同登记　图字：01-2011-6626号。

Peter Lynch. Beating the Street.

Copyright © 1993, 1994 by Peter Lynch.

Simplified Chinese Translation Copyright © 2018 by China Machine Press.

Simplified Chinese translation rights arranged with SIMON & SCHUSTER through Andrew Nurnberg Associates International Ltd. This edition is authorized for sale in the Chinese mainland (excluding Hong Kong SAR, Macao SAR and Taiwan).

No part of this book may be reproduced or transmitted in any form or by any means, electronic or mechanical, including photocopying, recording or any information storage and retrieval system, without permission, in writing, from the publisher.

All rights reserved.

本书中文简体字版由SIMON & SCHUSTER通过Andrew Nurnberg Associates International Ltd.授权机械工业出版社在中国大陆地区（不包括香港、澳门特别行政区及台湾地区）独家出版发行。未经出版者书面许可，不得以任何方式抄袭、复制或节录本书中的任何部分。

战胜华尔街（典藏版）

出版发行：机械工业出版社（北京市西城区百万庄大街22号　邮政编码：100037）	
责任编辑：施琳琳	责任校对：李秋荣
印　　刷：北京机工印刷厂有限公司	版　　次：2025年4月第1版第22次印刷
开　　本：170mm×230mm　1/16	印　　张：26.25
书　　号：ISBN 978-7-111-59022-4	定　　价：99.00元

客服电话：（010）88361066　68326294

版权所有·侵权必究
封底无防伪标均为盗版

| 目 录 |

推荐序一（张志雄）
推荐序二（张荣亮）
译者序
序　言
平装本序言

引　言 /1

第 1 章　业余投资者比专业投资者业绩更好 /8

第 2 章　周末焦虑症 /24

第 3 章　基金选择之道 /39

第 4 章　麦哲伦基金选股回忆录：初期 /80

第 5 章　麦哲伦基金选股回忆录：中期 /105

第 6 章　麦哲伦基金选股回忆录：晚期 /127

第 7 章　艺术、科学与调研 /161

第 8 章　零售业选股之道：边逛街边选股 /173

第 9 章　房地产业选股之道：从利空消息中寻宝 /186

第 10 章　超级剪理发记 /205

第 11 章　沙漠之花：低迷行业中的卓越公司 /211

第 12 章　储蓄贷款协会选股之道 /226

第 13 章　近观储蓄贷款协会 /240

第 14 章　业主有限合伙公司：做有收益的交易 /259

第 15 章　周期性公司：冬天到了，春天还会远吗 /274

第 16 章　困境中的核电站：CMS 能源公司 /287

第 17 章　山姆大叔的旧货出售：联合资本公司 II 期 /300

第 18 章　我的房利美公司纪事 /308

第 19 章　后院宝藏：共同基金之康联集团 /323

第 20 章　餐饮股：把你的资金投入到你的嘴巴所到之处 /328

第 21 章　6 个月的定期检查 /335

25 条股票投资黄金法则 /360

后记 /364

| 推荐序一 |

勤奋的兔子

最早阅读彼得·林奇的著作还是十几年前的事,当时我对这位美国富达公司麦哲伦基金经理印象最深的一点就是他强调日常生活经验有助于股票投资,比如,你可以通过对家门口百货店或餐饮店业务兴旺与否的观察,来选择这家公司的股票。对大多数无缘调研上市公司又重视基本面的投资者来说,这可是个福音。

这么多年过去了,我又重读了几本林奇自己写的以及别人写他的书,发现了许多过去没有注意的地方。

勤奋得令人惊讶

林奇非常勤奋,他每月走访40~50家公司,一年500~600家公司,当然这是《新金融大亨》的作者约翰·雷恩观察到的结果。在这本书中,林奇在1982年回答电视台主持人的问题"什么是你成功的秘密"时说:"我每

本书推荐序写于2008年,但两位推荐序作者张志雄先生和张荣亮先生对彼得·林奇投资著作的深入解读仍对今日的读者有极大借鉴意义,因此全文保留在新版中。——编者注

年要访问200家以上的公司并阅读700份年度报告。"不管怎样,这个数量是够惊人的。林奇不仅调研美国的上市公司,而且还到海外去寻找好股票,他曾坦承:"除了约翰·邓普顿之外,我是第一个重仓持有国外股票的美国基金经理。"在1985年9月中旬的一次国际调研活动中,林奇花了3周时间调研了23家上市公司,收获颇大。他在瑞典去了该国最大的公司沃尔沃,而瑞典唯一一个研究沃尔沃汽车的分析员竟然没有去过该公司。当时,沃尔沃的股价是每股34美元。林奇的妻子卡罗琳也到了欧洲,但他俩却不能同去威尼斯,因为在那儿林奇找不到一家值得拜访的上市公司。林奇的痴迷劲儿可想而知。

结婚20年,林奇只度过两个专门假期,他曾对约翰·雷恩回忆自己是如何度假的:"我去日本,花了五天的时间考察公司,在中国香港见到卡罗琳,于是我们在中国逗留了大约两三天,然后我考察曼谷的公司,又在曼谷观光,接着我飞往英格兰,在那里用了三四天考察公司。那是一段美好的时光。"

卡罗琳肯定不会认为那是"一段美好的时光"。也许他们有默契吧,1990年年中,林奇告别了麦哲伦基金,解甲归田了。

林奇在位期间的一些数据让人惊讶——

他一年的行程达10万英里⊖,也就是一个工作日要走400英里。

早晨6:05他就乘车去办公室,晚上19:15才回家,路上一直都在阅读。

每天午餐他都跟一家公司洽谈。

他大约要听取200个经纪人的意见,通常一天他要接到数十个经纪人的电话,每10个电话中他大约要回一个,但一般只交谈90秒钟,并多次提示一些关键性的问题。

他和他的研究助手每个月要对将近2000家公司调查一遍,假定每打一个电话5分钟,那么就需要每周花上40个小时。

⊖ 1英里 = 1609米。——译者注

与林奇相比，中国的基金经理一定会汗颜。我敢肯定，中国目前最勤勉的基金经理的工作强度顶多是林奇的1/3，而一般的经理也就是林奇的1/10左右，甚至更少（如果哪位基金经理认为我的估计错了，请和我联系，我一定公开认错）。

匪夷所思的交易

第二个让我惊讶的事情是林奇买卖股票特别多而且特别快。林奇大约持有1400种证券，其中最大的100种代表着总资产的一半，最大的200家则代表着总资产的2/3。在一个普通的工作日中，他的交易大约是买进5000万美元，同时卖出5000万美元，也就是说，他每天卖出100种股票，也买进100种股票（由3位交易员负责），而且林奇的交易只有不到5%是大于10 000股的：

> 在我所买的股票中，3个月之后，我仅对其中不到1/4的股票感到乐观，因此如果我碰到了10种股票，我会愉快地把10种都买进来，然后再进行调查研究。也许我会不喜欢其中的几种，但我会继续持有我喜欢的那几种，并增加它们的持有量。

林奇的投资组合永远都在变，许多证券仅保持一两个月，他觉得自己的工作越出色，周转率就越高。

这又是个逆反投资的例子，许多专家都批判股市出现的高换手率是投机高涨的数量表征，许小年就曾通过中国股市和美国股市换手率的比较，指出前者存在严重投机。

这也难免，一般的投资专家最多同时经营20～30种股票，而林奇投资数千种股票，确实有点匪夷所思。

也许有人会说，因为麦哲伦基金规模巨大，林奇才这么做。这有一定的道理。在1977年林奇担任麦哲伦基金经理的第一年，1800万美元的盘子，组合包含了41种股票，但换手率是343%，而且其后3年的换手率都达到300%。林奇对此的解释是，麦哲伦对新客户封闭买进，却遭到大约1/3的赎回，他为了换股，不得不抛出老股票。

1981年麦哲伦基金的规模是1亿美元。1982年林奇被称为"过去10年中最成功的共同基金经理"，他取得了305%的收益率，麦哲伦成了一只4.5亿美元的基金。在3个月内，他购买了166只股票。1983年中期，林奇的投资组合中有450只股票，而年底就达到900只股票，资产升值至16亿美元。

如此多的股票构成的组合是否会成为一个指数基金，从而由"主动型基金"变成"被动式基金"而无法战胜市场？

林奇认为绝不会如此。他举例道，包含900只股票的投资组合，其中700只股票的资产总和还不到基金总资产的10%。

那为什么要少量持有这点头寸呢？

林奇的解释是：①公司本身盘子非常小，即使他持有达到投资上限（总股份的10%），其总量也极少；②他也不能确信这些公司是否真的值得投资，而买这点股票，只不过是为了解公司情况提供方便罢了。

这是一种很新颖的思路：投资之后再进行调整。若调查后觉得好，就加码买进，不行就抛掉。一般来说，林奇"事后诸葛亮"的概率是10%，也就是他考虑10家公司后，会对一家公司真正感兴趣。

放手一搏的过人胆量

第三个让我惊讶的地方是林奇选择重仓股的做法。林奇是基金经理，当然要组合投资，可他更看重重仓股对基金的贡献。他说："如果你有5种股票，3种下跌75%，一种上涨了10倍，一种上涨了29%，那么这5种股票仍然会令你干得很出色……因为这么做，你在上涨10倍的这种股票上赚足了钱，远远抵消了你那些下跌50%、75%甚至90%的股票所带来的损失。"在选股方面，林奇和巴菲特一样，讲究常识，对高科技股一般不碰，碰了也不那么成功。不过，在选择时机上，他并不遵循"常识"，20世纪80年代初，由于汽车工业不景气，股市对此反应恶劣，尤其是美国的第三大汽车厂商克莱斯勒被预期破产，股价只卖每股2美元，但林奇却开始看好汽车业。他先调研了福特公司，但发现克莱斯勒更好，因为单单是公司有超过10亿美元现金这件事，就至少使它两年内不会破产。于是，1982年春夏之交，他大量吃进克莱斯勒股票，占整个麦哲伦基金5%的资产，这是证监会所允许的最大持股比例。按林奇的说法，如果法规允许的话，他会把基金资产的10%～20%都投在该公司上。

克莱斯勒后来快速上涨，林奇又在福特和沃尔沃上建仓，一直到这3只股票价值占麦哲伦总资产的8%，加上绅宝和丰田，汽车股作为一个板块，占到基金总资产的10.3%。在整个1984年，林奇一改从前频繁交易的做法，坚持买入-持有战略，基金前10位股票的数量一直没有多少变化，其中就包括上述5只汽车股。

最终，林奇从福特和克莱斯勒两只股票上分别赚到了1亿多美元的利润，加上从沃尔沃赚来的7900万美元，造就了麦哲伦基金出众的业绩。

通常认为，重仓股容易出现流动性问题，尤其是小盘股，但林奇可不这么看，他认为要找能成长3倍乃至10倍的股票，从道琼斯指数股中找比从一般小公司中找难多了。小盘股确实"交易清淡"，不一定能在5天内买入或卖出，可是林奇认为，做股票就等于找对象，容易离婚并不是好理由。如果你一开始就做出了明智的选择，就不要想着放弃。而如果不是这样，无论如何你都会一团糟。这个世界上所有的流动性都不会将你从痛苦和磨难中拯救出来，反而还很可能因此失去一大笔财富。

林奇举了20世纪70年代初的大热门股宝丽来的例子，它在1973年一年内就损失了90%的市值。宝丽来是家大公司，流动性很好，谁都有把握在短时间内出售大量股票，而且它下跌了3年，任何人都有机会离场，但为什么最后还是有几个专业投资人士没有离场呢？

到了20世纪80年代末，汽车股露出败象，所以1987年，林奇减少了汽车股的仓位，到了1991年，汽车股从它们前期高点下落50%之多。由于中国的汽车股在2003年和2004年也经历了大喜大悲，林奇的这些经验教训值得我们吸取。

看好中国汽车股的一个重要理由是，它也会重复中国彩电业在20世纪90年代中期的故事，产品持续产销两旺，在中国形成巨大的消费市场。如果我们仔细琢磨林奇下面的一番话，可能犯的错误会小些：

> 经常被误认为是蓝筹股的汽车类上市公司是典型的周期性股票。买入一家汽车类股票并把它捂在手里25年，就像是飞跃阿尔卑斯山一样，你可能会从中获得收益，但无法像登山者那样享受到全部上山下山的乐趣。这才是问题的关键，汽车股不是消费类股票，不是家电股，它是典型的周期性股票。

由于2003年和2004年也是中国周期性股票大行其道而分崩离析的阶段，所以我们对过去的经历并不陌生。又由于中国主流投资界的"国际化估值"理论对市盈率异常重视，因此普遍的观点都认为低市盈率的周期性股票很安全。事实上，周期性股票的市盈率并非越低越好。林奇对此深有体会：当一家周期性公司的市盈率很低时，那常常是一个繁荣期到头的信号。迟钝的投资者仍然抱着他们的周期性股票，以为行业依然景气，公司仍然保持高收益，但这一切转瞬即变。精明的投资者已经在抛售这些股票，以避免大祸。

当一大群人开始抛售某只股票时,价格只可能往一个方向走。股价一下降,市盈率也随之下降,使这些周期性股票看起来比以前更有吸引力,但这只是一种将让你付出昂贵代价的错觉。不久,经济就会陷入停滞,周期性公司的收益会出现惊人的下降。在更多的投资者急于脱手股票时,股价将急转直下。在市盈率很低的时候买入收益已经增长了好几年的周期性股票,是短期内亏损你一半资产的有效办法。

林奇的最后一句话道出了许多投资周期性股票的中国人也曾面对的处境。

相反,高市盈率对周期性股票未必是坏消息,通常这意味着企业已经度过了最艰难的日子,不久其经营情况就会改善,收益会超过分析人员的预期,基金经理将急切地开始买入这只股票。这样,股价就会上升。

由于周期性股票一旦启动便会涨个不停,所以大家都跃跃欲试。可是根据林奇的经验,也因为周期性股票的实质是预期游戏,要从它们身上赚钱倍加困难,"最大的危险就在于买得太早,等不及上涨又抛掉"。林奇认为自己投资周期性股票的成绩是中等偏上。

在这一点上,投资周期性股票类似于在"赌"大势反转,寻找大底同样充满着艰难和挑战。不过区别在于,如果你是铜、铝、钢铁、汽车或造纸之类周期性行业中的"内部人",那么是可以一试这类股票的,而能找到大底并行动的人则是凤毛麟角。

慧眼识股的高手

林奇时代的麦哲伦基金的另一只重仓股房利美也值得一述。

不同的股票有不同的买法。有些股票是因为"没什么其他股票好买了,买点儿这个";有些是"可能这只股票有潜力",也买了;还有些股票是"现在买入过两天抛出";有些股票则是"替丈母娘买点儿"的,还有人"替丈母娘、叔叔、伯伯和外甥、侄女买的",有的是"卖了房子买进股票",甚至"把房子游艇全卖了,就是要买这只股";最厉害的是"房子游艇全卖了还不算,要叫丈母娘、叔叔、伯伯和外甥、侄女也跟着卖,然后拿了钱去买这只股票"。

林奇认为,房利美正是最后说的这一类股票。

留意美国经济的人,应该知道房利美这家住房抵押贷款公司,它于1938年由美国国会创建并获得政府信用支持,后来在20世纪60年代初实现私有化,其主要职能是购买抵押贷款资产,然后将基金打包成债券出售给投资者。2004年,房利美爆发会计财务丑闻,2005年4月初,老谋深算的格林斯潘一改过去模棱两可的态度,坚决要求限制房利美和另一家住房抵押贷款公司房地美的规模,因为两家公司的规模已接近全国住房贷款的1/4,而它们却在利率和提前偿付方面存在重大风险。

这已不是房利美第一次面临危机了。20世纪70年代,房利美的经营模式是"短借长贷",以较低的利率借入资金,用这些钱买入高利贷的长期按揭贷款,赚取利差收益。到了20世纪80年代初,短期利率跃升至18%~20%,但公司在70年代购买的长期借款的利率为8%~10%,利差收益反而为负值,于是股价从1974年的每股9美元跌到1981年的每股2美元,并传言即将破产。也就在这时,房利美结束了"短借长贷"的行为,采用了包装抵押贷款,创造了一种"按揭支持证券"然后卖掉的盈利模式。

这样,当时的房利美从中获得了很高的佣金收入,并把利率风险转嫁给了新的买主。

林奇投资房利美的过程十分曲折。1977年他在每股5美元时建立了头笔仓位,但很快就抛掉它,只赚了一点钱。1981年房利美的股价跌到了每股2美元,1982年投资市场因公司领导人和经营模式的变革,股价从每股2美元反弹到每股 9 美元，这是典型的周期性股票走势。1983 年，房利美真正开始盈利，股价却如一潭死水。1984 年年底，房利美占麦哲伦基金总资产的 0.37%，而股价却跌了一半，从每股 9 美元跌至每股 4 美元。1985 年，林奇觉得房利美的历史负担问题解决得差不多了，增仓至 2%，房利美成为进入麦哲伦基金持仓前十位的股票，而房利美的股价也已从每股 4 美元反弹到每股 9 美元。1986 年，林奇将房利美持仓量收缩到 1.8%，而房利美股价又从每股 8 美元涨至每股 12 美元，公司盈利也从 1985 年的每股 0.52 美元提升至每股 1.44 美元。

1987 年，房利美股价震动颇大，这也和当年的股灾有关，股价从每股 12 美元上升到每股 16 美元，后又跌到每股 12 美元，再回升到每股 16 美元，最后在 10 月的大暴跌中跌至每股 8 美元。这时麦哲伦基金持有 2%～2.3% 的仓位。

1988 年，林奇将房利美增加到基金总资产的 3%，而公司每股盈利已达 2.14 美元。

1989 年，林奇发现巴菲特也持有 220 万股房利美股票，便在年底加仓房利美至基金资产的 5%，这又是重仓股的最高限额。这一年，房利美公司股价终于从每股 16 美元涨到每股 42 美元。1990 年，房利美因海湾战争影响，股价从每股 42 美元跌至每股 24 美元，后又涨到每股 38 美元。到 1991 年林奇离开麦哲伦基金之后，后任经理萧规曹随，仍保持该股票的头号持有仓位，房利美股价则从每股 38 美元涨到每股 60 美元。

由于富达公司旗下的其他基金也同样重仓持有房利美股票，结果在整个 20 世纪 80 年代，它们获得了超过 10 亿美元的利润，这在金融史上都是破纪录的事。

面对今天凄风苦雨中的房利美，林奇会再度出手吗？我们不清楚，可是从当年林奇投资房利美的经历来看，他能获得这样的成功绝非偶然，因为这时，林奇从活跃的兔子变成了耐心的乌龟。

确实，对林奇投资房利美的描述让人想起了另一位著名的基金经理和价值投资大师约翰·聂夫的经典故事。从资历来看，约翰·聂夫是林奇的前辈，他在1964年便执掌威灵顿公司旗下的温莎基金，一直到1995年退休，而一直到1983年，林奇的目标便是赶超这只全美第一的温莎基金。聂夫比林奇做基金经理早了13年，却晚离开4年。在30余年的投资生涯中，每年他的投资业绩的平均值都超过市场报酬率3%以上。从复利效果看，每年3%，只要24年，原本的投资便会倍增。如果投资人在1964年投资1美元，那么到聂夫退休时已是55.46美元。

聂夫曾津津乐道一个有关花旗银行的投资故事。1987年，由于JP摩根的股价大涨，让只有7～8倍市盈率的花旗银行显得很有吸引力，于是温莎基金便大举买进，但低市盈率反映了投资人忧虑花旗对拉丁美洲国家的放款可能会恶化的担心，而公司的亏损也创了纪录。到了1990年年初，温莎基金买了更多的花旗股票，仍与市场舆论逆向操作，那一年，花旗的股价是每股14美元，温莎基金的平均持股成本是33美元，而且在所有温莎基金投资的股票中，只有花旗的盈利不如预期，聂夫反而在这时加仓，这是需要勇气的。

1991年，花旗已使市场绝望，人们开始破口大骂。《商业周刊》把花旗形容为"噩梦"，《机构投资人》在报道花旗的文章中全页插有死鱼的照片，众议院银行委员会主席暗示花旗可能技术性破产。到1991年年底，花旗股价只有每股8美元。

温莎基金此时持有2300万股花旗股票，有5亿美元资产被套牢，但聂夫自称"压根儿没想到在报酬率令人满意之前卖出持股"，他相信花旗盈利很快将上涨回升、枯木逢春。1992年年初，花旗银行盈利和股价果然明显回升，到1992年年底，温莎基金竟反败为胜，在花旗股票上赚足了利润。

聂夫和林奇回忆起来能讲述得如此细微乃至有点沾沾自喜，恰恰是因为反向投资或逆势操作有极大的风险，并须承受沉重的压力。更何况执着和固执在绝大多数时候难以区分，甚至可以说它们是一种现象的两种描述而已。所以在事后我们得记住这只勤奋且幸运的兔子的一番忠告：

流行的说法是"利空买入，利好卖出"，这句话可能会产生误导。有利空消息时买入股票可能会造成惨重损失，因为坏消息通常会变得越来越多。有多少人在听到英格兰银行的利空消息之后买入，然后眼睁睁地看着股价从每股40美元跌到每股20美元，又从20美元跌到10美元，再从10美元跌到5美元，从5美元跌到1美元，最后跌到0，直至吞掉他们100%的投资呢？

最后，我要提及的是，这本书是国内一些出色投资者的必读书，但坊间已少见。此次机械工业出版社又推出了该书的新版，我深信它会赢得更多读者的青睐。

张志雄
Value 杂志主编

| 推荐序二 |

投资也需要战斗精神

《战胜华尔街》(*Beat the Street*)的内容正如其名字一样充满着战斗精神。全书行文伊始，就是对于股票的热爱，直到最后依然是对于在市场中如何战斗的体会；没有太多的过渡和词语的修饰，林奇的勤奋、主动、敏锐和理性贯穿全书。如果说《彼得·林奇的成功投资》(*One Up on Wall Street*)[一]是一部生活片的话，林奇在其中就是一个股票投资的思想家；相比较而言，《战胜华尔街》则更像一部惊险动作片，林奇在其中就是一个股票投资的战士。一位老革命家曾经说过："战场的角逐，说到底，还是勇敢精神和智慧、才能的角逐。"巧合的是，这部著作也是对林奇自己的一个观点的良好注解，那就是本书中提到的"**投资是艺术、科学和调研**"，而我想把它更形象地表示为"投资 =（艺术 + 科学）× 调研"，贯穿全书的战斗精神就是要诠释林奇的这个等式。

每次读这本书我都会感受到作者的激情所在。书中大量对投资过程细节的描述使得本书的可读性很强，也让人切实体会到投资的辛苦和忙碌。正如

[一] 中文版已由机械工业出版社出版。

战士的成长是通过战场上的考验完成的，投资者的锻炼和教育也是在市场的投资实践中锤炼完成的。林奇的这本书将自己投资成长的实践通过一个个生动的案例展现出来，这种市场实践者的切实经历对投资者来说显得更加直接和有效。

对不同的案例，作者都有自己经典的总结。细心的读者会发现，其实每个案例，都代表了作者对一个行业的投资心得，如零售业、金融业、酒店业、公用事业、周期性行业等。例如在零售业这个战场上，林奇把购物中心当作发现"10年赚10倍"股票的基地，美体小铺、沃尔玛以及玩具反斗城都是林奇在购物中心观察后发现的。林奇是这样描述自己这项工作的：最吸引人的地方就是，你可以用很长一段时间来充分地观察它们的发展。等到它们用事实证明自己的巨大成长潜力之后，再买入股票一点也不迟。零售业或连锁业的最大动力就是迅速扩张。林奇认为，在扩张过程中，只要单店没有过度负债，能保持持续增长，同时公司能够按照年度发展计划进行扩张，那就没有什么问题，投资者尽可以长期持有，等着赚钱了。书中提到，沃尔玛在1970年上市时，只有38家分店，1975年的时候就已经扩张到104家分店，股价上涨了4倍。1980年，当它拥有276家分店的时候，股价上涨了20倍。1991年，沃尔玛的股票价格比刚上市的时候上涨了100倍。截至2007年6月，沃尔玛在全球已拥有6800家分店，股价上涨将近1000倍。

从以上这些数据可以看到，我们仔细研读这本书描述的细节和过程是非常必要的，而且我们不应仅局限于作者所说的选股与技术细节，更要重视作者对于一个行业和一些典型性公司投资判断的思考方式，这对于读者来说会具有极强的实践意义。上面提到的例子不由得会让我们想到国内的苏宁、国美。深入思考的读者会更进一步想到渠道和用户在一些行业中的特殊地位，这一点单纯从财务方面看是无法会意的。作者也曾在书中提到，选股是艺术和科学的结合，只注意某一个方面是非常危险的，仅仅沉迷于财务细节常常会适得其反。例如对于房地产业，林奇着重描述了自己对4家公司的投资过程，分别是托尔公司、Pier 1公司、阳光地带园艺公司和GH公司。他在书中一方面强调了行业复苏的重要性和公司本身的抗风险能力，另一方面则突出介绍了这些公司的市场拓展优势和连锁的魅力。

此外，值得一提的是，如果将这本书作为一个行业投资指南，也不啻为一个很好的选择。这本书对于行业投资案例的描述，涉及钢铁、汽车、高科技、零售、酒店餐饮、公用事业、银行、保险、能源、房地产、萧条行业、周期性行业等多个行业，而林奇也坦承，之前担任麦哲伦基金研究部主管的工作让他能够对各个行业以及各个公司的投资较为熟悉，为管理基金提供了必要的支持。后来在担任基金经理时不断地听取业内人士的意见，也是他非常钟爱的学习方法之一。他的一个习惯就是每隔一个月与每一个主要行业的代表人士至少交谈一次，而针对克莱斯勒这一投资案例，林奇对于行业投资的经典性语句再次出现：无论你多么了解一个行业，这个行业总会发生一些令你意想不到的事情。

正是书中的大量案例以及行业投资实践的描述和总结，使得这本书充满了一种"战胜华尔街"的战斗精神，林奇也毫不掩饰自己的这种精神，他战胜市场的感情远远大于对落后市场的容忍。林奇也强调：想在平静怡人的环境中寻找到大牛股，如同一个侦探只会呆坐在沙发上寻找破案线索一样，几乎是不可能的。想在股市上超越别人，就要有胆量为人所不能为。这本书结尾的25条黄金法则是作者战斗经验的精华。

投资需要战斗精神，却并不需要无谓的牺牲，相反，保住本金才是最重要的。书中不止一次提到资产保值、增值的重要性，而实现这一目标最好的方法就是买入股票，也就是要上战场。逃避战斗尽管保住了资金的安全性，但失去的却是更多的机会，原因在于两点：个人投资者的巨大优势和股票投资相对于其他投资的高回报。当然对于那些懒于调研、懒于分析报表和观察事物的个人投资者来说，他认为最好的选择是购买一只合适的基金。

　　投资股票是一场战斗，但并不意味着盲动和频繁交易。在投资的过程中，无论是主动出击还是被动等待，需要的都是耐心、智慧、勤奋和执着。在对投资战斗技巧熟练掌握的基础上，战斗就意味着要直面困难，保持旺盛的斗志。对于投资中的困难，林奇始终充满斗志，他这样形容股市的下跌：股市的下跌没什么好惊讶的，这种事情总是一次又一次发生，就像明尼苏达州的寒冬一次又一次来临一样，只不过是很平常的事情而已。如果你生活在气候寒冷的地带，你早就习以为常，事先早就预计会有气温下降到能结冰的情况，那么当室外温度降到低于零摄氏度时，你肯定不会恐慌地认为下一个冰河时代就要来了，你会穿上毛大衣，在人行道上撒些盐，防止结冰，就一切搞定了。你会这样安慰自己——冬天来了，春天还会远吗？到那时天气又会暖和起来的！每次股市大跌，林奇就会回忆起过去历史上曾经发生过的40次股市大跌这一事实，来安抚有些恐惧的心，并告诉自己，股市大跌是一件好事，让自己又有机会以很低的价格买入那些很优秀的公司的股票。

　　在严酷的事实面前，每一次尝试都会带有潜在的失败可能性，而每种可能性发生的概率不同并不代表其在未来不会发生。敢于面对未来，就是要放弃完美，要对投资的前途进行多样的准备，单纯为了战胜市场而完美苛求也将忽视未来多样性的选择。在一个比较智慧的市场中，更具智慧的选择并不一定是追求完美的选择，而一个聪明的交易者也不一定是完美主义的交易者。放弃完美尽管不是那么完美，但是在缺陷中前进是社会和人类发展的一个共性。

　　毫无疑问，在这本书中，我们看到的是一个智慧的交易者和聪明的战士，他的投资过程让我们领会到投资的魅力和激情所在，也更能理解投资是艺术、科学和调研的混合体的含义。

　　战胜华尔街，其实最终就是要战胜我们自己，克服自我内心的贪婪和恐惧。只有最终战胜了自己，我们在投资这个战场上才能取胜，才能生存得更长，这或许才是这本书的真义所在。

张荣亮
《像彼得·林奇一样投资》作者

| 译者序 |

林奇被美国《时代》杂志评为"全球最佳基金经理",被美国基金评级公司评为"历史上最传奇的基金经理"。林奇1977年接管麦哲伦基金,1990年急流勇退宣布退休。在林奇管理麦哲伦基金的13年间平均复利收益率达到29%,总投资收益率高达27倍,创下了有史以来最高基金业绩的神话。在人们的眼中,林奇是一个选股天才,仿佛拥有点石成金的金手指,林奇对投资基金的贡献,就像乔丹之于篮球,"老虎"伍兹之于高尔夫;他将整个基金管理提升到一个新的境界,把选股变成了一种艺术。

最让人意想不到的是,这样一个管理着140亿美元基金的专业投资者,1990年专门为业余投资者写了一本书《彼得·林奇的成功投资》,讲述一套简单易懂的业余投资者发挥自身独特优势战胜专业投资者的投资成功之道。连林奇本人也没有想到这本书竟然在随后的10年间重印了30次并且销量超过100万册,成为最畅销也最受业余投资者欢迎的投资经典名著之一。

3年之后,即1993年,林奇又出版了一本《战胜华尔街》,本书又成为当年畅销书。

林奇的这本新书《战胜华尔街》究竟有什么不同凡响之处，竟会让成千上万的投资者对它如此钟爱有加呢？这也正是我读此书时的疑问。

读过之后，我找到了答案。我认为本书之所以会得到众多投资者的青睐，关键在于它记录了林奇本人是如何具体实践自己的投资方法的，它讲述了具体如何选股，如何管理投资组合，从而连续13年战胜市场。可以说，本书是林奇专门为业余投资者写的一本"林奇股票投资策略实践指南"。

本书最重要也最精彩的部分是第4~6章，这是林奇管理麦哲伦基金13年的投资自传。

在这一部分，林奇回顾了在1977~1990年自己管理麦哲伦基金的传奇历程的三个阶段：从0.18亿美元到1亿美元的初期、从1亿美元到10亿美元的中期以及从10亿美元到140亿美元的晚期。这部分让我明白了林奇之所以能够连续13年战胜市场的3个主要原因。

（1）林奇比别人更加能够吃苦

林奇每天早晨6:05就出门；一天要看的资料有3英尺⊖高；几乎每天晚上都要加班到很晚才回家，连周六也要待在办公室看资料，而不是在家陪妻子和女儿，甚至晚上睡觉做梦梦见的也是股票而不是妻子。

（2）林奇比别人更加重视调研以获得第一手资料

林奇对上市公司的访问量（包括上市公司到富达访问、林奇到上市公司实地访问以及参加投资研讨会）逐年上升，1980年214家，1982年330家，1983年489家，1984年411家，1985年463家，1986年高达570家。林奇发现，如果长此以往的话，即使用上所有的周末和假日，他平均每天也差不多要访问两家上市公司。林奇最强调的是对上市公司进行深入的调查研究："自己不对上市公司进行调查研究，进行仔细的基本面分析，那么拥有再多的股票软件和信息服务系统也没用。"

⊖ 1英尺 = 0.3048米。——译者注

(3）林奇比别人更加灵活

林奇强调："在选股上，灵活性是关键，因为在股市上总是能找到一些价值被低估的公司股票。"林奇从早期的重点选择小盘快速成长股，到后期重仓投资大盘蓝筹股，尤其是汽车公司这样的周期股，并进军海外市场，投资外国上市公司股票，林奇不断根据市场情况以及基金规模情况灵活调整自己的选股策略。同时，林奇从早期的频繁买卖换股，到后期的长期持有，不断灵活调整自己的投资组合管理策略。

本书最实用的部分是第7～21章，这是林奇特意为投资者提供的21个选股经典案例，可以说是林奇选股的具体操作指南。

他用占全书一半多的篇幅，记录了1992年自己在《巴伦周刊》推荐的21只股票的选股过程，其中包括给上市公司打电话、思考、计算等。其中最详尽的是第18章对房利美的分析。

这一部分的重要意义在于，林奇讲述了他从麦哲伦基金经理的位置上辞职以后，作为一个业余投资者，他本人具体是如何选股的。此外，林奇也用实际案例告诉我们，对于零售业、房地产业、服务业、萧条行业、金融业、周期性行业等，分别应该抓住哪些要点。

在本书中，林奇之所以用这么长的篇幅来描述自己作为基金经理的选股过程和选股案例，是想告诉大家："选股根本无法简化为一种简单的公式或者诀窍，根本不存在只要照葫芦画瓢一用就灵的选股公式或窍门。选股既是一门科学，又是一门艺术，但是过于强调其中任何一方面都是非常危险的。"林奇这样总结他的选股方法："我选股的方法是艺术、科学加调查研究，20年来始终不变。"

也许有些人会说：一个人的时间和精力是有限的，如果按照林奇说的那样做，进行详细的阅读分析和大量的调查研究，那么选股数量简直太少了！

林奇告诉我们，选股成功并不在于多，而在于精："作为一个业余选股者，根本没必要非得寻找到 50～100 只能赚钱的好股票，只要 10 年里能够找到两三只赚钱的大牛股，所付出的努力就很值得了。资金规模很小的投资人可以利用（5 股原则），即把自己的投资组合限制在 5 只股票以内，只要你的投资组合中有一只股票上涨 10 倍，那么即使其他 4 只都没有涨，你的投资组合总体上也能上涨 3 倍。"

看过林奇的上一本书《彼得·林奇的成功投资》，你会明白选择一只大牛股对你的投资组合有多么重要，你会知道自己能够学习到的林奇选择大牛股的方法是什么。而看过林奇这本《战胜华尔街》之后，你就会明白林奇本人在管理麦哲伦基金时是如何选择出一只又一只大牛股的，你还能看到林奇辞职后作为一个业余投资者如何选股的 21 个详细经典案例。可以说，林奇的这本《战胜华尔街》，既是一个世界上非常成功的基金经理的选股回忆录，又是一本难得的选股实践教程和案例集锦。

林奇在讲述自己选股心得的过程中，还总结出了 21 条投资法则，并在本书最后归纳为"25 条股票投资黄金法则"，这些都是林奇用一生成功的经验和失败的教训凝结出来的投资真谛，每一个投资者都应该牢记于心。林奇用自己一生的选股经历，手把手教你如何正确选股，如何避免选股陷阱，如何选出涨幅最大又最安全的大牛股。相信这些肯定能够帮助你在股市迷宫中找到正确的方向。

林奇之所以用心良苦地把自己一生的投资经历和具体的选股过程毫无保留地公之于众，是想告诉我们，在选股上，业余投资者只要能充分利用自身的相对优势，在选股方面就可能比华尔街的专业投资者做得更好。

希望本书能够帮助更多的业余投资者更好地学习和应用林奇先生的成功选股之道，让自己的选股业绩比专业投资者更加优秀。

需要说明的是，由于时间关系，我与徐晓杰翻译了本书序言和第 1～12 章及书后的"25 条股票投资黄金法则"，其余章节由吴炯、李国平、梁彩云完成。欢迎大家来信交流指正。

刘建位

序　言

　　1990年5月31日，咔嗒一声，我关掉了科特龙（Quotron）证券行情报价机，走出了我在富达麦哲伦基金的办公室。到这一天为止，我已经在麦哲伦基金工作了整整13年。回首往事，13年之前的1977年5月，我刚刚掌管麦哲伦基金时，吉米·卡特（Jimmy Carter）刚刚就任美国总统，并且他承认自己心中仍然对女性充满了渴望。其实当时我心里也充满了渴望，不过和总统先生不同的是，我所渴望的是股票。最后我统计了一下，我管理麦哲伦基金期间买过的股票总数高达15 000多只，而且其中很多股票还买卖过好多次。怪不得大家都说，从来没有见过一只林奇没有喜欢过的股票，结果搞得我以股票多情种而闻名天下。

　　我的离职确实十分突然，但也绝非一时冲动心血来潮。1985年，道琼斯指数冲破2000点的指数大关时，我自己也冲破了43岁的年龄大关。人到中年，还要追踪关注上万家上市公司股票，已经让我感到为这份工作付出的个人代价实在太大。尽管我管理的基金投资规模已相当于厄瓜多尔整个国家的国民生产总值，这让我很有成就感，也很风光，但是我为此也付出了惨重的个人生活代价。我无法享受经常与家人相伴的幸福时光，无法享受看着孩子们一天天长大的天伦之乐。孩子们长大时变化可真快，简直一个星期一个样，几乎每个周末她们都得向我自我介绍，这样我这个平日只顾忙于投资却根本不沾家的老爸才能认出来谁是谁。

当你开始把房地美（Freddie Mac）㊀、沙利美（Sallie Mae）㊁、房利美（Fannie Mae）㊂这些公司股票简称和家里孩子的名字混在一起时，当你能记得住 2000 只股票代码却记不住家里几个孩子的生日时，那你很可能已经变成了一个工作狂，在工作中陷得太深而难以自拔了。

到了 1989 年，1987 年所发生的股市大崩盘早已成为往事，此时股市又再度平稳前行，我的妻子卡罗琳，还有我的宝贝女儿玛丽、安妮和贝思为我举办了一个生日晚会，庆祝我 46 岁生日。在生日晚会进行到一半时，我心头忽然一震，我突然想起来，我的父亲就是在他 46 岁时离开人世的。当你意识到自己竟然已经比父母活得还要长寿时，你就会发自内心地感受到，原来自己和他们一样也要离开人世；你才开始意识到，自己能够活着的时间实在是非常短暂，而之后的死亡却会是无比漫长的；你开始反思为什么自己以前不懂得珍惜宝贵的生命时光，不多花一些时间陪孩子们去参加学校里的体育比赛，去滑雪，去看橄榄球赛；你会提醒自己，再也不要当一个工作狂了，因为没有人在临终时会说：“我真后悔没有在工作上投入更多的时间！"

我也曾经试图说服自己不要离职继续工作，我给自己找的理由是：孩子们已经长大了，不再像小时候那样需要我那么多的照顾了，但在我心里十分清楚，事实上正好相反。在她们一两岁刚会走路的时候，会整天摇摇晃晃到处乱跑，把家里弄得一团糟，当父母的就得不停地收拾残局，但是跟着刚会走路的小孩屁股后面收拾东西，要比长大后辅导照顾他们轻松多了，你想想

㊀ 美国较大的一家联邦住房贷款抵押公司。——译者注
㊁ 一家主要从事学生贷款的金融公司。——译者注
㊂ Fannie Mae，全称 Federal Mortgage Assurance Association，联邦国民住房抵押贷款协会，全球百强公司之一，主要业务为多元化金融，林奇较为推崇的一只股票。——译者注

看，天天辅导小学生那些我们这些大人早已经忘得一干二净的外语或数学作业有多烦，无数次开车送他们去学打网球或壁球有多累，一次又一次在成长过程中安抚他们刚刚受到挫折打击的脆弱心灵又有多难。

要想与孩子身心成长的步调保持一致，父母就必须花上很多周末的时间，去听孩子们喜欢的流行歌曲，绞尽脑汁记住那些摇滚乐队稀奇古怪的名字，陪着他们去看大人们自己根本不愿意看的影片。这些事情我都做过，但只是偶尔做过几次而已。每到周六，我不是待在家里而总是待在办公室里，不是陪伴孩子们而是陪伴着堆积得像喜马拉雅山一样高的文件资料。极少数情况下，我也会带孩子们去电影院或比萨店，但我的初衷却不是带孩子玩，而是为了股票投资来进行实地调研。正是孩子们的推荐才让我知道了比萨时光大剧院（Pizza Time Theater）和墨西哥快餐店琪琪（Chi-Chi's）。不过我后悔的是，当初真不该买了前一家公司的股票，当初也真不该没买后一家公司的股票。

到如今1990年，玛丽15岁了，安妮17岁了，贝思也7岁了。玛丽已经到一所寄宿学校读书，每隔两周才能在周末回一次家。这个秋季，她一共踢了7场英式足球赛，可我只去看过1场。我平时实在是太忙，以至于我们家的圣诞贺卡足足晚了3个月才寄完。我们专门为孩子们准备了一本纪念册，结果呢，积累了一大堆孩子们成长过程中很有意义的事件记录，却没有时间整理粘贴到纪念册里。

即使在那些我没有加班的日子，我也很少能早些回家。我参加了一些慈善组织或是市民组织，我自愿提供义务服务，所以我经常得抽空参加某一家的会议，为此只好牺牲与家人相聚的时间了。大多数情况下，这些组织都把我安排到它们的投资委员会里。为一个高尚的目标来选股无疑是世界上最有意义的一种工作，但问题是，一方面麦哲伦基金的工作压力持续增加，同时社会上对我参与公益事业的要求也在不断增加。当然孩子们的家庭作业也越来越难，需要的课程和课外活动也越来越多，作为家长每天需要开车接送她们所花的时间自然也越来越多。

与此同时，我做梦梦见的都是股票，而不是我的妻子卡罗琳。我和她最浪漫的约会也不过是在开车进出门时打一个照面而已。在每年一次的例行体检时我只好向医生坦白，我唯一的运动就是吃过饭剔剔牙。我惊讶地发现，过去的一年半里，我竟然没读过一本书，过去两年里，我看过三场歌剧：《荷兰飞人》(*The Flying Dutchman*)、《波西米亚人》(*Labo hème*)和《浮士德》(*Faust*)，却连一场足球赛也没看过。这让我得出了第 1 条林奇投资法则：

---------- **林奇法则** ----------

> 如果你看歌剧与看球赛的次数之比是 3:0，你就应该意识到你的生活肯定有些地方出问题了。

到了 1990 年年中，我终于醒悟，这份工作再也不能干下去了，我想起了那位与我们基金同名的航海英雄费迪南德·麦哲伦（Ferdinand Magellan），他也是提前退休，隐居到一个偏僻的太平洋小岛，可是我发现他后来被当地愤怒的土著人撕成了碎片，他这种退休后的悲惨遭遇让我犹豫再三。为了避免同样的悲惨遭遇，被成千上万愤怒的基金持有人撕成碎片，我专门会晤富达基金公司的老板内德·约翰逊（Ned Johnson），还有经营主管加里·伯克海德（Gary Burkhead），讨论如何让我安全平稳地离开基金管理的工作职位。

我们的讨论十分坦诚和友好。内德·约翰逊建议我继续留下来，由我担任富达旗下所有基金的团队领导者。为了减轻我原来管理 120 亿美元基金的巨大工作压力，他答应让我管理一个规模更小的基金，比如 1 亿美元。但是尽管新的小基金的规模只是我原来管理的老基金的 1%，但按照我的个性，我仍然会像管理原来的大基金一样倾注同样多的精力，我仍然会每个周末都在办公室度过，因此我婉言谢绝了我老板的建议。

大多数人都不知道，在管理麦哲伦基金的同时，我还为几家大公司管理着一个10亿美元规模的员工养老基金，包括柯达、福特汽车和伊顿百货（Eaton），其中柯达的份额最多。我管理的这个养老基金想怎么投资就怎么投资，没有任何投资限制，因此投资业绩比麦哲伦基金还要好。比如，这个养老基金能够将其5%以上的资产投资于一只股票，而根据法规规定共同基金就不能如此。

不管我是不是离开富达基金公司，柯达、福特汽车和伊顿百货三家公司都希望我能够继续为它们管理养老基金，但我还是谢绝了它们的好意。除富达基金公司以外，我还收到了无数邀请，由我出面组建一家林奇基金，成为一家在纽约股票交易所上市的封闭式基金。那些准备参与组建基金的发起人对我说，只需在几个大城市搞一次时间短暂的路演，发售数十亿美元的基金份额绝对不成问题。

从基金管理者的角度来看，封闭式基金的吸引力在于，无论投资业绩多么糟糕，基金都永远不会失去它的客户。

那是因为封闭式基金只能交易而不得赎回，和在证券交易所交易的默克制药（Merck）、宝丽来（Polaroid）等股票一样，每一个封闭式基金卖方都有一个对应的买方，所以基金份额总数和上市公司股份总数一样是保持不变的。

然而，对于麦哲伦基金这样的开放式基金来说，情况就完全不同了。开放式基金持有人想退出基金，就可以向基金要求赎回，基金就必须根据基金单位净值支付相应的现金，基金份额相应减小。一旦一家开放式基金不再受到市场青睐，投资者就会纷纷赎回基金，把资金转移到这家基金的竞争对手，或者干脆退出股市投入货币市场，这家基金规模很快就会大大缩水。这就是开放式基金经理根本无法像封闭式基金经理那样夜夜安稳入睡的根本原因。

搞一个规模为20亿美元并在纽约股票交易所挂牌的林奇基金，就像一家流通股本为20亿美元的上市公司一样，能够长期稳定地持续下去（除非我犯了一连串的重大错误赔光了所有的钱），我可以每年稳拿0.75%的管理费（相当于每年1500万美元），一年又一年，年年都可以如此。

单单就赚钱而言，这个主意太有诱惑力了。我可以雇些助手来选股，把工作时间减到最低程度，让我有足够的空闲时间打打高尔夫，多陪陪老婆孩子，有空再去看看波士顿红袜队、凯尔特人队的球赛，当然还有《波西米亚人》等歌剧。不管我的投资业绩战胜市场还是落后于市场，我都可以拿到同样丰厚的管理费收入。

但是这个安排仍有两个问题尚未解决：第一，我对战胜市场的渴望程度远远超过我对落后于市场的容忍程度；第二，我一直相信基金经理应该自己独立来选股而不依靠别人。因此，即使是管理这样一个可以保证丰厚收入的封闭式基金，我还是会重新回到和原来管理开放式基金一样的工作狂状态，即使是周六也照样会一天到晚待在基金办公室里，在成堆的年报中迷失真正的自我；依然和以前一样，只是一个钞票越赚越多但是时间却越来越少的可怜家伙。

我曾经听说，有很多百万富翁庆贺自己错过了本可以更加富有的机会。我过去一直对此非常怀疑，能够对大赚一笔的诱人机会说不，这可是很少人能够享受得起的奢侈。如果你够幸运，和我一样赚了相当多的钱，当赚的钱多到一定程度，这时候你就必须做出一个选择：是继续为了赚更多的钱而生存，辛辛苦苦一辈子只是做金钱的奴隶，还是让你赚的钱为你服务，从此成为金钱的主人，让自己享受更多的人生幸福呢？

俄国大文豪托尔斯泰的小说里写过一个非常贪心的农夫的故事。有个魔鬼答应这个农夫，一天之内，他用脚能圈下来的土地，就全部属于他了。这个农夫拼命跑了几个小时，就圈到了好几平方公里的良田。这些土地他一辈子都种不完，足以使他和他的家庭好几代子子孙孙都过上富裕的日子了。这个可怜的家伙已经累得汗流浃背，气喘吁吁。他想停下来，他想：圈的地已经足够大了，再继续跑下去圈更多的地，对自己又有何意义呢？但是他就是控制不住自己的欲望。他继续跑啊跑啊，总想抓住这次机会尽量多圈一些土地，直到最后再也跑不动了，精疲力竭倒地而死。

这正是我希望自己能够避免的悲惨结局。

| 平装本序言 |

本书精装本出版之后，反响很大，各大报刊发表了大量评论，各大电台晚间电话热线节目中也有很多人打电话发表评论。这次平装本出版，正好给了我一个对这些评论进行回应的机会。

我发现，在精装本中我极力强调的几个重要问题，那些评论者似乎根本没有注意到，反倒是那些我根本无意论述的问题，却引起了评论者的浓厚兴趣。因此，我很高兴为这次平装本出版专门写一个新的序言，重点澄清大家对本书的三个误解。

我要澄清的第一个误解是，有些评论者说我写这本书，如同是美国职业棒球超级明星贝比·鲁斯（Babe Ruth）在对一大批业余棒球选手高谈阔论，让人误认为业余投资者完全可以和职业投资者一比高低。把我比作职业棒球超级明星贝比·鲁斯，虽然是抬举我，却是错误的。首先，我其实经常是要么被三振出局，要么滚地球被封杀出局，我倒是很像小说《斯瓦特魔鬼》（*Sultan of Swat*）中的那个业余棒球选手。其次，我一直认为，业余棒球选手，或者说散户、普通投资者、一般投资大众，根本不应该去模仿那些专业人士。

我在本书中想要告诉大家的是：尽管都是打棒球，但职业棒球选手和业余棒球选手根本不会在同样级别的赛场上比赛。尽管都是在股市中投资，但管理共同基金和养老基金的基金经理人和普通业余投资者也根本不是在同样的投资赛场进行对抗。专业机构投资者得遵守许多这样或那样的限制性规定，在投资中束手束脚，而业余投资者却自由得很，几乎是想怎么做就怎么做。作为业余投资者，不像专业投资者那样必须分散投资于许多只股票，完全可以集中投资于少数股票，而且可以利用比专业投资者多得多的业余时间来调查研究上市公司。如果一时找不到有吸引力的好股票，业余投资者完全可以空仓，抱着现金等待机会，而专业投资者却没有这样的自由。业余投资者也根本不需要与其他人比较业绩高低，而专业机构投资者每个季度都得公布投资业绩，不得不经常面对与同行比较的巨大压力，又有哪个业余投资者需要这样做呢？

根据美国投资俱乐部协会（NAIC）提供的证据表明，由于业余投资者没有那些束缚专业投资者的限制，故而业余投资者完全可以做得比专业投资者好得多。美国投资俱乐部协会的会员包括全美各地1万多家投资俱乐部，这些投资俱乐部的成员都是普普通通的业余投资者。美国投资俱乐部协会的数据表明，1992年有69.4%的业余投资者战胜了市场，投资业绩高于同期标准普尔指数。一半以上的投资俱乐部在过去5年中有4年战胜了市场。这表明，业余投资者通过充分利用自身相对于专业投资者的优势，在选股方面做得越来越好。

如果你作为一个业余投资者选股相当成功，往往是因为你充分利用了自身的独特优势。业余投资者之所以选股相当成功，原因在于自己独立进行了研究分析，买入了那些被专业机构投资者忽略的好公司的股票。各地互助储蓄银行（mutual savings bank）和储蓄贷款协会的股票涨幅很高，这强有力地表明，业余投资者投资于身边十分熟悉的公司股票往往会有很好的投资回报。

我要澄清的第二个误解是，许多评论认为，林奇鼓吹每个人都应该自己进行投资，用计算器分析数据，阅读财务报表，实地调研上市公司，然后去买股票。事实上，我认为，数以百万的美国人根本不适合买卖股票，比如，那些对公司调研毫无兴趣的人、看到资产负债表就头晕的人、翻翻公司年报只会看图片的人。最糟糕的投资莫过于投资于那些你根本一无所知的公司股票。

不幸的是，美国十分流行的业余消遣之一就是盲目投资于自己一无所知的公司股票。还是拿体育运动来打个比方吧，如果一个人发现自己并不擅长打棒球或冰球，他肯定会扔掉球棒或冰鞋，换换玩别的试试，也许打打高尔夫，也许去集邮，也许养花种草，肯定不会自找罪受继续玩自己并不擅长的。但是即使一个人发现自己选股很不在行，却还是不会放弃，他会继续待在股市中，亏钱也不放弃。

那些不擅长选股的人喜欢给自己找个借口说，不过是玩玩股票，就像打打球一样消遣消遣而已。这些抱着"玩玩股票"态度的人，根本不愿意费事做任何研究，只追求涨涨跌跌中一时的快感。这周买这只股票，下周再换另一只股票，或者再弄弄期货和期权——就是玩玩，追求的只是一种刺激和快感。

把玩玩股票作为业余爱好，简直会有难以置信的破坏性后果。这些玩玩股票的人在别的方面可是十分认真的，比如说他们为了计划好一次旅行，会花上好几周的时间，研究旅行指南，比较不同航线，以求既玩得好，又花钱少。但是他们却会想都不想，一念之间，就把整整10 000美元投到一家自己一点也不了解的公司股票上。这些人在度假安排上如此认真仔细，在股票投资上却如此盲目疏忽，他们选股的过程实在是太粗心、太草率了，简直是拿自己辛辛苦苦赚来的钱不当回事。

我特别想要说一下的就是这些股市玩家，他们一直跟着感觉走，一直在玩玩而已，却一直在一输再输。这些人只是因为感觉IBM股价回调得过头了，就以每股100美元的高价买入，期待反弹赚上一把。或者他们只是听别人说某家生物技术公司或者赌博公司的股票是热门股，就会想也不想地去跟进买入。

如果说他们玩玩股票扣除损失还剩下几个钱的话，也会由于他们凭着感觉玩外汇期货，或者只是由于感觉下个月股市会涨就去玩股票指数期权，把所有的钱都输个精光。最后，他们会更加相信，股市就是一个大赌场，其实是他们玩玩的态度和只凭感觉的选股把投资变成了赌博，很多这样的盲目投资就把股市变成了赌场。

我要澄清的第三个误解是，有些评论说，林奇写这本书的目的就是让投资者自己独立投资而不要买股票投资基金。我本身就是管理股票投资基金的，正是基金给了我那么多成就和收入，我有什么理由要诋毁生我养我的基金呢？事实上，对那些不想自己费心费力做研究选股的人来说，股票投资基金是最理想的投资渠道。过去那些投资股票基金的人都获得了相当好的回报，未来投资回报肯定仍然会相当好。根本没有任何规定说你不能同时投资股票和基金，也根本没有什么规定说你不能同时投资好几家基金。即使是投资一只业绩暂时落后于大盘的基金，从长期来看，你也可能会取得良好的回报，因为短期投资业绩很难预测，所以你一定要有耐心。除非你确信，不管短期是涨是跌，你都会耐心地长期持有好几年，否则你就不要投资股票基金。

我非常高兴地发现，数据表明，在股市大跌时，比如1987年股市崩盘，个人投资者已经学会理性和更加成熟，不再恐慌抛售股票和基金，而是坚定持有甚至继续买入。1989年道琼斯指数大跌200点，1990年曾大跌500点，股市大跌期间引发一片恐慌，但在这两次股市大幅调整行情中，事后统计结果表明，投资大众买入多于卖出。这样看来，投资大众已经开始逐步接受我所宣传的投资理念，股市回调不过是像冬天的暴风雪一样平常罢了，根本不是什么世界末日，因此不必恐慌性地抛售股票逃离股市。

不过，很明显大家并没有逐步接受我极力宣传的另一个投资理念，即长期而言，股票的投资收益率要比买债券或者银行存款高得多。最近我沮丧地发现，在富达基金新开的养老金账户中，只有很少比例的资金投资于纯股票投资基金，而大部分是投资于货币市场基金、债券基金或者股票收入型基金。历史数据表明，从长期来看，把所有的资金全部投资于股票的收益要远远高得多，而养老金相对于其他资金是最适合于长期投资股票的，因为这笔钱通常可以一直投资 10～30 年，享受长期增值。

| 引　言 |

　　按理说，退休的基金经理只有资格提提投资建议，而不是著书立说，然而看到大部分人继续钟情于投资债券的现实，我不得不再次著书立说。显而易见，我在上一本书《彼得·林奇的成功投资》中，曾试图一劳永逸地证明，把钱投资于股票的收益率要远远高于投资债券、大额定期存单或货币市场基金。有些读者肯定是一边看书一边打了瞌睡，不然的话，为什么到现在全美国90%的投资资金还是投在这些收益率远远低于股票的债券、大额定期存单或货币市场基金上呢？

　　回首20世纪80年代，这是现代股票历史上投资回报率最好的第二个黄金10年，仅次于50年代那10年，但是在这10年间美国家庭财产投资于股票的比例却下降了！事实上，这一比例一直在持续下降，60年代为40%，80年代下降到25%，90年代下降到只有17%。不可思议的是，尽管在此期间道琼斯指数和其他股票指数上涨了4倍，一大批投资者却把资金从股市上抽走了。即使是投资于股票投资基金的资金比例，也从80年代的70%下降到90年代的43%。

　　那么多家庭本可以将大部分资产投资于收益率高得多的股票却不投，个人乃至于整个国家财富未来本可以大幅增长却不能，这简直是一种灾难，看到这种情况,我怎么能坐视不理,怎么能听之任之?因此,在本书的开始,我还要接着我在上一本书中所强调的观点继续说:如果你想要自己的资产未来比现在增值得更多,那么你就应该把大部分资产投资到股票上。即使未来两三年甚至 5 年是大熊市,股市跌得让你后悔根本不应该买股票,你仍然应该把大部分资产投资到股票上。只要你看看 20 世纪股市的回报水平,你就会明白为什么应该如此。整个 20 世纪期间,几乎都是熊市,更不用说还有经济衰退,但结果仍然无可争议地表明:最终股票都是大赢家,投资于股票或股票投资基金的收益率,远远超过债券、定期存单或货币市场基金。

在我提出以上观点后,我所找到的最有说服力的证据是:《伊博森 SBBI 年鉴:1993》(Ibbotson SBBI Yearbook,1993)第 1 章第 16 页,在标题"1926～1989 年的每年平均投资收益率"以下内容中的统计数据。这份数据概括总结了每年将资金投资于标准普尔 500 股票指数、小盘股、长期政府债券、长期公司债券、短期国库券的收益率水平,具体数据见表 0-1。

表 0-1　20 世纪各年代平均年投资收益率　　　　　　　　(%)

	20 世纪						
	20 年代①	30 年代	40 年代	50 年代	60 年代	70 年代	80 年代
标准普尔 500	19.2	0.0	9.2	19.4	7.8	5.9	17.5
小盘股	-4.5	1.4	20.7	16.9	15.5	11.5	15.8
长期政府债券	5.0	4.9	3.2	-0.1	1.4	5.5	12.6
长期公司债券	5.2	6.9	2.7	1.0	1.7	6.2	13.0
短期国库券	3.7	0.6	0.4	1.9	3.9	6.3	8.9
通货膨胀率	-1.1	-2.0	5.4	2.2	2.5	7.4	5.1

① 20 年代按照 1926～1929 年计算。
资料来源:Ibbotson SBBI Yearbook,1993.

假如我们之中真有一位超级投资天才,他就会在 20 世纪不同的年代选择收益率最高的品种进行投资:20 年代把所有的资金全部投资标准普尔 500 股票,30 年代全部投资长期公司债券,40 年代全部投资小盘股,50 年代又全部投资标准普尔500股票，60年代和70年代又全部投资于小盘股，80年代再次投资标准普尔500股票。如果有人跟随这种投资天才指引的投资策略操作的话，早就成了亿万富翁，在法国美丽的海滨享受着奢华的生活。如果我也有这种神通，能够提前知道不同投资品种的业绩表现，我自己肯定也会这样操作了，也早就成为亿万富翁了，可惜事后看，应该怎么做最好，一清二楚，人人都能做事后诸葛亮，而当事前看时，股市谁也说不准，所以至今没有一个人是股市中的事前诸葛亮。

我本人从未遇到过任何一个这种步步踩在准点上发了大财的人，因此我们中的绝大多数投资人都是智力平平的平常人，投资天才只能是凤毛麟角、寥若晨星。的确，我们这些普通人根本没有办法提前预测出，究竟未来哪些年代会十分罕见地出现债券投资收益率高于股票，但是20世纪20年代的统计数据表明，债券投资收益率很少超过股票，在1926～1989年60多年中，只有30年代债券投资收益率超过股票（70年代二者基本持平），因此，那些专注于股票的投资者就拥有很大的优势：一直持有股票的投资者，就有6∶1的机会能够比那些一直持有债券的投资者取得更高的收益率。

即使在那些罕见的债券收益率高于股票的年代，债券投资者所获得的超额收益率，也完全无法比得上在股票收益率高于债券的其他年代股票投资者获得的超额收益率，比如20世纪40年代和60年代。在1926～1969年的整整43年间，投资10万美元到长期政府债券，最终能够增值到160万美元，而同样是10万美元投资到标准普尔500股票，最终会增值到2550万美元（见图0-1）。因此我总结出了第2条林奇投资法则：

林奇法则

那些偏爱债券的投资人啊，你们可知道不投资股票错过的财富有多大。

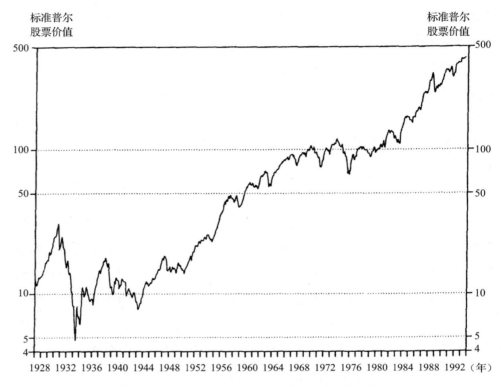

图 0-1 1926～1989 年标准普尔 500 指数的增长

但是大多数人仍然偏爱持有债券而不是股票。数以百万的投资人本可以投资股票，取得高于通货膨胀率 5%～6% 的高收益率，可他们却偏偏热衷于投资债券获得利息，但债券投资率只不过略高于甚至低于通货膨胀率。买股票吧！哪怕这是你阅读我这本书所得到的唯一收获，我辛辛苦苦写这本书也算值得了。

至于应该投资大盘股还是小盘股，或者说如何选择最好的股票基金（这些话题我们在后续章节会讨论），全部都是次要的，关键在于，一定要买股票！不管是大盘股、小盘股还是中盘股，只要是买股票，都行。当然，前提是你能够用理性明智的态度来选择股票或股票基金，而且在股市调整时不会惊慌失措地全部抛空。

促使我写这本书的第二个原因是，我想进一步鼓励业余投资者的信心，继续坚持独立选股这种回报丰厚的业余活动。

在上一本书中，我曾说过，业余投资者只要花少量的时间，研究自己比较熟悉的行业中的几家上市公司，股票投资业绩就能超过95%的管理基金的专业投资者，而且会从中得到许多乐趣。

许多基金管理人都觉得我的这种观点简直是胡说八道，一些人甚至称之为"林奇的超级大牛皮"。然而，我辞去麦哲伦基金经理后，这两年半的时间更加坚定了我的信念：业余投资者比专业投资者更有优势。为了说服那些不相信这一观点的人，我搜集了更多的证据。

这些证据在本书第1章"业余投资者比专业投资者业绩更好"的证据里可以找到。其中一个案例是，在波士顿地区一所圣阿格尼斯（St.Agnes）教会学校里，一群七年级的学生，创造了两年的优异投资业绩纪录，即使是华尔街专业投资人士也自叹不如，羡慕不已。

另外，许许多多成年的业余投资者宣称，多年来他们的投资业绩连续超过了管理基金的专业投资者。这些成功的选股者，分布在由全美投资者协会支持的数百个投资俱乐部中，他们的年投资收益率和圣阿格尼斯教会学校的学生的纪录一样令人赞叹。

两组业余投资者有一个共同特点：与许多被高薪聘用的基金经理所使用的复杂选股方法相比，他们的选股方法简单得多却有效得多。

不论你用什么方法选择股票或者股票基金，最终是成功或是失败，取决于你有没有坚韧不拔的勇气，抛开一切顾虑，坚定长期地持有股票，直到最后成功。决定股票投资者命运的，不是分析判断的智力，而是坚韧不拔的勇气。那些神经脆弱、过于敏感的投资人，不管头脑有多么聪明，股市一跌就会怀疑世界末日来临，吓得匆忙抛出，这种人总是再好的股票也拿不住，再牛的股票也赚不到钱。

每年年初，《巴伦周刊》都会发起一次专门会议，邀请最著名的投资专家对未来一年的股市进行预测，并在杂志上全文刊登会议记录。我很荣幸地也被邀请参加。如果你购买了我们推荐的股票，你肯定已经赚钱了，但是如果你只关注我们对于未来股市走势和经济发展趋势的意见的话，你会被吓得未来好几年都不敢持有股票了。本书第2章会讨论这种"周末焦虑症"的投资陷阱以及如何避免这一陷阱。

在第3章"基金选择之道"，我想告诉大家如何选择基金。尽管从内心而言，我一直都把自己看作一个选股者，但是辞去麦哲伦基金经理职位以后，我才有机会来讨论如何选择基金，而我作为基金经理时对这一问题不得不回避。如果我还在基金管理行业干的话，关于如何选择基金，不管我说什么，都让人觉得是王婆卖瓜、自卖自夸，或者是变相宣传自己所在的基金来吸引客户。现在我已经退出江湖，我谈论如何选择基金，相信不会有人再这样指责我了。

最近，我在帮助一家新英格兰地区的非营利性组织（由于与本书主题无关故隐其名）设计一个新的投资组合策略。首先，我们确定了将多少比例的资金投资于股票，多少比例的资金投资于债券；其次，在股票和债券这两类中如何具体选择投资对象。每对夫妇在讨论家庭投资组合时也要进行同样的决策，因此我会详细描述我们是如何进行投资组合管理决策的，以供大家参考。

第4～6章是我的投资回忆录，在过去13年的时间里，我经历了9次股市大跌，这3章回顾了我是如何管理麦哲伦基金的。这种回顾，使我得以重新反思过去的投资经历，帮我弄清楚到底是什么原因导致我取得了投资成功。尽管我亲身经历，但有些结论连我本人也非常吃惊。

在投资回忆录这部分，我尽量集中讲述我选股的方法体系，而少谈我的投资业绩有多么好。也许从我偶尔少数的几次成功和无数次的失败中，你可以得到一些选股的经验和教训。

第 7～20 章占本书最多的篇幅,我会逐一详细讨论 21 个选股案例,这些是我于 1992 年 1 月在《巴伦周刊》上向大家推荐的股票。在本书前面我讨论的主要是投资理论,在后面讨论这 21 只股票时我向大家展示的是我在选股过程中所做的详细笔记。通过这些笔记,我想尽可能非常详细地分析自己的选股模式,其中包括如何识别出盈利希望很大的投资机会以及如何研究分析股票。

我用来说明林奇选股成功之道的这 21 只股票,基本上覆盖了投资者经常投资的主要行业和股票类型,包括银行业、储蓄贷款协会行业、周期性行业、零售业、公用事业等。我特意把章节安排成每一章专门讲述一种行业的股票案例。最后在第 21 章"6 个月的定期检查"中,讲述定期重新检查、分析投资组合中每一家公司基本面的过程。

其实,关于选股,我并没有什么绝招可以教给大家。世界上根本没有那种一选对股票就会响的铃。无论你多么了解一家公司,都不能保证投资这家公司的股票肯定能赚钱,但是如果你清楚地了解决定一家公司盈利还是亏损的关键因素,那么你投资成功的概率就会大大增加。在本书中我列出了许多决定公司经营成败的关键因素。

在本书中,我提出了许多林奇投资法则,特别醒目地用黑体字标示,当然,前面你已经看到过两条了。这些投资法则中许多都是我从多年的投资生涯中总结出来的经验和教训,我为之付出的代价可是相当昂贵的,而各位读者在这里可以一分钱不花就能得到它们。

(需要说明的是,我在本书后半部分中所讨论的 21 只股票,在我研究分析的过程中,股价是一直在变化的。例如,Pier 1 公司,我刚开始研究这只股票时股价是每股 7.50 美元,而到后来我在《巴伦周刊》推荐这只股票时股价已经变成每股 8 美元。由于讨论的时间不同,我可能在书中某一地方说 Pier 1 公司股价为每股 7.50 美元,而在另外的地方说股价是每股 8 美元。书中还有其他股票类似股价前后不太一致的地方,请大家理解。)

| 第 1 章 |
业余投资者比专业投资者业绩更好

业余选股是一门日渐衰亡的艺术，利用业余时间自己研究选股的投资者越来越少，越来越多的人把资金委托给基金经理等专业投资者进行选股，就好像自己动手做蛋糕的人越来越少，越来越多的人花钱去店里买包装好的现成蛋糕一样。一大批基金经理通过帮投资者管理投资组合获得了高薪，就像萨拉·李公司（Sara Lee）通过帮客户做蛋糕赚了大钱一样。正如人们自己做的蛋糕往往比买来的更加好吃，人们自己选股往往也会比专业投资者业绩更好，那么为什么人们不做本可以自己做的事呢？我对此感到十分困惑。当我本人还是一名基金经理人的时候，这个问题让我困惑；我现在辞去基金经理的职位，成了非专业投资者，只是在业余时间进行投资，这个问题更加让我困惑。

在20世纪80年代的大牛市期间，业余时间自己选股的投资者人数锐减，经过这轮大牛市后就更加稀少。对此我实在是百思不得其解。我想来想去，原因之一可能是，财经传媒的大肆宣传使得我们这些基金经理也成了明星一族，而实际上大部分人是浪得虚名。现在股市投资明星变得像摇滚明星一样声名显赫，给业余投资者一个错觉，自己不过是一个普普通通的业余投资者，怎么可能比得过这些投资天才般的专业投资者呢？这些专业投资者可是有着工商管理硕士（MBA）的光彩学历，穿着世界名牌，西装革履，光彩照人，用着最先进的股票电脑分析系统。

大多数业余投资者根本不敢自己业余选股，和这些投资天才般的专业投资者一比高低，而是决定向专业投资者投降，把自己辛辛苦苦攒的钱用来买股票基金，交给基金经理管理。结果如何呢？75%的基金投资业绩甚至连市场平均水平也达不到，这一事实证明，那些基金经理人也不怎么样，根本不是业余投资者所想象的投资天才。

不过业余投资者锐减的最主要原因肯定是自己选股赔钱。只要干一件事，既能让自己快乐，又能让自己有成就感，人们肯定会一直干下去，要不为什么人类一代又一代养儿育女乐此不疲？

与此类似，为什么人们喜欢收集棒球卡、古董家具、老式鱼饵、邮票和古币？为什么有些人喜欢买下二手房屋重新装潢后再高价出售？都是因为做这些事情既能让人得到快乐又能赚到钱。因此，那些投资者之所以不再继续利用业余时间自己来选股，就是因为赔钱赔怕了。

通常来说，在社会各阶层中，往往是比较富裕、比较成功的人最先把钱投入股市，这些人在学校读书时成绩优异、名列前茅，进入社会工作后也是春风得意，但是这些在学习和工作上非常成功的人士，在股票投资上却经常一败涂地。在学校经常得到优秀成绩的人在股市中却很容易业绩不及格。那些买卖期货和期权及想预测未来走势、判断最佳买卖时机的人，就更亏得一塌糊涂。大多数投资人都是在自己投资亏得很惨后，只好转向投资基金。

是不是从此之后这些人就金盆洗手再也不做股票了呢？那可不是。一旦在路边听到什么小道消息，或者在公交车上听到什么传闻，或者偶然在报纸杂志上看到什么股评，都可能让他们为一个盈利前景十分可疑的机会而心潮澎湃，又会用投资基金之外的闲钱来玩玩，赌上一把。现在的股市投资中，一个最新的现象是，投资人对自己的钱区别对待，投资基金的那些钱是正儿八经的，要严肃认真对待，而另一部分钱则是自己随便选些股票玩玩而已。这种用闲钱来玩玩股票的态度，进一步助长了业余投资人自己选股的轻率。很多投资人找个提供佣金优惠的证券营业部开个股票账户，把老婆或老公不知道的私房钱放进去，抱着玩玩股票的态度，非常轻率地胡选股票乱赌一把。

随着选股作为一项严肃认真的业余爱好日渐消亡，那些重要的选股必备技能，比如如何评估公司的业务、盈利能力、成长性等，如同失传的家传秘方一样也日渐被人遗忘。此外，随着关注公司基本面信息的业余投资者越来越少，证券公司营业部也就越来越不愿主动提供这些信息。至于那些股票分析师则天天忙着为机构投资者提供服务，哪里有空为普通投资大众普及投资知识呢？

但是，证券公司的电脑信息系统却越来越完善，系统收集整理了大量的上市公司信息，可以根据投资者的要求生成各种形式的非常有用的投资分析资料。大概一年前，富达公司研究部主管里克·斯皮兰（Rick Spillane）曾走访了几家最好的证券公司，了解其上市公司信息数据库和电脑股票筛选功能的情况。股票筛选功能（screen）就是电脑自动筛选出一组符合某些共同标准的股票名单，例如过去20年股利持续增加的股票。对于那些想专门研究某一类型股票的投资人来说，这种电脑股票筛选功能非常有用。

史密斯·巴尼证券公司（Smith Barney）的艾伯特·伯纳扎第（Albert Bernazati）介绍说，他们公司的信息数据库可以提供2800家上市公司的财务信息，每家公司的内容都长达8～10页。美林证券的股票筛选指标有10种之多。《价值线投资调查》（*Value Line Investment Survey*）能够提供基于股票估值的价值筛选（value screen）。嘉信理财（Charles Schwab）所提供的名为"均衡者"（Equalizer）的数据服务也让人印象深刻。然而供给虽然非常丰富，需求却非常不足，所有这些服务很少有投资者使用。美林证券的汤姆·瑞利

（Tom Reilly）在一份报告中说，他的客户中只有不到5%的人会在投资中充分利用电脑股票筛选功能的便利。雷曼兄弟公司的乔纳森·史密斯（Jonathan Smith）指出，雷曼公司为普通散户提供的电脑数据库信息服务90%都无人使用。

在早些年，当更多的业余投资者自己独立进行投资时，股票经纪人本身充当了这些散户非常有用的信息数据库。许多老式的经纪人对某一行业或者某些公司非常熟悉和了解，能够指导客户正确地买入和卖出股票，深得客户信任。当然有些走极端的人甚至把老式经纪人推崇为相当于随时可以提供出诊服务的医生。现在的情况与过去大不相同了，公众意见调查的结果表明，股票经纪人的受欢迎程度竟然连政客和二手汽车推销商也比不上。过去的经纪人相当注重独立研究，而现在的经纪人则越来越依赖公司统一提供的信息。

新一代的经纪人除了推销股票以外，还要推销很多其他的证券投资产品，包括企业年金、有限合伙人、避税策略、保险、大额定期存单、债券基金和股票基金等。他们必须对所有这些产品都有所了解，最起码要达到能够把它们推销出去的程度。股票经纪人要完成那么多销售任务，本身既没有时间，也没有意愿去深入追踪研究某些行业，如公用事业、零售业或者汽车行业。而且，由于自己独立研究来选股的客户越来越少，因此几乎很少有客户需要经纪人提供选股建议，经纪人乐得轻松，何必自找苦吃呢？事实上，经纪商最主要的佣金收入来源早已不是股票了，而是更多来源于其他地方，比如投资基金、股票承销、期权交易等。

自己进行研究来选股的客户越来越少，提供选股指导服务的经纪人也越来越少，加上用闲钱玩玩股票，像赌博一样投机的气氛越来越浓，再加上财经传媒对基金经理人投资水平的大肆吹捧，难怪投资大众会觉得，想要依靠自己独立研究选股来战胜市场是根本不可能的，但是你可不能对圣阿格尼斯学校的学生们这样说，因为这些学生的选股业绩比专业投资者更出色。

圣阿格尼斯学校学生们的惊人选股业绩

表 1-1 是一个 1990 年选出的 14 只股票组成的投资组合,业绩是同期标准普尔 500 指数业绩水平的一倍以上。想知道取得如此优秀业绩的投资组合基金经理人是谁吗?你肯定想不到,他们是位于马萨诸塞州的阿灵顿(Arlington,波士顿郊区)的圣阿格尼斯学校的一群充满活力的七年级学生。带领这些学生进行模拟炒股的是他们的老师琼·莫里西(Joan Morrissey),她想要证明一下,不用专门的电脑股票行情报价系统,不需要沃顿商学院的 MBA 学历,甚至由于年纪太小连驾照也不能考,像七年级学生这样的业余投资者,照样可以在股票投资上比专业投资者做得更出色。

表 1-1 圣阿格尼斯学生们的投资组合

公司名称	1990～1991年投资收益率(%)	公司名称	1990～1991年投资收益率(%)
沃尔玛	164.7	金狮食品	146.9
耐克	178.5	托普斯	55.7
迪士尼	3.4	索万拉食品	-38.5
雷米特	68.8	IBM	3.6
LA Gear	-64.3	NYNEX	-0.22
彭太克	53.1	美孚	19.1
盖普(Gap)	320.3	投资组合总收益率	69.6
百事可乐	63.8	标准普尔 500 指数收益率	26.08

注:投资组合总投资率对应的期限是 1990 年 1 月 1 日～1991 年 12 月 31 日。

当然这些学生只是模拟选股,你在理柏(Lipper)报告或《福布斯》杂志上看不到对他们出色投资成绩的报道,但是圣阿格尼斯学生们的模拟投资组合在两年内取得了 70% 的收益率,远远超过了同期标准普尔 500 指数 26% 的收益率水平。同时,圣阿格尼斯学生的投资业绩超过 99% 的基金经理的业绩,而那些基金经理尽管业绩不高,却由于专业为客户选股能够获得相当可观的职业报酬,这些小孩子们尽管业绩很高,却一分钱也赚不到,唯一的收获是能够和老师一道享用一顿免费的午餐,再看一场免费的电影,不过孩子们已经非常满足了。

我是看了一本送到我办公室的剪贴簿,才知道他们竟然取得了如此优异的选股业绩。在剪贴簿里,这些七年级的学生不但列出了他们选择的股票,而且给每一只股票画了漂亮的插图来分析和解释选择这家公司股票的理由。这使我得出了第3条林奇投资法则:

------ **林奇法则** ------

千万不要对任何无法用蜡笔将公司业务描述清楚的股票进行投资。

所有成年人,不管是业余投资者还是专业投资者,都应该严格遵守这个投资原则。成人投资者习惯于忽视那些业务模式简单清晰、容易理解且盈利较好的公司,而青睐于那些业务复杂难懂、风险很大且亏损的公司。只要遵循投资于业务简单易懂的公司股票这一原则,肯定会让投资者避开很多风险很大的垃圾股,比如登斯-派克公司(Dense-Pac Microsystems),是一家生产内存模块的企业,谁能简单描述清楚这家公司的业务吗?后来它的股价从每股16美元一直跌到每股25美分。

为了表示对圣阿格尼斯学校模拟选股小组优异业绩的祝贺(这个小组的学生人数是莫里西女士社会学选修课班级人数的1倍),也为了学习他们选股的成功秘诀,我邀请他们到富达基金高级经理餐厅共进午餐。这个餐厅还是第一次用比萨饼招待客人。在午餐会上,在圣阿格尼斯学校已经任教25年的莫里西女士介绍了她是如何组织学生模拟选股的。她每年都把全班学生分组,每4人一组,每组拥有25万美元的虚拟资金,然后各小组进行选股比赛,看哪个小组业绩最好。

每个小组都给自己起了一个非常响亮的名字,比如"金手指""股神""股林女侠""赚钱机器""股林盟主",甚至还有个小组叫"林奇帮"。每个小组选出一只最喜欢的股票，然后各个小组的选股集合在一起，汇总到剪贴簿里，这样一个模拟投资组合就形成了。

为了了解有关的基本面信息，学生学会了阅读财经报纸《投资者财经日报》(*Investor's Business Daily*)。他们找出一些具有潜在投资吸引力的公司名单，然后逐个进行研究，分析公司的盈利能力，比较不同公司的相对优劣，然后，他们坐在一起，开会讨论，最后决定选择哪些股票。其实学生的选股程序与许多基金经理差不多，事实上他们对这套程序并不比孩子们熟练多少。

莫里西女士说："我试着向学生强调这样的投资组合原则，每个组合中至少应该分散投资于10家公司，而且其中一两家要能提供相当不错的分红，但是学生决定选择一只股票之前，必须能够清楚解释这家公司的业务是怎么回事。如果他们不能向全班同学说明这家公司提供什么服务或是生产什么产品，他们就不能买入这只股票。只买自己了解的公司股票，不懂不做，这是我们的一个基本选股原则。"对于很多专业人士来说，只买你所了解的公司股票，是一种十分精明的投资策略，可惜他们平时却忽略了认真贯彻这一选股原则。

彭太克（Pentech）国际公司生产彩色笔和记号笔，圣阿格尼斯的学生十分了解这家公司。他们最喜欢用的是彭太克公司生产的一种两用笔，一端是可以用来写字的水笔，另一端是用来做标记的荧光笔。这种笔最早是莫里西女士向班上同学推荐的。这种笔非常受欢迎，有的孩子甚至还用它来标注自己选择的股票。很快学生就决定深入研究分析彭太克公司。

当时这家公司股价只有每股5美元，学生还发现这家公司没有长期债务。同学们印象很深的是，这家公司生产的两用笔是一种非常优秀的产品，从其在本校学生中受欢迎的程度推测，很可能在全美国所有学校里都会非常畅销。从他们的角度来看，这家公司股票的另一个有利因素是，与吉列公司相比，彭太克公司还不那么出名，没有吸引大家的注意。吉列公司大名鼎鼎，生产比克笔和好消息牌剃须刀，孩子们是在父亲的卧室里看到的。

为了得到我这个投资"同行"的帮助，圣阿格尼斯学校这些模拟选股的"基金经理"特意送给我一只彭太克牌的笔，建议我认真研究一下这家优秀的公司。我真希望我当时采纳了孩子们的建议，我真后悔自己听了他们的推荐后却没有采取行动去研究，结果错过了这只几乎翻了一倍的好股票，它从每股 5.125 美元开始最高上涨到每股 9.5 美元。

这些在选股上独具慧眼的孩子在 1990 年还发掘了以下多只大牛股：沃尔特·迪士尼公司、两家生产运动鞋的公司（耐克公司和 LA Gear 公司）、盖普公司（他们中的大部分人都买过盖普的衣服）、百事公司（他们从百事可乐、必胜客、肯德基炸鸡和菲多利这 4 种不同的渠道了解了百事公司）以及托普斯公司（Topps，做棒球卡的公司）。莫里西女士说："我们学校七个年级的同学之间非常热衷于交换这些棒球卡，因此在买入托普斯公司股票上，没有一个学生提出反对意见，而且托普斯生产的棒球卡，孩子们真的非常喜欢买。孩子们觉得，买托普斯的棒球卡，同时自己也为这家公司贡献了一部分利润。

他们的其他选股还有沃尔玛公司，选股理由是，他们在一盘叫作"富豪们的生活方式"的录像带上看到，沃尔玛的创始人山姆·沃尔顿谈到投资有利于发展经济；NYNEX 和美孚石油公司，选股理由是分红很高；雄狮食品（Food Lion）公司，选股理由是经营良好，净资产收益率高，并且在那一盘介绍山姆·沃尔顿的录像带上也介绍了这家公司。

莫里西女士说："最让我们吃惊的是，1957 年雄狮食品公司首次发行股票时，在北卡罗来纳州的索尔兹伯里市，有 88 位居民各自投资 1000 美元买了 10 股。这 1000 美元购买的 10 股股票现在市值已经增加到 1400 万美元。你相信吗？那 88 个人全成了千万富翁。这件事给孩子们留下了深刻的印象。过了一年后，很多与股票相关的事情他们都忘了，但他们一直记得雄狮食品股票把 1000 美元变成 1400 万美元的故事。"

学生模拟投资组合中唯一失败的选股是 IBM，我不说你也知道，那些成年的专业基金经理人20年来一直青睐这只著名的大公司股票,当然也包括我在内,成年投资者一直买进IBM股票,但结果却让他们一直后悔买进这只股票。基金经理明知IBM股票不赚钱却买入的原因不难理解:IBM是一只人人皆知且一致认可的著名大公司的股票,即便亏了钱,也没人会责怪基金经理。圣阿格尼斯的孩子们试图模仿华尔街的基金经理,才选了IBM,情有可原,这个错误可以原谅。

我完全预料得到,那些专业投资者肯定会对圣阿格尼斯学生的投资业绩提出种种批评和置疑:① "这只是用虚拟的资金进行模拟投资,根本不是用真的钱进行真实投资。"的确如此,但是那又怎么样?事实上,那些基金经理应该感到庆幸,幸亏孩子们并没有真的进行投资,否则的话,孩子们的业绩远远超过基金经理,肯定会把他们的饭碗抢了,数十亿的美元也许离开基金转给这些孩子管理了。② "任何人都能选出这些股票。"果真如此,为什么事实上并不是任何人都选了这些股票呢?③ "这些孩子不过是运气好而已,他们每组选择的股票乱凑在一起正好整体表现很好而已。"也许他们的运气的确好,但是在莫里西女士的班上,有些小组自己选出的小型投资组合的业绩比全班所有小组选股形成的大组合的业绩更好。

1990年度的选股冠军小组由安德普·卡斯提昂尼、格雷格·拜拉奇、保罗·尼赛尔、马特·基廷4人组成,他们选择的股票及其理由如下:

迪士尼100股(每个孩子都能告诉你为什么要买这只股票。)

凯洛格100股(这家公司的食品我们都喜欢吃。)

托普斯300股(有谁没有交换过这家公司的棒球卡啊?)

麦当劳200股(人人都得吃麦当劳啊!)

沃尔玛100股(发展速度很惊人。)

索万拉(Savannah)食品100股(从《投资者日报》上看到的。)

吉非·鲁伯（jiffy Lube）5000股（当时股价太便宜了。）

哈斯布罗（Hasbro）600股（这可是一家玩具公司啊！）

泰柯（Tyco）玩具1000股（理由同上。）

IBM 100股（大人们都选这只股票。）

国民比萨600股（没有人能拒绝比萨饼的诱惑。）

新英格兰银行1000股（这么低的股价还能再跌到哪儿去？）

最后那只股票——新英格兰银行我也买了，亏了不少钱，所以我完全能够理解他们的这个失误。不过，孩子们选得最好的两只股票国民比萨和泰柯玩具赚了大钱，远远可以弥补在新英格兰银行股票上的损失。有了这两只上涨4倍的大牛股，任何一个投资组合业绩都会大幅提升。安德普·卡斯提昂尼是在浏览纳斯达克上市公司名单时发现的国民比萨公司，然后他接着对这家公司做了一些研究。第一步发现股票十分重要，第二步深入研究则更加关键，很多成年投资者总是漏掉深入研究这关键的一步。

1991年度的选股冠军小组是凯文·斯宾拉里、布里安·胡佛、戴维·卡蒂和特伦斯·凯尔南的4人小组，他们把虚拟资金分配投资到以下股票：菲利普·莫里斯（Philip Morris）、可口可乐、德士古（Texaco）、雷神（Raytheon）、耐克、默克、百视达（Blockbuster）和花花公子。孩子们选择默克和德士古，是因为分红优厚。不过他们选择花花公子的理由和公司基本面情况无关，尽管他们的确注意到，这本杂志发行量很大，并且还有一条有线电视网络。

在海湾战争期间，当时莫里西女士的学生们给驻扎在沙特阿拉伯的美军写信，他们和罗伯特·斯威舍（Robert Swisher）少校建立了固定的通信联系，这让全班的孩子开始关注雷神公司，因为少校向孩子们描述了伊拉克的飞毛腿导弹击中美军部队营地时的恐怖情景。当孩子们得知雷神公司制造的爱国者导弹能够拦截飞毛腿导弹时，他们几乎迫不及待地马上开始研究这只股票。

莫里西女士说："雷神公司生产能够挽救斯威舍少校生命的导弹，能够了解这样一家公司的财务状况，这让孩子们很得意。"

圣阿格尼斯的学生畅谈选股成功秘诀

圣阿格尼斯的学生参观了富达基金，在经理餐厅吃了比萨，还向我推荐了彭太克这只让我后悔没买的大牛股。他们回去之后，作为回敬，邀请我到他们学校发表演讲，并参观他们的教室，也就是他们进行模拟选股的投资管理部。我参观了这所有百年历史的学校，从幼儿园到八年级一应俱全，他们送了我一盒他们自己录制的录音带。

这盘录音带记录了他们的选股心得和投资策略，其中一些是我曾向他们提出的投资建议，他们之所以重复一次，目的是提醒我自己也要牢记这些建议。其中部分内容如下：

"嗨，我是罗瑞。我记得你告诉过我们，在过去70年里，股市出现过40次大跌，因此投资者一定要做好长期投资的准备……如果我投资，我就会把钱一直投在股市里。"

"嗨，我是费里西提。我还记得你讲的西尔斯百货公司的故事，当美国开始出现第一批购物中心时，西尔斯就已经在其中95%的购物中心开设分店了……现在如果我选股，我已经知道应该把钱投到有巨大增长空间的公司股票上。"

"嗨，我是吉姆。我记得你说过，当凯马特百货公司进军所有大城市的时候，沃尔玛却做出了更好的决定，进入所有小城市，因为在那里根本没有任何竞争对手。我还记得你说过你是山姆·沃尔顿颁奖典礼的演讲嘉宾，我看到昨天沃尔玛股价是每股60美元，他们宣布每 10 股送 10 股。"

"嗨，我是威利。我只想说，我们知道中午有比萨饼吃的时候，高兴坏了。"

"嗨，我是斯蒂夫。我想告诉你，是我说服了我们小组购买耐克公司股票。我们以每股 56 美元买进，现在的股价是每股 76 美元。我喜欢耐克，我有很多双耐克鞋，穿着舒服极了。"

"嗨，我们是吉姆、马林和杰克。我们记得你告诉过我们，可口可乐一直表现平平，直到 5 年前他们推出了健怡可乐，成年人从喝咖啡和茶改喝健怡可乐。最近，可口可乐在 84 美元的价位上进行拆股，现在经营得很不错。"

在录音带的最后，七年级全体参加模拟投资的学生，齐声重复以下投资格言，这些是我们都应该牢记在心的，即使在洗澡时也要念念不忘，因为牢记这些格言能够防止犯下投资错误：

- 好公司经常每年提高分红。
- 股票投资赔钱只需很短时间，但是赚钱却要花很长时间。
- 股票投资并非赌博，但前提是你购买股票的依据是你认为公司经营得很不错，而不是因为股价很不错。
- 你能从股市上赚大钱，但也能在股市上赔大钱，这一点我们已经亲身体验。
- 买入任何一家公司股票之前，一定要先做好研究。
- 投资股票，务必牢记适当分散投资。
- 你应该分散投资于几种不同的股票。因为在每 5 只你买的股票之中，可能会有 1 只表现非常好，有 1 只表现非常糟，另外 3 只表现一般。
- 不要对 1 只股票固执己见，要保持一个开放的心胸。

- 不要随便挑一只股票就算了，你得先研究再投资。
- 买公用事业股很不错，因为分红相当丰厚，但是成长股才能让你赚大钱。
- 仅仅根据一只股票股价已经下跌，并不能判断它不会进一步下跌。
- 长期而言，买小公司股票更赚钱。
- 不要只图股价便宜就买一只股票，买股票的前提应该是你十分了解这家公司。

莫里西女士下了很大功夫提倡业余投资者独立选股，除了她的学生之外，她还发动她的同事组成了一家投资俱乐部，取名为"华尔街神话投资俱乐部"。这个俱乐部有 22 名成员，包括我（名誉会员），也包括斯威舍少校。

华尔街神话投资俱乐部已经取得了相当不错的投资业绩，但是还比不上学生的业绩。莫里西女士说："我查看了我们这些大人的投资业绩之后，我不得不向其他老师承认，这些孩子选的股票确实比我们选得好。"

10 000 个业余投资俱乐部的出色业绩

全国投资者协会的总部坐落在密歇根州的皇家橡树公园（Royal Oak），它们提供的资料证明，只要严格遵守投资纪律，和前面的孩子们一样，成年业余投资者也可以战胜市场。全国投资者协会代表了 10 000 家选股俱乐部，并出版一种投资指南和一份月刊，帮助业余投资者提高投资水平。

在整个 20 世纪 80 年代，在投资者协会注册登记的大多数俱乐部会员的投资业绩都超过了标准普尔 500 指数，而同期 3/4 的股票基金没有跑赢大盘。1991 年，61.9% 的投资俱乐部超过或与标准普尔 500 指数持平，1992 年 69% 的投资俱乐部超过或与标准普尔 500 指数持平。这些俱乐部成功的关键因素之一是它们按照一个固定的时间表定期进行投资，由此避免了对市场是涨是跌的无用猜测，并且杜绝了一时冲动的买入或卖出造成的破坏性后果。投资者通过养老金账户或其他养老计划，每月定期定额投资，这种严格的自我约束会让他们和那些俱乐部一样获益匪浅。

根据我的要求，富达基金技术部门做了以下统计，结果证实了定期定额投资确实相当有效。如果在1940年1月31日你投资1000美元购买标准普尔指数，52年后你的1000美元投资将会增值到333 793.30美元。当然这只是一个理论上的计算而已，因为1940年那时还根本没有指数基金，但这样的理论计算，可以让你明白指数投资的好处有多大。

如果你在这52年期间，每年的1月31日都定期定额追加1000美元，52年后，你所投资的52 000美元将会增值到3 554 227美元。

如果你够有勇气，可以在每次股市下跌超过10%后，再追加1000美元。这52年中股市下跌10%以上共有31次，这样加上每年年初投资的1000美元，你的总投资为83 000美元，经过52年后会增值到6 295 000美元。

由此可见，如果执行一个定期定额投资计划，而且不管股市涨跌如何都始终坚持，你就会得到非常丰厚的回报，而如果在大多数投资者吓得纷纷卖出股票时再追加投资，你就会得到更加丰厚的回报。

投资者协会的10 000家俱乐部自始至终严格遵守定期定额投资的铁律，不管是1987年10月股市崩盘之后，还是关于世界末日即将来临以及银行系统即将崩溃的预言铺天盖地的时候，他们完全无视这些恐慌性言论，继续坚持买入股票。

单独进行投资的业余投资者可能会被吓得全部抛出股票，过后则后悔不迭，但是在投资俱乐部里，不经大多数人投票通过，不得进行任何投资操作。委员会集体决策制度往往并非一件好事，但是在这种情形下，集体决策却制止了个人可能恐慌性卖出股票的愚蠢投资行为。投资俱乐部成员共同投资的业绩好于个人账户单独操作，集体决策是一个重要原因。

投资俱乐部每月聚会一次，要么在某个成员的家里，要么在当地旅馆租一间会议室。在聚会上他们互相交换看法，决定下次买什么股票。每个会员负责研究一两家公司，并追踪公司的最新动态，这样可以避免选股时无根无据胡想乱猜。开会时没有人会站起来说："我们应该买某某公司的股票，因为我坐出租车时听司机说这只股票肯定会赚钱。"当你知道你推荐的股票会影响到你朋友们的钱包的话，你就会认真做好研究。

投资俱乐部取得良好业绩的最主要原因是，他们购买的都是管理良好的成长股，这些公司有着辉煌的经营历史，盈利逐年增长；这类公司里面很容易产生大牛股，过10年涨上10倍、20倍甚至30倍都不稀奇。

经过40年的投资生涯，投资者协会总结出了很多投资经验和教训，就像我在管理麦哲伦基金期间得到很多经验教训一样。其中一个投资经验是，如果你选择5家成长性公司股票，你会发现其中有3家公司的表现和你预想的差不多，有1家公司由于预想不到的麻烦表现非常令人失望，第5家公司却会给你出乎意料的惊喜，创造惊人的丰厚回报。既然你不可能事先知道哪种股票表现比预期的更好，哪种股票会比预想的更糟，所以投资组合中不要少于5种股票。投资者协会称之为"最少5只股票原则"。

投资者协会出版了《全美投资者协会投资手册》，编辑很客气地给我送了一本，其中有几条重要的投资格言，值得所有业余投资者牢记于心。你可以在收拾家务的时候思考这些格言，在你给股票经纪人打电话前再反思一遍，非常有用：

- 不要买太多股票，多了你就无法及时了解每一家公司的最新动态。
- 定期投资。
- 你应该确定两点：第一，公司的每股销售额和每股收益增长率是否令人满意；第二，股价是否合理。

- 最好要认真研究分析公司的财务实力和债务结构,以确定万一出现几年经营糟糕的情况是否会妨碍公司的长期发展。
- 买入或不买入一只股票的依据应该是,公司成长性是否符合你的要求以及股价是否合理。
- 理解创造过去销售增长的因素,有助于你准确判断过去的销售增长率在未来能否继续保持下去。

为了帮助投资人更加深入地学习投资技巧,投资者协会除了提供投资者手册以外,还提供一套家庭投资学习课程,教业余投资者如何计算收益增长率和销售增长率,如何根据收益判断股价过高、过低还是合理,如何阅读财务报表,分析公司是否有足够多的资金熬过困难时期。对于那些喜欢进行数字研究,愿意掌握一些更加复杂的研究方法的投资者来说,这是一套非常有益的入门课程。

投资者协会还出版一种名为《提升投资业绩》(*Better Investing*)的月刊,推荐一些前景看好的成长性公司,并定期提供有关的最新报告。

| 第 2 章 |

周末焦虑症

投资股票要赚钱,关键是不要被吓跑,这一点怎么强调都不过分。每年都会有大量关于如何选股的书出版,但是如果没有坚定的意志力,看再多的投资书籍,了解再多的投资信息,都是白搭。炒股和减肥一样,决定最终结果的不是头脑,而是毅力。

如果你买了股票基金,根本不必分析公司和追踪股市行情,这种情况下,你了解的信息越多,反而可能越有害。有些投资者,既不考虑经济形势未来发展好坏,也不关心股市未来涨跌如何,每天乐呵呵的,该干啥干啥,唯一做的就是有规律地定期投资买股票。另外一些投资者成天研究股市,试图寻找最佳投资时机,当他觉得对未来股价走势很有信心时就买入,当他觉得对未来股价走势很没有信心时就卖出。你猜猜,那些根本不关注股市走势只是定期买入的投资者,与那些天天研究股市走势判断最佳投资时机的投资者,谁的投资业绩会更好?也许你想不到,前者更高。

每年我都会想起这个投资教训。因为每年年初,我都会和一帮著名的投资专家受邀参加一年一度的《巴伦周刊》主办的投资圆桌会议,这些投资专家会发表对未来经济走势和股市走势非常忧虑的看法,这总是让我想起越忧虑未来经济走势和股市走势反而投资业绩越不好的投资教训。1986年以来，我每年都参加这个圆桌会议。每年1月，我们这些投资专家就会齐聚一堂，在这个长达8个小时的圆桌会议上，畅谈投资心得，发表投资高见，大部分讨论内容会发表在随后3期的《巴伦周刊》上。

由于《巴伦周刊》属于道琼斯公司所有，办公室就设在道琼斯综合大楼，从大楼上可以俯瞰曼哈顿南端的哈德逊河右岸。大楼大厅全用大理石装饰，高高的天花板，完全可以与罗马的圣彼得大教堂媲美。你可以通过一条类似于国际机场上用的移动步道进入大厅。大楼有一个非常严密的安全保卫系统，第一道关卡是一个服务台。在服务台，你需要出示你的身份证，说明你的来访目的。服务台检查允许你进入大楼后，会给你一张通行卡，你得把通行卡出示给保安，然后才能进入电梯。

经过所有这些程序之后，你就可以搭乘电梯去你要去的楼层了，在楼层还有一个门口，你必须用一张信用卡一样的卡片才能打开门。如果一切顺利的话，你最后会发现自己终于到达了举办圆桌会议的会议室。不过，所谓圆桌会议用的桌子，其实并不是圆的，那张桌子以前是U形的，但后来组织者拆掉了其中的一边，于是桌子就成了一个巨大的三角形。投资大师分别坐在两个斜边上，《巴伦周刊》的人坐在底部进行提问。会议主持人是《巴伦周刊》的编辑艾伦·埃布尔森（Alan Abelson）。艾伦·埃布尔森是一位很有智慧的作家，他对财经界的贡献，就像多萝西·帕克（Dorothy Parker）⊖对浪漫文学的贡献一样大。

我们头上的屋顶上吊着麦克风和一排13个1000瓦的聚光灯。聚光灯一会儿开，一会儿关，以配合摄影师拍照。有一个摄影师在13英尺远的地方使用变焦镜头进行抢拍，另一个穿着护膝的女摄影师则在我们身边爬来爬去，

⊖ Dorothy Parker（1893—1967），美国短篇小说作家兼新闻记者，著有短篇小说集《墓志铭》及诗集《长绳集》。——译者注

从我们鼻子底下向上拍特写镜头。除了这些摄影师以外，房间里还有许多《巴伦周刊》的编辑、音响师和技术人员，他们中有些人藏在一面玻璃墙的后面。我们头顶上的灯泡热得发烫，简直能把鸡蛋孵出小鸡。

对于我们这群上了年纪已经两鬓灰白的基金管理人来说，这么一大帮工作人员手忙脚乱，搞这么大动静、这么大场面，好像有些过了，但是我们的确因此名声远扬。

尽管偶尔新增一个人，或者减少一个人，但出席《巴伦周刊》投资圆桌会议的投资大师阵容基本保持不变，其中包括：马里奥·加贝利（Mario Gabelli）和迈克尔·普赖斯（Michael Price），他们两个管理的都是获得高度评价的"价值"基金，最近这类基金再次风行；约翰·聂夫，来自先锋温莎基金公司（Vanguard Windsor Fund），我1977年刚开始管理麦哲伦基金时，他就已经是一名传奇基金经理了；保罗·图德·琼斯（Paul Tudor Jones），是一位商品期货奇才；菲力克斯·朱洛夫（Felix Zulauf），一名国际银行家，总是忧心忡忡，不过据我所知，在他的瑞士同胞中他已经算是一个极度的乐观主义者了，因为瑞士人总是对什么都忧心忡忡；马克·珀金斯（Marc Perkins），投资管理专家，他还是一名银行业分析师的时候，我就认识他了；奥斯卡·谢弗（Oscar Schafer），专门投资发生"特殊情况"的公司股票；荣·巴伦（Ron Baron），他专门寻找华尔街人士根本不理睬的那些冷门股票；阿奇·麦卡拉斯特（Archie MacAllaster），一个场外交易市场的精明投资专家。

在1992年的圆桌会议中，保罗·图德·琼斯的位置由摩根士丹利资产管理公司董事长巴顿·比格斯（Barton Biggs）取代，他是一个具有全球视角的猎股高手。马克·珀金斯从1991年开始出席圆桌会议，他取代了吉姆·罗杰斯（Jimmy Rogers）。罗杰斯已经连续5年参加会议，不过他放弃了华尔街的生活，选择了骑摩托车沿着古老的丝绸之路横穿中国。我听到的最新消息说，罗杰斯已经用船把摩托车运到了秘鲁，并且正骑着摩托车在安第斯山脉下奔驰，即使离最近的证券公司营业部也有 1000 英里之遥（后来他曾在一个晚间电视访谈节目上露面）。

大多数人建立友谊的基础，是一起上大学、参军或者暑期露营，而我们这些管理投资的人建立友谊的基础是股票。我一看到荣·巴伦就会想到革桥服装（Strawbridge & Clothier）这只股票，有一段时间我们俩都持有这只股票，并且两人都过早抛出。

为了对付埃布尔森的唇枪舌剑，这几年来，我们不得不努力锻炼，提高机智应对、快速反击的回答能力。在《巴伦周刊》后来刊登出来的会议内容中，埃布尔森的发言并不署名，只是用"巴伦"或"问"来代表，但他本人的妙语连珠的确值得赞赏。以下这些对话中，除了谢弗的回答之外（我引用他是因为他的回答可以与埃布尔森媲美），其他都是埃布尔森占了上风。

吉姆·罗杰斯：我买了一家欧洲公司股票，名字叫施泰尔－戴姆勒－普赫（Steyr-Daimler-Puch）公司，这家公司已经连续亏损好几年了。

埃布尔森：这家公司还有其他值得投资的地方吗？

埃布尔森（问奥斯卡·谢弗）：能否讲个短一点的东西？

谢弗：我先讲一个长一点的，然后再讲一个短一点的，你不会觉得烦吧？

埃布尔森：和平时差不多。

埃德·古德诺（Ed Goodnow，前小组成员，推荐菲律宾长途电话公司股票）：我知道这家公司在菲律宾有些省份的服务不太好。其中一个问题是，很难找到愿意爬到电线杆上修电线的工人，因为他们有时会被狙击手当作靶子射击，但是除此之外，这家公司的业务经营得非常不错。

埃布尔森：你是不是说，投资这只股票，相当于远距离射击，风险很大,成功希望却很小?

林奇:我仍然喜欢我一直推荐的储蓄与贷款行业股票,也就是房利美公司股票,它还有很大的空间。

埃布尔森:哪个方向?向上还是向下?

约翰·聂夫(推荐德尔塔航空):在航空业,大家错失(missing)……

埃布尔森:或者说差一点就错失(near-missing)……

迈克尔·普赖斯:我们现在的持仓情况是,真实股票(real stocks)可能占到基金总资产的45%。

埃布尔森:另外的55%都是不真实的股票(unreal stocks)?

马里奥·加贝利:正如你所知道的那样,我已经连续20年推荐林氏广播公司(Lin Broadcasting)了。

埃布尔森:糟糕的是你推荐的这只股票一直都不灵!

马里奥·加贝利:我要谈的是,用一个多角度的方法来解决一个多角度的问题。

埃布尔森:拜托,马里奥,我们这个杂志只是一本通俗杂志。

约翰·聂夫:在过去的8次经济衰退中,如果你的投资在一个季度的前两个月也那样大幅下跌的话……我说的这些都是假设。

埃布尔森:你说的其他东西也是这样!

圆桌会议从中午开始,分为上下两节。第一节是谈谈我们对金融市场的宏观看法,主办方希望我们讨论未来经济发展的大趋势、世界末日是否会来临等,这个部分让我们这些投资专家也感到头大。

这种宏观性的讨论有没有必要,值得分析,因为这种宏观性讨论比比皆是,一到周末,在餐桌上,在健身俱乐部里,或者在高尔夫球场上,成千上万普普通通的业余投资者经常会讨论宏观经济和大盘走势,我们这些投资专家能谈出来的东西，与业余投资者并没有什么不同，我们在这方面并不比他们高明。到了周末，人们有了大把的空闲时间，就会开始思考从电视或是报纸上看到的悲观消息。怪不得那些送报的总是用塑料袋子包裹着报纸，这或许有着某种暗示：报纸上刊登的内容有害，应该远离。

一旦我们把报纸从塑料袋里拿出来，就会犯下错误，因为我们一读报马上就会面对各种认为人类未来前景惨淡的报道：全球变暖、全球变冷、苏联对西方的威胁、苏联解体、经济衰退、通货膨胀、文盲、医保费用高涨、预算赤字、人才外流、种族冲突、有组织犯罪、无组织犯罪、性丑闻、贪污丑闻、性和金钱交织的丑闻，等等，甚至体育版的内容也能让你感觉恶心。

关注这类新闻，对于不投资股票的人来说，只不过会感到心情压抑，但是对股票投资者来说，却是一个非常危险的习惯。如果投资者读报后认为，艾滋病将消灭一半的消费者，而臭氧层遭到破坏将会消灭另一半的消费者，或者是热带雨林消失将使西半球变成新的戈壁沙漠，在此之前（如果不是在此之后的话），所有现在的存款和贷款系统将会崩溃，城市和郊区将全部毁灭，那么还有谁愿意继续持有股票呢？

你当然绝不会坦白地承认："我决定卖掉手头上盖普公司的股票，因为周末我在一本杂志上看到了一篇关于全球气候变暖的文章。"但正是由于许多投资者在周末看了报刊上悲观性文章后的类似逻辑推理，才往往会造成周一的时候卖出股票的单子如波涛汹涌。难怪，历史上股票出现最大跌幅的日子总是在周一，这都是周末焦虑症造成的。同时，每年12月股市往往会下跌，一方面是由于到了年底有很多人抛出赔钱的股票用亏损来抵减应交所得税，另一方面是由于12月有一个圣诞长假，数以百万的投资者有很多的空闲时间看电视和报纸，那些悲观的新闻报道让他们格外担心世界未来的命运，周末焦虑症升级成了年末焦虑症，两方面的因素综合在一起，难怪12月股市总是会下跌。

普通投资者会有周末焦虑症，我们这些投资专家在每年巴伦圆桌会议的

第一节上也会有类似焦虑症状,对未来宏观经济走势忧心忡忡。1986年,我们担心的包括:货币供应量M1相对于M3的比率,格莱姆·拉德曼(Gramm Rudman)的削减赤字一揽子计划,西方七国会议结果,还有"J曲线效应"⊖能否开始有效减少贸易赤字。1987年,我们担心的包括:美元大幅贬值,外国公司在美国市场上大肆倾销,两伊战争是否会引发全球性石油短缺,外国人不再购买美国的股票和债券,消费者贷款负担过重而无力购买商品以及里根总统不能参加竞选谋求第3次连任等。

并非所有参加巴伦投资圆桌会议的投资专家在所有的时候都忧心忡忡。有些人比其他人忧虑得多一些,有些人这一年很忧虑,但下一年却变得很乐观。我们这些投资专家中也还有一两个,经常对未来抱着十分乐观的态度,让总体而言十分悲观的圆桌会议气氛稍稍多了一点轻松。事实上,1987年,我们这些投资专家对宏观经济前景和股市走势是最为乐观的,但正是在这一年发生了著名的1000点暴跌。唯一在这一年发出警告的专家是罗杰斯,1988年他继续警告说全球股市即将面临崩溃。罗杰斯以准确预期出股票将会下跌就做空而出名,但尽管他提前发出了看空后市的警告,在巴伦年会上却并没有推荐当年或下一年应该卖空哪些股票。想要取得投资成功,就不要让周末焦虑症影响到自己的投资策略。

尽管我们这帮投资管理人,掌管着客户的数10亿美元的巨额资金,在市场上有着巨大的影响力,但是在一年又一年的巴伦投资圆桌会议上,对于未来到底是会发生全球性经济衰退还是经济复苏,却总是无法形成一致意见。

在1988年巴伦投资圆桌会议上,正好是1987年10月股市暴跌1000点的两个月后,我们对于未来的忧虑达到了极点。我们刚刚经历过一次股市大崩溃,于是很自然地会推测,明年很可能还会再来一次股市暴跌。这让我总结出第4条林奇投资法则:

⊖ J曲线效应:指货币贬值后出口先减少,随后开始增长,好像一个倒J形状。——译者注

---------- **林奇法则** ----------

你无法从后视镜中看到未来。

朱洛夫先生在1988年投资圆桌会议上发言时一开始就断言："1982～1987年的股市黄金时代一去不复返了。"这还是那一天圆桌会议上最乐观的说法。在1988年投资圆桌会议上，我们争辩的是，到底未来会出现一个一般的熊市，使道琼斯股票指数大跌到1500点甚至更低，还是会出现一个毁灭性的大熊市，"干掉金融圈内大部分从业人士和全世界大部分投资者"（这是罗杰斯的忧虑），并导致一场"像20世纪30年代那样的全球大萧条"（这是保罗·图德·琼斯的预言）。

除了忧虑将会发生毁灭性大熊市和全球大萧条之外，我们还担忧贸易赤字、失业问题以及预算赤字。在准备参加巴伦圆桌会议之前，我本来就已经忧虑得很，晚上很少能够睡个好觉，圆桌会议之后，我的睡眠更糟了，一连做了3个月的噩梦。

1989年的圆桌会议比1988年的气氛要轻松一点。可是到了1990年召开圆桌会议时，原先大家一再预言将会发生的经济大萧条却根本没有发生，而且根本没有任何迹象表明将会发生，道琼斯指数不但没有暴跌，反而上涨到了2500点。然而，我们又找出了一些新的应该逃离股市的理由。房地产业崩溃了，我们忧虑的灾难表上又多了一项。让我们感到忧虑不安彻夜难眠的是，股市已经连续7年上涨（1987年10月虽然发生了暴跌，可是年底收盘还是略高于1986年），未来股市肯定不可避免将会下跌。我们现在担心的是，过去这7年股市行情太好了！即使是我的那些经过许多大风大浪都不会轻易被吓倒的朋友，也已经在讨论应该把钱从银行里取出来，藏到家中，因为他们担心那些货币中心银行⊖也可能破产，整个国家银行体系可能崩溃。

⊖ 指货币和信贷市场上居于主导地位的大银行。——译者注

1990年的悲观情绪甚至超过了1980～1982年。1980～1982年投资者对股票失望至极，简直是谈股色变，只要有人提到股票，其他人就会把话题转开，宁愿谈论地震、葬礼，甚至是波士顿红袜队毫无希望获得冠军。到了1990年，人们对股市的反感，已经不仅仅是简单的避而不谈，他们甚至会非常急切地告诉你为什么看空股市。我本人就真的碰见过，坐车时出租车司机向你推荐债券，理发时理发师吹嘘说自己买入了看跌股票期权，押宝股市会大跌，这样看跌期权就会大幅增值。

我本来以为，像理发师这样的人，根本没有听说过看跌期权是什么玩意儿，但是现在他们居然用自己辛辛苦苦挣来的工资进行如此复杂的交易。华尔街著名的投资大亨伯纳德·巴鲁克（Bernard Baruch）曾经说过，当擦鞋童都买股票的时候，就是应该全部抛出的时候了。如果他的观点正确的话，那么连理发师都买入看跌期权押宝股市将会大跌的时候，应该就是买入股票的大好时机了。

我收集了1990年秋季的一部分报刊，给各位读者重现一下当时的投资大众对于股市的态度有多么低迷，以下这些大字标题还算是比较乐观的：

"这次大裁员给专业人士打击沉重"——《华尔街日报》，10月4日

"你的工作还能保得住吗"——《新闻周刊》，11月25日

"艰难度日"——《纽约时报》，11月25日

"房地产市场崩盘"——《新闻周刊》，10月1日

"高租金使年轻人无能力租房"——《商业周刊》，10月22日

"房地产不景气严重打击房屋改建企业"——《商业周刊》，10月22日

"房地产崩溃危及金融机构"——《美国新闻》，11月12日

"3年前自东北部开始的房地产业衰退已经扩展到全国范围"——

《纽约时报》，12月16日

"赤字预案提交国会结果难料，即使通过也难包治百病"——《华尔街日报》，10月1日

"不知美国经济还会衰退多久"——《华尔街日报》，12月3日

"消费者放眼未来只有失望"——《商业周刊》，12月10日

"焦虑时代的生存指南"——《新闻周刊》，12月31日

"美国还有竞争力吗"——《时代》周刊，10月29日

"你的银行能幸存下去吗"——《美国新闻》，12月12日

"你还有竞争力吗？美国人正在落后，如何奋起直追"——《商业周刊》，12月17日

雪上加霜的是，美国在海湾地区的沙漠中还有一场战争要打。新闻媒体云集五角大楼的新闻发布室，数百万观众第一次知道了伊拉克和科威特的地理位置到底在哪里。军事战略专家在争论不休，伊拉克军队如果使用生化武器，美军会伤亡多少士兵。伊拉克军队人数在全世界排名第四，而且训练有素，他们蹲伏在加固的地下碉堡里，而这些碉堡隐藏在漫天的沙丘之中。

对于伊拉克战争巨大的忧虑和恐惧，让大家本来就十分悲观的未来预测，更是雪上加霜，伤口撒盐。到1991年1月15日，我们这些投资大师又聚到一起参加巴伦投资圆桌会议时，关于对伊战争中美军阵亡人数究竟会有多么巨大这一阴影仍然笼罩在我们心头。在我们"经济之花即将凋谢"为主题的讨论中，本来平时就忧心忡忡的朱洛夫比平时更为悲观沮丧。他预言道琼斯将会暴跌，暴跌到2000点，比1987年暴跌的最低水平更低，而迈克尔·普赖斯认为会大跌500点左右，马克·珀金斯甚至认为道琼斯将会暴跌到1600～1700点。我则认为，最糟糕的情况是经济将会出现大衰退，如果战争如某些人预料的那样可怕的话，股指就会暴跌1/3。

不过，你知道，能够参加一年一度的巴伦投资圆桌会议的，肯定是非常

成功的投资专家，因此你完全可以推测，我们这些久经考验、训练有素的投资专家，肯定形成了一套严格的投资纪律规范，使我们能够避开那些悲观情绪的影响，采取正确的投资行动。我和所有美国人一样，非常清楚代号为"沙漠风暴"的对伊军事行动有可能演变成一场旷日持久、血流成河的战争灾难。但同时，作为一个选股者，我的投资直觉让我不禁注意到，投资者竞相疯狂抛售，使得很多股票惊人地严重低估。由于我已经辞去麦哲伦基金经理职务，退休在家，所以我不能再像管理麦哲伦基金时那样，上百万股地大量买入，但是我可以操作自己的个人账户，于是我在自己的账户上增持股票，同时也为我帮忙管理的一些慈善信托和公共基金增持股票。1990年10月，《华尔街日报》注意到，我在个人账户上增持了W. R. 格瑞斯（W. R. Grace）和莫里森-纳德森公司（Morrison-Knudsen）的股票，我本人在这两家公司担任董事。我接受采访时，告诉记者乔吉特·贾森（Georgette Jasen）说："这只不过是我增持的10只股票中的两只而已……如果这些股票再跌，我还会进一步增持。"就像在我退休之后就买入麦哲伦基金一样，我又继续在个人账户上增持了2000份麦哲伦基金。

　　对于一个训练有素的选股者来说，在一片悲观气氛中，反而为寻找赚钱机会很大的股票提供了买入良机。这时，报纸上的标题都是悲观沮丧的，道琼斯平均指数从夏天到初秋大跌了600点，连出租车司机都在推荐债券，基金经理人持有的现金占基金总资产的比例高达12%，而和我一起参加巴伦投资圆桌会议的投资专家中至少有5位预言将会发生严重的经济衰退。

　　当然，我们现在都已经知道，伊拉克战争根本不像某些人预言的那样恐怖（除非你是伊拉克人），股市不仅没有下跌33%，相反，标准普尔500指数上涨了30%，道琼斯指数上涨了25%，小盘股更是上涨了60%。所有这一切，竟然使得1991年成了最近20年来最好的大牛市。如果你稍一留意我们这些投资专家发出的悲观预言的话，你肯定会被吓得全部抛出股票了，那样你可就错失 1991 年这次大涨了。

更有甚者，过去 6 年以来，如果你一直密切留意我们在巴伦投资圆桌会议上对于未来宏观经济的悲观预测，你肯定已经被吓得抛出股票逃离股市，错过了现代历史上这次持续 6 年的最强劲的大牛市行情，而那些一直根本不听也不理睬各种世界末日论的乐观派投资者，始终坚决买入或持有股票，那么投资就会增值 3～4 倍。下次如果听到有人告诉你，日本将要破产，或是一颗流星将要击中纽约证交所，那么你一定千万要记住我上面所说的投资教训，千万不要为之过度忧虑，否则就会错失一次很好的投资机会。

"忧虑和恐惧让股市阴云密布"，这是《巴伦周刊》在 1991 年投资圆桌会议后的那期周刊的标题，但是谁能想到，没过多久，股市就出现了一个巨大反弹，道琼斯指数创下了历史新高。

大局观

说起来很简单："嗯，下次股市下跌的时候，我一定毫不理会那些悲观消息，我要趁机逢低买入一些超跌的股票。"但是做起来并不简单。因为每一次危机看起来都好像要比上一次更严重，要想做到对悲观消息置之不理越来越难。避免由于悲观消息而被吓得抛出股票的最好办法就是，每个月都定期定额买入股票，很多人在他们的 401（K）退休计划中以及在投资俱乐部中就是这么做的。毫无疑问，他们定期定额投资的这笔资金的收益率，与他们凭着对未来股市走势好坏的直觉判断而在股市中进进出出的那笔资金相比，肯定要好得多。

跟着感觉走的选股方法，最大的毛病是，在股市大涨 600 点后，股票已经被高估，人们反而会感觉股市还会涨得更高，因而会在高位买入，结果股市调整而被严重套牢，而在股市大跌 600 点后，股票普遍被低估，人们反而感觉股市还会跌得更低，结果后来股市反弹而错失低价买入良机。如果你不是严格地按照每月定期定额买入股票的话，你就得找出一种办法，让自己能够始终坚定对股市的信心。

坚定信心和选择股票通常都不会放在一起进行讨论，但是选择股票的成功依赖于坚定的信心。你也许是世界上最厉害的财务分析专家或者股票估值专家，但是如果没有信心，你就会容易相信那些新闻报道的悲观预测，在股市恐慌中吓得慌乱抛出。即使是你可能把自己的资金投入到一个相当不错的投资基金，但是如果你没有信心，你就会在恐慌害怕时抛出，但毫无疑问这时卖出的价格往往是最低和最不划算的。

我所说的信心是什么样的呢？那就是始终相信美国会继续存在发展下去；相信人们继续正常地生活，和往常一样在早晨起床穿裤子时先穿一条腿再穿另一条腿，生产裤子的公司会继续为股东赚钱；相信老企业终将丧失活力而被淘汰，沃尔玛、联邦快递、苹果电脑等新的充满活力的企业将取而代之；相信美利坚人民是一个勤奋工作且富于创造力的民族，甚至相信即使是对于那些雅皮士，尽管拥有待遇优厚的专业工作和富裕的物质型生活方式，如果懒惰不努力的话，也会被大家严厉指责。

每当我对目前的大局（big picture）感到忧虑和失望时，我就会努力让自己关注于"更大的大局"（even bigger picture）。如果你期望自己能够对股市保持信心的话，你就一定要了解"更大的大局"这个概念。

"更大的大局"是从更长更远的眼光来看股市。历史长期统计数据告诉我们，在过去70年里，股票平均每年投资收益率为11%，比国库券、债券、定期存单高出一倍以上。尽管20世纪以来发生了各种大大小小的灾难，曾经有成千上万种理由预测世界末日将要来临，但是投资股票仍然要比投资债券的收益率高一倍以上。用这种大局观来看股市，坚定信心，长期投资股票，收益率肯定要高得多，而听信那些新闻评论员和经济咨询专家的悲观预言，相信经济衰退即将到来，吓得全部抛出股票而投资债券，收益率肯定要比坚定信心长期投资股票要低得多。

此外，在股票投资收益率战胜其他投资品种的这70年间，曾经发生过40次超过10%的大跌。在这40次大跌中，有13次属于令人恐怖的暴跌，跌幅超过33%，其中之一就是有史以来最大的暴跌——1929～1933年的股市大崩盘。

我相信，1929年股市大崩盘给人们留下的痛苦记忆如此惨重，远远超过了其他因素的作用，使数以百万的投资者从此远离股市，转而投向债券市场和货币市场。尽管过了60年，但这场超级大股灾仍然使人们对股票市场充满恐惧，甚至包括我们这一代在1929年时还没有出生的人也闻股色变。

如果说，远离股市是由于投资者患上了一种股市大崩盘后的创伤综合征，那么为此付出的经济代价也太高了。所有那些把钱投资于债券、货币市场、储蓄账户和定期存单以躲避下一次股市大崩盘的投资者，他们60年远离股市所错过的投资回报，再加上通货膨胀导致的货币贬值，所有这些由于拒绝投资股票而产生的财富损失，要比即使发生他们所经历过的最严重的股市大崩盘造成的财富损失都要大得多。

因为在1929年那次著名的股市大崩盘之后，经济大萧条接踵而来，于是人们就把股市崩盘和经济崩溃联系在一起。至今我们仍然相信，股市崩盘将会引发经济崩溃。这种错误观念在公众心目中一直根深蒂固，尽管后来事实证明并非如此。比如，1972年的股市暴跌程度完全可以与1929年股市大崩盘相提并论，非常严重（业绩优异的墨西哥风味快餐连锁店公司塔可钟（TacoBell）公司的股价从每股15美元跌到只有每股1美元！），但是却并没有引发经济崩溃。1987年的股市暴跌也没有引发经济崩溃。

也许未来还会有更大的股市暴跌，但是既然我根本无法预测何时会发生股市暴跌，而且据我所知，和我一起参加巴伦投资圆桌会议的其他投资专家也无法预测，那么何以幻想我们每个人都能够提前做好准备免受暴跌之灾呢？在过去70多年历史上发生的40次股市暴跌中，即使其中39次我提前预测到，而且在暴跌前卖掉了所有的股票，我最后也会后悔万分，因为即使是跌幅最大的那次股灾，股价最终也涨回来了，而且涨得更高。

股市下跌没什么好惊讶的，这种事情总是一次又一次发生，就像明尼苏达州的寒冬一次又一次来临一样，只不过是很平常的事情而已。如果你生活在气候寒冷的地带，你早就习以为常，事先早就预计到会有气温下降到能结冰的时候，那么当室外温度降到低于零度时，你肯定不会恐慌地认为下一个冰河时代就要来了。而你会穿上皮大衣，在人行道上撒些盐，防止结冰，就一切搞定了，你会这样安慰自己——冬天来了，夏天还会远吗？到那时天气又会暖和起来的！

成功的选股者和股市下跌的关系，就像明尼苏达州的居民和寒冷天气的关系一样。你知道股市大跌总会发生，也为安然度过股市大跌事前做好了准备。如果你看好的股票随其他股票一起大跌了，你就会迅速抓住机会趁低更多地买入。

1987年股市暴跌之后，道琼斯指数曾经一天之内下跌了508点，那些投资专家异口同声地预测股市要崩溃了，但是事后证明，尽管道琼斯指数暴跌1000点之多（从8月指数最高点计算跌幅高达33%），也没有像人们预料的那样股市末日来临。这只不过是一次正常的股市调整而已，尽管调整幅度非常大，但也只不过是20世纪13次跌幅超过33%的股市调整中的最近一次而已。

从此之后，虽然又发生过一次跌幅超过10%的股市大跌，也不过是历史上第41次而已，或者这样说，即使这次是一次跌幅超过33%的股市大跌，也不过是历史上第14次而已，没有什么好大惊小怪的。在麦哲伦基金年报中，我经常提醒投资者，这种股市回调不可避免，总会发生的，千万不要恐慌。

每当股市大跌，我对未来忧虑之时，我就会回忆过去历史上发生过40次股市大跌这一事实，来安抚自己那颗有些恐惧的心，我告诉自己，股市大跌其实是好事，让我们又有一次好机会，以很低的价格买入那些很优秀的公司股票。

| 第3章 |

基金选择之道

　　人们之所以投资共同基金，是因为这样就可以免除自己进行投资决策的种种烦忧了。因为有基金经理管理，投资者再也不用自己来选股了，但是投资基金也有新的烦恼——现在是不用考虑选什么股票了，但却得考虑选什么基金！根据最新统计，截至1992年年底，美国基金总数高达3565家，其中1266家是股票基金，1457家为债券和收入基金，566家是应税货币市场基金，276家是短期市政债券基金。而在1976年，美国仅有452家基金，其中278家是股票基金。

　　基金层出不穷、蓬勃发展的步伐没有任何停止的迹象。基金品种日益增多，有全国性基金和地区性基金，有对冲基金和行业基金，有价值基金和成长基金，有单一基金和混合基金，也有反向基金和指数基金，甚至还有专门投资基金的基金。不久我们或许还可以看到全能基金以及投资于基金的基金的基金。你问华尔街上所有基金公司的最新的紧急情况指南是什么？就是为了避免公司盈利突然下降，再发行一家新基金！

　　目前，我们已经跨越了美国基金业历史发展道路上的一个重要的里程碑：基金数量的总和已经超过了纽约证券交易所和美国证券交易所上市的股票数量的总和。如果考虑到上市公司中有328家实际上也是基金（参见本章关于封闭式基金的介绍），基金数量超过股票数量的程度就会更加显著。在基金多得让人眼花缭乱的情况下，我们应该如何选择合适的基金进行投资呢？

设计投资组合

两年前，美国新英格兰地区一些业绩不佳的投资者，就向我们提出了如何设计投资组合的问题。我在前面说过，我们几个投资专家受一个非营利机构之邀，帮助他们重新设计过投资组合。和其他非营利机构差不多，这家机构也是不断地需要更多的资金。他们的投资，多年来都是由一位基金经理负责，资金分别投资于债券和股票，和大多数投资者没什么两样。

在我们向这家机构建议如何调整投资组合的过程中，所必须面对的问题和一般投资者调整投资组合时所面对的问题完全一样。

第一个问题，我们需要确定债券和股票在投资组合中所占的比例是否必须改变。这个问题很有趣。在所有的投资决策中，最初对追求增值的股票与追求稳定收入的债券的组合比例分配决策，对于一个家庭未来能够拥有多少财富影响最为深远。

对我自己的家庭而言，我开始变得比过去稍微加重了债券投资，因为我现在退休后就没有薪水了，所以需要投资更多的债券以保证稳定的收入才行。不过我仍然把大部分资产投资在股票上。然而现在大部分投资者的投资错误在于，在追求稳定收入的债券上投资太多，在追求资本增值的股票上投资太少。现在这个问题变得更加严重。1980年美国共同基金投资者中，选择股票型基金的有69%，可是到1990年时反而下降到只有43%。如今全美共同基金总的资产规模中债券及货币市场基金所占的比例高达75%左右。

投资者越来越喜欢债券，对政府当然是好事一桩，因为政府需要永不停步地发行国债以筹集资金弥补财政预算赤字。可是债券对投资者的未来财富增长并不是什么好事，他们本来应该去买股票才对！我在引言中早说过了，股票投资收益率比债券高得多，过去70年来股票平均每年投资收益率达10.3%，而长期国债投资收益率只有4.8%。

股票投资收益率远远高于债券的原因显而易见。随着上市公司规模越来越大，盈利越来越多，作为股东分享到的利润也就越来越多，得到的股息也随之增长。由于股息是决定公司股票价格的一个非常重要的因素，因此如果拥有一个在10年或者20年股息持续增长的股票组成的一个投资组合，你想不赚钱都很难。

1991年出版的《穆迪上市公司股利手册》(*Moody's Handbook of Dividend Achievers*)是我最喜爱的枕边书，上面就罗列出了这种股利持续增长的公司。从这本书中我了解到：有134家上市公司保持了20年股利连续增长的纪录，还有362家公司保持了10年股利连续增长的纪录。因此，一种简单的投资策略就是，从穆迪上市公司股利排行榜中挑选股票，只要这些公司的股利持续保持增长，就尽可能长期持有。帕特南基金管理公司的帕特南股利增长基金（Putnam Dividend Growth）就是坚持这种根据股利增长情况进行选股的投资。

上市公司经常定期提高股利来回报股票持有人，与此相反，即使追溯到文艺复兴时期的美第奇家族（Medicis）时代，历史上从来没有一家公司会主动提高利息来回报债券持有者。债券持有人从来不会得到像股票持有人一样的待遇——被邀请参加年度股东大会；一边吃着点心，一边听着公司高管汇报过去一年的经营业绩情况；然后提出问题让公司高管予以回答。当债券发行人的业绩良好时，债券持有人也不会获得任何额外报酬。债券持有人最多能得到的只是归还他借给公司的本金，而本金的实际价值还会由于通货膨胀而缩水。

债券之所以如此广受欢迎的一个原因是，美国的大部分资产都是老年人持有的，而这些老年人倾向于依靠利息来维持生活。有收入能力的年轻人则被认为会将资金全部投资于股票，到年老时再转而依靠利息收入来维持生活。然而这种"年轻人适合买股票而年老人适合买债券"的投资原则早已经过时了，因为现代人的平均预期寿命比过去明显提高了。

如今，一个身体健康的62岁老人，预期寿命是82岁，他还能再活20年，因此他得准备未来20年的生活费用支出，而且还得再忍受20年的通货膨胀，眼看着他的积蓄的购买力由于通货膨胀而持续下降。那些本来指望靠债券和大额定期存单过上幸福晚年的老人，现在会发现这是根本不可能的。他们退休后还要承担未来20年的生活费用，要想维持原来的生活水平，他们必须投资一些成长股，使自己的资产组合保持一定的增值速度。否则，利率这么低，即使是拥有巨额资产组合的老年人也难以完全依靠利息来维持生活。

在这种情形下，全国的老年人都不得不问："仅仅依靠持有大额可转让定期存单的3.5%的利率水平，我怎么能够维持生活？"

估算一下，一对退休夫妇的全部财产有50万美元，全部投入到大额存单或短期债券上，我们来看看结果会怎样。如果利率下降，他们不得不将到期存单按新的较低利率续存，他们的利息收入就会急剧下降；如果利率上升，他们的利息收入上升，但是由于通货膨胀率也会上升，他们利息收入的购买力也会相应缩水。

如果他们将50万美元的全部资产都投资于利率为7%的债券，他们每年能够获得35 000美元的稳定利息收入。但是如果通货膨胀水平为5%的话，这35 000美元利息收入的购买力将在10年内缩水一半，15年内缩水2/3。

因此，他们退休后——早晚会有那么一天，这对普通的夫妇可能被迫取消一些外出旅行，或者将不得不在利息收入以外再动用一些本金以支付生活费用。但本金减少了，就意味着未来利息收入会减少，计划留给孩子们的遗产也会减少。除了非常富有的家庭,不投资股票,根本不可能长久维持高质量的晚年生活水平。

显然,投资股票的资金数量,取决于投资者手里有多少钱可以用于股票投资以及未来过多久他们需要收回这笔资金进行消费。我的建议是,在投资组合中,最大限度地增加股票投资的比例。

我对这家非营利机构提出了同样的投资建议。在此之前,在他们的投资组合中,股票投资和债券投资各占一半比例。债券部分(投资于5～6年期限的债券)的收益率是9%,而股票部分的股息率是3%,因此整个投资组合总的投资收益率为6%。

正常情况下,债券都是被持有到期,并按票面值收回本金。因此,占投资组合一半的债券投资根本没有什么成长性。占投资组合另一半的股票投资部分除了3%的股息率之外,预期每年增值8%。

(从历史上来看,股票的年平均投资收益率大约是11%,其中,3%来自股息,另外8%来自股价上涨。当然,股价上涨最主要的原因是公司不断地提高股息水平,这使得股票更具有投资价值。)

由于占资产组合一半的股票投资每年增值8%,占投资组合另一半的债券投资根本没有什么升值,因此整个资产组合只具有4%的年增长率,而这仅能够抵消通货膨胀率而已。

如果我们对资产组合进行调整,情况会怎样呢?持有更多的股票,持有更少的债券。在最初的几年内,这个非营利机构将会暂时牺牲一些收入,但是,股票价值的长期增长以及股票股利收入的大幅增长,将远远超过这些短期的损失。调整投资组合中股票和债券的比重后,资本增值会提高,现金收入会减少,详细情况请如表3-1所示。鲍勃·贝克威特(Bob Beckwitt)按照我的要求计算了这些数据,他后来成了富达资产管理者基金(Fidelity Asset Manager Fund)的基金经理,投资业绩相当出色。

表 3-1　股票与债券的相对优势　　　　　　（单位：美元）

		年末债券价值	债券收入	年末股票价值	股票收入	总收入	年末资产总值
方案一 100% 债券	第 1 年	10 000	700	—	—	700	10 000
	第 2 年	10 000	700	—	—	700	10 000
	第 10 年	10 000	700	—	—	700	10 000
	第 20 年	10 000	700	—	—	700	10 000
	20 年总共	10 000	14 000	—	—	14 000	10 000
方案二① 50% 债券，50% 股票	第 1 年	5 000	350	5 400	150	500	10 400
	第 2 年	5 200	364	5 616	162	526	10 816
	第 10 年	7 117	498	7 686	300	798	14 803
	第 20 年	10 534	737	11 377	647	1 384	21 911
	20 年总共	10 534	10 422	11 377	6 864	17 286	21 911
方案三 100% 股票	第 1 年	—	—	10 800	300	300	10 800
	第 2 年	—	—	11 664	324	324	11 664
	第 10 年	—	—	21 589	600	600	21 589
	第 20 年	—	—	46 610	1 295	1 295	46 610
	20 年总共	—	—	46 610	13 729	13 729	46 610

① 为了保持债券与股票 50/50 的比率，必须定期调整投资组合，即追加资金必须不断投资于债券以与不断增值的股票平衡。

贝克威特是我们公司的数量分析专家之一。这些数量分析专家思考问题的方式非常复杂，他们所使用的概念根本不是我们大多数线性思维的人所能理解的，他们说的话也只有那些同行才听得懂。但贝克威特最为难能可贵的是，他随时可以跳出数理分析的专业语言模式，用普通的语言和我们这些普通人进行交流沟通。

贝克威特在表中分析了 3 种投资方案，每种方案都是投资 10 000 美元，债券利率为 7%，股票股息率为 3%，股价每年增值 8%。

第一种方案是，10 000 美元全部投资于债券，20 年后共获得利息收入 14 000 美元，并收回 10 000 美元本金。

第二种方案是，股票和债券各投资 5000 美元，20 年后债券利息收入为 10 422 美元，股票股息收入 6864 美元，期末投资组合资产总值为 21 911 美元。

第三种方案是，10 000 美元全部投资于股票，20 年后股票股息收入为 13 729 美元，再加上股价增值，期末投资组合资产总值为 46 610 美元。

由于股票股息收入不断增加，到最后全部投资于股票的股息收入会比全部投资于债券的利息收入还要多。因此 20 年后第二种方案的固定收益，比第一种方案全部投资于债券的固定收益还要多 3286 美元。而在第三种方案中，投资者全部投资于股票在固定收益方面只比第一种方案只减少了 271 美元，但换来 20 年的股价巨大增值。

若再进一步深入分析，你会发现即使需要固定收益，也没有必要购买债券。这是一个相当激进的结论，来自贝克威特根据我的要求进行的另一套分析资料，具体结果如表 3-2 所示。

表 3-2　100% 投资于股票的策略　　　　　（单位：美元）

假定期初股息率为 3%，其后股息和股票价格以每年 8% 的速度增长，每年投资者最低生活消费支出为 7 000 美元。

年限	年初股票价值	股息收入	年末股票价值	消费支出	年末资产价值
1	100 000	3 000	108 000	7 000	104 000
2	104 000	3 120	112 320	7 000	108 440
3	108 440	3 250	117 200	7 000	113 370
4	113 370	3 400	122 440	7 000	118 840
5	118 840	3 570	128 350	7 000	124 910
6	124 910	3 750	134 900	7 000	131 650
7	131 650	3 950	142 180	7 000	139 130
8	139 130	4 170	150 260	7 000	147 440
9	147 440	4 420	159 230	7 000	156 660
10	156 660	4 700	169 190	7 000	166 890
1～10 年总计		37 330		70 000	166 890
11	166 890	5 010	180 240	7 000	178 250
12	178 250	5 350	192 510	7 000	190 850
13	190 850	5 730	206 120	7 000	204 850
14	204 850	6 150	221 230	7 000	220 380
15	220 380	6 610	238 010	7 000	237 620
16	237 620	7 130	256 630	7 130	256 630

（续）

年限	年初股票价值	股息收入	年末股票价值	消费支出	年末资产价值
17	256 630	7 700	277 160	7 700	277 160
18	277 160	8 310	299 330	8 310	299 330
19	299 330	8 980	323 280	8 980	323 280
20	323 280	9 700	349 140	9 700	349 140
11～20年总计		70 660		76 820	349 140
1～20年总计		107 990		146 820	349 140

注：表中所有金额取整到10美元。

假设你有100 000美元可以进行投资，每年需要7000美元来维持现有的生活水准。一般人往往会认为，购买债券才能保证得到稳定的固定收益。而如果你并不这么做，反而采取一种近乎疯狂的举动——全部投资于股息率只有3%的股票，结果将会如何呢？

为了维持1∶1的投资组合比例，就必须定期调整投资组合。也就是说，如果股票价值上涨，就必须将一部分资金从股票转移到债券投资上。

第一年股息率3%的股息收入只有3000美元，根本无法应付你一年7000美元的消费支出，你怎么填补这个窟窿呢？你只能卖掉价值4000美元的股票。假设股价每年上涨8%，因此到年底你的股票投资会增值为108 000美元，抛掉4000美元的股票后，还剩104 000美元。

第二年股息收入增长到3120美元，你只需卖掉3880美元的股票就可以保证一年7000美元的消费支出了。以后每年股息收入越来越多，需要卖掉的股票金额也就相应越来越少。到了第16年，股息收入超过7000美元，就不必再卖股票了。

20年以后，你的100 000美元本金已增值到349 140美元，如果再加上这20年间146 820美元的生活消费支出，你的投资组合资产总值几乎是最初的5倍。

好了，我们又再次得出股票优于债券的证明，即使你需要固定收益来支付生活费也是如此。可是我们需要考虑一个让人担心的意外因素，那就是股价波动并不会像我们想象的那样规律，根本不可能每年都上涨8%，有时甚至连续下跌好几年。以股票投资代替债券投资的投资者，不但要经受住一次次的股价下跌调整的打击，而且为了弥补股息收入的不足还要卖出股票，有时还不得不在非常沮丧的低价位上抛售。

全部投资股票，如果刚开始时就不幸地碰上股市回调，整个投资组合出现亏损，投资者为了支付生活费用，不得不亏本卖出股票，这时心理负担肯定会特别沉重。投资者总是担心，全部投资股票，万一碰上股市暴跌，把老本赔个精光，那可根本输不起。即使你已充分明白表3-1和表3-2的计算，而且也相信长期而言把资金全部投资于股票是最明智的投资决策，可是由于非常恐惧股市暴跌、输个精光，所以宁愿投资债券。尽管少赚一些，却睡得安心多了。

让我们做个悲观的假设，你刚刚把资金全部投入股市，第二天就碰上大跌，一夜之间就损失25%，一下子1/4的财产不见了。你当然会痛骂自己，后悔不已，但是只要你坚持不卖掉股票，长期持有，最终结果一定还是比全部投资债券要好很多。贝克威特用电脑程序计算表明，20年后，你的投资组合会增值到185 350美元，几乎是你投资债券20年后收回的100 000美元本金的两倍。

或者让我们假设你碰上了更加糟糕的情况：经济衰退持续20年，股市持续低迷，股息率和股价涨幅根本达不到我们预计的8%，都只有预计水平的一半。这肯定是现代金融史上持续时间最久的大灾难，但如果你仍然全部投资股市，每年从中取出7000美元现金来维持生活，20年后你手中还有100 000美元，结果和投资债券是完全一样的。

如果当时我向那家非营利机构进行建议时，手上有贝克威特的这些分析数据就好了，我就可以说服他们一分钱也不要投资债券了。最后我们做出决策，提高股票的投资比例，至少这样做是向正确方向迈出了一步。

债券和债券基金

决定了投资组合中股票和债券的投资比例后，下一步就要确定如何进行债券投资。我个人并不热衷于债券投资，所以这部分讨论内容会相当简短。你们应该都看得出来，我明显比较偏好股票，不过稍后再来讨论我最热衷的股票投资，现在先来讲讲债券。一般人认为债券投资最能确保本金安全，但事实却并非如此。

人们往往以为，买债券十分安全，能让你晚上睡得安稳，而买股票风险很大，会让你半夜惊醒。购买利率8%的美国30年期国债很安全吗？除非这30年期间通货膨胀能维持在较低的水平，才能说保证安全。万一通货膨胀率上升为两位数，那么国债价格就至少会下跌20%～30%。这种情况可让人进退两难：如果卖掉债券，必然会亏损；如果一直持有30年到期为止，本金肯定能够拿回来，但现在这些本金的购买力却只有原来的一部分而已。红酒或棒球卡也许时间越久越升值，但货币却是会越来越贬值，例如1992年美元贬值得只有1962年美元购买力的1/3。

（在此需要向大家说明的是，市场上饱受轻视的货币市场基金，其业绩表现并不像大家所以为的那样糟糕。目前通货膨胀率为2.5%，而货币市场基金平均收益率为3.5%，至少你的实际收益率还有1%。如果利率上涨，货币市场基金收益率也会跟着上涨。当然啦，我并不是说仅仅靠货币市场基金3.5%的收益率就能让你过上好日子，但至少你不用担心亏掉老本。现在许多货币市场基金，收取的申购费都很低，这使得它们更加具有投资吸引力。况且现在的低利率不可能永远持续下去，因此投资于货币市场基金比长期债券更加安全。）

另一个关于债券投资的错误观念是，购买债券基金比直接投资债券更加安全。如果说是投资公司债券或垃圾债券，毫无疑问这个说法是正确的，因为通过基金来分散投资于不同的公司债券，可以把债务人违约风险限制在更低的水平。但是债券基金也根本无法防范利率上扬的风险，而投资长期债券最大的风险就是利率上升。利率一开始上升，债券基金和期限相同的个别债券价值下跌得一样惨。

你可拿出一些钱，购买垃圾债券基金，或者购买那些同时投资公司债券和国债的债券基金，这些基金的收益率会比投资某一只债券要好。我怎么也想不通，怎么会有人把所有资金都投资在中期或长期国债基金上。可是很多人的确就是这样做的。目前投资于美国国债基金的资金规模高达千亿美元以上。

我这样说，可能会让我失去一些债券基金部门的朋友，不过我还是要说。国债基金存在的目的到底何在，真是让我百思不得其解。投资者如果购买中期国债基金，每年还要向基金公司支付 0.75% 的申购费，以供基金公司支付薪资、审计费用及制作年度报告等。而如果直接去购买 7 年期国债，就根本不用支付任何额外费用，收益率肯定比购买国债基金要高。

你可以透过证券公司，或直接向美国联邦储备委员会下属的各地银行，直接购买国债或国库券，不必支付什么手续费或佣金。3 年期国库券最低购买金额为 5000 美元起，10 年及 30 年期国债最低购买金额只要 1000 美元。国库券利息是期前支付，直接从国库券购买金额中扣除，国债利息则自动转存入购买者的证券账户或银行账户，一点都不用你操心。

那些推销员会说，国债基金由专业经理人来操作，能够在最佳时机适时买入卖出，风险比较低，收益率比较高。说得好听，可是这种情形很少出现。纽约债券承销商 GHC 公司的研究报告得出结论，1980～1986 年，债券基金收益率一直低于单个债券，有时一年收益率竟落后 2% 之多，而且债券基金期限越长，相对单个债券的业绩表现也越差。专家管理债券基金能够获得一些超额收益，但还不够补偿投资者申购债券基金为这些专家付出的管理费用成本。

GHC 公司的研究报告同时指出，许多国债基金宁愿牺牲长期的总收益率，以拉高当前的收益率。对此我没有证据加以支持或者反驳，但我可以确定，直接投资 7 年期国库券，7 年后一定能取回本金，但购买中期国债基金就不一定能够保证你足额收回本金。你出售时的基金单位价格由当日债券市场行情决定，而行情随时都在波动，有可能你只好低价卖出，承担亏损。

在人们追捧债券基金的狂热中还有一点让我百思不得其解，那就是为什么有这么多人愿额外支付管理费，来购买国债基金和所谓的吉利美（Ginnie Mae）⊖基金。购买一只持续战胜市场的股票基金，支付申购费用情有可原，因为你的投资收益弥补申购费用绰绰有余。购买一只美国 30 年期国债或吉利美债券，和购买其他品种的国债或吉利美债券根本没有什么区别，那些基金经理人极少能够取得远远超越同行的优异业绩。事实上，收取申购费的债券基金与不收申购费的债券基金，投资业绩几乎完全一样。由此我总结出了第 5 条林奇投资法则：

---------- **林奇法则** ----------

> 根本没有必要白白花钱请大提琴家马友友来放演奏会录音。

最后在我们的建议下，这家非营利机构一共聘请了 7 位基金经理来管理债券投资：2 位传统债券基金经理负责大部分债券投资资金，3 位基金经理负责可转换公司债券投资（本章稍后讨论），另外 2 位基金经理专门负责垃圾债券投资。

如果你买对了垃圾债券，收益率也会非常可观，不过我们可不想在垃圾债券上下大赌注。

⊖ 美国政府国民贷款抵押协会，其发行的债券被视作政府机构债券。——译者注

股票及股票基金

从某一方面来说，股票基金和股票没什么两样，赚钱的唯一办法就是要长期持有不动。长期持有需要坚强的意志。那些经常会因恐慌而抛售股票的人，投资股票基金可能也会恐慌、抛售，最后都赚不到什么钱。即使是业绩最好的股票基金，在大盘回调整理时也可能反而比大盘跌得还惨，这种情况十分常见。在我管理麦哲伦基金期间，有9次股市回调10%，而我管理的麦哲伦基金净值比大盘跌得更低，但是反弹时也比大盘涨得更高（对此我稍后会详细说明）。要想从这些大反弹获利，你就得紧抱基金不放。

我担任麦哲伦基金经理时，经常在基金年报"致持有人的信"中发出警告说，麦哲伦基金这艘巨轮也有可能在股市波动的惊涛骇浪中沉没。我这样做的理论依据是，如果某种坏事情发生会让人们烦恼不安，一旦人们事先有所心理准备，那么这种坏事情即使发生了，人们也不会惊慌失措。我想，大多数人在股市大跌中能够保持冷静，坚决持有，但有些人肯定做不到。沃伦·巴菲特曾经警告投资者，那些无法看着自己的股票大跌、市值损失50%却仍然继续坚持持有的投资者，就不要投资股票。这个观点也同样适用于股票基金的持有人。

那些无法忍受基金净值短期内减少20%～30%的人，就不该投资成长型股票基金或一般的股票型基金。这类投资者比较适合既持有股票也持有债券的平衡型基金或资产配置型基金。这两种基金的业绩波动都要比纯股票型基金小一些，不过最后收益率也要少一些。

目前美国市场上投资基金种类繁多，股票型基金就多达1127种，令人眼花缭乱。对此我提出了第6条林奇投资法则：

林奇法则

既然要选择一只基金，就一定要选择一只业绩优秀的好基金。

选择一只好基金，说起来容易做起来难。过去10年来，75%的美国股票型基金连市场的平均业绩水平都赶不上，几乎年年落后于大盘。事实上，一个基金经理的业绩只要能够与大盘指数持平，就在所有基金经理排名中高居前1/4。

很奇怪的是，入选指数的就是那些股票，而这么多基金公司买卖的也是那些股票，但基金投资业绩却比不上指数，这是一个现代证券市场之谜。大多数基金经理连市场的平均业绩水平都赶不上，这听来似乎不可思议，但实际情况的确如此。1990年基金再次输给标准普尔500指数，这已经是基金连续输给市场的第8年！

这种奇怪的现象原因何在，目前无人能知。

第一种说法是，基金经理其实根本不会选股，如果把计算机扔了，单纯依靠向股票一览表上掷飞镖乱选一气，选股业绩反而会更好。

第二种说法是，华尔街上的羊群效应非常盛行，大部分基金都是市场追随者，基金经理只是表面上假装追求超越市场的卓越业绩，实际上一辈子只求与指数持平就心满意足了。可悲的是，这帮基金经理实在是太才华横溢了，以至于连与大盘指数保持同步这样超级简单的工作都做不好，可能就像那些才华横溢的大作家，尽管满腹才华，却拼凑不出来一本极其幼稚、粗糙的畅销书。

第三种说法算是比较客气的，认为基金表现之所以不如指数，主要是由于指数，尤其是标准普尔500指数的成分股近年来越来越集中于大盘股，而这些大盘股最近几年涨幅惊人。在20世纪80年代，想击败市场比70年代难得多了。20世纪80年代，许多入选标准普尔500指数成分股的上市公司卷入并购风潮之中，并购使公司股价飞涨，相应带动指数大涨。此外，外资大笔涌入美国股市，专挑名声显赫的大公司大盘股，进一步加大了指数上涨的动能。

20世纪70年代的情形正好相反，那些著名的大公司（如宝丽来、雅芳、施乐以及一些钢铁公司、汽车公司）由于自身业绩糟糕，其股票市场表现也相当糟糕。绩优成长公司（如默克公司）业务持续繁荣成长，但由于其股票价格过于高估，股价却并没有怎么上涨。因此，那些刻意避开这些大公司股票的基金经理反而相对于市场取得了巨大的优势。

第四种说法是，指数型基金大受欢迎，反过来推动指数成分股本身涨得更高。由于越来越多的大型投资机构投资指数基金，越来越多的资金涌入指数成分股，使其股价大涨，导致指数基金业绩表现胜过其他股票基金。

这是不是意味着，想要在数百家主动管理型基金中选出一只业绩优异的好基金，比百里挑一还要难上几倍？不如干脆选一家或几家指数型基金紧抱不放，这样做更省事且更赚钱？我和迈克尔·理柏（Michael Lipper）讨论了这个问题，他在基金业内是首屈一指的权威专家。他根据一大批主动型股票基金的业绩计算得到股票型基金平均业绩水平，然后与标准普尔 500 指数股利再投资的业绩水平进行比较（标准普尔 500 指数本质上就是一个指数型基金，扣除极低的指数型基金管理费就相当于指数型基金业绩水平）。二者比较结果如表 3-3 所示。

表 3-3　股票型基金与标准普尔 500 指数业绩对比

过去 10 年中有 8 年标准普尔 500 指数业绩胜过股票型基金，但长期而言股票型基金略占一点点优势。

年度	股票型基金平均业绩（%）	标准普尔 500 指数股利再投资（%）
1992	9.1	7.6
1991	35.9	30.4
1990	−6.0	−3.1
1989	24.9	31.6
1988	15.4	16.6
1987	0.9	5.2
1986	14.4	18.7
1985	28.1	31.7
1984	−1.2	6.3
1983	21.6	22.6

（续）

年度	股票型基金平均业绩（%）	标准普尔500指数股利再投资（%）
1982	26.0	21.6
1981	−0.6	−4.9
1980	34.8	32.5
1979	29.5	18.6
1978	11.9	6.6
1977	2.5	−7.1
1976	26.7	23.9
1975	35.0	37.2
1974	−24.2	−26.5
1973	−22.3	−14.7
1972	13.2	19.0
1971	21.3	14.3
1970	−7.2	3.9
1969	−13.0	−8.4
1968	18.1	11.0
1967	37.2	23.9
1966	−4.9	−10.0
1965	23.3	12.5
1964	14.3	16.5
1963	19.2	22.8
1962	−13.6	−8.7
1961	25.9	26.9
1960	3.6	0.5
累计总收益表现		
1960～1992	2 548.8	2 470.5

资料来源：Lipper Analytical Services, Inc.

理柏的研究结果表明，指数基金业绩领先于一般股票型基金平均业绩，而且往往领先幅度相当大。如果1983年1月1日用100 000美元投资于先锋500指数基金（Vanguard 500 Index Fund），然后一直持有不动，到1991年1月1日就会增值到308 450美元。若投资一般的股票型基金，却只能增值到236 367美元。指数基金连续8年战胜主动型股票基金，直到1991年才输了一次。

　　如果以30年时间来看，主动型股票基金总的投资收益率为2548.8%，被动型指数基金总的投资收益率为2470.5%，相差无几，前者略高一点点。可见，投资者费时费力，拼命想挑选出一个好基金，选一个最优秀的基金经理，但是绝大多数情况下，这些努力全部都白费了。只有少数几家基金能够持续战胜市场（稍后详述），除非你很幸运找到了其中一家，否则花再多的精力和时间来研究如何挑选好基金都是白费气力。这是另一种扔飞镖选股票的投资方法，干脆把整个靶子都买下来——购买所有指数成分股，哪个股票涨都不会错过。

　　连基金研究权威理柏个人也认为，要想研究出来到底哪个基金经理将会是未来战胜市场的超级明星是根本不可能的。前面的证据已经告诉我们这种努力是白费气力。可是在华尔街上人性的力量始终想挑战事实，投资者总是永远不停地在成千上万个基金中寻寻觅觅，想要找出一只持续战胜市场的基金明星。

　　我和几位同事也想要发起这种挑战，为前面提到的非营利机构选择一位优秀的基金经理。我们花了好几个小时审阅75位基金经理候选人的个人简历及业绩记录，从中挑选出了25位进行面试。

　　后来我们决定同时录用几位基金经理，每人分别管理一部分投资组合。你只要同时投资于几种不同投资风格和不同投资理念的基金，就可以达到同样的目的。我们基于以下的一些想法才这样操作：股市变化无常；环境变化无常；某种投资风格的基金经理或某种类型的基金，不可能在所有情况下都能战胜市场。股票如此，基金同样是如此。谁知道下一次投资机遇会出现在哪里？所以不如采取中庸之道，同时购买各种不同的基金，这样才能稳稳当当地赚钱。

　　如果你只买一种基金，可能你会碰到基金经理表现失常、业绩不佳的困境，或者该基金选的全是一些不受市场青睐的股票。例如，一只价值型基金或许过去 3 年业绩优异，但随后的 6 年却表现一塌糊涂。1989 年 10 月 19 日华尔街股市大崩盘以前，价值型基金连续 8 年战胜市场，而同期成长型基金却连续输给市场。1987 年之后成长型基金连续战胜市场，但 1992 年却输给了市场。

基金品种越来越多，也越来越复杂。为了方便讨论，我把最重要的几种基本类型简介如下：

- 资本增值型基金：基金经理各类型股票都可投资，不拘泥于特定投资观念。麦哲伦基金就属于这种基金。
- 价值型基金：选股的主要标准不是盈利能力，而是公司的资产价值，例如天然资源开采公司、房地产公司、有线电视公司、输油管道公司及饮料罐装公司等。这种价值型公司，大多数为了购置资产承担很高的负债。它们追求的目标是，还清债务后公司大赚一笔。
- 绩优成长型基金：主要投资于中盘和大盘绩优股，这类公司在业内地位稳固，成长良好，增长速度稳定，盈利每年至少增长 15% 以上，因此周期型股票、缓慢增长型蓝筹股都不包括在内。
- 新兴成长型基金：主要投资小盘股。好几年来小盘股一直落后于市场，1991 年突然开始以很大优势战胜市场。
- 特殊情况基金：投资那些正常情况下并没有什么特别吸引人之处，但突然发生某种事件改变了公司未来发展前景的股票。

知道你持有的基金属于什么类型，能够帮助你正确判断是否要继续持有。马里奥·加贝利的价值型基金连续落后大盘 4 年，但这并不表示就应该放弃。1992 年这只基金业绩就开始大幅反弹。一旦价值型股票不受市场青睐，加贝利、库尔特·林德纳（Kurt Lindner）或迈克尔·普赖斯等这些价值投资高手的业绩肯定好不了，根本比不上那些投资于市场追捧的成长股的成长型基金。

要公平地比较基金业绩优劣，必须将同一类型相互比较。如果多年来加贝利的业绩一直胜过林德纳，你肯定要一直抱紧加贝利的基金。但是如果几年来加贝利的业绩一直不如著名的成长型基金经理约翰·邓普顿（John Templeton），也不能因此就指责加贝利做得不好，因为在这几年，所有价值型基金表现都不如成长型基金。

同样，如果去年黄金行业股票平均下跌了10%，黄金行业股票基金也相应下跌10%，这种情况下再指责这个基金经理是非常不近情理的。如果自己手中持有的一只基金业绩表现不佳，人们最自然的反应就是抛了这只表现差的，换成另一只表现更好的基金。但如果根本不考虑这类基金的整体表现情况，失去耐心，更换基金，就会犯下另一个错误——这些人往往恰是在最不应该更换基金的时候更换了基金，其实此时他们抛弃的价值型基金刚开始触底反弹，而他们要买入的成长型基金则刚开始见顶回调走下坡路。

事实上，在价值型基金普遍表现不佳的时候，某一只价值型基金却表现特别优异，但这并不值得高兴（成长型或其他类型基金同样如此）。因为这可能是这只基金的基金经理不再钟情于价值低估型股票，转而投资一些大盘蓝筹股或公用事业股。也许是价值型股票的表现普遍低迷，让基金经理极度受挫，实在受不了了，干脆改变投资网络。

这种基金经理缺乏严格的自律，也许短期业绩会风光一时，但只是短暂的，最终必然会牺牲长期业绩。一旦价值型股票开始回升，这个基金经理却没有投资多少价值型股票，结果基金持有人支付管理费是来购买价值型基金的，但当价值型股票上涨时却享受不到相应的大幅增值。

那些经验老到的基金投资人会仔细研究一只基金的年度报告或半年度报告，以检查这只基金购买或者准备购买的股票是否与基金的投资风格相吻合。例如，在价值型基金中不应该会有微软公司的股票。评判基金经理的操作，大放一通马后炮，这已经超出一般投资者的能力范围，但却是我们这些股票投资狂热爱好者最喜欢做的事。

基金全明星队

为了提高投资胜算，确保我们的资金能够在合适的时间投资到合适的对象上，我们最后为这家非营利机构挑选了13家不同的基金和基金经理，其中包括：1位价值型基金经理、2位绩优成长型基金经理；2家特殊情况基金、3家资本增值型基金、1家小盘成长型基金、1家专门投资股利持续增长型公司的基金以及3家可转换债券基金（后面详述）。

我们认为，这样挑选不同的明星基金和明星基金经理组成一只全明星队，应该每年都能战胜市场。这种全明星队里会出现一些超级明星，其优越表现可以弥补另外一些基金或基金经理的一般表现，从而使我们能够战胜大多数个别基金经理都难以战胜的指数。

一般业余投资者也可以简单模仿这个全明星投资策略。你可以把资金分成6部分，分别买入上述5种类型基金，再加上一只公用事业基金或一只混合型基金（equity-to-income fund）。后面这两种基金在股市大幅震荡行情中，非常有助于你的整体业绩保持稳定。

1926年到现在，小盘成长型股票一直大幅领先于标准普尔500指数，所以在小盘成长型基金上投资一定比例肯定是个好主意。你可以在投资主动管理型基金的同时投资一些指数基金，其中包括：覆盖了绩优成长型股票的标准普尔500指数基金，覆盖了小盘成长型股票的罗素2000指数基金以及投资价值型股票的加贝利资产基金（Gabelli Asset）、林德纳基金（Lindner Fund）或普赖斯的灯塔基金（Mutual Beacon），还有投资资本增值型股票的麦哲伦基金（在这儿顺便给我管理过的基金打个广告）。

最简单的做法是：把资金分为 6 等份，等额买入 6 只不同类型的基金，这样就大功告成了。如果有了新的资金，想再增加投资，重复以上过程即可。比较复杂一些的做法则是：调整各种不同类型基金在投资组合中所占的比重，把新的资金投入到那些表现已经落后于市场的基金。但这种方法只限于新追加投入的资金。由于个人投资者还要考虑所得税问题（慈善机构免缴所得税），所以最好不要频繁买进卖出，在不同的基金之间频频换来换去。

那么如何判定哪些类型的股票表现已经落后于市场了呢？1990 年秋天为那家非营利机构拟定投资计划时，我们也讨论了这个问题。那时我认为一部分大盘成长股，例如百时美公司、菲利普·莫里斯公司和雅培制药公司（Abbott Labs）等，股价都已经涨到了让人头晕目眩的新高，股价已经明显高估，将来肯定面临大跌或至少也会出现相当大的回调。在第 7 章我会进一步解释我是如何判断股价涨跌的。

标准普尔 500 指数的成分股都是典型的制药或者食品行业大盘股。此外，道琼斯指数成分股则绝大多数是周期型公司股票，纳斯达克指数和罗素 2000 指数的成分股则主要是小盘成长型公司，如连锁餐饮公司和高科技公司等。

回顾过去 10 年期间标准普尔 500 指数和罗素 2000 指数的表现，就能看出大盘股与小盘股的波动模式有何不同。首先，小盘成长型股票震荡远远要比大盘股激烈得多，小盘股走势如同小麻雀忽上忽下，大盘股走势则如雄鹰平稳翱翔。其次，小盘股经过一段较长时间的折腾后，最终收益率还是赶上了大盘股。

1986～1990 年这 5 年，小盘成长型股票只上涨了 47.65%，而同期标准普尔 500 指数大涨了 114.58%，相对而言大幅落后。但是到了 1991 年，小盘成长型股票却成功反超大盘股，短短一年间罗素 2000 指数就飙升至 62.4%，有些小盘成长型基金表现更出色，涨幅高达 70%，甚至 80%。

显然，小盘成长型股票已经连续 5 年表现不佳的 1990 年，却是加仓投资小盘成长型股票的大好时机。如果当时大家经常阅读《巴伦周刊》《华尔街日报》等专业报刊，留意到各类指数的相对表现，就可能会抓住这个在低谷时买入小盘成长型基金的良机。

还有一个有效的方法能够帮助我们弄清楚到底应该投资小盘股还是大盘股，那就是追踪 T. Rowe 普赖斯投资公司的新地平线（New Horizons）基金。新地平线基金创立于 1961 年，专门投资于小盘股。该基金投资的小盘股如果市值增长超过一定规模，这只股票就会被从投资组合中剔除掉。新地平线基金的业绩表现，就是你观察小盘成长型股票的一个晴雨表。

图 3-1 是 T. Rowe 普赖斯投资公司定期公布并更新的一份图表，用来比较新地平线基金投资的小盘股和主要由大盘股构成的标准普尔 500 指数的相对市盈率水平。由于小公司成长性一般高于大公司，所以小盘股市盈率通常也高于大盘股。由此我们可以从理论推断，新地平线基金持股的市盈率水平，应该一直高于标准普尔指数。

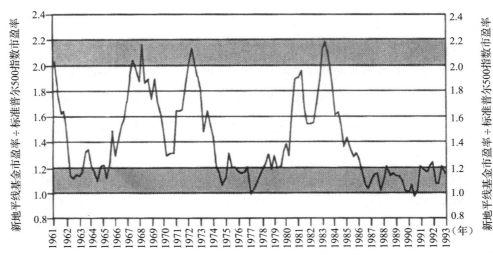

图 3-1　新地平线基金与标准普尔 500 指数的市盈率相对水平

资料来源：T. Rowe 普赖斯投资公司。

但实际情况并非如此,这正是图 3-1 十分有用的地方。某些时候小盘成长型股票非常不受市场青睐,股价十分低迷,新地平线基金持股的市盈率甚至下跌到与标准普尔 500 指数相同的水平,这种情况非常罕见(二者相对市盈率等于 1)。

另外一些时候,小盘成长股受到市场狂热追捧,股价高得非常不合理,新地平线基金持股平均市盈率将会高达标准普尔 500 指数的 2 倍(相对市盈率为 2.0)。

从图 3-1 可以看出,过去 20 年来只有 1972 年和 1983 年这两年的市盈率相对水平突破 2.0,但这两次突破 2.0 之后小盘股都大跌了好几年。事实上,1983～1987 年的大牛市期间,小盘股大部分时间都没有什么表现。因此,当新地平线基金和标准普尔 500 指数的市盈率相对水平值逼近于可怕的 2.0 时,就是一个非常明显的暗示:此时应该避开小盘成长型股票,而专注于投资大盘股。

由图 3-1 还可以明显地看出,买入小盘成长型股票的最佳时机,就是市盈率相对水平下降到 1.2 以下的时候。当然,要利用这个投资策略来赚钱,你必须有足够的耐心,因为小盘股大跌之后,需要好几年的时间才能重新积蓄能量,然后还需要几年的时间才会再次全面大涨。例如在 1977 年的时候,小盘股在此之前已连续上涨一两年了,华尔街普遍认为小盘股行情已经快到尽头了,此时应该抛掉小盘股,换成大盘股了。可那时我是一个初生牛犊不怕虎的年轻基金经理,我根本不理会市场上的主流看法,坚决重仓持有小盘股,而正是这个决策,使麦哲伦基金后来连续 5 年一直跑赢大盘。

在成长型基金和价值型基金的对比选择上,也可以用这种方法。理柏投资分析服务公司编制两种基金指数,一种是 30 家价值型基金构成的价值型基金指数,另一种则是由 30 家成长型基金构成的成长型基金指数,每期《巴伦周刊》上都会刊登。1989～1991 年,理柏成长型基金指数暴涨了 98%,而价值型基金指数的涨幅只有36%。价值型基金已经相对落后多年，此时你反而应该买进价值型基金了，因为它们反败为胜、东山再起的时候快要到了。

寻找基金冠军

不管是价值型基金、成长型基金，还是资本增值型基金，我们如何才能选择出一家远远战胜其他竞争对手的基金冠军呢？大部分投资人是根据基金过去的业绩情况进行判断的。他们研究《巴伦周刊》上刊登的定期追踪基金业绩的理柏基金指南或是其他类似的基金业绩信息，追踪基金过去1年、3年、5年甚至更长时间的历史业绩记录。现在分析基金历史业绩表现，已成全美流行的业余消遣。投资人花费几千小时来做这件事，相关讨论基金历史业绩表现的书籍和文章铺天盖地。但所有这些投入，除了极少数情形之外，绝大多数毫无用处，只是浪费时间。

有人以为只要买过去一年业绩表现最好的基金就行了，看看谁是理柏基金排名表上一年期业绩的第一名，然后买入这家基金就行了。这样挑选基金的方法是非常愚蠢的。一年期业绩排名表的冠军基金，往往是那些押宝于某个热门行业或者几只某类热门股，结果交了好运中大奖了。否则凭什么能够在如此短的时间内以如此大的优势遥遥领先？再过一年，这个好赌的基金经理肯定就不会那么好运了，他的基金很可能就从第一名变成最后一名了。

就算用过去3年或5年的历史业绩记录来选择未来的基金冠军，也往往是不灵验的。美国《投资远见》杂志（*Investment Vision*，现更名为*Worth*）上的一篇研究报告指出，1981~1990年，如果每年选择过去3年期历史业绩最佳的基金进行投资，结果会落后标准普尔500指数2.05%。如果采取类似的方式，选择过去5年期业绩最佳的基金进行投资，只会比标准普尔500指数领先0.88%。选择过去10年期业绩最佳的基金进行投资，只会比标准普尔500指数领先 1.02%。如此微弱的领先优势，连支付买入卖出基金的手续费都不够！

如果专门选择 5 年期或 10 年期历史业绩最佳的基金，然后连续持有 5 年，结果又会如何呢？前者只不过和标准普尔 500 指数持平而已，后者反而会落后标准普尔 500 指数 0.61%。

由此我们可以得出一个投资教训：不要白白浪费太多时间去研究基金的历史业绩记录。当然，这并不是说，你不应该挑选一个有着长期良好历史业绩表现的基金。坚决长期持有一个业绩持续稳定且投资风格也持续稳定的基金，远远胜过在不同的基金之间换来换去、随波逐流。

还有一个值得研究的问题是，基金在熊市表现如何？这也是相当复杂的一个问题。有些基金在下跌行情中跌得更惨，但在反弹行情中涨得却也更高；另外一些则跌得少但涨得也少；还有一些是跌得多而且涨得少。最后这一种基金我们要尽量回避。

关于基金在熊市的表现，一个非常好的信息来源是《福布斯》杂志每年 9 月份刊登的《福布斯》基金名人堂（*Forbes* Honor Roll）。想登上《福布斯》基金名人堂相当困难，起码要有多年的投资历史，要经历过两个牛市和至少两个熊市。《福布斯》杂志会根据基金在牛市和熊市的表现分别进行评级，从最高的 A 到最低的 F。《福布斯》基金名人堂会列出以下信息：基金经理的姓名、管理时间、管理费率、持股市盈率水平以及 10 年平均收益率。

要想进入《福布斯》基金名人堂是非常困难的事情，因此根据其评级来挑选基金是相当可靠的。选择一个在牛市和熊市表现评级是 A 或 B 的基金，肯定错不了。

目前美国共有 1200 余只股票型基金，其中只有 264 家的历史能够追溯到 1978 年或更早。在这 264 只基金中，到现在每个年度都能保持盈利的只有 9 家：凤凰成长型基金（Phoenix Growth）、美林资本增值 A 基金（Merrill Lynch Capital A）、美国投资公司基金（Investment Company of America）、

John Hancock 国王基金、CGM 共同基金、全美基金（Nationwide）、Eaton Vance 投资者基金、派克斯世界基金（Pax World）以及奥马哈收入型基金（Mutual Omaha Income）。其中表现最好的是凤凰成长型基金，自从 1977 年以来复合收益率高达 20.2%，这是一个令人惊叹的业绩记录。这 9 家基金中，有 8 家每年上涨 13% 甚至更高。

收取申购费基金与免收申购费基金

申购费是指购买基金时支付的手续费。购买基金是否需要支付申购费，也是投资者选择基金时需要考虑的一个因素。收取申购费是不是就意味着这只基金很好呢？未必如此。有些十分成功的基金收取申购费，但有些同样十分成功的基金却并不收取申购费。如果你准备长期持有一只基金好几年，那么 2%～5% 的申购费就无足重轻。因此，你不应该因为收取申购费就拒绝购买一只好基金，同样也不应该由于免收申购费就购买一只差的基金。

基金的管理费和其他开支的多少，当然会影响其整体业绩表现，这正是收费极低的指数基金的优势所在。在比较不同主动管理型基金的业绩表现时，投资人完全可以忽略这些费用。因为在计算年度业绩表现时，这些费用会从中扣除，也就是说，在比较业绩时已经考虑了费用因素。

还有一些人也担心基金规模大小对业绩的影响，尤其是我管理的麦哲伦基金。1983 年麦哲伦资产超过 10 亿美元时，我第一次听到"规模太大难以成功"这种说法。后来麦哲伦基金规模增长至 20 亿、40 亿、100 亿美元，一直到我离开时达到 140 亿美元，我一次又一次听到"规模太大难以成功"的说法。莫里斯·史密斯（Morris Smith）接手后，麦哲伦基金增长到了 200 亿美元，我想肯定还有很多人说"规模太大难以成功"。随着麦哲伦基金规模日益壮大，这些冷言冷语总是一再出现。

史密斯刚接管麦哲伦基金时,《波士顿环球报》(*The Boston Globe*)马上开辟了一个名为"莫里斯·史密斯观察"(Morris Smith Watch)的专栏,其实真正用意是"观察史密斯如何因基金规模太大而大栽跟斗"。可是史密斯管理的麦哲伦基金在1991年业绩表现上佳,《波士顿环球报》只好撤掉了这个本来打算幸灾乐祸看笑话的专栏,但还是有很多人在大弹"基金规模太大难以成功"的老调。如今史密斯离开了,杰夫·维尼克(Jeff Vinik)接任,继续管理这家规模过大却依然十分成功的麦哲伦基金。

基金规模过于庞大的确有一些不利因素。这就像一个体形庞大的橄榄球后卫球员,每天只吃几块小蛋糕是根本无法保持体力的,必须吃下一大堆东西才能够获得足够的营养。管理规模庞大的基金的基金经理面临着类似的困境。尽管那些小盘股表现相当不错,但却无法购买到足够的数量使得基金整体业绩能够有所提高。大型基金将不得不购买一些大盘股的股票。然而,即使是购买大盘股,规模庞大的基金也将花几个月的时间才能买到足以影响基金整体业绩的数量,而要卖出足够的数量则需要花费更多的时间。

大型基金的这些不利因素,都可以利用高超的投资管理技巧来加以克服。迈克尔·普赖斯的股票共同基金(Mutual Shares)就是一个很好的证明(该基金已不再对外开放,普赖斯还管理着灯塔共同基金)。而接替我管理麦哲伦基金的史密斯,也证明了他对巨无霸基金照样可以管理得十分成功。

在结束这部分讨论之前,我们将继续讨论其他4种类型的基金:行业基金、可转换债券基金、封闭式基金以及国家基金。

行业基金

行业基金大概在20世纪50年代开始出现。1981年,富达公司首次推出了一批行业基金,投资者只要支付很低的手续费,就能在不同行业基金之间进行转换。如果投资者非常看好某个行业，例如石油，却没有时间研究石油行业里面哪家公司最值得投资，那么投资石油天然气行业基金是一个最简单易行的办法。

可是对那些老是变化无常的投机者而言，行业基金并不是一个可以根据第六感进行投机获利的工具。尽管他们有时想这样做，却难以成功。也许某一天你的第六感告诉你油价马上要大涨，可是事实证明油价大跌。在你的猜测完全错误时，即使你不是买入埃克森石油公司这只个股，而是买进石油天然气行业基金，也照样无法免受亏损。

最适合投资行业基金的投资者，是那些特别了解某一种商品或者某一个行业的人，比如珠宝商、建筑商、保险精算师、加油站老板、医生或科学研究人员等。他们有着很好的条件，能够及时掌握行业内的最新信息，比如贵金属价格、木材价格、石油价格、保险费率、政府对一种新药的审批或生物科技即将开发出哪些市场前景良好的产品等。

如果能够在合适的时机投资合适的行业，你就能在很短的时间内大赚一笔。1991年富达生物科技行业基金的投资者就是如此幸运，一年赚了99.05%。不过这种暴利涨得很快，跌得往往也很快。富达生物科技行业基金在1992年前9个月就大跌了21.5%。高科技行业基金从1982年中期至1983年中期都是涨幅榜的冠军，但随后的几年却是跌幅榜的冠军。过去10年来，医疗保健业、金融服务业以及公用事业是涨幅最大的行业，而贵金属行业则是跌幅最大的行业。

从理论上讲，在股市上，每个行业最终都有东山再起之日，所以我现在开始对持续低迷的黄金行业股票发生兴趣。

我刚接管麦哲伦基金的前几年，金价飞涨，以至于普通百姓都不敢去医院看牙医，不是怕疼，而是怕镶一个金牙价钱太贵。当时在各类基金中，黄金行业基金是业绩表现最好的，可是它们的名字却是诸如"战略投资"

(Strategic Investments)、"国际投资者"（International Investors）、"联合服务"（United Services）之类，根本没有黄金两个字。一些外行人望文生义，总会把这些黄金行业基金同一般的股票型基金混淆，这种混淆让我受到很多误解。

当时理柏的5年期基金业绩排行榜上，有一只黄金行业基金经常压在我管理的麦哲伦基金头上，可是很多投资者只看名字根本不知道那其实是一只黄金行业基金。在一般投资者看来，这意味着有些基金经理股票投资做得比我更好。他们哪里知道，事实上那些排名第一的基金全部是专门投资黄金行业的基金。不过，这些黄金行业基金很快风光不再，从理柏基金业绩排行榜的前几名消失了，最近几年更是跌落到最后几名。

截至1992年6月的10年期间，美国表现最差的10只基金中，有5家就是黄金行业基金。在这10年期间，共同基金平均涨幅高达3～4倍，而黄金行业股票涨幅只有可怜的15%。即使投资货币市场基金或美国储蓄国债，收益率也比投资黄金行业基金要高。

然而，早在古埃及和印加帝国时代之前，那些远古时代的人们就非常喜欢黄金，所以我怀疑，最近这次黄金市场低迷并不代表它今后不能重现往日的荣耀。我参与了一家慈善机构，他们也持有一些黄金行业股票，这使我有机会参加了最近由几位非常著名的黄金行家举办的一场报告会，他们告诉了我一些黄金市场的重要情况。在20世纪80年代，尽管世界最大黄金生产国南非的黄金产量大幅下降，但美国、加拿大、巴西及澳大利亚等地的黄金产量却在大幅增加，世界黄金产量总体上也在大幅增加，这就形成了黄金市场供过于求的状况，再加上当时的苏联大量抛售黄金，也进一步加剧了这种供应过剩的局面。但是他们不相信这样的局面将会持续很久。

因为新的金矿很快就会采完，而且与此同时，连续十余年金价低迷不振，使得金矿开采者不愿意再勘探和开采新的金矿。这种情况如果再持续5年，肯定会形成一个非常有利于金价上涨的态势，那就是在黄金供给减少的同时，珠宝饰品行业和工业需求却在上升，而且一旦通货膨胀率上升到两位数，人们肯定又会大量购买黄金来进行保值。

另外，还有一个"中国利好因素"会推动金价上涨。中国人均收入水平正在不断升高，可是却没有什么大件商品好买——无论是汽车、电器这些大件耐用消费品还是房地产供应都很缺乏。为了缓解矛盾和释放巨大的购买力，中国政府正在着手允许居民持有黄金。这一政策将会为世界黄金市场提供全新的需求。而其他发展中国家，也可能复制中国的做法，进一步增加黄金市场的新需求。

目前美国共有34家黄金行业基金，有些黄金行业基金专门购买南非金矿开采公司的股票，其他一些黄金行业基金则专门操作南非以外的金矿开采公司的股票。有几只基金是混合型基金，一半投资黄金行业股票，另一半投资国债。这种黄金国债混合型基金，最适合那些既担心经济大萧条又担心恶性通货膨胀即将到来的超级胆小敏感的投资者。

可转换债券基金

可转换债券基金可以让投资者享受到双重好处：既享受中小盘股收益的高成长性，同时又享受债券收益的稳定性。可惜投资者对这种基金认识不够。一般来说，发行可转换债券的大都是规模较小的企业，利率通常也比一般债券要低。投资者之所以愿意接受较低的利率，其目的是能够将来以事先约定的价格将可转换债券转换为普通股。

一般而言，转换价格比目前股票的价格要高20%～25%。一旦股票市价涨到转换价格以上，可转换债券就值得转换为股票了。在此之前，投资者还能获得利息。因此，尽管一只股票市场价格波动性很大，可能跌得很猛，但对应的可转换债券价格的波动性却相对小得多。因为价格一旦下跌，利率就会相对升高，因此可转换债券比较抗跌。在 1990 年时，与可转换债券对应的普通股平均下跌了 27.3%，但可转换债券只下跌了 13%。

不过投资可转换债券，可能还是会碰到一些投资陷阱，所以可转换债券最好留给专家替你打理。业余投资者可以从众多可转换债券基金中选择一只被市场低估的基金进行投资，肯定会获得良好的回报。目前一只管理良好的可转换债券基金的利息收益率约为 7%，比股票平均 3% 的股息收益率高多了。例如其中的佼佼者之一帕特南可转换债券收入成长信托基金（Putnam Convertible Income Growth Trust），过去 20 年来总投资收益率为 884.8%，远远超过标准普尔 500 指数，也只有极少几只主动型股票基金能够与之相比。

我们为新英格兰的那一家非营利机构选了 3 家可转换债券基金，是因为当时可转换债券价格看起来被低估了。我们如何判断出来的呢？一般来说，普通的公司债券的利率应该比可转换债券高出 1.5～2 个百分点。如果这个利差扩大，表示可转换债券价格过于高估；如果这个利差缩小，则表示可转换债券价格过于低估。1987 年，在 10 月股市大崩盘以前，普通公司债券的利率竟然比可转换债券高出 4%，这表明可转换债券价格高得实在太离谱了。可是到了 1990 年 10 月海湾战争引发股市暴跌时，同一家上市公司发行的可转换债券利率反而比公司债券要高出 1%。这实在是非常罕见的投资可转债的良机，此时不买更待何时！

因此一个投资可转换债券的良好策略是：当可转换债券和公司债券的利差缩小时（比如 2 个百分点或更低），买入可转换债券基金；当利差扩大时，卖掉可转换债券基金。

封闭式基金

封闭式基金就像股票一样在交易所挂牌交易。目前全美共有 318 家封闭式基金上市交易。封闭式基金规模不同，种类很多，包括封闭式债券基金、地方政府债券基金、一般股票型基金、成长型基金或价值型基金等。

封闭式基金和开放式基金（如麦哲伦基金）的最大差别是前者是静态的，其基金份额一直保持固定不变。封闭式基金投资者如果要退出，只能将其持有的基金份额出售给其他投资者，就像出售一只股票一样。而开放式基金的份额则是动态的。有新的资金买入，基金份额就会增加相应的数量；投资者如果卖出，也就是他持有的份额要求赎回，基金总额就减少相应的数量。

基本上，封闭式基金的投资管理和开放式基金没什么区别，不过封闭式基金的基金经理在工作职位上相对而言有着更多的保障。封闭式基金不会像开放式基金那样由于巨额赎回而大幅缩水，因此基金经理不必为规模缩小操心。导致封闭式基金经理丢掉职位的唯一原因是投资管理太糟糕，导致基金净值大幅下跌。一般而言，管理封闭式基金的基金经理，就好像获得终身聘书的大学教授一样，都可以安安稳稳干一辈子，除非是犯下非常严重错误的特殊情况下才有可能会被解聘。

封闭式基金和开放式基金，到底哪一类更好或者更差，到目前为止我还没看到一个有明确结论的研究报告。就我个人的一般观察表明，两种基金都没什么特别的优势。在《福布斯》基金名人堂中，表现优异的基金，既有封闭式的也有开放式的，可见基金业绩好坏与其是封闭式的还是开放式的关系不大。

封闭式基金吸引人的一个特点是，封闭式基金交易方式和股票一样，其价格波动也和股票一样，其市场价格和资产净值相比，有时会出现折价，有时会出现溢价。因此，在股市大跌时，那些寻找便宜货的投资者，就可能趁机低价买入那些相对于基金单位净值折价幅度很大的封闭式基金，等待市场反弹大赚一笔。

国家基金

有许多封闭式基金非常有名，因为它们是投资于某个特定国家（或地区）的国家基金。国家基金是投资整个国家，而不仅仅是投资一些公司，听起来似乎更加富有想象力。如果你在意大利看着美丽的幸福喷泉（Trevi Fountain），喝着意大利美酒，吃着意大利比萨饼美食，那么再固执的家伙也会愿意投资意大利国家基金。我在这里给基金销售人员出个好主意：如果在国外各大旅馆房间电话上注明国家基金的免费业务咨询电话，肯定会接到很多单子！

目前全美至少有75家国家基金和地区基金。随着原来计划经济体制的国家纷纷进行市场经济体制改革，国家基金数量肯定会进一步增长。最近在迈阿密就推出了两家古巴国家基金，其投资着眼点在于古巴实行市场经济体制改革，经济快速增长。

国家基金作为一项长期投资工具，最吸引人的地方是，这些国家或地区的经济成长都比美国更快，因此它们的股市也会比美国涨得更快。在过去的10年中，事实的确如此。即使是我管理的麦哲伦基金，投资国外公司股票赚钱的概率明显高于投资美国本土公司股票。

不过，要想在国家基金投资上取得成功，你必须有长期投资的耐心，还要有逆向投资的决心。 投资者常常误以为国家基金能够短期快速赚大钱，这往往会成为那些想一夜暴富者的投资陷阱。一个最好的例子就是德国基金和它后来分离出来的新德国基金。这两只国家基金之所以选择投资德国，是基于以下的看法：柏林围墙倒塌了！德国统一了！东德和西德的德国人互相拥抱，全世界的人都为之欢呼，原来强大的德国将要复兴了，这肯定是一个千载难逢的投资德国的好机会。

随着柏林墙的倒塌，由于一种多年压抑的情绪的释放，人们会幻想一夜之间整个欧洲大一统都不再只是个遥不可及的梦。1992年东西德统一那个神奇时刻的到来，使人们以为欧洲各国长久以来的冲突和矛盾会在一夜之间全部化解：法国人和德国人相拥和好，英国人也会和法国人、德国人握手言欢，意大利人会放弃自己的货币里拉，荷兰人会放弃本国货币荷兰盾，实行欧洲货币单一化。整个欧洲将会进入统一、和平、繁荣的梦幻时代！我个人觉得，这种情况下很容易预期相信经营进出口业务的 Pier 1 进口公司股价会大幅反转。

当柏林人踩着柏林墙的瓦砾载歌载舞欢庆时，由于疯狂抢购，德国基金和新德国基金的买入价格竟然比基金单位净值高出了25%！这些国家基金一夜暴涨，并没有什么实质性利好支撑，只不过是大家对德国经济未来会非常繁荣一厢情愿的愿望而已（最近也出现对于朝鲜南北统一的过度预期，我认为这也会导致一个类似的短暂市场狂热）。

然而过了6个月之后，投资者终于注意到两德统一后面临的问题非常之多，于是过度的热望变成了过度的失望，德国基金价格又跌到单位净值的20%～25%以下，而且从此之后一直处于折价状态。

1991年，当大家对德国统一之后的发展前景仍然非常狂热乐观的时候，德国股市表现却相当糟糕。但到了1992年上半年，当德国各种坏消息纷纷传来之时，德国股市反而节节上涨。即使对于身在德国境内的德国人来说，这种情况也很难预测，更何况是我们这些远在国外的旁观者呢？

可见，一只国家基金的最佳买入时机，就是在其普遍不被看好的时候，以20%～25%的折价买入。德国迟早都会迎来经济复兴，那些在低迷时以低价买入德国基金的投资者，到时候一定会笑得合不拢嘴！

事实上，国家基金也存在不少缺点，例如管理费、手续费通常相当高。另外，仅仅基金投资的公司业绩良好并不足以保证基金投资收益良好，还涉及很多其他因素。那些有问题的国家汇率必须与美元高度相关，否则的话你投资国家基金所赚的钱很容易在外币兑换时被吃掉。还有如果这个国家政府出台损害企业盈利的新税或行业管制法规，也会让你亏得很惨。还有基金经理也得好好做研究，才能及时追踪国外公司和市场状况的变化。

国家基金的基金经理是一个什么样的人？是不是只是去那个国家旅游观光一两次，有一个旅游护照能够证明他去过那个国家？还是曾经在那个国家生活过几年，工作过几年，在当地的大企业里面有很多联系，能时时追踪这些企业的最新发展情况？

对于美国和其他各国的优劣比较，我个人有些话要说。最近很多美国人都认为外国的月亮更圆，外国的东西都比美国好：德国人工作效率更高，生产的汽车最好；日本人工作更努力，生产的电视机最好；法国人最有生活情趣，做的面包最好吃；新加坡人教育水平高，生产的硬盘质量最好。可是根据我多次到国外考察的经验，我得出的结论是，美国仍然拥有全球最优秀的公司，以及投资这些最优秀公司的最优秀的制度体系。

欧洲是有些大型集团公司，相当于美国的绩优蓝筹股，但是欧洲并没有美国那样大量的成长型公司。正是因为成长型公司太少，所以它们的股价往往过高。例如有一家法国化妆品公司欧莱雅，是我妻子卡罗琳在百货公司的香水专柜"实地调研"发现的。我对这家公司的股票很感兴趣，可惜市盈率已高达 50 倍，实在太贵了！

我可以十分确定地说，在美国盈利连续 20 年保持增长的公司有的是，但在欧洲想找一个盈利连续 10 年保持增长的都很不容易。在欧洲，即使绩优蓝筹股也很少有收益连续增长几年的纪录，但在美国却十分常见。

关于外国企业的信息披露，也是过于粗糙简略，经常会误导投资者。只有在英国才有一些类似于华尔街那样对上市公司的追踪分析。在欧洲大陆，证券分析师都十分少见。我在瑞典只找到一位证券分析师，可是他竟然连沃尔沃汽车公司都没去拜访过，要知道在瑞典，这家公司的地位相当于通用汽车或IBM在美国的地位。

欧洲上市公司的"盈利预测",大部分不是预测,而只是想象。我们在美国经常指责分析师的盈利预测大部分都是错误的,但是与欧洲分析师的预测水平相比,几乎算得上是神准!我在法国的时候,读到了一篇对马特勒(Matra)集团公司的分析报告,把那家集团公司说得要多好有多好。抱着非常乐观的期望,我去拜访了马特勒集团公司。他们派了一个公司发言人向我介绍集团各个部门的发展情况,结果大部分都是坏消息:第一个部门面临毁灭性的竞争,第二个部门发生了预料不到的损失需要核销,第三个部门又有罢工,等等。最后我说:"这听起来根本不像我在分析报告中所看到的这家公司,报告中说你们公司今年的盈利会增长两倍呢!"他惊讶地瞪着我直发呆。

如果你能够自己下功夫研究,欧洲公司的追踪研究信息极少,反而是你投资这些企业的一种有利条件。例如仔细研究沃尔沃汽车公司后,你会发现这家公司的股价只相当于每股流动现金,严重被低估。这正是我管理麦哲伦期间在国外股票投资上做得非常成功的主要原因。在美国要想寻找到一只严重低估的好股票非常困难,因为市场上同时有1000多个比你更加聪明的家伙,也在时时盯着同样的股票。但在法国、瑞士或瑞典,情况却并非如此,那些国家的聪明人都在研究伟大的古罗马诗人维吉尔或伟大的哲学家尼采,却没有人愿意研究沃尔沃汽车公司或雀巢公司。

那么日本这个国家又怎么样呢?日本在资本主义世界称雄,日本人总是过度工作,日本人买下了纽约的洛克菲勒中心,买下了哥伦比亚电影公司,很快还要买下美国西雅图水手职业棒球队,可能有一天日本人还会买下华盛顿纪念碑。但是,如果你和我一道去日本调研过之后,你就会发现,那些所谓日本的经济状况根本不像他们吹嘘的那样超然出众。

日本称得上是全世界很有钱的国家,可是日本老百姓连维持日常生活需求都困难。在日本,一个苹果就要5美元,一顿不上档次的晚餐就要100美元。每天挤着地铁上下班，一个半小时还没有走出东京地区。这个超级大都市比整个罗得岛还要大。上班路上挤在地铁里闷得发呆，只好做做白日梦，幻想自己能够到夏威夷旅游，痛快地花钱享乐。可是他们只能待在日本，辛苦工作一辈子，偿还 100 万美元的住房贷款——如此昂贵的房子只不过是 1000 平方英尺的鸽子笼罢了！如果他们卖掉了这套房子，也只能再买一套还是 100 万美元的鸽子笼，要不然就是一个月花费 15 000 美元租一套公寓。

日本人的困苦处境让我想起了一个笑话。有个人吹牛说，自己养过一条价值 100 万美元的狗，别人问他：你怎么知道你的狗值这么多钱？他说他后来用这条狗换了两只价值 50 万美元的猫。日本人觉得他们很有钱，或许是因为他们曾经有一只 50 万美元的猫，还有一个 50 万美元的高尔夫球场会员证，然后最近用它们换成了一些价值高达 100 万美元的股票！

美国赫顿（E. F. Hutton）证券公司的广告语说："赫顿投资提建议，人人洗耳恭听。"⊖而这与日本证券公司的地位相比可差多了，在日本大概可以这样说："野村证券发指令，人人唯命是从！"投资人完全信任证券公司，证券公司的投资建议简直被奉为"圣经"。我想只要证券公司推荐，即使这只股票是一只价格高达 50 万美元的猫，投资者也会去买。

日本投资者这么轻信，结果造成惊人的股市奇观，市盈率高达 50 倍、100 倍甚至 200 倍，股价高得如此离谱，以至于我们这些外国旁观者根本看不懂，最后只好归因于日本的文化特征。事实上，在 20 世纪 60 年代美国股市也出现类似的奇观，股价也是高估到惊人的水平，如果把通货膨胀因素考虑进去，道琼斯 30 种工业股票指数足足用了 22 年，直到 1991 年才真恢复到 1967 年市场最高峰时的股价水平。

⊖ E. F. Hutton 是美国一家著名的证券经纪公司，创立于 1904 年，曾经连续几十年名列美国第二大证券经纪公司，是美国最受尊敬的金融企业之一。"When E. F. Hutton Talks, People Listen"是当时非常流行的一句公司广告语。——译者注

日本股市在一定程度上受制于幕后操纵行为，而在美国华尔街，从20世纪20年代以来这种现象就已经销声匿迹了。在日本，大型投资者从证券公司那里能够得到保底承诺，如果他们投资亏了钱，证券公司会赔给他们。如果美林证券公司或史密斯·巴尼证券公司也这样做出保底承诺的话，美国投资者对股票的信心肯定会大增。

1986年我第一次到日本，就听说日本股市受到操纵。当时是富达公司的东京代表处邀请我去的，这个代表处共有80位员工。以前亚当·史密斯曾写过一本书《金钱游戏》(The Money Game)，其中一章专门描写了富达公司创始人约翰逊。后来这本书在日本翻译出版后，富达公司在当地就开始变得非常出名了。

尽管如此，后来还是经过多次书信和电话联系，我才有机会安排访问了多家日本公司。访问之前，我先拿到了各家公司的年报，请人把日文翻译成英文，详读后提出了我想问的一些问题。我把在美国拜访上市公司的那一套也搬到日本，先说个无伤大雅的笑话让气氛放松放松，再提出一些有事实和数据支撑的问题，表明我在此之前下了一番功夫进行研究。

日本公司做事非常刻板，会谈的进行好像仪式或典礼，咖啡一直不停地倒，鞠躬鞠个不停。有一次在某一家公司拜访时，我问了一个关于资本支出的问题，我用英语来说只用了15秒，可是翻译人员用了足足5分钟才转述给日方人员，对方用日语回答了足足7分钟，最后翻译人员告诉我的答案却只有一句话："1.05亿日元。"日语真是一种非常烦琐的语言。

后来我又拜访了一位有名的证券经纪人，更加深了我认为股市被操纵的看法。他一直在讲一只他最看好的股票，我忘了叫什么名字，交谈之中他不断提到一个数字，好像是10万日元，我搞不清楚这个数字指的是什么，是销售收入、利润或是其他指标，于是我问他到底是指什么。结果他告诉我这是他预测一年后这只股票的价格。一年之后，我核查了一下这只股票的价格，果然就是他说的 10 万日元！

对于一个进行基本面分析的分析师来说，日本公司简直是一场噩梦。许多日本公司资产负债状况非常糟糕，盈利很不稳定，股价高估得离谱，市盈率高得简直是荒谬无比！即使是金融史上最大的首次公开发行股票公司——日本电话公司也是如此。

一般来说，碰到国有电话公司进行私有化改制上市，我是迫不及待地抢着要买入它们的股票（参见第 17 章），但日本电话公司却是例外，我可不敢碰。日本已非发展中国家，居民也不会抢着装电话，因此日本电话公司业务及盈利并不会快速成长。日本电话公司是一个已经发展到成熟阶段的受到政府管制的公用事业公司，有些像分立之前的美国老贝尔电话公司，每年大概会增长 6%～7%，但不可能达到两位数的高增长速度。

1987 年日本电话公司首次公开发行股票，上市价格高达每股 110 万日元，当时我就在想，这么高的股价完全是疯了，但是后来竟然又上涨了 3 倍！按照日本电话公司现在的股价计算，其股票市盈率高达 3000 倍左右。日本电话公司一家公司的股票市值高达 3500 亿美元，比整个德国股市所有股票的市值总和还要高，比《财富》世界 500 强排名前 100 的企业市值总和还要高。

日本电话公司如此高估的股价，让我觉得不但是国王根本没穿衣服，连百姓的衬衫都脱光了。首次公开发行的股价 110 万日元还算便宜呢，1987 年美国股市大崩盘后，日本政府两次高价发行日本电话公司的股票，分别为每股 225 万日元及 190 万日元。但后来日本电话公司股价一路大跌，当我写本书的时候每股只有 57.5 万日元，与 1987 年首次公开发行的股价相比，下跌了 85%。如果是美国华尔街的投资者损失相应的市值总额，相当于《财富》世界 500 强前 100 名的大企业全部倒闭了！

然而即使每股暴跌到 57.5 万日元，日本电话公司股价市盈率仍高达 50 倍，股票市值仍然超过美国的菲利普·莫里斯公司。而菲利普·莫里斯可是美国市值最大的公司，而且收益连续增长30年！我们听说，日本投资者只关心上市公司的现金流量，对收益反而很少关心，或许是因为收益根本没有多少的原因吧。日本企业花起钱来就像烂醉如泥的水手，尤其是在并购企业和购买房地产上。结果提取的固定资产折旧大幅增加，还有巨额的债务需要偿付，因此公司现金流量很高，但收益却很低，这就是日本公司的典型特征。

研究日本股市的人会声称，偏爱现金流量是另一个日本文化特征，可是任何一个国家的文化特征都不会是偏爱亏损！用100万元买一只狗、50万元买一只猫，这样的公司大幅亏损，借钱给这些公司的日本银行也麻烦缠身。

在日本经济中，投机所扮演的角色，比在美国重要得多。美林证券公司在最风光的那几年，也从没有进入过《财富》500强企业中的前100名，但日本前25名的大企业中，曾经一度有5家证券公司同时上榜，而且另外5～10家是银行。

美国银行在贷款给赖克曼家族（Reichmanns）和特朗普家族（Trumps）开发房地产项目上犯了愚蠢的错误，为此广受批评。然而，即使是这些最愚蠢的房地产贷款也有一定的抵押担保。而日本银行却根本不要求任何抵押担保就给商务办公楼开发项目进行贷款，而这些房地产项目即使是在最为乐观的情况下，收到的租金也只够支付日常开支而已。

在最近日本股市大调整之前，价钱便宜、值得投资的股票只有日本小公司股票。在我看来，这些小公司是日本未来经济成长和繁荣的关键，如同小公司在美国经济中一样非常重要。过去日本股市疯狂上涨的大牛市前期，这些小公司股票被市场所忽略，而我却重点在购买这些小公司股票。后来这些小公司股票价格也和其他股票一样，上涨到疯狂的地步，我就全部抛出了。考虑衡量所有因素之后，我宁愿投资一只稳健的美国小盘成长型股票基金，也不愿投资股价高得离谱的日本股市。

我把共同基金投资策略总结如下：

- 尽可能把你的大部分资金都投资到股票型基金上。即使你需要固定收入，也可持有支付股利的股票，用股利作为固定收入，偶尔再抛出一些股票作为补充，长期而言要比你投资债券赚得多。
- 如果你一定要投资国债，就直接向财政部买，而不要购买国债基金，因为这样你是白白支付基金管理费，却什么好处也得不到。
- 弄清楚投资的股票基金是什么类型，同一类型相比较才能正确衡量业绩相对表现。苹果只能和苹果比较，价值型基金只能与价值型基金比较，而不要因为一只黄金行业基金业绩表现不如另一只成长型股票基金，就牛头不对马嘴地大加指责。
- 最好把资金分散投资于3～4种不同类型的股票基金（如成长型、价值型、小盘成长型等），这样不管哪类股票赶上市场热点，你都不会错失良机。
- 如果你想追加投资，先增持那些连续落后大盘好几年的基金类型。
- 根据历史业绩表现来寻找未来业绩表现最好的基金，即使不是全然无用，也肯定是非常困难的。投资者应该重点关注于那些表现持续稳定的基金，并坚持长期持有。频繁地把资金在不同基金中换来换去，需要支付很高的手续费等费用，会使投资者的资产净值受到损失。

| 第 4 章 |

麦哲伦基金选股回忆录：初期

最近，我收拾了一下我的办公桌，清理掉最近刚收到的一大堆"红鲱鱼"⊖，从布满灰尘的书架上取下厚厚一大摞麦哲伦基金年报，希望弄清楚过去 13 年来我到底是如何管理这家基金的。在此过程中，我得到了富达基金公司电脑专家盖伊·塞兰德罗（Guy Cerundolo）、菲尔·塞耶（Phil Thayer）和雅克·佩罗德（Jacques Perold）的帮助，特别是雅克·佩罗德，他把我赚大钱的股票和赔大钱的股票列成了一张表打印出来。这张表的分析结果比我想象的还要有启发意义，甚至连我自己也对一些结果感到吃惊。大家原先普遍认为麦哲伦基金成功主要是来自投资小盘成长股，但事实表明并非如此。

我之所以在此回顾总结过去 13 年管理麦哲伦基金的投资经验教训，是因为我希望我的回顾总结能给其他基金经理和业余投资者提供一些投资实务操作的参考，使他们能够从我的投资失误中吸取一些教训，或者告诉那些很有兴趣想了解我的人们，到底我的选股方法中什么有效、什么无效。我把这些回顾总结材料分为 3 章，分别讲述我管理麦哲伦基金的初期、中期和晚期。我的写作风格就像外交家写的回忆录，之所以如此，是因为这样便于组织材

⊖ red herrings，华尔街对招股说明书的称呼。——译者注

料，而不是因为我这个选股者一生中有什么值得骄傲自大的丰功伟绩，要写回忆录自夸。我只不过是一个普通的选股者而已，现在从基金经理职位上退下来仍然是。

富达基金公司并不是一家上市公司。如果富达基金公司是上市公司的话，我想我肯定会很早就建议大家买入富达基金公司的股票，因为过去一直亲眼看到每天都有新的资金潮水般涌入，亲眼看到富达旗下一只又一只新的基金成立，而且我还亲身体验到公司管理者有多么聪明能干，第一代管理者是约翰逊先生，然后第二代是他的儿子内德·约翰逊（Ned Johnson）。

一开始麦哲伦基金并不是我创立的，而是由内德·约翰逊先生在1963年创立的，当时叫富达国际投资基金（Fidelity International Fund）。但是后来肯尼迪总统对海外投资征税，迫使所有国际投资基金的经理纷纷卖掉持有的海外上市公司股票，转而购买美国国内上市公司股票。在接下来的两年中，这一基金虽然名字是国际基金，事实上却是一只国内基金，直到1965年3月31日最后更名为麦哲伦基金。当时麦哲伦基金投资最大的重仓股是克莱斯勒，20年后这家公司从破产边缘走向复苏，又成了我管理麦哲伦基金时投资最多的重仓股。这个投资案例证明，对于有些公司你永远也不要失去信心而放弃。

在麦哲伦基金成立时，我还只是波士顿大学的一名学生，周末去打工做高尔夫球童。这一时期是基金业的黄金时代，几乎每一个人都想购买基金。就连我的母亲，一个只有少量积蓄的寡妇，也被这一阵基金狂热所影响。一个晚上做兼职基金推销员的学校教师极力劝说她购买富达资本基金（Fidelity Capital）。让她感兴趣的是，这只基金是一个中国人管理的，因为她相信东方人的头脑非常聪明。这里所说的这位中国人就是蔡至勇（Gerald Tsai），他和管理富达趋势基金（Fidelity Trend）的内德·约翰逊并称为那个时代基金经理中的绝代双骄。

如果不是这个基金推销员告诉我母亲的话，她可能永远也不知道管理富达资本基金的基金经理是一个中国人。当时基金推销员队伍规模庞大,遍布全美,他们中大部分人是兼职,他们不停地给各家各户打电话推销基金,就像那些推销真空吸尘器、保险、墓地以及百科全书的推销员一样。我母亲接受了一个每月永续投资200美元的终生投资计划,她想以此来保障我们家未来经济上衣食无忧。但是她事实上并没有每月投资200美元的财力。不过富达资本基金业绩表现优异,在20世纪50年代增长了2倍,在60年代的前6年里又增长了1倍,超过了同期标准普尔500指数。

股市变幻无常,风险莫测。尽管如今的人们很难相信这一点,因为最近这些年股市持续上涨,但是,股市会突然大幅向下调整,而且调整会持续很长时间,哪怕实际上什么事情也没有发生。股市惨跌让那些报纸杂志根本不愿提到股市,在鸡尾酒会上再没有人吹嘘自己的股票表现如何如何好,投资者持股的耐心受到了严峻考验。那些仍旧坚决持股的投资者开始感到非常孤独,就像一个度假者在旅游淡季的风景区只能发现自己形单影只一样。

1969年,当我受雇成为富达公司的股票分析师的时候,股票市场正好即将要进入萧条。当时,股价已经到达了顶峰,接着就掉头向下,1972~1974年发生了股市大崩盘,这次股市崩盘是继1929~1932年股市大崩盘之后最严重的一次股市暴跌。突然之间,没有人再愿意买基金,原来狂热购买基金的投资者变得毫无兴趣。基金业极度萧条,以至于原来规模庞大、人数众多的基金推销员队伍不得不解散。这些推销员又重新回到他们推销基金之前的老本行,去推销真空吸尘器或者汽车石蜡。

人们纷纷撤出股票投资基金,而把钱转投到货币市场基金和债券投资基金。富达公司发行了一些货币市场基金和债券投资基金,从这些基金中赚了很多钱,足以维持另外少数几只当时不受欢迎的股票投资基金的生存。这些生存下来的股票基金不得不和其他股票基金在吸引客户上激烈竞争,因为当时对股票还感兴趣的投资者就像濒临灭绝的动物一样,正以越来越快的速度不断减少。

当时股票投资基金之间的投资风格区别很小。许多股票基金都叫作"资本增值基金"（capital appreciation fund），这是一种很模糊的说法，能够给基金经理们很大的回旋余地，他们可以购买各种股票而不受限制，包括周期型股票、公用事业股票、成长型公司股票、特殊情况股等。尽管每一只资本增值基金的股票投资组合并不一样，但是对于基金推销员来说，这些基金产品看起来都差不多。

1966 年，富达麦哲伦基金资产规模为 2000 万美元，但是到了 1976 年，由于投资者赎回，资金不断流出，基金规模减少到只有 600 万美元。这样一个只有 600 万美元规模和基金管理费为 0.6% 的基金，每年基金管理费收入一共只有 3.6 万美元，连付电费都不够，更不用说支付员工的工资了。

为了产生规模经济效应以节约成本，1976 年，富达公司把规模为 600 万美元的麦哲伦基金和另外一只规模为 1200 万美元的艾塞克斯基金（Essex）合二为一，艾塞克斯基金是投资者对基金不感兴趣的一个牺牲品。该基金曾经一度资产规模高达 1 亿美元，但是由于其熊市中业绩表现十分糟糕，以至于亏损很大，税前可抵减亏损总额高达 5000 万美元，不过这也正是该基金吸引麦哲伦基金进行合并的主要原因。由于麦哲伦基金在 1969～1972 年在迪克·哈伯曼（Dick Haberman）和内德·约翰逊共同管理期间以及在 1972 年后哈伯曼管理期间业绩都相当出色，所以富达公司的管理层和托管人认为麦哲伦基金能够通过合并艾塞克斯基金来减免税收。合并后的新基金赚到的第一个 5000 万美元利润将不用缴税。

这就是 1977 年我被任命为麦哲伦基金经理时所面临的形势：两只基金合二为一，资产规模 1800 万美元，5000 万美元的可抵税亏损，极度糟糕的股票市场，数量很少且迅速减少的基金客户，而且由于麦哲伦基金已经封闭，停止对投资者开放，所以无法吸收新的客户。

一直到4年以后，也就是1981年，麦哲伦基金才重新开放，人们才可以购买麦哲伦基金。如此之长时间的基金封闭使传媒产生了普遍误解。大家猜测是麦哲伦基金设计了一个非常聪明的策略，先封闭直到基金积累了一个良好的业绩记录之后再行推出，这样就可以刺激基金销售。麦哲伦基金经常被认为是基金业内所谓的开创新概念的试验田之一，富达公司给了格外延长的试验时间。

然而事实并非如此，富达公司一直很想吸引更多的客户来买基金，但是我们不得封闭麦哲伦基金的真正原因是缺乏对销售基金感兴趣的机构。当时基金业极度萧条，以至于证券公司都撤销了基金销售部门，这样即使有极少数人有兴趣买基金，也找不到销售基金的销售人员。

不过我相信，我管理麦哲伦基金的前4年期间不再开放不是坏事，反而是好事。这段对外封闭的日子，使我可以安静地学习投资，不断进步，即使犯了一些错误，也不会因广受关注而难堪。基金经理人和运动员有一个共同之处：让他们慢慢成长，他们未来的长期表现会更好。

我做股票分析师期间，所熟悉的股票范围包括大部分纺织业、钢铁行业和化工行业的股票，所有这些公司只不过相当于股市中上市公司总数的25%，因此对我来说，管理一家可以购买任何股票的资本增值基金，会感到过去的研究积累明显不足。好在我在1974～1977年担任过富达基金公司研究部的经理，也是投资委员会成员之一，这些工作使我对其他行业也有所了解。1975年，我就开始帮助波士顿一家慈善机构管理投资组合，这是我第一次获得基金投资管理的直接经验。

我把我的上市公司调研日志当作最宝贵的宝贝珍藏，就像意大利风流文学家卡萨诺瓦（Casanova）珍藏他与情人约会的日记一样。翻开我的上市公司调研日志，让我回想起1977年10月12日，我拜访了通用影业公司（General Cinema），当时这家公司肯定没有给我留下什么深刻印象，因为这只股票后来并没有出现在我的买入清单上。当时，这只股票的价格不到1美元，然而今天却已经上涨到了 30 多美元，你可以想象一下，错过一只上涨 30 倍的大牛股会让我多么心痛（这个 30 美元的股价已经根据公司送股情况进行复权处理，在本书其他地方你看到的股价也进行了同样的复权调整。因此，你在这里看到的股票价格也许跟股票行情走势图上的股价不一致，但本书中的盈利和亏损数据绝对准确无误）。

我的上市公司调研日志中记载了很多这样错过的投资机会，但是股票市场是非常仁慈的，它总是给笨人第二次机会。

在上任的第一个月，我整日忙于换股，卖出我的前任青睐的股票，换上我自己青睐的股票，并且还要不停地抛出股票变现，以应对投资者不断赎回基金的现金支出需要。

到 1977 年 12 月底，我的重仓股包括：康格里默（Congoleum）公司（我一共持有 51 000 股，市值高达 833 000 美元。当时这对于麦哲伦基金来说，是一笔很大的投资，当然在 10 年后麦哲伦基金规模突破百亿后这样的投资额简直微不足道）、全美（Transamerica）人寿保险公司、联合石油公司和安泰（Aetna）人寿保险公司。此外，我发掘并买入的股票还有：汉尼斯（Hanes）公司（我妻子对这家服装公司生产的 L'eggs 连裤袜简直迷疯了）、塔可钟连锁快餐公司（Taco Bell，在我向我的第一个交易员查理·马克斯菲尔德（Charlie Maxfield）下单买入时，他不禁吃惊地问：这是什么公司，是墨西哥电话公司吗？）和房利美（一共购买了 30 000 股）。

我之所以青睐康格里默公司，是因为这家公司发明了一种新的聚乙烯基薄膜地板材料，没有接口缝隙，可以像地毯一样整块铺到厨房里。除了生产地板材料以外，这家公司还利用生产预制房屋的组合式生产技术，为国防部制造小型驱逐舰，据说这种小型驱逐舰的发展前景很好。而我之所以选择塔可钟公司的股票，一是因为它的墨西哥煎玉米卷味道太棒了，二是因为美国 90% 的人们还没有吃过这种美食，三是因为这家公司有着良好的业绩记录和稳健的资产负债表，四是由于这家公司的总部办公室像普通车库一样简陋。这让我总结出了第 7 条林奇投资法则：

------- **林奇法则** -------

公司办公室的奢华程度与公司管理层回报股东的意愿成反比。

我最初所选股票包括：康格里默公司、恺撒钢铁公司、Mission 保险公司、拉昆塔汽车旅馆、20 世纪福克斯电影公司、塔可钟连锁快餐公司、汉尼斯公司等。这些公司除了都是上市公司之外，没有其他任何共同点。从一开始，我就为自己选股如此多种多样而感到不可思议，最值得注意的是我并没有选择化工行业公司，而我做分析师时研究得最深入的就是化工行业上市公司。

1978 年 3 月 31 日，我接管麦哲伦基金 10 个月之后，麦哲伦基金 1977 年的年度报告出炉了。年报的封面是一张详细的古代南美洲海岸地图，上面标出了各个海湾和河流的名字，边上有三艘西班牙帆船，大概就是麦哲伦率领的舰队，向着好望角行驶。在随后几年里，随着基金规模越来越大，投资也越来越复杂，封面设计反而变得越来越简单。不久海湾和河流上的西班牙名字去掉了，而且舰队也从三艘帆船减为两艘。

我重新翻看了这份 1978 年 3 月出炉的麦哲伦基金年报，年报表明，基金在 1977 年净值增长了 20%，而同期的道琼斯平均指数却下跌了 17.6%，标准普尔指数下跌了 9.4%。麦哲伦基金之所以如此成功，当然有一部分原因是我这个菜鸟基金经理人的功劳。在致基金持有人的信中，我总是尽可能简单地向投资者解释我的投资策略，我这样阐述："减持汽车、航空、铁路、公用事业、化工、电子和能源行业股票，而增持金融、电视、娱乐、保险、银行、消费品、旅馆和租赁行业的股票。"就这样简单几句，就概括了我如何让这只资产规模仅有 2000 万美元的基金 10 个月内投资近 50 种股票的投资策略。

事实上我从来没有过一个全面的选股策略。我选股完全是凭经验，像训练有素的猎犬依靠嗅觉搜索目标一样，从一家公司到另一家公司不断搜索。我更多关注的是一个特定公司"故事"的具体细节，比如为什么一家拥有电视台的公司在今年将比去年利润更高，我却并不太关心我的基金在电视广播行业上的资产配置比例是过高是过低。为了更多了解详细情况，我就会去拜访一家电视台的管理人员，他会告诉我电视台业务正在明显好转，他还会告诉我最主要竞争对手的公司名字。然后我会核实所有细节问题，而结果往往是我没买这家电视台公司的股票，而改买了第二家电视台公司的股票。我在所有行业中寻找合适的股票投资目标，这表明，即使选股人对众多行业都只是略知一二，其实也没什么关系，照样可以成功选股。

由于麦哲伦基金是一只资本增值基金，于是我就有权购买任何投资品种，包括各种各样的国内股票、国外股票，甚至是债券。如此广泛的投资选择余地，对于我这种像猎犬一样到处搜索好股票的投资风格简直是如鱼得水。我并不把自己限制于成长型基金经理那样的投资风格。当所有成长型股票被过分高估时（这样的事情每隔几年就会发生一次），成长型基金经理就不得不继续购买股价已经明显过高的成长股，否则他的基金就不能保持成长投资这种风格了。他只能瘸子里面挑将军，在一大堆股价过高十分危险的成长股里挑选相对最好的了。而我却根本没有这样的烦恼，我可以随意挑选我想投资的任何股票，比如说，我发现成长股过高，我就可以不理成长股，而去寻找被低估的周期股；我会发现铝价正在上涨会推动美国铝业（Alcoa）公司的业绩反弹，其股价也将会大幅反弹。

1978年1月，我在基金年报中这样向持有人描述投资策略："麦哲伦基金的投资组合主要包括3类公司：特殊情况公司、被低估的周期型公司以及小盘和中盘成长型公司。"

如果说这种解释不能清楚完整地描述我们范围很广的选股策略的话，一年后我们的解释更加详细：

> 麦哲伦基金的目标是通过投资五类相对具有吸引力的股票实现资本增值。这 5 类股票包括：小盘和中盘成长型公司、发展前景正在改善的公司、股价过低的周期型公司、股息收益率较高且不断提高分红的公司以及其他所有真实资产价值被市场忽视或者低估的公司……而在未来某个时间，国外股票也有可能在基金投资组合中占到相当大的比例。

其实所有这些解释可以简单归纳为一句话：只要是证券市场上交易的股票，麦哲伦基金都可以买。

在选股上，灵活性是关键，因为股市上总是能找到一些价值被低估的公司股票。在我管理麦哲伦基金的初期，赚钱最多的两只股票都是大型石油公司：美国优尼科（Unocal）石油公司和皇家荷兰石油公司。你可能会以为一只规模仅有 2000 万美元的小基金会集中投资于小盘成长股，而不太会投资于那些盘子很大的大型石油公司。但是我发现皇家荷兰石油公司业绩正在大幅好转，而华尔街显然并没有意识到这一点，于是我就趁低买入了这只反转型股票。在麦哲伦还是一只小不点儿的基金的时候，我曾把 15% 的资金都投在了公用事业股上。我持有波音公司和托德造船公司（Todd Shipyards）这两只大盘股的同时，还持有国际服务公司（Service Corporation International）这家像麦当劳一样全国连锁的丧葬服务公司的股票。大家都普遍认为麦哲伦基金的成功归因于大部分投资于成长股，但我其实从未将一半以上的资金投资于成长股。

许多基金经理人在投资态度上总是防守，防守，再防守——先是买入股票，然后一旦这些股票表现不好时，不愿割肉，于是继续持有，并想方设法找出各种新的借口给自己持有这些烂股票辩护（华尔街的许多基金经理把很大一部分精力仍然用在想方设法给自己业绩不好找借口上）。而我在投资上总是进攻，进攻，再进攻——不断地寻找价值低估更厉害、赚钱机会更大的股票，来替换掉我手中现有的赚钱机会相对较小的股票。1979年股市行情一片大好，标准普尔指数上涨了18.44%，而麦哲伦基金表现仍然远远超越大盘，增值了51%。在基金年度报告中，我像去年第一次写年报一样，又得绞尽脑汁向持有人解释我如何取得这么好的投资业绩，这次我这样说："增持旅馆行业、餐饮行业和零售行业股票。"

连锁快餐业之所以吸引我，是因为这一行业非常容易了解。如果一家连锁餐饮店在一个地方搞得很成功，它很容易在另外一个地方顺利地复制在上一个地方很成功的经营模式。我发现塔可钟墨西哥风味连锁快餐公司在加州开设了许多家分店，在取得了成功以后，就向东部继续拓展，在公司不断扩张的过程中，公司盈利以每年20%～30%的速度增长。我购买了Cracker Barrel的股票，不久之后我拜访了位于佐治亚州迈肯镇的Cracker Barrel乡村餐厅。我当时正好飞到亚特兰大去参加罗宾逊-汉弗瑞公司主办的一次投资研讨会，决定顺便拜访一下这家餐厅。在出租车上我看了看地图，这家餐厅所在的迈肯镇离我所住宿的亚特兰大市中心酒店只有几英里的路程。

然而，这几英里的路程却好像比100英里还要漫长，在交通高峰期，我本来打算只花很短时间顺路去看看，却花了3个小时才走完几英里的路程，不过最后我的努力还是没有白费，我吃到了美味的鲶鱼晚宴，并对Cracker Barrel的整个业务经营留下了深刻印象。这家公司的股价后来上涨了50倍，为麦哲伦基金赚了很多钱，曾被我列入50只最重要股票的名单。

我对另一家同样位于亚特兰大地区的自助建材超市也做了实地调查，这家超市的名称叫家得宝（Home Depot）。在家得宝建材超市，店员服务热情礼貌，非常专业，给我留下了深刻的印象，还有他们的螺丝、螺栓、砖和灰泥等各种建材商品琳琅满目品种极其丰富，而且价格十分便宜。在这里，普通家庭那些自己装修的业余油漆工具和水电工具都可以称心如意地买到，而再也不用到价格又贵、品种又少的社区小油漆店和小五金店去受气了。

这时的家得宝还只是处于发展初期，其股价也只有25美分（根据后来拆股进行了调整），亲眼看见了这家建材超市十分红火的业务之后，我就买入了这家公司的股票，可惜1年后我对它又失去了兴趣，就把股票卖掉了。回头看看家得宝15年来的涨幅，真让我感到终生遗憾。看看图4-1，家得宝建材超市的股票在15年内从25美分上涨到了65美元，上涨了260倍，我是一开始就抓住了这只大牛股，但却没有看出它会有如此之大的发展潜力，结果没有一直握住股票，以至于与这只上涨260倍的大牛股失之交臂。

要是家得宝建材超市就开在我家附近的新英格兰地区，要是我对建材比较了解，知道飞利浦螺丝刀和葡萄酒开瓶器的区别，也许我就会准确判断出这家公司的巨大增长潜力，而不会过早卖出这只大牛股了。另一只大牛股玩具反斗城（Toys "R" Us），我也是买入后不久就抛出了。这两只过早卖出的大牛股是我投资生涯中最糟糕的两次卖出决策。

虽然没有从家得宝建材超市这只大牛股上赚到很多钱，但是麦哲伦基金的投资业绩在1980年仍像1979年一样成功，而且还更高一些，投资收益率高达69.9%，而同期标准普尔指数却只上涨了32%。而我最近投资仓位最大的是赌场行业（准确地说是Golden Nugget公司和国际度假中心公司（Retorts International））、保险业和零售业。我十分看好便利店的发展，又一下子同时买了Hop-In Foods、Pic 'N' Save、Shop & Go、Stop & Shop、Sunshine Jr.等很多商业连锁行业的股票。

回顾我担任麦哲伦基金经理前几年的投资时，我很吃惊地发现，当时基金的换手率非常高：第1年的换手率是343%，当时基金投资组合中有41种股票，随后3年的换手率是300%。从1977年8月2日我出售了30%的持股开始，我就一直在以惊人的频率不停地买进卖出，每个月在我的投资组合中都会有石油公司、保险公司和消费品公司的股票不断进进出出。

第4章 麦哲伦基金选股回忆录：初期

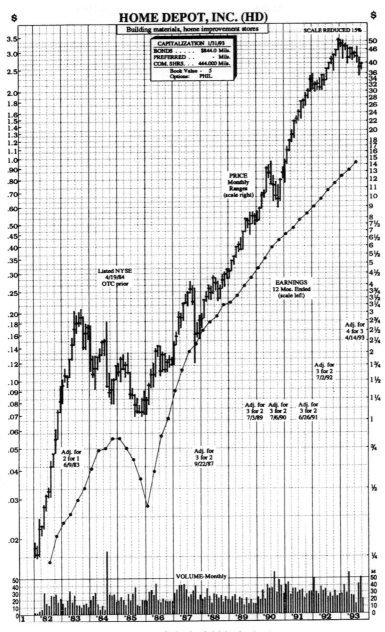

图 4-1　家得宝建材超市公司

1977 年 9 月我买入了一些周期型公司股票，到 11 月我又把它们抛掉了。也是在那年秋季，我买入了房利美公司和汉尼斯公司的股票，第二年春季又把这两只股票卖掉了。我的第一大重仓股从康格里默公司换成了西格诺（Signal）公司，然后又换成了 Mission 保险公司，后来又换成了托德造船公司，再后来又换成了庞德罗萨（Ponrosa）牛排店。Pier 1 公司也曾出现在我的投资组合中，后来又消失了；另一只名字很有趣的股票"第四阶段"（佛费斯，Four-Phase），也是这样出现后又消失了。

　　看上去我似乎每个月都要买进卖出佛费斯公司的股票，直到最近这家公司被摩托罗拉公司兼并（后来摩托罗拉为此后悔不已），所以我才不得不停止了频繁买卖这只股票。我只是模糊记得这家公司的业务跟计算机终端有关系，但我过去和现在始终都说不清楚它到底是做什么的。幸运的是我从未在我不了解的公司上投入太多资金，尽管很多科技公司就位于我们公司附近的波士顿地区 128 大道上。

　　大部分情况下我突然改变投资方向，并不是由于投资策略发现重大转变，而是我在拜访上市公司过程中，发现一些新的好公司股票，比我手里持有的股票更加让我喜欢。我可能两家公司都喜欢，都想持有，但对一只不断被赎回的小规模基金来说，我可没有那么多资金来满足这样的奢望。我就得先卖掉旧股票，才能有钱去买进新股票，而我总是不断想要买进一些新的好股票，于是我就不得不不断卖出那些老股票。似乎每一天我都会发现一些新的好股票，比如 Circle K、House of Fabrics 等，这些新的好股票看起来比昨天我持有的那些老股票发展前景更加激动人心。

　　频繁买进卖出股票，使我写基金年报时不得不费尽心思，因为我得让阅读我的年报的投资者认识到，我频繁买进卖出所做的这一切都是合情合理的，而不是乱搞一通。我在某个年度会这样阐述我的投资策略："麦哲伦基金的投资重心，已经从股价已经被高估的周期型公司股票，转向那些销售和盈利有望实现较大增长的非周期型公司。"而到了下一年的年报，我会换一种说法："麦哲伦减持了那些业绩会受到经济放缓影响的公司股票，因此，基金仍将继续大幅增持价值被低估的周期型公司。"

现在回过头来看看这些年度报告，反思我过去的投资，我发现，许多股票过去我只持有了几个月的时间，其实应该持有更长一些的时间。这并不意味着对所有股票都要无条件忠诚长期持有，而是说对于那些投资吸引力变得越来越大的公司，要一直坚决长期持有，而不应该短期持有后就过早卖出。那些我过早卖出而后悔万分的公司包括：阿尔伯逊公司（Albertson），一只超级成长股，后来上涨了300多倍；玩具反斗城公司，也是一只超级成长股；Pic 'N' Save，已在前面提过；华纳通信公司，我悔不该听一个技术分析人士的胡说八道而过早抛掉这只大牛股；还有联邦快递公司，我在5美元时买进，而过了不久它涨到10美元时就赶紧抛出了，但是两年后眼睁睁地看它上涨到70美元。

这种抛掉好公司股票买进差公司股票的事，对我来说，简直是家常便饭、司空见惯，因此我常常自嘲这样做是"拔掉鲜花浇灌杂草"。这句话已经成了我的一句名言。有天晚上，投资才能和写作才能都举世闻名的沃伦·巴菲特打电话跟我说，他想在他的年报上引用我的这句话，希望我能同意。巴菲特竟然会在他写的年报中引用我的话，这真让我感到万分荣幸。据说，很多人以11 000美元的高价买一股巴菲特的伯克希尔－哈撒韦公司的股票，目的仅仅是为了能够得到一份巴菲特写的年报，这使得伯克希尔－哈撒韦公司的年报成了有史以来最昂贵的"杂志"。

与上市公司共进午餐

整整4年，麦哲伦基金对新客户封闭，同时基金又被严重赎回（大约

1/3），我不得不抛老股票，才能有资金去购买新股票。这4年买进卖出大量股票，使我熟悉了各种各样的公司和行业，也因此逐渐懂得了是哪些因素导致这些公司或行业涨涨跌跌。那时候，我并没有意识到，我正在接受一种训练，正是早期的这种管理一只2000万美元小基金的训练教会了我日后如何管理一只几十亿美元规模的大基金。

从早期管理小基金的过程中，我所得到的最关键的一个投资经验是知道了自己独立研究有多么重要。我亲自拜访了几十家上市公司的总部，通过参加地区性投资研讨会又了解了几十家上市公司，而且每年都有越来越多的上市公司来到我们富达基金公司和我们进行交流（20世纪80年代早期每年大约就有200家）。

富达公司开始采取了一种新的午餐安排：与上市公司共进午餐。这取代了我们原先的午餐习惯——与办公室里的朋友共进午餐；或者与我们的股票经纪人共进午餐，边吃边谈打高尔夫球或是看波士顿红袜队的比赛。当然和股票经纪人及公司内的好友一起吃饭，气氛肯定会相当融洽，但对于投资而言，肯定不如和上市公司高管或者负责证券事务和投资者关系的人员一起吃饭更有价值，因为和上市公司边吃边谈能让你了解许多行业和公司的最新情况。

和上市公司共进午餐，很快就扩展到共进早餐和晚餐，发展到后来，在富达基金公司的餐厅里，几乎可以和标准普尔500指数中任何一家上市公司一起边吃边谈。每周，纳塔莉·特拉卡斯（Natalie Trakas）都会打印出一份"菜单"，就像学校让孩子们带回家的那种菜单（周一吃意大利通心粉，周二吃汉堡），不同的是我们的"菜单"上列出的并不是菜名，而是来访的上市公司名单（周一是美国电话电报公司或是家得宝建材超市，周二是安泰保险公司、富国银行（Wells Fargo）或者Schlumberger等），你往往同时有好几家公司可以选择共同进餐。

既然我根本不可能参加所有的这种边吃边谈的通气会，那就只能有所选择。于是我选择自己没有投资过的上市公司一起吃饭，目的是了解一下由于不投资这些公司股票而没有关注到的那些重要信息，比如说，如果我对石油行业了解不足，那我肯定会参加与某家石油上市公司的午餐，这样边吃边谈能够让我很快了解到这个周期型行业的最新发展动态。

那些直接或者间接参与某一行业的人士总会知道或获得某些行业的相关信息，不论是供应方，还是销售方。以石油行业为例，比如油轮销售人员是供应方，加油站的老板或者相关设备供应商都会亲眼看到这个行业正在发生什么变化，从而能够充分利用这种优势，提前抓住投资机会。

波士顿可以说是一个基金之都，这个城市聚集了许多基金公司，因此经常会有很多上市公司到波士顿来，这使我们每年不用出差离开这座城市，也照样可以与数以百计的上市公司见面。每当首次公开发行股票、增发或者业绩推介时，这些上市公司高管和财务人员就会到波士顿进行一场又一场路演，与许多机构投资者进行交流，其中肯定会包括帕特南基金公司、惠灵顿（Wellington）基金公司、麻省理财公司、波士顿道富投资公司和富达基金公司。

富达基金除了邀请上市公司共进早餐、午餐、晚餐之外，还鼓励分析师和基金经理下午到会议室里和上市公司有关人士一起喝喝下午茶，闲聊一下，这也是了解上市公司信息的一种补充渠道。经常是那些前来富达基金拜访的上市公司人士在喝下午茶时，主动和我们的分析师和基金经理闲聊起来，但是也有许多场合是我们主动邀请他们一起喝下午茶边喝边聊。

当一家上市公司主动想要向我们讲述它们的故事的时候，通常情况下这家公司同时也正在向华尔街上所有其他投资者讲述同一个故事。因此如果我们主动先邀请一家公司来进行交流，那么这种交谈就可能会让我们比别人早一步知道某些重要信息，所以这种交流更有意义。

我会花一个小时的时间与一个来自西尔斯百货的人交谈，以了解有关地毯的最新销售情况。也许和壳牌石油公司的一位副总裁交流，他会向我简述一下石油、天然气以及石油化工市场的最新情况（和壳牌石油公司人士交谈时得到的一个及时信息，让我及时卖掉了一家乙烯公司的股票，不久之后这只股票暴跌）。一位来自凯普尔（Kemper）保险公司的人士会告诉我保险费率最近是涨是跌。10次这样的闲谈，其中可能有两次会让我发现一些重要的信息。

我个人养成了一个定期交流的习惯，每隔一个月与每一个主要行业的代表人士至少交谈一次，以免漏掉这一行业最新的发展动态信息——比如行业开始反转或者有其他的华尔街投资公司忽略掉的这些行业的最新动态。这种与上市公司交流的习惯，是我的一个非常有效的投资预警系统。

在和上市公司的交谈中，我最后总是会问这样一个问题："你最敬佩的竞争对手是谁？"当某一家上市公司的总裁承认它的一个竞争对手做得一样好或更好时，这就是对竞争对手实力的最高认可。结果往往是我并没有买我交流的这家公司的股票，反而去买了他们十分敬佩的竞争对手公司的股票。

我们所寻找的信息既不是仅有少数人才知道的秘密，也不是不可泄露的机密，与我们交流的上市公司很乐于与我们分享他们所知道的信息。我发现大部分的上市公司代表都十分客观和坦率地谈论他们的公司在经营中的优势、劣势。当公司业务不景气时，他们承认现实，而且告诉我们他们认为什么时候业务会好转。对别人的动机，特别是在和金钱有关系时，我们人类总是怀疑又怀疑，还要再冷嘲热讽一番。但在我几千次与想让我们基金购买它们股票的上市公司人士的会面交谈中，对我撒谎让我上当受骗的情况很少很少。

事实上华尔街的骗子可能要比大街上的骗子少得多。要记住，你是从我这里第一次听到这种说法的！这并不是因为华尔街上的金融业人士比大街上的商贩更接近于善良诚实的天使，恰恰相反，正是由于投资者普遍不信任上市公司,所以美国证券交易委员会(SEC)对上市公司信息披露监管极其严厉,上市公司的所有公开披露信息都会受到证监会的严格审查,根本不允许任何上市公司说谎。就算是侥幸上一次说谎蒙混过关了,等到下一次公司披露季度报告时也会真相大白。

我总是留心注意用笔记下所有我在午餐和会议上遇见的上市公司人士的名字。其中很多人,之后几年我都会经常打电话和他们交谈,结果他们都成为我很有价值的信息来源。一年后我又再次拜访了他们。尤其是对于那些我不太熟悉的行业,这些上市公司的行业内部人士可以教会我在分析这些行业的上市公司财务报表时应该关注哪些要点,应该关注哪些核心问题。

在与安泰保险公司、旅行者(Travelers)保险公司和康健(Connecticut General)人寿保险公司的高管人员会面之前,我对保险业一无所知。短短两天时间的交谈,这些保险公司的高管给我上了一堂关于保险行业的速成课。我的保险知识水平肯定永远无法达到那些保险专业人士一样的程度,但是我学会了如何识别那些导致保险公司盈利上升或下降的因素,这样我就能发现一些关键的问题。

(我曾经说过,保险专业人士应该利用他们的这种专业优势,放着自己熟悉的保险业公司股票不投,而去投资那些自己根本一窍不通的铁路或垃圾处理行业股票,这岂不是白白浪费自己的优势吗?如果说无知是福,代价未免太高了。)

谈到保险业,1980年3月,我把基金25.4%的资金都投在了保险业股票上,不是财产保险公司,就是意外伤害保险公司。由于我购买了非常多的保险行业股票,而当时保险业股票在股市非常受冷落,所以保险业协会邀请我参加,并请我作为保险业最好的朋友在保险年会上发表一次演讲。不过要是他们知道我在仅仅一年之后会抛出所有保险业股票转向银行业股票,也许就不会邀请我了。

当时是1980年，正值卡特总统执政的末期，美国联邦储备委员会为了抑制经济过热，猛踩刹车，把利息率提高到了历史最高水平。在这种形势下，尽管银行业增长前景非常好，但是银行股居然以低于账面价值的市场价格在销售。我并不是坐在办公室里，拍着脑袋一想，利率提高银行股会如何如何，于是发现银行股被严重低估的，而是在一次亚特兰大举行的由罗宾逊－汉弗瑞投资公司主办的一次地区投资会议上发现的。

事实上，当时我开始考虑银行股，并不是在这次会议之上，而是在会议之外。参加这次投资会议时，一个又一个根本没有经营历史记录又没有盈利的上市公司的介绍，让我听得烦死了，于是趁着会议中间暂停休息的时候，我就溜了出来，顺便去附近的第一亚特兰大银行拜访一下。这家银行连续12年都取得了很高的收益率，盈利能力远远高于那些正在会议上猛吹自己的许多上市公司。显然，投资者都忽略了这家业绩优异的银行，而在5年后，当这家银行与北卡罗来纳州的瓦乔维亚银行（Wachovia）合并时，股价上涨了30倍。

华尔街总是非常关注那些在生死边缘垂死挣扎，要么生存、要么死亡的上市公司股票，却往往对实力雄厚、业绩稳定的银行股不感兴趣，像第一亚特兰大银行，股票市盈率只有市场平均市盈率水平的一半。

自从听说第一亚特兰大银行的情况的第一天起，我对这些业绩良好的地区性银行兴趣大增，但同时我也非常迷惑不解，为什么市场对这么好的银行股根本没什么兴趣？随便问问任何一个基金经理，图4-2、图4-3和图4-4中涨势如虹的股票是哪家公司的股票，他很可能会说是沃尔玛公司、菲利普·莫里斯公司或者是默克制药公司。这些股票走势图看起来都像快速成长型公司持续上涨的走势，谁又能想到竟然会是传统的银行股呢？在图4-2中，股价在10年内上涨了10倍的，是瓦乔维亚银行的股票走势，图4-3是明尼波利斯西北银行的股票走势，图4-4是底特律NBD银行公司的股票走势。

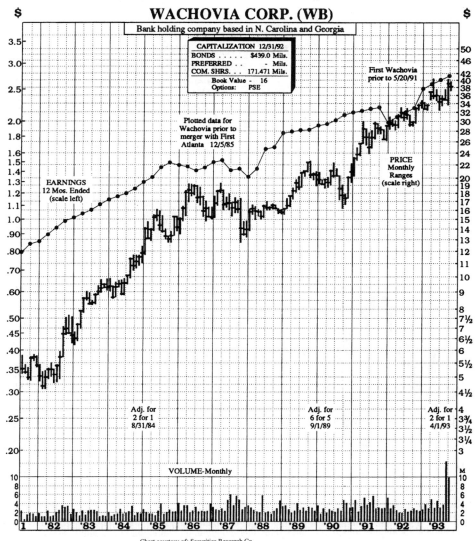

图 4-2 瓦乔维亚银行

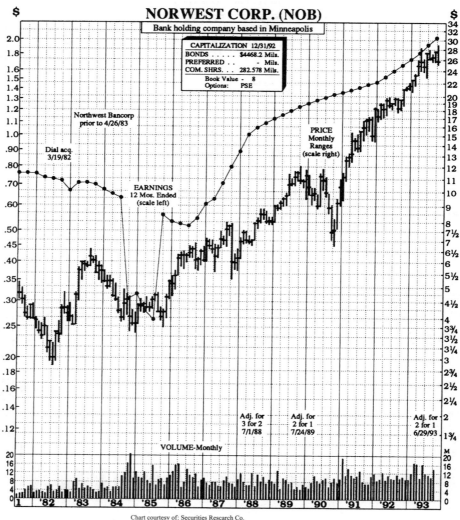

图 4-3 明尼波利斯西北银行

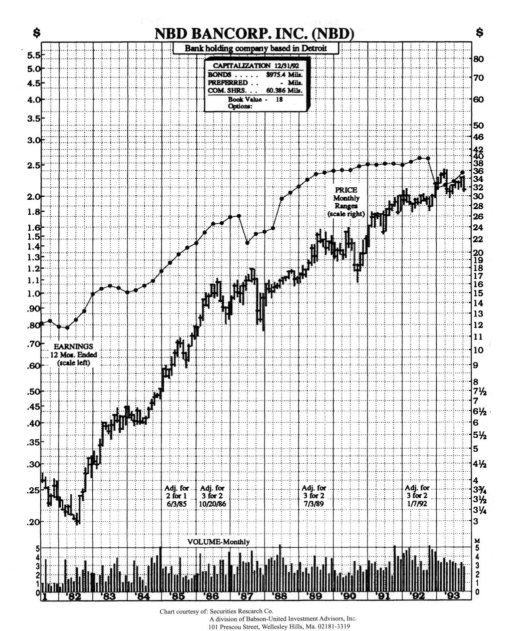

图 4-4 底特律 NBD 银行公司

我仍然感到吃惊的是，像 NBD 这样的银行，连续多年一直保持着 15% 的盈利增长速度，与像 Pep Boys 或者 Dunkin' Donuts 这样快速增长型公司的业绩增长速度一样高，但是市场给这些业绩同样快速增长的银行股的市盈率却非常低。可能市场普遍认为银行属于成熟的公用事业，想当然地认为银行只会像老牛拉破车一样，增长率很低，根本不可能会有很高的增长率，这实在是错得太离谱了。

这些地方性银行股票在市场上的错误定价给麦哲伦基金创造了许多极好的低价买入机会，这也正是为什么麦哲伦基金在银行业的仓位上要比其他投资者高出 4~5 倍。其中我所喜欢的一只银行股从 2 美元上涨到了 80 美元，你想知道是哪家银行吗？五三银行公司，听听这名字，有多么让人讨厌，可我一看就会忍不住想买进，因为我发现名字越让人讨厌，股票越有可能被低估。另一只我喜欢的银行股是 Meridian 银行，已经好多年没有投资者拜访过这家银行总部了。

还有一只银行股是凯科银行（Key Corp），这家银行有一套"霜冻地带"（frost belt）经营理论，即通过收购小型银行，专注于在高山寒冷地区开展业务，因为这些地区的人们普遍很节俭，也很保守，很少会贷款违约，这家银行因此业务相当红火。

不过我在银行股上赚钱最多的还是地区性银行，如图 4-2、图 4-3 和图 4-4 所示的那 3 家。我总是寻找那些有着雄厚的储蓄客户基础，且在贷款上效率很高又很谨慎的商业银行。在后面第 6 章表 6-2 中列出了麦哲伦基金最重要的 50 只重仓银行股票。

买了一家银行的股票，又会让我了解到另一家银行，于是我就这样一家接一家地买入银行股，到 1980 年年底我已经把基金 9% 的资金投资在了 12 家不同的银行股上。

在 1981 年 3 月推出的年度报告中，我非常高兴地指出，麦哲伦基金增值近 100%，与 1980 年 3 月相比，麦哲伦基金净值已经增长了 94.7%，而同期标准普尔 500 指数却只上涨了 33.2%。

尽管麦哲伦基金的业绩表现连续 4 年都战胜了市场，但是基金持有人数却仍然在持续下降，在这 4 年期间基金份额被赎回了 1/3。我无法确定发生这种情况的原因到底是什么，但据我猜测，可能是因为合并艾塞克斯基金而成为麦哲伦基金持有人的人们本来并不愿意加入麦哲伦基金，于是他们等到大部分的损失得到弥补之后就马上赎回套现了。即使是投资一只非常成功的基金，投资人也可能会亏钱，尤其是当这些基金投资人只凭情绪决定买入还是卖出基金的时候。

由于大量赎回抵消了投资利润积累，所以麦哲伦基金的资产管理规模增长严重受阻。刚开始是 2000 万美元的资产规模，本来经过 4 年投资组合市值增长 4 倍，基金资产规模应该增长到 8000 万美元，但是实际上只有 5000 万美元。在我刚刚担任基金经理的 1978 年和 1979 年这前两年，基金持股数目是 50～60 家；在 1980 年中期，麦哲伦基金持股总数增长了 130 家；但是到 1981 年由于基金份额赎回大量增加，我不得不又把持股数目减少到 90 家。

1981 年麦哲伦基金合并了塞拉姆（Salem）基金，我们的麦哲伦舰队又增加了一艘帆船。这只基金以前曾经叫作道氏理论基金，是富达基金公司旗下另一只经营不善的小型基金。塞拉姆基金的投资亏损也形成了亏损税收抵减的优惠。在 1979 年首次宣布合并之后的两年里，沃伦·凯西（Warren Casey）负责管理这家基金，尽管他的投资做得非常出色，但是这家基金仍然由于规模太小而根本无法收支平衡，没有任何经济效益。

直到合并塞拉姆基金之后，麦哲伦基金才重新开始向公众开放，进行申购。麦哲伦基金经历了这么长的封闭时间才重新开放，可想而知，当时面临的销售形势并不理想。富达公司的首席执行官内德·约翰逊决定，不再采取 10 多年之前从公司外部聘请推销员挨家挨户推销基金的做法，而是由富达公司内部销售人员来销售基金。

在我们第一次发行基金时，申购费率为 2%。由于市场反应非常好，后来我们不得不把申购费率提高到 3%，以减缓市场的抢购。不过后来我们又决定刺激销售，于是在 3% 申购费率的基础上，给予在 60 天以内申购的投资者以 1% 的优惠。

不过这次促销大行动差点由于一个工作失误而功亏一篑。这个失误是我们在公告上印错了联系电话号码。当对申购基金感兴趣的投资者拨通这个错误的电话号码时，他们自然都认为是在给富达基金公司销售部门打电话，结果却发现是一个眼科耳科医院的电话。一连好几个星期，这家医院不得不一再向打错电话的人解释自己并不是一只共同基金。这真是糟糕透了。

在原有的资产规模基础上，加上与塞拉姆基金合并，再加上新发行的基金份额，麦哲伦基金资产规模在 1981 年首次突破了 1 亿美元大关。在这个时候我们刚刚引起了公众的一些兴趣，但结果如何呢？股市这时却发生了崩盘。事情往往就是这样的，当人们刚开始感到投资于股票比较安全的时候，股市就会来一次大调整。但是尽管股市大跌，1981 年麦哲伦基金还是取得了 16.5% 的投资收益率。

毫不奇怪，股市大跌让麦哲伦基金有了一个好的开始。1978 年，我所持有的前十大重仓股的市盈率在 4～6 倍，而在 1979 年，1978 年我所持有的前十大重仓股的市盈率只有 3～5 倍。当一个好公司的股票的市盈率只有 3～6 倍时，投资者几乎不可能会亏损。

在管理麦哲伦基金的前几年里，我喜欢的都是所谓的二线股，是中小型公司的股票，包括零售业和银行业股票等，我在前面已经谈过了。20 世纪 70 年代末期，基金经理和其他投资专家一直对我说，中小型公司股票的黄金时代已经一去不复返了，大盘蓝筹股的时代就要到来了。幸亏我没有听取他们的建议。大盘蓝筹股既没有什么令人激动的发展前景，股价水平也比二线股要贵上 1 倍多。小，并不仅仅是一种美丽，更重要的是能带来盈利。

| 第 5 章 |

麦哲伦基金选股回忆录：中期

告别独角戏

我每天从早晨 6:05 开始一天的工作，这时一位来自马布尔黑德的朋友杰夫·摩尔（Jeff Moore）就会开着绅宝汽车来接我，顺路带我到市区。他的妻子芭比挨着他坐在前排。两口子都是放射科医生。

这时天还没有亮。杰夫开着车，芭比则对着前排座位上面的小灯看 X 光片，我呢，坐在后排，借着座位上面的小灯，仔细地阅读着上市公司年报和股票走势图手册。幸好芭比挺细心，从来没把我的这些资料和放在前排的医疗记录搞混。一路上我们之间很少交谈，各忙各的。

6:45，我就到了办公室，尽管我来得很早，但是办公室里并非只有我一个人，已经有很多人来了。不开玩笑，富达基金公司确实是一家非常敬业的公司，即使是在周末，天还没亮，已经来到办公室的分析师和基金经理就有一大帮了，足够组织一场篮球赛了。至于其他基金公司，我想恐怕周末早上一个人也不会有。

当然我们这么早来并不是来打篮球的，而是来工作的。我们公司的老板内德·约翰逊推崇额外卖力工作，他自己的习惯是，从早上 9:30 到晚上 9:30，每天工作 12 个小时。

我的办公桌总是乱七八糟，堆满了投资需要的各种工具：标准普尔股票指南（可以从任何一家证券公司那里免费得到），一个古老的罗拉代克斯卡[一]，一个空白的黄色即时贴，一支半截铅笔，还有一个我已经用了 15 年的按键很大的夏普 Compet 计算器。往年的标准普尔股票指南在我的办公桌上堆成一堆。在我的办公桌后面的一个小台子上，放着科特龙股票行情自动报价机。

最早版本的科特龙股票行情系统要求你必须输入股票代码，然后按回车键，最新的股价才会显示出来。否则的话，屏幕上就是一片空白。后来的新版本则可以显示出整个股票组合及所有股票的最新价格，并且随着当天的交易过程，股价会不断自动更新。其实早先不输入股票代码就一片空白的屏幕更好，因为这样你就不会像现在的基金经理那样，整天盯着屏幕，紧紧盯着你的股票涨涨跌跌，你的心情也会相应起起伏伏。科特龙股票行情系统升级以后，我不得不把它关掉，因为屏幕上不断变化的股价，太容易让人分心了。

在股市开盘前和电话铃开始响起之前，我会充分利用这几个小时的宝贵时间，仔细看一遍富达基金公司工作人员制作的前一天股票买卖总结报告。这些报表能告诉你富达公司的基金经理正在进行哪些投资操作。我还要阅读基金内部分析师与各家上市公司交流后的汇报材料摘要，当然还要抽出时间读读当天的《华尔街日报》。

上午 8 点钟左右，我列出一份新的股票买入卖出清单，其中大部分公司股票我在昨天或者前天都曾购买过，这样分批少量买入的目的是，能够在一个合理的价位上逐渐建立起一个较大规模的头寸。然后我会打电话给首席交易员巴里·莱登（Barry Lyden），发出交易指令，他就在我下面的楼层办公。

[一] Rolodex，罗拉代克斯卡，常出现在出版物所属的上下文中的一种用来盛装名片、地址卡和电话号码卡等可移动卡片的台式旋转夹的商标。——译者注

我的办公室和负责交易的那个楼层之间相隔9个楼层，这段路给你的感觉就像是走钢丝跨越大峡谷。富达基金公司这样设计的目的，一定是为了避免基金经理亲自上阵进行交易而干扰交易员。对我来说，这一安排很有效。

最初，我的首席交易员也是我唯一的一个交易员，但是到了1983年年末，随着麦哲伦基金规模大幅增长，交易也变得越来越复杂，我就有了第二位交易员，卡莱尼·德鲁卡（Carlene DeLuca）。莱登负责买进，德鲁卡负责卖出。这两位对我都非常耐心，而我也尽量给予他们更大的自由空间来进行交易。

股票交易是我最不用担心的一个环节。现在回过头来看，我在交易这一环节上还是浪费了太多时间，每天要花上一个小时，其实10分钟就足够了。买进卖出股票是很有意思，但如果我只用10分钟而不是用1个小时，用节省出来的50分钟来多给两家上市公司打打电话交流一下，那么我的投资应该会做得更好。成功投资的一个关键是关注公司，而不是关注股票。

我把股票买入卖出清单发给交易员之后，就重新回来继续干我的主要工作：研究公司。我的公司研究办法，与新闻记者的调查研究方法差不多：大量阅读公开披露信息，从中寻找线索，从分析师和上市公司投资者关系工作人员等这些中间人那里获得更多的线索，然后直接到信息的最原始来源也就是上市公司那里去实地调查。

每次和上市公司相关人士联系之后，无论是电话交谈还是见面交谈，我都会在活页本上进行会谈记录，所记的内容包括公司的名称和这家公司股票的当前价格，下面还会记上一两行我听这些人讲述的这家公司有关信息的摘要。我认为，每一个选股者，都会从这样一个记录上市公司有关信息的笔记本中获益很多。如果你不能及时完整地记录你搜集到的上市公司相关信息的话，之后你就会很容易忘记你当初为什么要购买这个股票。

随着麦哲伦基金规模增长得越来越大，我的这些笔记本也积累得越来越多，我花在重温这些笔记本中记录的相关信息上的时间也变得越来越多。我不得不减少了在公司午餐会上的时间——尽管午餐会和上市公司边吃边谈仍然和以前一样有用，可是我想更加有效地充分利用午餐这段宝贵时间，多给上市公司打打电话。于是我只能在电话间隔时间，用风卷残云的速度，三口两口吞掉一个三明治，然后接着打下一个电话。由于在以前很多次的午餐会上认识了很多人，建立了很多信息来源，所以现在联系就方便多了，只需要打个电话，大部分需要的信息就都能了解到。

在我的办公室外面，坐着我的4位秘书，为首的是沉着稳重的保拉·沙利文（Paula Sullivan）。她们一天到晚一直忙着给我接电话。她们一喊："某某在1号线。"我就接电话。到我办公室来的人，一般待的时间都很短，因为我的椅子上都堆满了文件，变成了文件柜，来的人根本没有地方可坐，除非是坐在地板上。

如果我离开座位，要么是去办公室的冰箱拿健怡可乐了，要么就是去上洗手间了。在我的办公室和最近的洗手间之间有一个小休息室，上市公司来的客人和来访的分析师会在这里休息，等候与我们的基金经理会面。在这些来的人里，经常会有我认识的人。为了避免碰见熟人，我通常会绕到后面一个楼梯，悄悄走到另外一个偏僻的洗手间。不然的话，我就不得不花些时间与这些认识的人寒暄几句，不然，就会怠慢这些朋友和熟人，我可不愿意这样。

我的伙伴们毫不沉默

麦哲伦基金绝不是我这个基金经理一个人的独角戏。从1981年开始，我就一直有一个或者几个非常能干的助理，帮我干那些我需要干却忙不过来的事，给上市公司打电话，或者给分析师打电话，使我能够及时追踪上市公司最新动态。我的第一位助理是里奇·芬亭（Rich Fentin），他成了基金经理助理的模范。后来他接手管理富达成长基金和富达清教徒基金（Fidelity Puritan）。

芬亭之后，我又有过几个助理，他们从我的投资失误中吸取了很多教训，现在也都在管理几只十分成功的投资基金：丹尼·弗兰克（Danny Frank），在管理特殊情况股票基金（Special Situations）；乔治·诺贝尔（George Noble），成立了海外基金（Overseas Fund）；鲍勃·史坦斯基（Bob Stansky），接手了成长基金（Growth Fund）；威尔·丹诺夫（Will Danoff），执掌逆向基金（Contra Fund）；杰夫·维尼克，现在管理麦哲伦基金。我的助手还有杰夫·巴梅尔（Jeff Barmeyer）（他现在已经去世）、德布·惠勒（Deb Wheeler）、乔治·多莫尔奇（George Domolky）、卡里·费尔斯通（Kari Firestone）以及现在维尼克的助手贝蒂纳·道尔顿（Bettina Doulton）。

我的这些助理个个精力充沛、聪明能干，有了他们的帮助，我好像长了三头六臂，可以同时完成很多工作。这表明，如果要充分发挥一个员工的潜力，那么最好的办法就是充分授权，让他负起全部责任。通常如果他们拼命去努力，很快就成长起来了。

基金经理自己做研究，并对研究结果负责，富达基金公司在投资实践中充分贯彻执行这一原则。这种要求基金经理自己做研究、自己负责的做法，在基金业内是具有革命性的，因为基金业内普遍不是这样的。传统的做法是，基金选股以分析师的研究为基础，先由分析师推荐股票，基金经理再从中选择股票进行投资。这种选股模式对基金经理来说有双重好处，一是这样做基金经理不用费事做研究工作，选股方便又轻松；二是这样做基金经理可以确保自己的职位安全无忧，因为一旦买入的股票表现糟糕，基金经理就可以把责任推向分析师，指责分析师推荐的股票是错误的。打个比方来说，一个普通业余投资者，听了一位朋友的推荐就买了一只股票，后来在这只股票上赔了钱，老婆知道后对他一顿埋怨，他肯定会对老婆说："这家伙怎么会这么愚蠢？竟然推荐我买这种烂股票？"普通投资者会骂那个向他推荐股票的人来逃避责任，基金经理也同样如此，他们会在上司和老板那里大骂分析师推荐的是烂股票。

然而分析师也不傻，他知道如果推荐的股票万一表现不好，最终基金经理会把责任推卸到自己头上，他很快就学会如何明哲保身了。分析师不再冒险向基金经理推荐独具眼光的可能大放异彩的潜力股，以免万一失误承担责任，而是推荐那些大家普遍高度认同但潜力有限的股票，比如IBM。因为他们推荐的是市场普遍认同的股票，即使基金经理这个季度投资业绩很糟糕，也无法过多指责分析师。毕竟大家都推荐这种股票，大家都买了，大家都没赚钱，凭什么只怪我啊？

在富达基金公司，由于要求基金经理自己做研究，自己对研究负责，这种互相推诿、明哲保身的情况是不会发生的。不管投资业绩是好是坏，基金经理都要独立进行研究工作，并对结果完全负责。与此同时，分析师照样进行独立研究，然后把在研究基础上推荐的股票名单报送给基金经理，基金经理自行决定是否采纳分析师的股票推荐意见。这样，与那种传统的"分析师管研究，基金经理管投资"的工作分工模式相比，富达基金公司的分析师研究加基金经理研究，就相当于同时进行双重研究。

由于富达基金公司的每一只新基金都需要指定一位新的基金经理，那么每个新的基金经理同时也成了其他基金经理的信息来源。随着富达旗下的基金数目不断增加，公司内部的情报网越来越大，分析质量也不断提高。由于麦哲伦基金是一只资本增值基金，我可以购买的股票范围很广，同事的各种消息和线索对我特别有帮助，包括管理特殊事件股票基金、小盘股基金、成长基金、价值基金甚至是场外交易股票基金的所有基金经理，他们的消息对我都很有帮助。

我非常赞同发行新的基金，比如场外交易市场基金（OTC Portfolio）、海外基金（Overseas Fund）、退休成长基金（Retirement Growth Fund）等。这些基金后来大部分都很受投资者欢迎。即使有少数基金不太受投资者欢迎，这些新基金的基金经理也成了我们探索进入新的市场领域的研究专家。于是我就充分地利用了他们发掘的好股票，抓住了不少大牛股。特殊情况股票基金的丹尼·弗兰克第一个发现了房利美的成长潜力，他还发现了一些业绩反转型大牛股。命运基金（Destiny Fund）的乔治·范德海登（George Vanderheiden）促使我购买了欧文斯－康宁公司（Owens-Corning）的股票，而资本增值基金的汤姆·斯威尼（Tom Sweeney）向我推荐了Envirodyne公司，这也是我投资成功的股票之一。

任命新基金的基金经理，也为我们提拔那些天才出众的年轻分析师开辟了新的通道，否则他们可能就会被我们的竞争对手挖到别的基金去了。这样新基金越发越多，我们的基金经理也越来越多。结果富达基金公司旗下就形成了有史以来最优秀的一支投资团队。

在我任期的前几年，我们把内部信息交流进一步规范化。原来我们都是在去开冰箱取饮料时在休息室里偶然碰面随便聊上几句，这种非正式交流后来被正式交流所取代，我们每周在一个会议室中定期召开投资例会，在会议上所有的分析师和基金经理都要提出他们本周所推荐的股票。

后来，为了节省时间，我在主持每周的投资例会时，带一个小计时器，把报警时间设置为3分钟，这样就把每个人的规定发言时间限定为3分钟。不过事实上，我后来逐渐缩短了每个人的发言时间，最后缩短到了90秒。现在我已经退休，才在这本书中讲出实情，反正现在为时已晚，谁也无法找我算账，让我再找机会补偿他的发言时间了。哈哈！

在会议上，人们一谈到自己热衷的话题时，就会特别兴奋，因此他们根本不会注意到我在计时器上动了手脚。不管怎样，90秒对于讲清楚一只股票的故事已经足够了。如果你准备投资一家公司的股票，那么你对于自己投资理由的解释，既要简单得能够让五年级的小学生都能听懂，又要简短得连五年级的小学生也不会听得厌烦。

我们每周的投资会议并不是要一分高下的辩论比赛。华尔街投资界的会议总是充满了火药味，在激烈的辩论争执中，只有那些唇枪舌剑、能言善辩的人才能生存下来。但是辩论绝非彻底了解股票真实情况的最佳途径。如果这一次会议上你的想法被大家公开批评，下一次会议上你想发言时就会犹豫不决。而且，当大家对你的观点群起而攻之，众口一词批评你时，你以后可能就会对自己的独立研究结论失去自信。

别人充满敌意的批评也许并不会马上影响到你对自己研究结果的信心，但这种被别人批评、充满痛苦的经历会永远刻骨铭心地埋藏在你的内心深处。比如，你的内心会一直记得，在一次投资会议上，你提出，克莱斯勒公司每股只有5美元，简直便宜得难以置信，而会议室里的每一个人都嘲笑你的这种观点。过了一年或更长的一段时间之后，克莱斯勒公司股票的价格上涨到了每股10美元，某一天晚上，你内心深处那段被大家嘲笑的记忆可能会突然涌上心头，提醒你："也许那些聪明人的看法都是对的。"于是你第二天起床之后就卖掉了克莱斯勒公司股票，结果后来这只股票又涨到30美元，受曾被众人批评的情绪影响，你卖得太早了。

为了避免伤害发言者的自信心，我们不允许任何听众对别人的发言提出任何反馈意见，作为听众的选择只是自己决定是否听从发言者的意见来选股。我努力把注意力集中在每个发言者提出的观点本身的好坏，而不是发言者本人的好坏。最有价值的创见往往来自那些研究选股能力远远胜过言语表达能力的人。当计时器关掉之后，我一定会特别注意尽量抓住那些在发言时并没有表达出来的深层意思。

到了最后，由于参加每周投资例会的基金经理和分析师实在太多，一个会议室根本容纳不下，我们每周的投资例会被每天的研究简报所取代。

富达基金公司之外的分析师和基金经理，是另外两个很有价值的重要投资信息来源。我每一个星期至少要与竞争对手的基金经理交流一次，偶尔在大街上或者在某次会议上碰到一起时也会借机交流一下。我们一见面就会说："你最近看好什么股票？"而不是说："你好！"这是我们这些专业投资者特殊的交流方式。我们永远也不会问："你妻子现在好吗？"或者是问："你看拉里·伯德（Larry Bird）那个投篮了吗？"我们这些基金经理的对话往往是以"你最近看好什么股票"开头，接着就会是"德尔塔航空公司好起来了"或者是"我期待着优尼科公司能出现转机"，等等。

理柏、《巴伦周刊》《福布斯》等会对我们这些基金的投资业绩进行排名，互相之间进行比较。基金业绩排名相对而言是靠前还是靠后将会决定下一年基金申购规模是增加还是减少。从这个意义上说，基金与基金之间是竞争对手。但是彼此之间的竞争并不妨碍我们互相交流看好哪些股票，至少在我们已经买入了足够数量的自己看好的股票之后，不会影响我们之间的互相交流。

你肯定不会看到两个棒球队竞争对手的两个教练之间彼此交流最喜欢哪场比赛，但是我们这些互相竞争的基金经理却非常愿意交流看好哪些股票或者买入了哪些股票。如果我们给了竞争对手一个好的投资建议，那么他们以后有机会也会这样做的。

对于那些来自其他基金公司的分析师以及证券公司营业部销售人员的选股建议，我非常注意有选择性地加以采纳。这种选股建议在质量上参差不齐，如果根本不了解到底是谁推荐这些股票就盲目轻信，后果将会是非常危险的。一些名气很大的分析师，往往经常待在装着空调、非常舒服的办公室里，看看资料，写写报告，却很少再出去到上市公司实地调研。也许他们会被《机构投资者》(Institutional Investor) 杂志评为明星分析，但这并不意味着他们在过去两年内经常拜访上市公司并根据实地调研进行了非常扎实的研究。

这种不接触实际，只是闭门造车的投资专家在华尔街上越来越多。这些分析师把越来越多的时间花在向公司和客户兜售自己的观点以及为自己的观点进行辩护上面了，而用在扎扎实实做研究上的时间却越来越少。现在能够每天给几个公司打过电话的分析师已经很少见了，能够亲自走出办公室到上市公司实地调研的分析师更是凤毛麟角。

如果我遇见注重实地调研的优秀分析师，我一定会和他们经常保持联系。第一波士顿（First Boston）的玛吉·吉列姆（Maggie Gilliam）就是其中之一，他发掘了家得宝建材超市这只大牛股，并对Limited这家公司进行了敏锐的追踪研究。其他证券公司的优秀分析师还包括：研究公用事业股的国民西敏寺银行（NatWest）的约翰·凯兰尼（John Kellenyi），研究金融服务业的葛朗特（Gluntal）公司的艾略特·施耐德（Elliot Schneider）和研究飞机制造业的所罗门兄弟公司的乔治·夏皮罗（George Shapiro）。这些有才能的分析师的意见总是值得一听的，特别是在你主动打电话给他们而不是他们主动打电话给你的时候。

分析师总是爱吹嘘说，他们如何如何第一个发掘到一只大牛股，当时这只股票股价只有25美分，10年后这只股票上涨到了25美元，涨了100倍。第一个发现并不重要，更重要的是要看看，在这只股票上涨到5美元以及后来的10美元、15美元时，他是否继续给出第二份、第三份和第四份推荐买入的研究报告。如果这个分析师只是最初推荐买入的话，随着股价大幅上涨，最初的买入信号很快就被忘记了。除非分析师在股价上涨一个阶段后继续推荐买入，否则错失最初低价买入机会的人，就会继续失去在较高价位买入、继续获利的机会。

耐心终有回报

到了1981年中期麦哲伦基金重新对公众开放申购的时候，我已经变成了一个在股票投资上更加有耐心的投资者。基金持有人在持有基金上也变得更有耐心了，投资赎回减少了，这意味着我不用再为了弄到现金而被迫出售手中的股票了。基金的年换手率下降了近2/3，从300%下降到了110%。现在我持仓最大的重仓股会好几个月持续保持不变了，这些重仓股包括：尼科（Nicor），一家天然气公司；菲得斯（Fedders），一家空调制造公司；国际服务公司，一家丧葬服务连锁公司。

到这个时候，麦哲伦基金资产管理规模仍然相当小，只有1亿美元，只能排在所有投资基金的最后5名。我把资金投到了你能想象到的任何一家公司，我的投资组合一共有200只股票之多，其中包括：Tandy公司；沙克电台（Radio Shack）的母公司；Quixote公司，它为高速公路上的施工人员生产塑料安全护栏；赞巴达（Zapata）公司，这只股票让乔治·布什发了大财；Chern Lawn公司；七棵橡树公司（Seven Oaks），处理百货商店优惠券；艾尔文（Irving）银行；还有两家快餐连锁公司Chart House和Skipper's。

餐馆连锁公司和商业零售公司的长期成长潜力，让我印象越来越深刻。通过在全国扩张，这种公司能在10～15年内每年保持20%的高增长速度。在股票投资中，过去，数学计算非常有用，将来，数学仍然非常有用。如果每年能够保持20%的盈利增长速度，那么经过3年半的时间就会增长到现在盈利水平的2倍，而经过7年就会增长到现在盈利水平的4倍。公司盈利增长会推动股价相应增长，并且股价增长幅度常常会超过盈利增长幅度，这正是为什么投资者都愿意为未来增长前景良好的公司股票支付更好股价（在第6章表6-3中列出了麦哲伦基金最重要的50只商业零售业股票名单）。

运用数学上的72定律，能够使你很快算出你的投资翻一番需要多少年。用72除以每年投资回报率的百分比数字，得出来的结果就是你投入的资金翻一番所需要的年数。如果每年投资回报率是25%，用72除以25，就能很快算出你的投资能在不到3年的时间内就会翻一番。如果每年投资回报率是15%，用72除以15，就能很快算出你的投资能在不到5年的时间内翻一番。

从对各个行业起起落落的长期观察中，我发现，尽管投资于周期型公司股票和特殊情况下股价被低估的公司股票，你可能会取得2～5倍的投资回报率（假如一切情况顺利的话），但是投资于零售业和餐饮业公司股票会有更高的投资回报率。零售业和餐饮业公司不仅增长速度和高科技公司（电脑制造商、软件生产商、医药生产公司）一样快，而且风险普遍要低得多。如果竞争对手开发出一种更好的产品，那么一家电脑公司的市值可能会在一夜之间损失一半，但是对于一家新英格兰地区的甜甜圈连锁餐馆公司来说，即使有人在俄亥俄开了一家更加高级的甜甜圈餐馆，公司股票市值也不会有什么损失。要用上10年的时间，竞争对手才可能发展到把分店开到自己的地盘，投资者也才能看到竞争对手开始对公司产生威胁。

1981年年底，我卖掉了Circle K连锁便利店和宾州中央铁路公司这两家刚刚走出破产困境起死回生的反转型公司股票，获利了结。我还卖出了生产吃角子老虎机并经营赌场的巴莱（Bally）公司的股票，买入了另外两家赌博公司阿尔西诺（Elsinore）公司和国际娱乐（Resorts International）公司的股票。1982年早期，我又再次买入Circle K连锁便利店的股票。当时我最大的重仓股是玩具制造公司曼特尔（Mattel）公司，占了基金投资组合3%的仓位。而我的前十大重仓股还包括：化学银行（Chemical Bank）；Pic 'N' Save，这是一家加利福尼亚的折扣连锁店；沃巴提姆（Verbatim）公司，这是一家磁盘制造商（我又一次在高科技公司股票上栽了跟头）；霍恩－哈达特（Horn & Hardart）公司，它经营着Bojangles餐馆及礼品邮寄业务；还有Pep Boys—Manny, Moe & Jack，你可不要把它们和《三个小丑》（*Three Stooges*）混在一起，当这家公司开始从汽车配件销售中赚到大钱时，它们可是"三个圣人"。

回头看看我选择的公司：Pep Boys公司、七棵橡树公司、Chart House公司、得力信用公司（Telecredit）和库珀轮胎公司（Cooper Tire），我现在发现，我喜欢的一些公司股票的确有一些共同点。这些共同点包括：资产负债表非常稳健，发展前景良好，但是大部分的基金却都不敢买入这些公司的股票。正如前面我已经提到的，一个关心职位安全只想保住饭碗的基金经理总是倾向于购买市场普遍认同的大公司股票，比如IBM公司，而回避投资于那些不被市场普遍认同的公司，比如七棵橡树公司。如果七棵橡树公司的股价下跌了，那么受到指责的就是推荐买入七棵橡树股票的人。但如果是IBM公司的股价下跌了，受到指责的并不是推荐买入IBM股票的人，而是IBM公司本身，怪只怪IBM的表现"太让市场失望了"。

是什么使我能够偏离这种愚蠢无效的常规工作模式呢？在一个像麦哲伦完全放开没有什么约束的基金中，没有任何人时时刻刻在我背后监督着我。在许多公司里存在着一种层层监督的制度，在这一制度下，每一个人都在前面监督着他的下级的所作所为，而同时又担心着他的上级在后面如何监督他的所作所为。

我认为，一旦你不得不总是担心你的上级对你的工作怎么看时，就根本无法做一个专业人士了。你不再对你所做的事情完全负责。这使你的内心开始怀疑你是否具备胜任你的工作的能力，否则的话，为什么你的上级会监督你的一举一动呢？

上级严密监视，根据工作结果大放马后炮，会让你的自尊心受到严重打击，我有幸无须受这样的折磨。我有着充分的自由，可以购买那些没有人曾经听说过的陌生公司的股票，或者是在40美元时把它卖出了而后来改变主意又在50美元时高价再次把它买入（我的上司也许会认为我这样低价卖出后再高价买回来简直是疯了，但是他们却并不会说我）。我不用在每日例会或者每周例会上为我的选股进行辩护，或者屈从于那些乱七八糟的批评而改变自己和自己的投资策略。

仅仅是想方设法争取战胜市场，就足以让基金经理忙得够呛了。再要求基金经理每天都要遵守计划或者解释投资策略，都是额外增加的负担。只要我们遵守基金募集说明书明确的规定，只要每年年终根据投资业绩进行一次评估就够了。除此之外，不应该有人干涉我们为什么购买名不见经传的 Golden Nugget 公司和霍恩－哈达特公司的股票，而不是购买人人皆知的大公司雷诺德铝业公司（Reynolds Aluminum）和陶氏化学公司（Dew Chemical）的股票。

到了 1981～1982 年，我开始在星期六加班，我用这额外的一天时间来清理办公桌上的一大堆东西。我得仔细阅读一大堆信件，有时我一天收到的信就有 3 英尺高。在 2 月和 3 月，我必须要看很多上市公司的年度报告。我还要重新翻看一遍记录与上市公司有关人士交流情况的笔记本，看看什么情况导致公司股票下跌了（当我与一家上市公司进行交流时，我总是记下当天这家公司的股票价格），同时分析一下公司基本面变好了还是什么也没变。我的目标是在下午全部搞定，但有时候怎么也忙不完。

1982 年上半年对于股市来说一切都太糟了。贷款基准利率上升到了两位数，通货膨胀率和失业率也上升到了两位数。生活在郊区的富人忙着抢购黄金以对付通货膨胀，购买猎枪以防身，囤积罐头以防食品短缺。那些已经有 20 年没去钓过鱼的商人也害怕经济崩溃后，只能自己钓鱼吃了，赶紧给钓鱼竿的钩丝螺旋轮上好油，重新购置各种钓鱼用具，把箱子装得满满的，以防杂货店突然关门无处可买。

利率上升到如此之高的水平，以至于长期国债连续好几个月成了麦哲伦基金最大的投资头寸。美国政府为这些国债支付 13%～14% 的高利率。我并不是害怕风险不敢买股票，作为防御性投资才购买长期国债，而是因为当时长期国债的投资收益率已经超过了一般情况下股票的预期投资收益率。

这就使我们总结出了第 8 条林奇投资法则，也是持有股票总是优于持有债券这个一般性投资法则的唯一例外：

---------------------------- **林奇法则** ----------------------------

如果长期国债的投资收益率高出标准普尔 500 股票指数的红利收益率 6 个百分点或更多，那就应该卖出股票而买入长期国债。

我当时认为，只要经济不会崩溃，每个人只能靠钓鱼来吃饱肚子这种噩梦不会成为现实，那么，利率就不会进一步提高，也很难在如此之高的利率水平上维持太长时间。如果经济崩溃果然发生，真的到了每个人只能靠钓鱼来吃饱肚子的地步，那么我也得和大家一起去钓鱼了，也用不着再担心麦哲伦基金的投资策略了。但是既然我认为经济根本不会崩溃，利率也不会一直维持这么高的水平，那么我就应该把资金全部投资在股票和长期国债上。

我真是怎么也搞不懂，为什么投资者匆忙变现，卖出股票和债券，手里持有一大堆现金，以提前做好应对发生摧毁一切的大灾难的准备？一旦真的摧毁一切的大灾难发生了，即使存在银行的现金也会和股票证券一样，变成废纸一张，毫无用处。但是，如果摧毁一切的大灾难没有发生的话（根据历史记录来看这种可能性更大），那么这种匆忙中以很便宜的价格抛出所有股票，换成现金以防灾难发生的自以为是"谨慎"的行为，其实反而是十分鲁莽的。

在 1982 年年初的一片恐慌之中，我始终保持镇定和冷静，关键在于我有一套经受住恐慌考验的办法，那就是专注于更大的大局，设想最坏的事情不会发生，然后问自己，如果最坏的事情不会发生的话，那会怎么样呢？我断定利率迟早会降低，而一旦利率降低，持有股票和长期国债都将会大赚一把。

（事实上，1982～1990 年，标准普尔 500 股票指数上涨了 4 倍，30 年期长期国债收益率比标准普尔 500 股票指数稍微高一点。但是到了 1991 年，标准普尔 500 股票指数上涨了 31%，债券表现就很差了。这再次证明，从长期来看，股票投资收益率要远远高于债券。）

在股市暗淡萧条的年代里，财经评论家喋喋不休地评论着汽车销售暴跌，好像汽车销售暴跌会让汽车行业永远陷入不景气的痛苦之中一样。但依我看来，不管经济是否衰退，美国人终究都要回到汽车销售商那里去购买汽车。如果说有什么事情就像人必将死亡或是波士顿红袜队必然会失败一样确定无疑的话，那就是美国人必然会购买汽车。

正是基于这种想法，我在1982年3月买入了克莱斯勒公司的股票。实际上我是偶然发现克莱斯勒公司这只好股票的。一开始我认为，汽车行业复苏，福特汽车公司将会大大受益，我对此很感兴趣，于是开始调查研究。在与福特公司的交流中，我发现克莱斯勒公司会在汽车复苏中受益更多。和往常一样，我对一个投资机会的研究却导致我发现了另一个更好的投资机会，就像一个探矿者溯流而上寻找金子一样，总是会有更大的发现。

那时，由于华尔街都预计这家美国第三大汽车公司将会破产，就像宾州中央铁路公司这家大公司轰动一时的破产一样，因此克莱斯勒公司的股价曾经一度跌到只有2美元。我翻了一下克莱斯勒公司的资产负债表，竟然发现这家公司账上有超过10亿美元的现金，这些现金大部分来自把坦克业务分部出售给通用动力公司（General Dynamics）的收入，因此说克莱斯勒公司马上就会倒闭破产绝对是危言耸听了。克莱斯勒公司有可能会破产，但至少在两年之内不会破产。美国政府已经为克莱斯勒公司提供担保，使其能够得到足够的贷款，确保公司在短期内继续生存。

如果汽车销售一直十分景气，而克莱斯勒却由于管理糟糕导致它们生产的汽车卖不动，那么我可能对克莱斯勒的前景比市场还要悲观。但是整个汽车行业过去一直都十分萧条，马上面临复苏。由于克莱斯勒公司已经减少了它的债务，而且即使是在目前销售相当差的时候，公司仍能基本上保持收支平衡，因此一旦行业复苏，公司销售回升，克莱斯勒的盈利就很可能会出现巨大的上涨。

1982年7月，我拜访了克莱斯勒公司总部，参观了这家公司的新车型，在公司投资者关系部门主管鲍勃·约翰逊（Bob Johnson）安排的会议上，我与几位公司高级管理人员进行了交流。这一天很可能是我整整21年投资生涯中的最重要的一天。

原计划这次会议只有3小时的时间，结果却整整持续了7个小时，而且原计划与克莱斯勒公司总裁李·艾柯卡（Lee Iacocca）只是简单交谈几句，结果却谈了2个小时。最后，我看到的是，克莱斯勒公司不仅拥有足够的资金继续维持一段时间的生存，而且公司还在不断创新，开发的新产品充满活力。

道奇Daytona、克莱斯勒Laser和G-124型涡轮跑车都即将下线。G-124加速比保时捷汽车还要快，能以更短的时间从起动加速到每小时60英里。公司产品系列丰富，既生产满足年轻人需求的敞篷车，也有运动型的New Yorker。最令艾柯卡先生兴奋的是他们研发的新产品，代码为T-115，他称之为"20年来汽车行业最创新的产品"。这就是著名的克莱斯勒厢型旅行车（minivan），后来9年间就销售了300万辆。

不过，当时给我留下更深印象的是轿车，而不是厢型旅行车，可正是这种非常畅销的厢型旅行车最后拯救了克莱斯勒公司的命运。可见，不管你多么了解一个行业，这个行业也总会发生一些令你意想不到的事。克莱斯勒厢型旅行车是汽车设计和工程制造上的重大历史突破，但这一次突破不是来自日本、德国或者瑞典，而是来自美国底特律。克莱斯勒的厢型旅行车在全美的销售总量远远超过沃尔沃汽车，两者销售量比例是5∶1。

克莱斯勒是一家有着数百万流通股的大盘股，这使我们麦哲伦基金能够在这只股票上投资相当大的头寸。整个华尔街都认为克莱斯勒公司肯定要完蛋了，以至于那些投资机构都纷纷抛出这只股票，甚至连分析师也停止跟踪研究这只股票。1982年从春天到夏天，我大量买入这只股票。到6月底，克莱斯勒已经成为我的第一大重仓股。到了 7 月，我把麦哲伦基金 5% 的资金全部投资到这只股票上了，这已经是证监会所允许的基金投资单只股票的规模上限。

整个秋季，克莱斯勒公司都是我的第一大重仓股，在它后面是霍恩-哈达特公司、Stop & Shop、IBM 和福特汽车。如果证监会允许的话，我肯定会把麦哲伦基金 10%～20% 的资金全都投到克莱斯勒公司股票上，尽管当时我的大部分朋友和同行都说我疯了，竟然购买一家快要破产的公司股票。

到了 10 月，我在债券上的投资比例降到了麦哲伦基金资产规模的 5%。大牛市真的来了。利率已经开始降低，经济已经出现复苏的迹象。和每一次经济衰退结束时一样，周期型股票又开始引领股市创出新高。根据股市行情变化，我相应卖出了一些银行和保险公司的股票。当时基金的 11% 资金都投在了汽车股上，还有 10% 投资在零售业股票上。

我这样大幅转变基金的资金配置，并不是基于新闻报道，也不是根据联邦储备委员会主席的讲话，而是基于我对一只只股票进行的个案研究，我研究了一家又一家公司，结果都表明，业务在不断好转。

在此期间，基因科技公司（Genetech）上市，开盘价为 25 美元，在一天内就火箭般蹿升到 75 美元。这是我购买的新股之一。

万圣节前的一个周末，我第一次上了著名的《华尔街一周》（*Wall Street Week*）电视节目。直到摄像镜头对准我开始拍摄之前的最后一分钟，我才见到节目主持人路易斯·鲁凯泽（Louis Rukeyser）。他走进摄影棚，弯下腰对我说道："别紧张，和平时聊天一样，你会表现很好的，只不过是有 800 万人在看你而已。"

鲁凯泽在节目开始讲了一个万圣节的笑话，他说，政治家比那些恶魔鬼怪更让华尔街害怕。然后 3 个评论人士——丹·多尔夫曼（Dan Dorfman）、卡特·兰德尔（Cart Randall）和朱丽亚·沃尔什（Julia Walsh）对过去一周股市和经济情况发表了一些评论。像往常一样，他们对很多事情非常忧虑。第一件事是，道琼斯指数在上周五下跌了36点。报纸上对这次大跌大加渲染，称之为"1929年以来最大单日跌幅"。其实这种比较实在是荒谬透顶。1982年道琼斯指数在990点时下跌36点，和1929年道琼斯指数只有280点时下跌36点，二者计算下跌幅度的基数完全不一样，只以下跌点数来比较跌幅是不合理的。

股市风云变幻，有多少次，当时看起来似乎要天崩地裂，后来只不过是小小波澜，反过来又有多少次，当时看起来似乎只是小小波澜，后来却是天崩地裂。

主持人问道，是什么使市场如此惊恐？3位专家回答了一大堆原因，其中包括：对汽车制造商约翰·德洛雷安（John De Lorean）的起诉，Tylenol胶囊含有氰化物导致7人中毒身亡引起一片恐慌⊖以及选举将至大量国会议员可能会落选等。鲁凯泽先生宣读了一封观众来信，这位观众担心，一旦银行和储蓄贷款协会发生危机，可能会耗尽联邦存款保险公司所有资金。3位评论员认为，这种事情发生的可能性非常小。鲁凯泽先生在这个问题讨论结束时，开玩笑说，政府总是能"在需要时多印一些钞票"，他哪里想到这个玩笑后来竟然会成为真的了。

轮到我出场时，他们把我从一边领上台来，非常友好地介绍我是"过去5年中最成功的基金经理人"，我管理的麦哲伦基金投资收益率高达305%，在

⊖ 1982年10月的第一周，有一则新闻报道说，在芝加哥地区有7个人服用含有氰化物的Tylenol胶囊之后中毒身亡，这则消息引起一片恐慌。强生公司迅速采取行动，警告所有用户在事故原因没有查明前不要服用，快速地自各商品架上将该药品回收，并且花费了5000万美元销毁了大约3100万的该药物。强生公司配合警方很快就确定，氰化物不是在Tylenol胶囊制造过程中有意或无意放进去的。含有毒剂的胶囊是在强生公司的两家工厂分别生产的，而两家工厂同时发生投毒事件几乎是不可能的。因此，投毒过程肯定是在药品流通领域发生的。美国食品药品管理局（FDA）怀疑是某人从药店里买了Tylenol胶囊，在其中一些胶囊中掺入氰化物，然后以退货为由将含有毒剂的药瓶退还给药店。否则中毒事件应该在更大的范围内发生，而不应仅仅局限于芝加哥地区。半年之后，Tylenol胶囊的市场占有率恢复到危机前水平的37%左右，而在导致危机的新闻报道之初，该品牌的市场占有率下滑到危机前水平的5%。——译者注

理柏基金排行榜上排名第一。我穿着浅褐色西服和蓝色衬衫，大家在上电视时一般都是这样打扮。我有些紧张，在金融界，能上鲁凯泽的《华尔街一周》电视节目，相当于获得奥斯卡奖一样风光无限。

鲁凯泽先问了我几个比较容易回答的问题，第一个问题是："你成功的秘诀是什么？"我回答说，我每年要拜访 200 多家上市公司，还要阅读 700 份上市公司的年度报告，我借用了爱迪生的名言"天才就是 99% 的汗水加 1% 的灵感"。我把自己投资成功的秘诀概括为"投资是 99% 的汗水加 1% 的灵感"，当时我的确是如此勤奋努力的。鲁凯泽纠正我说："那是爱迪生关于天才的说法，而不是关于投资的说法。"我却没有接上一句话。我当时太紧张了，一时想不出机智的回答。

鲁凯泽想更多了解一下我具体是如何进行投资操作的。我该怎么说呢？"噢，鲁凯泽，很简单，我只买入我看好的股票。"我当然不能这样说。我于是回答道，我把麦哲伦基金的投资组合分为两部分：一部分是小盘成长股和周期型股票，另一部分是保守型股票："当股市下跌时，我卖出保守型股票而增持小盘成长股和周期型股票，当股市回升时，我就卖出小盘成长股和周期型股票中已经获利的股票，再用这些资金买入保守型股票。"其实，在上电视节目十分紧张的情况下，我向 800 万电视观众所描述的投资策略，与我实际上运用的投资策略，肯定很难符合。

当鲁凯泽问我喜欢哪些股票时，我说自己喜欢的股票包括巴萨特家具公司（Bassett Furniture）、Stop & Shop 以及汽车公司的股票，尤其是克莱斯勒公司。我解释道，汽车工业已经经历了两年的萧条，一旦行业即将复苏，克莱斯勒公司盈利将会大幅增长。多尔夫曼对此发表了和华尔街相同的观点，他怀疑投资克莱斯勒公司风险是不是太大了。对此，我回答道："我愿意承担风险。"

当有人问到高科技公司股票的时候，气氛就变得比较轻松起来。我坦白地承认，我不仅仅是对高科技一窍不通，甚至"电流到底是怎么回事也从来都没有弄明白过"。大家听了笑成一片。鲁凯泽问我是不是有时觉得自己是一个"老古董"时，我机敏地回答说："不，我从来没有这样想过。"

尽管我在电视上紧张兮兮，但是，在鲁凯泽的电视节目中的露脸，让麦哲伦基金的销售奇迹般大增。咨询电话响个不停，订单迅速增加，让富达基金公司销售部门非常繁忙。1981年，麦哲伦基金合并塞拉姆基金时，其基金规模只有1亿美元，到了1982年年底，麦哲伦基金的资产规模就增长到了4.5亿美元。新的申购资金增长速度非常快，简直是汹涌而来：10月是4000万美元，11月是7100万美元，12月是5500万美元。这种速度在4年前是根本想象不到的。当然这和当时股市飞快上涨有很大关系。

在过去，我想买进一只新的股票，却没有资金，不得不卖出另一只老的股票。现在情况可大不同了，我有了充足的资金，既能保持老的股票投资头寸，同时又有资金来购买新的股票。根据规定，我不能把所有的资金都投在克莱斯勒公司股票上，所以我就把一些资金投资到其他汽车公司、化学公司和零售公司股票上。在3个月内，我购买了166家不同公司的股票。

我投资的这些公司中，有一些是大盘股，但大部分不是。在我的职业生涯中，一个让我想不到的现象是，当麦哲伦基金规模很小时，我的投资集中在规模较大的公司股票上，但当麦哲伦基金规模变大后，我的投资却集中在规模较小的公司股票上。这并不是一个我特意安排的策略，但这种投资策略却相当成功。

进入1983年后，麦哲伦基金继续很受欢迎。2月，新的申购让基金资金增加了7600万美元，而到3月又增加了1亿美元。在一个非常低迷的股票市场上，更容易找到值得购买的好股票。但是在1983年年初，道琼斯指数已经从1982年的低点上涨了300点。许多科技股股价都上升到一个令人吃惊的高位，这种天价在未来6～7年都难以再现。股价高得惊人让华尔街一片欢腾，但却让我一片沮丧。我更愿意看到股市大跌 300 点，让我能够趁机低价买入一些好股票。

股价大跌而被严重低估，才是一个选股者真正的最佳投资机会。股市大跌，人们纷纷低价抛出，这时我们的投资组合市值会损失 30%，这没有什么大不了的。我们不要把这种股市大跌看作一场灾难，而要把股市大跌看作一个趁机低价买入股票的机会。巨大的财富往往就是在这种股市大跌中才有机会赚到的。

克莱斯勒公司仍然是我的第一大重仓股（占基金总资产的 5%），而且在 1983 年大部分时间里都一直保持着第一大重仓股的地位。克莱斯勒股价在 8 个月内就上涨了一倍。霍恩 – 哈达特公司、Stop & Shop 和 IBM 公司仍然位居前 5 大重仓股之列。我尽一个基金经理的本分在 IBM 公司上保持了 3% 的投资比例（事实表明这一比例要低于在整个标准普尔 500 指数中 IBM 公司市值占 4% 的比例）。大家普遍认为：除非你持有大盘蓝筹股，否则你就称不上一个真正的基金经理人。我这样投资 IBM，也许是下意识地想符合这种普遍的说法。

1983 年 4 月，麦哲伦基金规模增长到了 10 亿美元，这是一个里程碑，让办公室内欢呼一片。此后不久，一位新闻评论人士就提出，麦哲伦基金规模已经太大了，很难再取得成功了。这种观点很快在公众中非常流行。

| 第 6 章 |

麦哲伦基金选股回忆录：晚期

你持有的股票数量越多，研究这些股票所花的时间也就越多。如果只是跟踪研究一只股票，每年只需花费几个小时的时间。这包括阅读年报和季报以及定期给公司打电话了解最新情况。一个投资者持有 5 只股票，利用业余时间就足以完成这 5 只股票的跟踪研究工作，完全可以把研究这几只股票当作业余爱好。一个中小型基金的基金经理，要跟踪研究基金持有的所有股票，就得每天从早上 9 点工作到下午 5 点。而在一个大型基金里，要跟踪研究基金持有的所有股票，基金经理每周得工作 60 ～ 80 小时才行。

1983 年中期，麦哲伦基金投资组合中有 450 只股票，到了秋季，持有数量增加了一倍，达到 900 只之多。这意味着，我要想向我的同事全部解释投资这 900 只股票的理由，每只股票只能用 90 秒甚至更短的时间。为了做到这一点，我必须要了解每个公司的基本面情况。幸亏我有能干的助理来帮助我调查了解这么多家公司的情况。

约翰·聂夫（John Neff）管理的先锋温莎基金一直是全美第一大基金。但是到了 1983 年年底，麦哲伦基金资产规模达到了 16 亿美元，成为第二大基金，与第一名非常接近。麦哲伦基金规模增长如此迅速，让一帮批评家大加批评，他们认为就像古罗马帝国规模扩张太大而最终崩溃一样，麦哲伦基金规模过于庞大了，也很难再像过去那样成功。他们这样预测的理论基础是，一个持有900只股票的基金，根本不可能战胜市场，因为持有这么多股票本身就相当于一个市场。我被他们指责为是这个星球上规模最大的指数基金经理人。

大型基金只能是一个业绩平庸的基金，这个观点在今天依然十分流行，和10年前一样继续误导大家。一个富有想象力的基金经理能够精心挑选出1000只，甚至是2000只与众不同的股票，而其中大多数股票不会在华尔街常见的基金投资组合中出现。这种现象被称为"飞离雷达监测范围"。他可能持有300只储蓄贷款协会股票和250只商业零售股票，但却完全没有一只石油公司和制造业的股票，这样，在市场下跌的时候，他的投资组合却反而会上涨。相反，一个没有想象力的基金经理，尽管把他的投资组合限制在50只股票以内，但是这些股票其他大机构也普遍持有，只不过相当于一个微缩了的标准普尔500指数。

这使我们得到第9条林奇投资法则：

---------- **林奇法则** ----------

并非所有的普通股都一样普通。

仅仅根据基金的规模大小以及基金投资的股票数目多少，并无法判断这只基金能否战胜市场。众所周知，我以持有很多种股票而闻名，1983年我曾经一度持有900只股票，后来更是持有多达1400只股票，因此可能导致一些投资者担心我无法取得较好业绩，而不敢投资麦哲伦基金。这实在太令人感到遗憾了。在1983年我的投资组合持有的900只股票中，有700只股票加在一起还不到基金总资产的10%。

为什么要很少量地持有这700只股票呢？主要有以下两个原因：①很多

公司本身股本规模非常小，即使我持股比例达到规定的 10% 上限，占用的资金也相当小；②我还无法确定这些公司是否真的值得大规模投资。麦哲伦投资组合中的大多数股票都属于这类"以后看看再说"（tune in later）的股票。只要你持有一些股票，这家上市公司就会把你列入邮寄有关年报等的股东名单之中，这样你再跟踪了解公司的情况就容易多了。

有时一项无足轻重的小规模股票投资可能会引导你发现一个巨大的投资机会，简·贝尔营销（Jan Bell Marketing）公司就是一个很好的例子。简·贝尔营销公司是一家珠宝供应商，市值只有区区 2 亿美元，这样的小公司远远无法与那些入选《财富》500 强的大公司相比。一次，这家公司的高层管理人员来到富达基金公司，与我们的基金经理进行交流。我持有这家公司的股票，因此，我走进会议室，听那些高层管理人员对公司的介绍。除了我之外，并没有其他基金经理露面。

尽管简·贝尔营销公司的股本规模太小了，这么小的投资根本无法为麦哲伦基金增加多少，但是我还是很高兴参加了这个会议。在介绍公司业务情况时，公司高管提到，他们最大的客户是折扣商店，如佩斯（Pace）、Warehouse、Wholesale、好市多（Costco）等，这些折扣商店订购珠宝的数量非常大，以至于简·贝尔营销公司不得不加班加点以满足需求。

正是在会议上听到这个消息，让我产生了投资这些折扣商店股票的想法。当时我脑子里突然一闪，如果这些折扣商店真的像简·贝尔营销公司所说的那样，能够卖掉那么多珠宝的话，那么这些折扣商店其他商品的销售也会相当不错，总体销售情况一定相当好。我请威尔·丹诺夫对折扣商店进行调查研究。威尔·丹诺夫是我们基金的商业零售分析师，后来成为富达反向基金的基金经理。

折扣商店股票刚上市时很受市场追捧，可是好景不长。投资者预期过高，以至于公司业绩根本不可能达到这么高的预期，于是股价大跌，投资者纷纷抛售。看到公司财务报表上的真实盈利情况，华尔街再也不感兴趣了。丹诺夫询问了几家大型券商，发现根本没有一家券商安排分析师跟踪研究这些折扣商店。

我们俩直接和这些折扣商店公司联系。他们证实了简·贝尔营销公司的说法，公司业务确实好得惊人。他们也告诉我们，他们已经偿还了债务，资产负债表变得十分稳健。盈利持续向上增长，可是股价仍然持续向下徘徊——这可是一个绝对完美的投资机会。我大量买入了好市多公司、Wholesale俱乐部公司和佩斯公司的股份。这3只股票都赚了很多钱，其中好市多公司股票上涨了3倍。

这些折扣商店的雇员和购物者都亲眼看到了这些商店的生意多么红火，都能了解到丹诺夫和我所了解到的所有详细信息。那些机敏的购物者能够有机会比华尔街更早了解到这些折扣商店的基本面情况，然后买入这些折扣商店被严重低估的股票，就能把他在这些商店购买商品所花费的钱全部赚回来。

20世纪80年代中期，我几乎挖掘了每一只公开上市的储蓄贷款协会的股票。它们大多数盘子都很小，对于麦哲伦基金十几亿美元的投资组合来说，要贡献一定程度的盈利，我只能成批成批地大量买入这些储蓄贷款协会的股票。此外，有几家金融机构告诉我，由于利率降低，它们的利润将会大幅改善，由此我可以推断，很多其他金融机构也会从降息中受益很大。1983年4月我新买入了83只股票，其中有39只是银行股和储蓄贷款协会股票。到了年底，我已经买了100只储蓄贷款协会股票，所有这些股票加起来已经占到基金投资组合的3%。

财经传媒注意到我"青睐"储蓄贷款协会股票，于是大肆宣传报道，以至于读者会误以为，储蓄贷款协会股票的涨跌直接决定麦哲伦基金业绩表现的好坏。幸亏实际情况并非如此。后来那些实力很差的储蓄贷款协会纷纷倒闭，那些实力强大的储蓄贷款协会受连累也股价大跌。如果我真的把麦哲伦基金资产的20%都投资到储蓄贷款协会上的话，我这个基金经理可能早就被迫下台了。

尽管我投资了很多只银行股和储蓄贷款协会股票，但在这一时期，真正让麦哲伦基金大获成功的并不是它们，而是汽车股。买了福特汽车股票后，导致我接着买入克莱斯勒汽车公司股票，投资克莱斯勒后又引发我买入沃尔沃汽车公司股票。汽车行业形势一片大好，不只让一家汽车公司股价大涨，也让整个汽车行业股价集体大涨。

克莱斯勒的股价急速上涨，以至于在很短时间内，我持有的克莱斯勒公司股票市值就已经超过了基金资产总值5%的上限。一旦达到5%的投资上限，按规定我就不得继续买入这只股票，但如果是由于股价上涨后一只股票投资比例超过5%，按规定可以超限额继续持有。于是，我转而在福特汽车和沃尔沃汽车公司股票上建仓，直到后来，这3只股票市值就占了麦哲伦基金总资产的8%，加上其他汽车公司股票，麦哲伦基金在汽车股上的投资比例高达10.3%。

个人投资者可以押个股以使盈利最大化，选择一家最有希望赚大钱的汽车公司股票，把所有的钱投资于这一只汽车股上，从汽车行业股票的反弹中获得最高的投资回报。但一个大型基金的基金经理受限于各种规定，根本不能赌个股，因此只能"赌行业"，把大量资金押在一个行业上。不过，同样是赌行业，却有许多种不同的方式。其中一种方式是重视行业投资配置，你预感到汽车行业将会表现不错，于是你决定，今年要把8%的资金投资到汽车行业股票。你把汽车行业所有股票列到一张表上，然后闭上眼睛投飞镖，投中哪只就选哪只汽车股，就这样随便买上几家。另一种办法是重视精选个股，一家一家汽车公司逐一进行详细分析后再做选择。

<u>**第一种做法是自上而下，重视行业投资配置而不重个股选择**</u>，在汽车行业股票上投资比例为8%，这是经过深思熟虑才决定的，但对于个股选择就随意了。<u>**第二种做法是自下而上，重视个股选择而不重视行业配置**</u>，投资哪一

只股票是经过深思熟虑才决定的，但至于行业投资比例有多高就随意了。你一猜就知道，我倾向于精选个股。做功课仔细研究精选个股，与掷飞镖一样随便选股相比，花费的精力要多得多，但是在1983年，像掷飞镖一样随便选股的人，尽管赌对了行业，却很可能因为投资了通用汽车股票，而错失其他汽车大牛股。

我从来不会持有太多的通用汽车股票，即使是在当时汽车行业一片大好的年代里。因为我认为可以把通用汽车公司称为一个"糟糕"的公司，这种称呼已经算是最客气的了。尽管通用汽车的股价在1982～1987年上涨了3倍，但是一个基金经理如果因为通用汽车是美国第一汽车公司，就把通用汽车作为第一大重仓股的话，就会错失上涨17倍的福特汽车和上涨将近50倍的克莱斯勒汽车这两只最牛的汽车股。

我必须承认，在我的自下而上的分析中，我对汽车行业反弹的判断是正确的，但是对整个汽车行业的大局形势我却判断错误。我确信日本厂商将会继续集中力量主攻小型车市场，但从没有想过他们会以同样的战略进攻中型车和豪华车市场。尽管出现了这个预测错误，但我还是从福特、克莱斯勒和沃尔沃这3家汽车公司的股票中赚到了很多的盈利。

在1982～1988年这整整6年里，在麦哲伦基金前五大重仓股中，这3家汽车公司中至少有2家，有时3家公司股票都是前五大重仓股。福特汽车公司和克莱斯勒汽车公司的股票大幅上涨，每只股票都让我赚了超过1亿美元，再加上我从沃尔沃汽车公司股票上赚的7900万美元。正是这少数几家汽车公司股票上获得的巨额盈利，才让麦哲伦基金业绩出类拔萃。

尽管麦哲伦基金一直被大家认为是一只成长型基金，但其实并非如此，麦哲伦基金是一家资本增值型资金，可以买卖任何一种股票。正是这种投资的灵活性使我可以去充分把握任何有利的投资机会，比如这次汽车股反弹的机会。克莱斯勒和福特汽车根本不属于成长股，因此根本不会出现在任何成长型基金的投资组合中。然而，由于这些汽车公司股票股价已经被市场打压得如此之低，以至于当汽车行业复苏时，这些汽车股大幅反弹，几乎比任何成长股的涨幅都要大。

另外一个让许多基金经理束手束脚的原因是担心"流动性"。他们因为小盘股交易量很小而回避投资于所有基本面极好的小公司，其实投资一批这些非常好的小公司股票，即使对于一个大型基金来说也会贡献相当大的盈利。他们在选择股票时过分执着于能否短期内快进快出的问题——能否在5天甚至更短的时间内顺利买入或卖出，以至于他们忽略了应该首先考虑的问题——这些股票到底值不值得持有。

选择股票就像是选择人生伴侣，离婚是否容易，可不是结婚前应该考虑的因素。如果你一开始就做出了明智的选择，你就不会打算离婚了。而如果一开始就做出了错误的选择，无论如何结果都会一团糟。拥有世界上再好的流动性也没有用，都不能将你从痛苦和磨难中拯救出来，而且很可能你还要损失一大笔钱。

以宝丽来公司为例，仅仅在1973年一年之内就损失了90%的市值。许多基金经理都捶胸顿足，后悔不该买这只股票。宝丽来是一家大公司，而且股票交易十分活跃，因此一有风吹草动就完全有把握很快顺利抛出大量股票。这只股票缓慢下跌了3年，在此期间，任何人想卖出股票都有很多机会。但是据我所知，有几个基金经理并没有这样做。只有在你想离场时你才会抛出股票离场，他们不抛是因为还不想离场，其实他们并没有注意到这家公司马上就要完蛋了。

他们也有机会及时抛出施乐公司（Xerox）的股票，然而由于某些原因，他们也没有这样做。因此，那些投资专家仅仅因为某些股票交易量小，"日交易量只有10 000股"，就拒绝投资这些流动性差的股票，实在是非常荒唐可笑。首先，99%公开上市的股票的日交易量都低于1万股，因此那些担心流动性的基金经理就把自己的投资范围局限在1%的股票之中。其次，如果一家公司经营失败，那么无论这家公司股票日交易量有多么大，基金经理还是会在这家公司股票上赔钱；相反，如果这家公司经营成功，基金经理就可以很轻松地慢慢高位减持这家公司的股票，卖出时快慢都无所谓，反正是赚钱的。

当麦哲伦基金成长为一个中型基金时，我想要一天之内买入一大笔股票，能够对于基金规模庞大的投资组合有相当的影响，已经变得越来越难。偶尔，我才有机会在一天之内从一家投资机构那里买入一大笔股票——一次是我一天吃进200万欧文斯－康宁，另外一次是我一天之内吃进200万股美洲银行（Bank America）股票。但是这些都只是极少数的例外，一般情况下我只能分期分批持续小量买入。

每次基金规模增大，我就不得不对每只股票都进行增持，以保持每只股票在整个投资组合中的投资比例不变，尤其是小盘股，增持股票特别麻烦，有时需要花费好几个月的时间，才能买到相当大的数量。如果我买进的速度太快，很可能会仅仅是由于我自己的买入行为，就会拉升股价，以至于超过了我的卖出价位。

整个1984年，我持有的前十大重仓股一直没有多少变化，我一直坚持买入－持有的投资策略，这与我早期频繁买进卖出的做法完全相反。某一个月，福特汽车排在第一大重仓股，后面接着是克莱斯勒汽车和沃尔沃汽车。而到了另一个月，沃尔沃汽车成了第一大重仓股，接着是克莱斯勒汽车和福特汽车。1984年我继续持有我在1983年买入的大量国库券，随着利率降低，这些国库券的价值不断上涨。

在我重仓投资汽车股的顶峰时期，我的投资组合前十大重仓股中，有5只股票是汽车股，除前面提到的克莱斯勒汽车、福特汽车、沃尔沃汽车，还有斯巴鲁（Subaru）汽车和本田汽车，有一个很短暂的时期，甚至也包括通用汽车在内。当成千上万的美国人涌进汽车陈列室蜂拥抢购汽车时，即使业务相当一般的汽车公司也能赚到很多钱。

谈到钱，1984 年麦哲伦基金申购火爆，又新增加 10 亿美元。我过了一段时间才习惯于在发出交易指令的股票交易数量上要多加一个零。同样我早晨发出交易指令时，股票数目也越来越多，也要花越来越长的时间才能交代清楚。

我去哪里度假，基本上是根据度假地区所在的时区以及电话亭是否便于和公司联络来决定。奥地利很不错，因为在美国股市开市前，那里已经是傍晚，这样我就可以到傍晚再打电话下达交易指令，在此之前我有一整天的时间去滑雪。在美国我喜欢去滑雪的地方是位于新罕布什尔州迪克斯维尔诺奇的巴尔萨姆滑雪场，因为那里缆车索道的最下面有电话。我从上面滑雪下来，然后拨打电话给交易员，等我讲完一页左右的买入卖出股票清单，缆车正好就又过来了，我就可以坐上去，边坐边考虑下一步投资如何行动。

在我干这一行的前 5 年里，我很少出差旅行。在后 5 年里，我却经常旅行。大多数的旅行都是去参加全国各地区召开的投资研讨会。这种投资研讨会，就像集中密集上课一样，有时我会在两三天里听取数 10 家上市公司的推介报告。

1984 年 9 月，蒙哥马利证券公司在旧金山举办投资研讨会。5 月汉姆布鲁特－奎斯特公司（Hambrecht & Quist）举办了一个关于小型高科技公司的投资研讨会。每年 4 月，罗宾逊－汉弗瑞来公司在亚特兰大举办一个关于东南部地区上市公司的投资研讨会。鲍斯沃斯（Bosworth）公司和戴恩（Dain）公司在明尼阿波利斯召开一个类似的关于中西部地区上市公司的投资研讨会；秋季普雷斯科特公司、鲍尔公司和特本公司在克里夫兰举办一个投资研讨会；阿里克斯·布朗（Alex Brown）公司在巴尔的摩举办一个投资研讨会；8 月亚当公司、哈克尼斯公司和希尔公司在波士顿举办一个投资研讨会。霍华德·维尔（Howard Weil）公司在路易斯安娜有两个专门的投资研讨会，一个是关于能源生产企业的，另一个是关于能源销售服务公司的。此外关于生物技术公司、餐饮公司、有线电视公司和银行，都各有专门的投资研讨会。

投资研讨会是基金经理最伟大的发明之一，能够节省很多时间和精力。不过，当一个会议上同时有两三家上市公司分别进行推介时，基金经理分身乏术，往往难以决定参加其中哪一个更好。有时，富达基金公司会派出一个代表团，以保证我们可以出席每一家上市公司的推介。有时，我在会议上了解到一些企业前景非常好，以至于我等不到会议结束，就离开会议室到休息大厅打电话发出买入指令。

在外地参加投资研讨会的空闲时间，我会租一辆车，或者找一辆出租车，去拜访那些公司总部就在附近却并没有派人参加会议的公司。我熟悉不少城市，但往往并不是这些城市有什么标志性的建筑，而是这些城市里有哪些《财富》500强公司的总部。最吸引我去旅行的城市是：MCI公司和房利美公司所在的华盛顿，雪佛龙公司和美洲银行所在的旧金山，立顿公司和联碳公司所在的洛杉矶，可口可乐和特纳广播公司所在的亚特兰大以及TRW公司、国民城市银行和伊顿公司所在的克利夫兰。

我的海外冒险经历

除了约翰·邓普顿之外，我是第一个大规模投资美国之外股市的美国基金经理。邓普顿的基金是麦哲伦基金的一个全球版。我一般只将10%～20%的资金投资于美国之外股市的股票，邓普顿则将大部分资金投资于美国之外股市的股票。

我是从1984年开始正式投资于海外股市上市公司股票的。当时还根本没有一套信息系统能够及时得到国外证券交易所上市公司股票的可靠的最新行情报价，因此，每天晚上，我的交易员不得不纷纷打电话到斯德哥尔摩、伦敦、东京和巴黎，尽量收集我第二天所需要的信息。这样做导致了电话通信费迅速高涨，不过还是很值得的。1986年我们专设了负责海外股市上市公司股票投资的部门。

由于麦哲伦基金账上有大量的现金，必须进行投资，我几乎是被迫转向投资美国以外的其他股市，尤其是欧洲股市。麦哲伦基金是一家资产规模庞大的基金，作为基金经理我需要相应找到一些能够大规模投资的大型上市公司，而欧洲股市中大型公司的比例比美国更高，而且这些公司中多数没有被投资者紧密关注。但不利之处是，外国股市上市公司的公开信息披露标准和会计准则都与美国公司不同，因此透明度低，分析起来困难得多。不过如果你认真下工夫研究，你就会偶尔抓到一只像沃尔沃这样的大牛股。

我最成功的一次调研之旅从1985年的9月中旬开始，持续了3周时间，一共调研了23家上市公司。这次调研之旅，与1973年秋天我作为一名年轻富达基金公司分析师对陶氏化学集团的调研之旅相比，辛苦多了，不过收获也大多了。1973年那次，我拜访了陶氏化学公司在各地的分厂，每到一家分厂，都被热情款待，就这样一路横穿整个美洲大陆。后来我才明白，只需要调研一家陶氏化学公司的分厂，你就知道所有的陶氏化学公司分厂是什么样的了，何必一家一家拜访呢？

这次调研之旅，我出发那天是在一个周五，我先是拜访了波士顿地区的3家上市公司，然后当天下午登上了飞机，周六到达了瑞典斯德哥尔摩机场。但这次投资调研之旅一开始就很不顺利，航空公司丢失了我的行李。Sabena航空公司，我很庆幸没有买这样一家航空公司的股票。

瑞典是一个礼仪之邦，十分讲究礼仪。根据日程安排，在两天内我要拜访瑞典的几个工业领袖人物。我实在不敢想象，如果我像坐飞机时穿的那样，灯芯绒裤子，皱巴巴的运动外套，还有一双运动鞋，不知走进他们的办公室时，他们会如何反应。在机场我沮丧地发现：①Sabena航空公司不知道把我的行李箱丢到哪里去了；②这时斯德哥尔摩所有的商店都已经关门了，因此我不得不开始为拜访那些工业领袖人物时的尴尬场面做最坏的准备。

就在我灰心丧气的时候，比吉塔·卓吉尔（Birgitta Drogell）到机场来接我，她是我一个朋友的妹妹。她安排我住到她在斯德哥尔摩郊区西格图纳的家里。不可思议的是，她的瑞典丈夫，英格马（Ingemar），竟然和我身材一模一样，甚至连鞋子的尺码也一模一样，不一会儿，我就换上了一身瑞典套装。

我的一头白发，浅色的皮肤，再加上一身本地打扮，以至于每一个人都认为我就是一个瑞典本地人。无论什么时候我走在街上，总有人向我问路——我猜他们是在向我问路，因为我听不懂他们讲的瑞典话，我也无法确定他们到底在跟我说什么。

行李一直没有找到，不过我相信现在这身打扮更好。周一早上，我穿上我的一套瑞典服装，去拜访易达（Esselte）公司的首席执行官。易达公司主要销售办公设备，包括办公桌抽屉里常见的那种文具盘。我还拜访了瑞典通用电气公司（ASEA，它是ABB公司前身），它是瑞典一家经营业绩优异的集团公司，地位相当于美国的通用电气公司。我还拜访了阿法拉法（Alfa Laval）公司，这是一家奇特的多元化经营企业，既生产挤奶机器，又搞基因工程。当天晚上，我研究了第二天要去的伊莱克斯（Electrolux）公司和阿格（Aga）公司，伊莱克斯公司是一家制造真空吸尘器和家电的巨型企业，其总裁是瑞典版的美国英雄克莱斯勒公司总裁李·艾柯卡。阿格公司则是依靠制造气体来赚钱。

从理论上讲，投资一家从空气中分离制造某些气体的公司是十分愚蠢的，因为空气并不是什么稀缺的商品。但是我从阿格公司了解到，钢铁企业需要大量的氧气，快餐业需要大量的氮气，然而只有很少的公司拥有这种从空气中分离制造某些气体的机器。由于原材料成本为零，因此，仅有的几家气体制造公司（其中包括阿格在内）业绩都非常好。

我一拜访完阿格公司，就立刻驱车赶往爱立信（Ericsson）公司，爱立信是一家电话设备公司，类似于美国的西部电气公司。下午，我访问了斯坎迪亚（Skandia）公司，名字听起来像是一个家具制造公司，但是实际上却是一家大型保险公司。我们海外基金的乔治·诺贝尔先生安排我拜访斯坎迪亚，看起来斯坎迪亚似乎还没有其他基金在关注。

对美国保险业而言，保险费率调高几个月后公司盈利才会出现增长。因此保险业股票跟周期型股票有些类似，如果保险费率提高马上买入股票就会赚很多钱。保险公司股票常常由于保险费率调高先会上涨一倍，等保险费率提高导致盈利出现增长后，股价会再上涨一倍。

我本以为瑞典股市中保险公司股票的情况同样如此，所以当我了解到监管部门已批准提高保险费率时，我以为这个重大利好消息肯定会推动斯堪的亚股价大涨。可是事实上股价却没有上涨。瑞典投资人根本没有注意这个利好消息，只关心眼前盈利不佳的利空消息。这真是选股人做梦都想不到的投资良机。

我简直不敢相信自己的眼睛，赶紧揉揉眼睛，再仔细看看这家公司的基本面，以免自己遗漏了什么重大利空因素。公司是不是负债过高？有没有把一半的资产投资在风险很高的垃圾债券或房地产上？公司是否开展了心脏移植手术保险、隆胸手术保险或是其他可能导致亏损几百万元的高风险承保？所有这些我担心的问题答案都是否定的。这是一家十分保守稳健经营的保险公司，只承保财产保险和意外保险，保险费率上调后盈利肯定会翻倍。在随后的18个月内这家公司的股价上涨了4倍。

两天密集拜访了7家上市公司后，我还要再赶到位于瑞典这个国家另一边的沃尔沃汽车公司，自然没空去洗洗桑拿，也不能去到海湾上扬帆了。为了做好拜访沃尔沃汽车公司的准备，我找到瑞典唯一的一位金融分析师，他任职于某位卡内基家族成员创立的证券公司。同样是卡内基家族的传人，瑞典的卡内基后裔只能待在瑞典的天寒地冻中默默无闻地孤独生存，但在美国的卡内基后裔却有幸成为致富的宠儿。

沃尔沃汽车公司是瑞典的企业龙头，对瑞典而言，沃尔沃汽车公司的地位，相当于美国整个汽车行业的地位，而且除了汽车之外，这家公司还经营其他一些业务。然而这位瑞典唯一的一位金融分析师，却从来没有拜访过沃尔沃汽车公司！看来我只好亲自出马去看个仔细，以弥补这位分析师的疏忽了。我自己开车跟卡罗琳（现在我妻子卡罗琳已经赶来和我会合）到了瑞典第三大城市哥德堡。

在哥德堡，沃尔沃汽车公司对有投资者来访非常高兴，安排我和公司总裁、执行副总裁、卡车部门主管和总会计师见面，然后他们安排我在公司进行了一次非常愉快的参观。

当时沃尔沃汽车公司正由于工会问题而受到困扰，但这还不足以影响这只股票的投资价值。最近一段时间，沃尔沃股价维持在34美元左右，而资产中的现金余额平均每股也高达34美元，所以花34美元买入这只股票，相当于免费得到了这家公司的汽车业务、装配厂、食品厂、医药公司和能源公司等其他下属公司。在美国，也许在那些被市场忽略的小公司，你才会找到这种便宜货，但是对于通用电气或者菲利普·莫里斯这种大公司而言，股价这么低的投资机会，恐怕一辈子也碰不到。这就是我不远千里跑到欧洲淘金的原因。

有人认为，国外股市和美国股市相比，可能由于文化背景差异会导致股价永远过于高估或过于低估。但是，从前我们一再听到日本投资者对于股价过高有着自身特有的高容忍度，可最近日本股市不是也大跌下来了吗？所以文化背景差异并不是关键，股价不可能永远脱离基本面。目前瑞典投资者确实低估了沃尔沃、斯堪的亚及许多优秀上市公司的内在价值，但我相信市场最终将会反映股票的真实价值，即使是对于瑞典投资人一定也会如此。

离开哥德堡后，我和卡罗琳驱车赶往挪威的奥斯陆，在那里我们拜访了挪威数据公司（Norsk Data）和挪威水力公司（Norsk Hydro）。挪威数据公司相当于挪威的惠普电脑公司，是在一个令人兴奋且仍然没有增速减缓迹象的行业中的一家令人兴奋的公司。挪威水力公司则是在一个一点也不令人兴奋的行业中的一家令人兴奋的公司，公司业务包括水力发电、制镁、炼铝和化学肥料工厂。我认为挪威水力公司既是一只周期型股票，同时也是一只拥有隐蔽资产的能源类股票。挪威水力公司的石油和天然气田的储藏可供开采年限，是德士古、埃克森或其他大型石油公司的3倍以上，最近股价大跌了一半，又一次成了绝对便宜的好股票。

在我忙着研究欧洲股票的时候，卡罗琳则忙着在购物中利用美元汇率变化来省钱。西方七国集团决定重新调整汇率水平，美元汇率一夜之间下跌了10%。第二天早上，奥斯陆皮货店的老板一定没看到报纸上的这条新闻，卡罗琳买狐皮大衣时，他竟然同意用美国运通银行的旅行支票付款，由于美元贬值10%，这等于打了九折。

我们再从奥斯陆搭火车前往伯尔根，一路上火车经过美丽的田野，蜿蜒于群山之中，最后到达这个迷人的海滨小城。但我们没时间欣赏这个小城的美丽风光，因为第二天我们就得起个大早，飞往德国法兰克福，去拜访德意志商业银行、赫斯特（Hoechst）公司和德累斯顿（Dresdner）银行的高管。后天我们又再转赴杜塞尔多夫去拜访一家德国制造企业 Klöckner-Humboldt-Deutz 公司，我还拜访了拜耳（Bayer）公司，就是这家公司发明了阿司匹林，现在它已成为一家化学和制药集团公司。

有一次在德国某个火车站，一位好心的德国人自愿帮我搬行李，我以为他是搬运工，所以给他2马克的小费，结果他只是个普通的生意人。我觉得很尴尬，人家如此高尚地助人为乐，我竟然庸俗地要付小费。因为过于专注于分析欧洲上市公司的财务报表，我错过了了解欧美文化差异的机会，大部分的欧洲美丽风景也没有欣赏到，不过我注意到德国男人似乎都互相称呼为博士（Doctor），而很少直呼其名。

我们沿莱茵河从南向北顺流而下，到了科隆，在那里拜访了更多德国公司，然后再转往巴登－巴登（Baden-Baden），又租了一辆车，开上德国的高速公路。我的两大人生目标，一是到爱尔兰去亲吻巧言石，另一个就是能在德国高速公路上风驰电掣飞驶一把。结果证明这两种体验都非常胆战心惊。

要亲吻到巧言石，你得战战兢兢地通过下面就是百尺深渊的一条小道。在德国高速公路上驾车，就好像在印第安纳波里500大赛的赛道上比赛一样。我一踩油门，时速就超过了100英里，有卡罗琳拍下的计速器上的数字的照片为证。接着我鼓起勇气，准备超越前面的车。我把车变到左边的超车道，加速到120英里，比我成年后驾车的最高时速还要高出50%。我一直自我感觉良好，一直到我看了后视镜，才感到害怕。由此我总结出了第10条林奇投资法则：

------------ **林奇法则** ------------

当你在德国高速公路上驾车时，千万不要从后视镜向后看。

我往后一看，有一辆奔驰车的前保险杠，离我们车的后保险杠只有3英寸①的距离，而且这辆车也在以120英里的速度高速行驶。我们的车距非常近，以至于我连对方的指甲都看得一清二楚。他的指甲修得确实很漂亮，看来他有一个很不错的修甲师。我猜，如果我敢松开油门，哪怕只有1秒，我想那家伙就会撞过来，一下子坐到我们车的前排中间。因此我不得不咬紧牙关，加速超过右边的汽车，赶紧躲到右边的慢车道。在慢车道，我一直把车速控制在比较安全的100英里左右。

一直到第二天，我还没有从高速公路极速飙车的恐惧中缓过劲来。我们开车到了巴塞尔，瑞士著名的制药及化工业企业桑德斯（Sandoz）公司总部就在这里。来之前在美国的时候，我就打过电话给桑德斯公司，想预约到公司拜访参观一下。一般情况下，上市公司的负责人马上就会明白我来访的目的

---

① 1英寸＝2.54厘米。——译者注

何在，但桑德斯公司则并非如此。我在电话上联络到了桑德斯公司的一位副总裁，我说自己想拜访一下他们公司，他问我："为什么？"我说："我想更多了解你们公司的业务情况，以决定是否增持更多股票。"他又问："为什么？"我回答说："我希望充分了解贵公司的最新情况。"他又问："为什么？"我说："如果我买入股票，股价上涨，就能为投资人赚钱。"他还是问："为什么？"我只好说再见了。后来听说桑德斯已放宽了访问规定，但我还是从来没去拜访过这家公司。

我们继续驾车前行，穿越了阿尔卑斯山，进入意大利，到了米兰，参观了蒙特迪森（Montedison）公司，这也是一家水力发电企业。在蒙特迪森公司拥有300年历史的会议厅中，有一个奇妙的滴水装置，一滴滴水有节奏地滴下，你想不到这些水滴实际上就来自水电站大坝上流过推动发电机组的澎湃巨涛。除了蒙特迪森公司外，我们还参观了附近的IFI公司，还抽空观赏了著名的壁画《最后的晚餐》。另外，我还拜访了奥里维蒂（Olivetti）公司。像我这种把蒙特迪森公司、IFI公司以及奥里维蒂公司和《最后的晚餐》一样，看作意大利北部最吸引人的名胜的观光者，大概很少很少吧！

当时意大利正饱受高通货膨胀率之苦，政治上也是动荡不安。不过通货膨胀率正在下降，政治上也逐渐走上正轨，消费者又开始在超市大量购物。我突然觉得，1985年的意大利跟20世纪四五十年代的美国很相像，家电企业、电力公司和超市企业将会是未来增长速度很快的成长型公司。

卡罗琳只身前往威尼斯，因为我发现在威尼斯根本没有什么值得拜访的上市公司（总督府和叹息桥是著名的观光胜地，却都不是上市公司），所以我就去了罗马，拜访斯德特（Stet）公司和SIP公司。10月9日卡罗琳过来和我在罗马汇合，然后我们一起搭乘飞机返回美国。10月10日我们回到了波士顿。一回来后我马不停蹄，又拜访了4家公司：科姆迪斯科（Comdisco）公司、威廉姆斯（A. L. Williams）公司、花旗银行和蒙特迪森公司（这和我一周前在米兰拜访的是同一家公司）。

因为这趟欧洲旋风之旅，我无法参加内德·约翰逊的 25 周年结婚纪念日。他是我们富达基金公司的老板，不过我缺席确实有一个很好的理由。作为欧洲之旅的结果，我开始买进富豪、斯堪的亚和易达公司的股票，它们表现非常好，当然我的老板也就会原谅我的缺席了。

那时麦哲伦投资于国外股票的仓位有 10%，大部分国外股票投资回报相当高，对麦哲伦基金保持业绩排名第一帮助很大。麦哲伦表现最好的 11 只国外股票分别为：标致汽车、沃尔沃汽车、斯堪的亚公司、易达公司、伊莱克斯、阿格公司、挪威水力公司、蒙特迪森、IFI 公司、东武铁路（Tobu Railway）公司以及近铁日本铁路公司（Kinki Nippon Railway），一共赚了 2 亿多美元。

那两家日本铁路公司的股票，是富达海外基金的乔治·诺贝尔推荐给我的。后来我专门到日本去了一趟，更深入研究了这两家公司。那趟日本之行，跟欧洲之行一样令人兴奋，我会在后面告诉各位读者有关情况。东武铁路表现最牛，5 年上涨了 386%。只可惜在这只股票上我的投资比例太小，只占麦哲伦的 0.13%。

超越 50 亿美元

1984 年，标准普尔 500 股票指数下跌了 6.27%，但麦哲伦基金仍然取得了 2% 的投资收益率。1985 年，由于大量投资汽车股和外国股票，麦哲伦基金取得 43.1% 的优异业绩。当时我重仓投资的依然是国库券和汽车股，由于某些原因 IBM 也成为重仓股，不过 IBM 本不应该成为重仓股的。我还买了吉列、伊顿、瑞纳尔茨（Reynolds）、CBS、以前的国际收割机（Interantional Harvester 现在改名为 Navistar）、斯波瑞（Sperry）、凯普尔（Kemper）、迪士尼、莎莉梅（Sallie Mae）、《纽约时报》和澳大利亚国债。我买了很多史密斯科林·贝克曼（SmithKline Beckman）公司、新英格兰银行、地铁传媒（Metromedia）和洛斯（Loews）公司的股票，这些公司股票都进入了前十大重仓股之列。不过也有很多股票我真后悔不该买入，其中包括 One Potato Two、东方航空公司（Eastern Airlines）、机构网络（Institutional Networks）公司、金融广角（Broadview Financial）公司、法国航空公司（Viede France）、Ask 电脑公司、威尔顿工业公司和联合运输公司（United Tote）。

1985 年由于申购增加，麦哲伦基金又新增 17 亿美元资金，加上 1984 年和 1983 年各新增 10 亿美元资金，麦哲伦基金资产净值规模已经相当于哥斯达黎加整个国家一年的国民生产总值。为了给这笔规模庞大的资金找到好的投资对象，我在投资上一直进攻再进攻，不断重新评估和调整投资组合，建立新的股票仓位，或者增持老的股票仓位，忙得不亦乐乎。这让我总结出第 11 条林奇投资法则：

---------------------------- **林奇法则** ----------------------------

最值得买入的好股票，也许就是你已经持有的那一只股票。

房利美就是一个很好的例子。1985 年上半年时，房利美股票只不过是我少量持有的众多股票之一，但当下半年我再次检视这家公司的基本面后，我发现房利美几乎是脱胎换骨发生了重大变化（详见第 18 章）。我马上把对它的投资增加到 2.1%。那时，尽管福特汽车及克莱斯勒汽车股价已经上涨了两三倍，但由于盈利持续增长，且基本面相当好，所以我仍然偏重于投资汽车股。不过房利美很快就取代了福特汽车和克莱斯勒汽车的地位，成为麦哲伦基金取得优秀业绩的关键。

1986 年 2 月麦哲伦基金资产规模突破 50 亿美元大关。我也不得不买更多的福特汽车、克莱斯勒汽车和沃尔沃汽车的股票，以维持这些股票在投资组合中所占的投资比例不变。

我的资产组合还包括中南公用事业（Middle South Utilities）公司、省钱便利店公司（Dime Saving）、默克制药公司、美国医院（Hospital Corporation of America）公司、林氏广播（Lin Broadcasting）公司、麦当劳公司、斯特林（Sterling）医药公司、施格兰（Seagram）公司、阿普约翰（Upjohn）公司、陶氏化学公司、乌尔沃斯（Woolworth）公司、辉瑞制药公司、火石公司（Firestone）、施贵宝公司、可口可乐公司、尤纳姆（Unum）公司、DeBeers公司、玛瑞（Marui）公司和Lonrho公司等。

外国股票现在已经占到资产组合20%的比例，其中以沃尔沃的仓位最大，一年之中的大部分时间沃尔沃总是排名第一的重仓股。除了汽车股外，前十大重仓股还包括：新英格兰银行、凯普尔、施贵宝和数据设备（Digital Equipment）公司。

现在，一只股票的仓位超过2000万美元很平常，但是在1976年，它却和麦哲伦基金的总资产相等。要运作几十亿美元的庞大资金，我需要在某些股票上重仓投资上亿美元。

每天，我都要把所持有的股票按字母顺序列表浏览一遍，然后决定卖什么、买什么。列表越来越长，持股量也越来越大。尽管我头脑清楚地意识到麦哲伦基金规模已经相当庞大，但是我真正感受到麦哲伦基金规模有多么庞大，是在一个市场特别活跃的一周，当时我碰巧正好在Yosemite国家公园观光。

那天我站在一个电话亭前，正好可以俯视整个山脉，我却无视美丽的风光，忙着打电话给交易部门下达交易指令，结果电话打了两个小时，才把按字母顺序排列的股票买卖名单从A说到L。

我所拜访的上市公司数量也屡创新高，包括在我们基金办公室，或是到上市公司总部，或者是在投资研讨会上见面。1980年我总共拜访了214家上市公司，1982年增加到330家，1983年再增加到489家，1984年略减到411

家，1985年又增加到463家，到1986年更是增加到570家。我想，照这种速度增长下去的话，我平均每天都要与两家上市公司进行见面交流，周末和假日也包括在内。

麦哲伦基金负责卖单的交易员是卡莱尼·德鲁卡（Carlene Deluca）小姐，连续5年来她的工作一直是卖出、卖出、卖出。最近她准备离职，要嫁给富达基金公司的前总裁杰克·奥布赖恩（Jack O'Brien）了。在她最后一天的上班时间，我们决定让她执行一些买单，好让她知道一下买入股票是如何操作的。她显然很不适应这种对她来说非常陌生的买入操作，电话的另一端卖方喊价，比方说以每股24美元卖出，多年来习惯于加价卖出的她马上报出买价是每股24.5美元。

策略大转变

1986年麦哲伦基金取得了23.8%的投资收益率。1987年上半年就取得了39%的投资收益率，道琼斯指数也上涨到2722.42点，创出历史新高，美国各大主要媒体一致鼓吹大牛市来了。但我却不愿盲从，5年来第一次进行策略性转移，从进攻转为防守。我认为，美国经济已经进入复苏很长时间了，那些想买新车的人也早都已经买好了，那些汽车行业分析师对汽车公司盈利预期还是非常乐观，但我自己研究后发现这些盈利预期并不可靠。于是我开始减持汽车行业股票，大量增持金融行业股票，特别是房利美公司和储蓄与信贷机构的股票。

1987年5月，麦哲伦基金资产规模突破100亿美元。这时候那些喜欢唱反调的人又开始放出冷言冷语了，他们说麦哲伦基金规模实在太大了，根本不可能战胜市场。我无法确定，这些怀疑主义者的冷言冷语对我的投资业绩的贡献有多大，但是我敢说贡献肯定不小。麦哲伦基金规模到10亿美元时，他们就开始警告说规模太大了，后来基金规模达到20亿、40亿、60亿、80亿，一直到100亿美元，他们一直警告说基金规模太大了，反倒每一次都刺激我下定决心，更加努力，把投资业绩做得更好，证明他们说基金太大不能战胜市场的看法是完全错误的。

其他大型基金达到一定规模后，就停止申购，不再向投资者开放，但麦哲伦基金一直保持开放，即使是一直保持开放这一点，也招致不少批评之声，他们指责这是富达公司过度利用我的名声，吸引更多投资资金，以赚取更多管理费。

到了1987年，麦哲伦基金规模已经相当于瑞典整个国家一年的国民生产总值，但仍然能够战胜市场，这让我感到十分满意。可是为此我也付出了巨大的代价，让我感到身心俱疲，我渴望能有更多的时间在家里和老婆孩子在一起，而不是天天在办公室里跟那些股票在一起。其实我本来在1987年那时候就想要功成身退，准备辞去基金经理职位了，但我却又拖了3年才真正离开麦哲伦基金，原因是1987年10月的股市大崩盘，硬是把我留了下来。

我不敢吹牛说自己当时已经未卜先知预料到股市要崩盘了。其实那时候股市疯狂上涨，股价普遍高估，暴跌1000点势在必行，但事后诸葛亮只能在事后看得一清二楚，在事前谁也不知道未来股市会如何。我平时总是能够用大局观来洞察未来，我对股市长期大趋势总是持乐观态度，因此我尽量让自己忽视股市可能出现的大调整。我当时几乎是满仓，基本上把资金完全投资在股票上，手头上几乎没有什么现金，就这样进入了这次危险莫测的股市大调整。你看，我选择市场时机的本事也不过如此。

好消息是，在1987年股市崩盘前的8月，我抛出了几十家储贷机构的股票，原来这些股票在投资组合中占的比例高达5.6%。我发现有些储贷机构的贷款实在愚蠢之极（我们基金内部的储蓄与信贷机构分析师艾利森也已经发现了这一点），因此我赶紧获利了结。但坏消息是，我把从储贷机构股票上赚来的钱又去买入了其他股票。

1987年股市大崩盘之前，麦哲伦基金投资业绩为39%，而标准普尔500指数同期上涨了41%，我竟然落后于市场两个百分点，这让过去一直战胜市场的我气得简直要发疯。我记得那时我妻子劝我说："你已经为投资者赚了39%了，只不过仅仅落后于市场两个百分点，何必为此耿耿于怀呢？"没错，事实证明卡罗琳说的是对的，我的确没有什么好抱怨的。因为到了12月时，麦哲伦基金净值大跌了11%。这让我总结了第12条林奇投资法则：

---------- **林奇法则** ----------

要治疗那些觉得自己的股票肯定会大涨的幻想，最好的药方是股价大跌。

我应对股市大跌的经验，最早来自自己愚蠢幻想的破灭。1977年我刚接管麦哲伦的前几个月，大盘下跌了20%，但我管理的麦哲伦基金净值反而上涨了7%。这个暂时的胜利，让我有些昏了头，自以为很了不起，股市回调让别的投资者栽了大跟头，却难奈我何。可是等到下一次股市大幅回调，1978年9月11日至10月31日的股市大跌，我觉得自己的幻想就彻底破灭了。

那次股市大跌相当猛烈，主要是因为美元汇率疲软，通货膨胀压力大增，国会关于减税议案争吵激烈，美联储又紧缩银根。此外，短期国债的利息率竟然高于长期债券，这种债券反向收益率曲线⊖十分罕见。结果股市跌幅很大，麦哲伦基金跌幅更大。从此往后，在我的基金经理投资生涯中，一直持

⊖ 债券收益率曲线是描述一组债券收益率与其投资期限之间相互关系的一条趋势曲线。根据事先确定的基准债券绘制而成的债券收益率曲线，我们称之为基准收益率曲线。基准收益率曲线通常表现为4种情况，一是正向收益率曲线，表明在某一时点上债券的投资期限越长，收益率越高；二是反向收益率曲线，表明在某一时点上债券的投资期限越长，收益率越低；三是水平收益率曲线，表明收益率的高低与投资期限的长短无关；四是波动收益率曲线，表明债券收益率随投资期限不同而呈现波浪变动。——译者注

续保持这样的规律：一旦股市跌得很惨，麦哲伦肯定跌得更惨。

我担任麦哲伦基金经理的13年间，一共遇到过9次股市大跌，其中包括1987年的股市大崩盘，麦哲伦基金每次都比股市跌得更惨。在大盘下跌时，麦哲伦基金持有的股票往往比大盘指数跌幅更大，但大盘反弹时，麦哲伦基金持有的股票也往往比大盘涨幅更大。这种基金持股大幅波动的现象，我总得在年报向投资人解释才行。我找到了一个比较有诗意的说法：长期而言，让你赚钱最多的股票，往往也是一路上让你磕磕绊绊受伤最多的股票。

1987年总算熬过去了，我总算是松了一口气。1987年，我能够把麦哲伦基金的亏损弥补回来，一年到头还取得了1%的盈利，让我能连续10年保持盈利，多少也算是一个胜利。而且我的投资业绩，连续10年保持超过股票基金平均水平。此外，规律再次应验，麦哲伦基金反弹幅度也再次超越大盘。

股市大崩盘暂时性地解决了麦哲伦基金的规模问题。1987年8月股市崩盘前，麦哲伦基金资产规模为110亿美元，股市崩盘之后，到了10月，麦哲伦基金资产规模就缩水到72亿美元，仅仅一周，基金资产缩水规模就相当于哥斯达黎加的国民生产总值。

我在我的上一本书《彼得·林奇的成功投资》中曾经说过，1987年股市大崩盘时，我正在爱尔兰度假打高尔夫球。那时许多投资人吓坏了，我不得不大量卖出很多股票，以筹措现金，应付基金赎回。10月麦哲伦基金仍然有6.89亿美元申购，但赎回金额高达13亿美元，赎回以2∶1的比例远远超过申购，第一次一反过去5年来申购总是超过赎回的趋势。不过麦哲伦基金的大多数持有人还是留下来与基金共渡难关，他们平静地看待股市崩盘，不过是一次大跌而已，绝不是什么世界末日，不必惊慌失措。

但是对于那些以保证金账户进行交易的投资者来说，真的是世界末日来临了。他们是向证券公司借钱透支买股票的。股价暴跌,他们的账户被打爆,只好眼睁睁看着证券公司强行平仓,把他们的股票卖掉,以补足保证金,而卖出价格往往是底板价,真是割肉割得心痛。这时我才第一次真正了解到透支炒股有多么危险。

因为预料到肯定会是黑色星期一,所以我下面的几个交易员,星期天还特别加班,以做好应付大量卖出股票的准备。富达公司整个周末都在加班,计划如何应对股市暴跌引起的巨额赎回。在去爱尔兰度假之前,我特意把现金头寸提高到一个相对而言很高的水平,相当于基金以前单日最大赎回金额的 20 倍。没想到这还是远远不够。股市崩盘后基金赎回如波涛汹涌。我被迫在周一卖出相当大一部分股票,周二又再次卖出相当大一部分股票。在我最想应该趁低大量买入股票的时候,我却只能为了获得现金应付赎回而卖出股票。

这表明,一只投资基金成功还是失败,基金持有人扮演着一个重要角色。如果在危急时刻,基金持有人能够信心坚定地持有基金,决不惊慌失措地赎回,基金经理就无须为应付赎回压力,而被迫以不合理的低价抛出股票。

股市企稳之后,福特汽车仍然是我的第一大重仓股,接着是房利美、默克制药、克莱斯勒汽车和数据设备公司。当时反弹中表现最好的是周期型公司股票,例如,克莱斯勒汽车由每股 20 美元反弹到每股 29 美元,福特从每股 38.25 美元反弹到每股 56.625 美元。但那些一直紧抱着这些周期股的投资者,后来却会非常失望。3 年之后,也就是 1990 年,克莱斯勒股价跌到了每股 10 美元,福特汽车股价跌到只有每股 20 美元,还不到 1987 年股价的一半。

投资周期型股票,重要的是要抓住正确时机及时抛出,获利了结,不然的话,好股票就会变成烂股票。 克莱斯勒汽车就是一个很好的例子。1988 年克莱斯勒每股收益高达 4.66 美元,市场普遍认为 1989 年最起码还能达到每股收益 4 美元,结果 1989 年每股收益只有 1 美元多一点。1990 年每股收益又下降到 0.3 美元，1991 年公司业绩更是大幅下滑，不但没有收益，反而出现了亏损。当时我看到的克莱斯勒公司的一切情况都让我十分失望，于是我就全部抛出了。

克莱斯勒业绩一路逐步下滑期间，一些华尔街分析师还在大力推荐买入这只股票。我觉得，自己对克莱斯勒盈利最乐观的预期，可以说是我认为自己已经乐观到无法再乐观的程度，却还比不上华尔街分析师最悲观的预期盈利水平。当时我最乐观的盈利预期是每股收益 3 美元，而一些分析师的盈利预期却高达每股收益 6 美元。一旦你发现你对一家公司最乐观的预期，竟然还比不上市场上对这家公司最为悲观的预期，就得当心股价已经被高估到天上了。

1987 年股市崩盘后，最赚钱的股票是成长股，而非周期股。幸运的是，我已经把汽车股抛出，把资金投资到业务一流且财务报表稳健的好公司股票上，如菲利普·莫里斯公司、雷诺兹－纳贝斯克公司、伊士曼·柯达公司、默克制药公司和大西洋里斯菲尔德（Richfield）公司等。菲利普·莫里斯公司成了我的第一大重仓股。此外，我还大量买入了通用电气公司股票，占到基金投资组合的 2%（事实上 2% 的投资比例仍然是不够的）。通用电气公司股票市值占整个股市总市值的 4%，麦哲伦基金只持有 2%，这实际上是我在赌这只我十分看好并大力推荐买入的股票会下跌。继我之后管理麦哲伦基金的莫里斯·史密斯指出了我这种做法的荒谬之处。

通用电气公司的例子还表明，把公司简单分类，归入某种类型股票，然后就一直用老眼光看待这些公司，不知道根据公司发展情况而重新审视这些公司股票，是多么愚蠢的做法。市场普遍都认为通用电气公司是一只毫无生气平庸乏味的蓝筹股，有些周期股的特点，但绝对不算是成长股。但是请看看图 6-1，也许你会误以为这是某个稳定成长股，如强生公司的股票走势图，可是你绝对想不到这是通用电气公司的股票走势图。

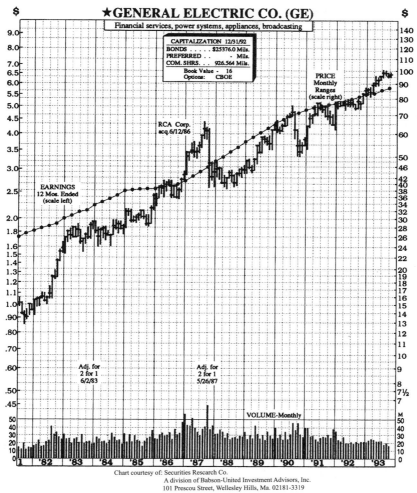

图 6-1　通用电气公司

股市大跌后，超跌而严重低估的便宜股满地都是，我从中挖掘了一些不受市场青睐的金融服务行业股票，其中包括好几家共同基金公司，这些基金公司股价大跌，因为华尔街担心投资者会大量赎回基金。

1988 年麦哲伦取得了 22.8% 的投资业绩，1989 年又取得了 34.6% 的投资业绩。1990 年我辞职那一年，麦哲伦基金照样战胜了市场。我担任基金经理的13年，麦哲伦基金年年超过股票基金平均业绩水平。

我担任基金经理的最后一天，麦哲伦基金资产规模达到了140亿美元，其中现金头寸高达14亿美元。1987年的股市大崩盘让我吸取了很大教训，任何时候都必须持有一定比例的现金。我当时还在一些具有稳定盈利能力的大型保险公司股票上大规模建仓，如美国家族人寿保险公司（AFLAC）、通用再保险公司（General Re）、普里美利加（Primerica）公司等。我还增持了制药公司股票和国防行业公司股票，包括雷神公司、马丁·马瑞塔（Martin Marietta）公司和联合科技公司等。由于华尔街以为当时苏联大力推行"公开"（glasnost）政策会结束东西方冷战，给世界带来和平，战争不再有了，国防企业的股票价格当然会暴跌。和往常一样，华尔街对国防工业实在太悲观了。

我仍然继续不看好周期型公司股票，如造纸、化工和钢铁等行业，虽然其中有些股票价格非常便宜，但是我从各个渠道得到的消息表明这些周期型行业非常不景气。我在国外股票上的投资比例高达14%。另外我还增持了医疗服务提供行业、烟草行业和商业零售行业的股票。当然还增持了房利美股票。

房利美已经取代了福特汽车和克莱斯勒汽车的地位，成为麦哲伦基金的最重要持股。一只基金重仓投资一只股票，持仓达到5%的比例上限，而且这只股票两年上涨了4倍，对基金业绩的贡献当然非常大。过去5年来，房利美这一只股票就为麦哲伦基金赚了5亿美元，而房利美这一只股票为富达基金公司旗下所有基金赚的钱高达10多亿美元。这也许创下了一家基金公司从一只股票上赚钱的最高纪录。

排名第二的让麦哲伦基金最赚钱的股票是福特汽车（1985～1989年共盈利1.99亿美元），其他最赚钱的股票依次是：菲利普·莫里斯（1.11亿美元）、MCI公司（9200万美元）、沃尔沃汽车（7900万美元）、通用电气公司（7600万美元）、通用公用事业公司（6900万美元）、学生贷款销售公司（6500万美元）、凯普尔公司（6300万美元）、洛斯公司（5400万美元）。

在麦哲伦基金这9只最赚钱的股票中，有2家汽车制造公司，1家生产烟草和食品的公司，1家经营香烟和保险业务的集团公司，1家发生过事故的电力公司，1家电话公司，1家多元化经营的金融服务公司，1家娱乐行业公司，1家专门购买学生贷款的公司。它们并非清一色的成长股或周期股或隐蔽资产型股票，但就是这些股票一共为麦哲伦基金赚了8.08亿美元。

尽管由于麦哲伦基金规模很大，我买入一只小盘股数量再多，对基金业绩的影响也非常有限，但我买入的90只或100只小盘股对基金的业绩贡献汇总起来，就相当可观了。我买入的这些小盘股中，有很多上涨了5倍，还有一些更是上涨了10倍。我管理麦哲伦基金的最后5年间，表现最优秀的小盘股是：罗杰斯通信公司，上涨了16倍；电话和数据系统公司，上涨了11倍；Envirodyne工业公司、切诺基集团公司和国王世界节目制作公司等，都是上涨了10倍的大牛股。麦哲伦基金50只最重要的股票和50只最重要的银行股如表6-1和表6-2所示。

表6-1　麦哲伦基金50只最重要的股票（1977～1990年）

Alza Corporation	房利美
美洲银行	福特摩托公司
波音公司	通用公用事业公司
Cardinal Distribution	吉列公司
克莱斯勒	Golden Nugget
电路城	Great Atlantic & Pacific
Circus Circus	大湖化学
可口可乐	国际租贷金融公司
Comerica	国王世界节目制作公司
康格里默公司	MCI通信公司
库珀轮胎	Medco Containment
Cracker Barrel Old Country Store	地铁传媒
Dunkin'Donuts	NBD银行公司
Envirodyne	欧文斯-康宁玻璃纤维
Pep Boys—Manny, Moe & Jack	欺坎迪亚保险公司
百事	Stop & Shop

（续）

菲利普·莫里斯	Stride Rite
Pic'N'Save	学生贷款销售公司
锐步国际公司	塔可钟公司
罗杰斯通信公司	Teléfonos de Mexico
拉昆塔汽车旅馆	电话和数据系统公司
皇家荷兰石油公司	Telerate
Sbarro	Unilever
国际服务公司	沃尔沃汽车公司
肖氏工业	Zayre

表 6-2　麦哲伦基金 50 只最重要的银行股（1977～1990 年）

South Trust（AL）	Boatmen's Bancshares（MO）
美洲银行（CA）	Centerre Bancorporation（MO）
美商富国银行（CA）	纽约银行（NY）
威尔明顿信托投资公司（DE）	First Empire State（NY）
Landmark Banking（FL）	Irving Bank & Trust（NY）
西南佛罗里达银行（FL）	KeyCorp（NY）
第一亚特兰大银行（GA）	Marine Midland（NY）
First Railroad & Banking（GA）	NCNB（NC）
太阳信托（GA）	五三银行（OH）
夏威夷银行公司（HI）	Huntington Bank（OH）
West One（ID）	National City（OH）
哈里斯银行公司（IL）	Society Corporation（OH）
北方信托（IL）	大陆银行（诺里斯顿）(PA)
American Fletcher（IN）	CoreStates Financial（PA）
Merchants National（IN）	Dauphin Deposit（PA）
First Kentucky（KY）	Girard Bank & Trust（PA）
First Maryland（MD）	Meridian Bank（PA）
联合信托（MD）	PNC Financial（PA）
State Street Bank & Trust（MA）	Fleet/Norstar（RI）
Comerica（MI）	South Carolina National（SC）
美国第一银行（MI）	First American（TN）
Manufacturers National（MI）	Third National（TN）
NBD 银行公司（MI）	Signet Bank（VA）
Old Kent Financial（MI）	Sovran Bank（VA）
Norwest Corporation（MN）	Marshall & Ilsley（WI）

国王世界节目制作公司出口的节目有多么成功，数百万看电视的美国人都有目共睹。这家公司制作的脱口秀节目"幸运轮盘"（Wheel of Fortune）⊖和益智问答节目"危险！"（Jeopardy！）非常受欢迎。最早是在1987年，一位华尔街上的分析师告诉我国王世界节目制作公司的有关情况。不久之后我就和家人一起看了"幸运轮盘"节目的录像带，一下子就喜欢上了女主持范娜·怀特（Vanna White）。我看过很多无声电影时代的那些不说话的电影明星，不过我能记住的不说话的电视明星只有范娜·怀特一个。国王世界公司还制作了一个非常受欢迎的脱口秀电视节目，我记得节目主持人的名字大概是叫欧普瑞（Winfrah Oprey）吧？⊜

我下功夫做了些研究，了解到电视游戏类节目大约有长达7～10年的生命周期，这应该算是一种非常稳定的业务了——与电脑芯片业务相比要稳定多了。益智问答搞笑节目"危险！"已经制作播出长达25年之久了，但打进黄金时段才刚第4年。"幸运轮盘"才制作播出到第5年，就成为全美同类节目收视冠军。奥普拉脱口秀收视率更是一路高涨，国王世界节目制作公司的股价也是一路高涨。

⊖ "幸运轮盘"又译"财富之轮"电视秀至今已播出了20年之久。它的形式很简单，三个参赛者，主持人每次出一句谜面，参赛者从中找出一个字母，最后并凑在一起，解开字谜。如果解答正确，玩家就可以转动幸运轮盘。轮盘周边分成了一个个小格，里面写着金额，如果运气好的话，就会获得大笔奖金。节目的女主持人 Vanna White 非常可爱，她有一个饶舌多嘴的搭档 Pat Sajak。——译者注

⊜ 林奇真的记错了，这位大名鼎鼎的主持人就是美国脱口秀女王奥普拉·温弗瑞（Oprah Winfrey）。奥普拉生于1954年1月29日，来自美国南方的贫困地区，黑人、非婚生子女。也许很多人都想象不到，当年的一个密西西比州的问题少女如今竟是美国的"脱口秀女王"。1984年，她成为美国广播公司（ABC）芝加哥分部 WLS 电视台"芝加哥早晨"节目的主持人。1985年9月，"芝加哥早晨"更名为"奥普拉·温弗瑞脱口秀"，在全国120个城市同步播出。"奥普拉·温弗瑞脱口秀"成为温弗瑞的个人品牌，直到今天一直占据着美国"脱口秀"节目的头把交椅。据估计每周在美国有2100万观众收看，并且在海外107个国家播出，成为电视史上收视率最高的脱口秀节目。1998年，她就被《时代》杂志评为20世纪最具影响力的100位人物之一；她还当选过美国最受爱戴的妇女第二名，仅次于希拉里。在2006年《福布斯》百位名人榜中，奥普拉荣登榜首。——译者注

失败是成功之母

麦哲伦基金投资组合中持有的股票，当然不只前面我所说的那些赚钱的大牛股，还有几百只赔钱的股票。我买了之后赔钱的股票有一大串，列出来名单有好几页那么长！幸亏这些赔钱的股票都不是我的重仓股。这正是成功管理投资组合一个重要方面，那就是一定要控制亏损。

选错了股票赔了钱，这没什么好羞耻的。谁都有看错的时候。**但如果发现公司基本面恶化，还死死抱住这家公司的股票不放，甚至还错上加错进一步追加买入更多股票，那就应该感到很羞耻了。这正是我一再努力避免犯下的投资错误。** 虽然在我的投资生涯中，持有过的赔钱股票数目要比持有过的赚钱股票数目还要多，但我绝对不会增持一家面临破产风险的亏损公司股票。因此我总结出了第13条林奇投资法则：

------------------------------ **林奇法则** ------------------------------

当一家公司即将灭亡时，千万不要押宝公司会奇迹般起死回生。

让我赔钱最多的股票是得克萨斯航空公司，亏损高达3300万美元，幸亏我在股价下跌过程中忍痛割肉斩仓，不然在这只股票上会亏得更惨。麦哲伦基金50只重仓百货零售业股票如表6-3所示。

表6-3 麦哲伦基金50只重仓百货零售业股票（1977～1990年）

Pic 'N' Save——折扣商店	Circuit City——电器
Dollar General——折扣商店	The Good Guys——电器
Service Merchandise——折扣商店	Sterchi Brothers——家具
Wal-Mart——折扣商店	Helig-Myers——家具
Zayre——折扣商店	Pier 1 Imports——家庭装饰
Family Dollar——折扣商店	Edison Brothers——多种经营
TJX公司——折扣商店	Woolworth——多种经营
K Mart——折扣商店	Melville——多种经营

（续）

Michaels Stores——折扣商店	Sterling——珠宝
Del Haize（Food Lion）——超市	Jan Bell Marketing——珠宝
Albertson's——超市	Costco——批发店
Stop & Shop——超市和折扣商店	Pace Membership——批发店
Great A & P——超市	House of Fabrics——家庭缝纫
Lucky Stores——超市	Hancock Fabrics——家庭缝纫
American Stores——超市	Transworld Music——唱片店
Gottschalks——百货公司	Toys "R" Us——玩具
Dillard——百货公司	Office Depot——办公用品
J. C. Penney——百货公司	Pep Boys——Manny, Moe&Jack——汽车用品
May——百货公司	Walgreen——药房
Mercantile Stores——百货公司	Home Depot——建材
Merry-Go-Round——服饰	CPI Corporation——照相
Charming Shoppes——服饰	Pearle Health——眼用品
Loehmann's——服饰	Herman's——运动器材
Children's Place——服饰	Sherwin-Williams——油漆等
Gap——服饰	Sunshine, Jr.——便利商店

另一个让我赔得很惨的是新英格兰银行。事后来看，很明显，当时我过于低估了新英格兰地区经济衰退对银行业务的影响，而过于高估了新英格兰银行的发展前景。后来股价大跌了一半，从每股40美元大跌到20美元，我才开始认赔割肉卖出，跌到每股15美元时我才全部抛光。

那时候波士顿这个基金云集的地方所有的投资者，其中不少还是精明老练的投资人，都建议我趁低买入新英格兰银行。新英格兰银行股价跌到每股15美元时他们这么说，再跌到10美元他们还是这么说。后来跌到只有每股4美元的时候，他们说，这是一个千载难逢的超低价买入的机会，千万不要错过。但我提醒自己，无论你买入一只股票的股价多么低，一旦跌到零的时候，你将亏损100%的资金。

新英格兰银行有大麻烦，一个重要线索就是它发行的债券表现。一家公司发行的债券市场下跌程度有多深，往往警示出公司的困境严重程度有多大。当时新英格兰银行以前发行的公司债券价格，已经从原来的100美元（面值）

大跌至不到 20 美元，这就是一个非常值得注意的重要信息了。

如果某公司具有偿付债务的能力，那么这家公司发行的 1 美元债券，就值 1 美元。如果该公司 1 美元的债券，债券市场价格只有 20 美分，显然债券市场非常清楚地告诉投资人，这家公司偿付债务能力有问题。债券市场上的债券投资人通常都是非常保守的投资者，所以他们非常关注公司的偿债能力。要知道，在公司破产资产清偿顺序上，债券还在股票之前，因此你完全可以推断，如果一家公司的债券都跌到不值几个钱时，股票就更不值钱了。从这个经验得到的投资启示是，一家公司摇摇欲坠，股价极低，如果想投资，为了避免赔得精光，先看看这家公司债券的表现如何吧！

在我投资失败的股票中，损失额排名靠前的还有：第一经理公司（First Executive），亏损 2400 万美元；伊士曼·柯达，亏损 1300 万美元；IBM，亏损 1000 万美元；Mesa 石油，亏损 1000 万美元；内曼·马库斯公司（Neiman Marcus），亏损 900 万美元。在 1987 年股市崩盘中，我甚至在房利美这只大牛股上也亏了钱，那一年所有的股票都下跌。1988～1989 年在克莱斯勒上也遭受亏损，不过当时我已经把克莱斯勒的仓位减少到不足基金资产的 1%。

投资周期性股票就像玩 21 点扑克牌游戏：如果赌的时间太久，最终会把赢来的钱再输光。

最后，我注意到，在我的投资生涯中，我持有的高科技公司股票自始至终一直都是赔钱的，对此我一点也不感到意外。这些一直让我赔钱的高科技股票包括：1988 年在数据处理公司上亏损 2500 万美元；损失量略低于数据公司的高科技股票包括：Tandem、摩托罗拉、德州仪器、EMC（一家计算机外围设备供应商）、国家半导体、微技术（Micro Technology）、尤尼塞斯（Unisys）等，当然，还有所有著名的基金都会持有但也都亏了钱的 IBM。我并不懂什么高科技，但是偶尔还是会禁不住诱惑买点高科技公司的股票，结果往往会亏上一把。

| 第 7 章 |

艺术、科学与调研

本书以后的内容，占全书一半多的篇幅，记录了 1992 年我在《巴伦周刊》推荐的 21 只股票的选股过程，其中包括给上市公司打电话、思考、计算等。用这么长的篇幅来描述我的选股过程，正好表明：选股根本无法简化为一种简单的公式或者诀窍，根本不存在只要比葫芦画瓢照着做、一用就灵的选股公式或诀窍。

选股既是一门科学，又是一门艺术，但是过于强调其中任何一方面都是非常危险的。

一个只把选股当作一门科学的家伙，往往会过于迷信数量分析，整天钻在一大堆上市公司财务报表里不出来，根本不可能取得投资成功。如果仅仅依靠分析公司财务报表就能准确预测未来股价的话，那么数学家和会计师就应该是当今世界上最富有的人。可是你看看世界富豪排行榜，怎么连一个也没有呢？

过于迷信数量分析会形成误导，这种危害早已广为人知。最早的事例可以追溯到古希腊哲学家泰勒斯（Thales），他只顾得沉迷于分析计算天上的星相，结果忘了看脚下而摔到路上的泥坑里了。

此外，只把选股当作一门艺术，也同样不可能取得投资成功。我这里所指的艺术，是指直觉、感性以及艺术家十分青睐的右脑活动。用艺术家的观点来看，寻找赚钱的投资机会需要一种只可意会不可言传的"灵感"（knack），并且要追随这种灵感行事。投资人有了这种灵感就能赚钱，投资人没有这种灵感就只能赔钱。既然投资只是一门艺术，基本面研究根本无用。

那些迷信选股只是一门艺术的投资者，完全忽视研究基本面，因此简直是在"玩"股票，结果只能是玩火焚身，赔的钱越来越多。然而他们却并不认为这是因为自己没有做基本面研究，反而认为是自己还没有找到那种艺术般的只能意会无法言传的选股诀窍。他们最喜欢给自己投资赔钱找的借口之一是："股票如女人，永远猜不透。"这句话对女人和对股票都不公正（哪个女人愿意被比喻成联碳（Union Carbide）呢）。

我选股的方法是：艺术、科学加调查研究。20年来始终不变。我有一个安装了科特龙股票软件的电脑，但不是许多基金经理都使用的那种新型电脑系统，这种系统能够为你提供华尔街每一位分析师对每一家上市公司的分析报告，能够绘制精美的技术分析图表，据我所知这种电脑的高性能完全可以和美国五角大楼国防部玩战争游戏，可以和国际象棋特级大师鲍比·费希尔（Bobby Fisher）下棋。

专业投资者往往忽视调查研究。他们更多的是想方设法购买各种信息服务系统，比如Bridge、Shark、彭博社、Market Watch、First Call以及路透社信息等，从而能够让自己在第一时间发现其他专业投资机构的投资动向，可是他们本来应该自己花时间进行实地调查研究。自己不对上市公司进行调查研究，进行仔细的基本面分析，拥有再多的股票软件和信息服务系统也没有用。相信我，沃伦·巴菲特从来不用这些玩意儿。

从1986年开始，我每年受邀参加巴伦投资圆桌会议。在头几年的圆桌会议上，我对股票如此狂热，以至于推荐股票数量非常多。第一年，也就是

1986年，我推荐了100多种股票，这创下了投资圆桌会议推荐股票数量的最高纪录。但这个纪录只保持了一年，第二年圆桌会议上，纪录又被我自己打破了，我又推荐了226种股票。以至于主持人艾伦·埃布尔森评论说："也许我们应该问的是，你不喜欢哪些股票？"由于1987年10月的股市大崩盘，1988年的投资圆桌会议上各位投资专家对股市最为悲观，我也因此有所克制，只推荐了122只股票。当然如果你将分拆后的7家小贝尔公司分开计算的话，准确地讲，我推荐股票的总数应该是129只。埃布尔森这次挖苦我说："你简直是一个无歧视的投资者，对所有股票都给予均等的买入机会。"

1989年我进一步克制，只推荐了91只我最喜爱的股票，这个数目仍然引起了《巴伦周刊》的不满："我们或许又得再问你一次，你不喜欢哪些股票，这样问，是因为可能你不喜欢的股票名单会比你喜欢的股票名单要短多了。"1990年我推荐的股票数目进一步减少，只有73只股票。

我一直相信，寻找值得投资的好股票，就像在石头下面找小虫子一样。翻开10块石头，可能只会找到一只，翻开20块石头就有可能找到两只。在过去的4年中，我每年都要翻开几千块石头，以找到足够多的小虫子，从而满足资金规模越来越大的麦哲伦基金的胃口。

辞去麦哲伦基金经理职位以后，我从职业投资者变成了业余投资者，这使我大大减少了推荐股票的数目。在1991年和1992年的投资圆桌会议上我都是只推荐了21种股票。辞职后，我更多的时间是陪家人在一起以及参与慈善事业，因此我用在选股上的时间有限，只能掀开几块石头，找到的小虫子也就少多了。

我并不会因此感到有什么不高兴。因为作为一个业余选股者，根本没有必要非得寻找到50～100个能赚钱的好股票，只要10年里能够找到两三只赚钱的大牛股，所付出的努力就很值得了。资金规模很小的投资人可以利用"5股原则"，即把自己的投资组合限制在5只股票以内。只要你的投资组合中有一只股票上涨 10 倍，那么即使其他 4 只没有涨，你的投资组合总体上也能上涨 3 倍。

股市过热

1992 年 1 月巴伦投资圆桌会议再次召开。在过去的 1991 年，道琼斯指数大幅上涨，到年底上涨到 3200 点的新高。由于市场上普遍乐观看好后市，1992 年 1 月的前 3 周道琼斯指数大涨 300 点。在周围一片狂欢节似的市场气氛中，我的心情却极为沮丧。在经济衰退时，股市持续下跌到谷底，许多股票每天都在创出新低，我的心情反而非常高兴。相反，在大牛市中，股市持续上涨到高峰，许多股票每天都在创出新高，我的心情反而非常沮丧。

为什么呢？我认为，在股价过度低估的熊市中，到处都是物超所值的便宜股票，而经济衰退迟早会结束，这些被低估的好股票最终肯定会大幅反弹。但在股价过度高估的牛市中，很难找到什么值得买的便宜股票。因此股市大跌 300 点时，那些老练的投资人反而会比股市大涨 300 点更加高兴。

当时不少大盘股，尤其是市场上人人皆知的成长型公司，如菲利普·莫里斯、雅培、沃尔玛、百时美－施贵宝公司等，股价上涨幅度明显超过了公司盈利水平，从股价走势图上看，股价线远远高于收益线，这是一个十分不好的信号，如图 7-1、图 7-2、图 7-3、图 7-4 所示。

那些股价线上涨幅度超过了收益线的股票，一般要么是横盘整理（也就是说会休息一下），要么是股价回调到与其盈利水平比较相当的合理价位。看看这几家公司的股价走势图，这些很受市场追捧的成长股，尽管在 1991 年涨幅榜上是名列前茅，但我认为，即使到了 1992 年股市继续走牛，这些股票也不会有什么好的表现，最多只能横向盘整。一旦股市反转走熊，这些股票有可能会大跌 30%。我在巴伦投资圆桌会议上说，和年龄老迈又健康欠佳的特里莎修女相比起来，我觉得这些成长股的前景更加让人担忧。

第 7 章 艺术、科学与调研

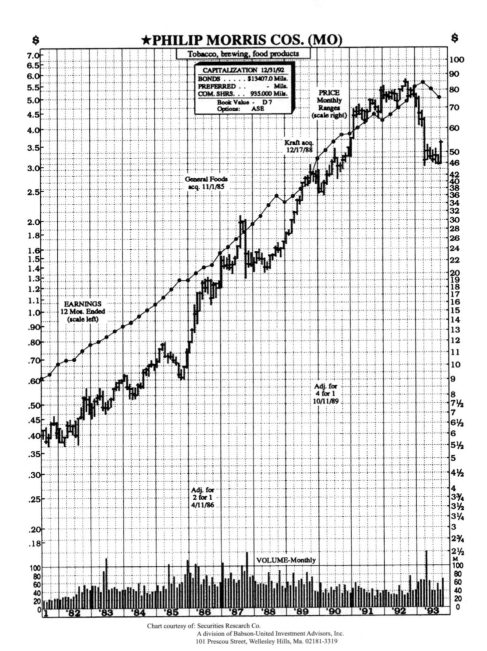

图 7-1 菲利普·莫里斯公司（MO）

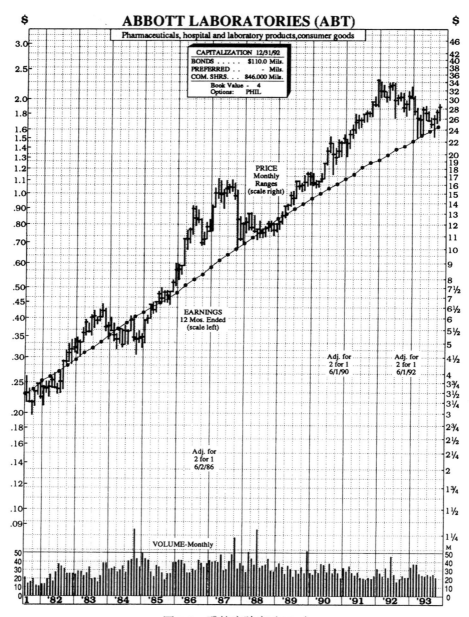

图 7-2 雅培实验室（ABT）

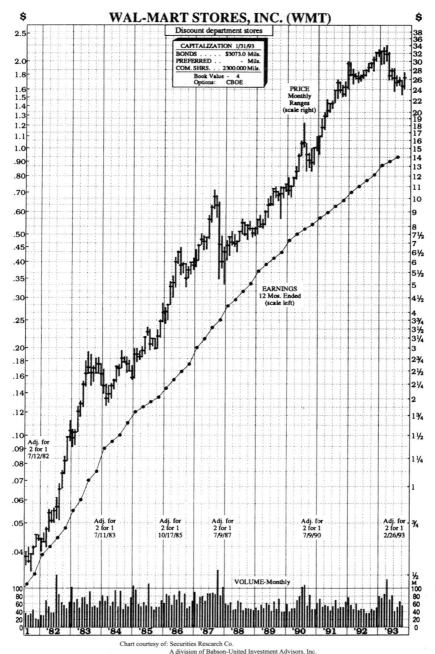

图 7-3 沃尔玛公司（WMT）

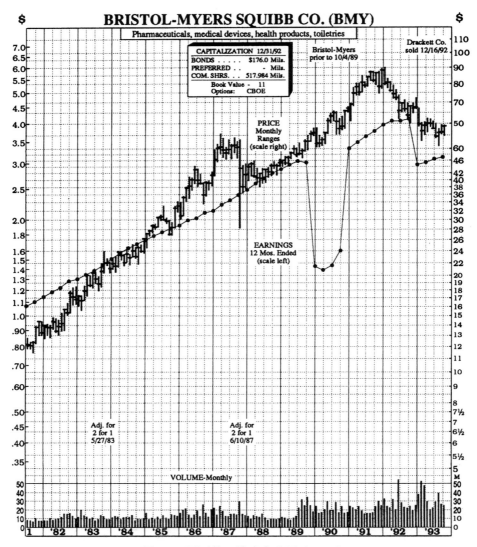

图 7-4　百时美 – 施贵宝公司（BMY）

判断一只大盘成长股的股价过高、过低还是合理，最简便的方法就是看看上市公司的收益线与股价线并列的走势图手册（这类手册在图书馆或券商那里都有）。当股价线平行或者低于收益线时，可以买入股票，但如果股价线高过收益线，就进入危险区了，你就不要买入了。

根据账面价值、收益或其他常见的衡量标准，1992年时道琼斯指数或标准普尔500指数明显已经高估了，但许多小盘股却并没有高估。到了晚秋时节，我开始为明年年初的巴伦投资圆桌会议做准备的时候，投资者为了避税会毫不留情地抛出亏损的股票，让那些本已低估的小盘股跌得更加悲惨。

我来教给你一个非常简单的赚钱之道。每年年末11月和12月许多投资者为了利用投资亏损来避税会低价抛售股票，你只要趁机买入那些股价重挫的股票，等到第二年1月，这时股价总是会反弹，这就可以让你赚上一笔。这种年末下跌年初反弹的现象被称为"一月效应"，在小盘股上表现尤其突出。过去60年来，小盘股1月涨幅为6.86%，而同期股市平均涨幅只有1.6%。

1992年，我准备在小盘股中找一些被低估的好股票。不过在小盘股里面开始淘金之前，我先得看看我本人在1991年向《巴伦周刊》读者推荐的股票，在这一年基本面有什么变化。

千万不要随意买入你既陌生又不了解的公司股票，那些你根本不懂的公司股票对你而言可能只是意味着看报纸行情表时再多看一个报价，看电视财经节目时多看一个股票代码而已。久而久之，随意乱买股票，只会让你手上的股票越来越多，到后来你会根本记不得当初为什么要买入这些股票。

只专注于了解自己能力所及范围内的几家上市公司，把自己的买入卖出限制在这几只股票以内，是一种相当不错的投资策略。如果你坚持这种先研究后投资的策略，那么对于你曾经买过的一家公司股票，你就理所当然应该对整个产业以及这家公司在行业内的地位有相当了解，你也会大致了解经济衰退时这家公司表现如何，哪些因素会影响公司盈利水平等。迟早有一天乌云会笼罩股市导致一场大跌，你原来曾经买过的那只股票又变得十分便宜，你就能够再次逢低买入吃一次回头草，赚上一笔了。

然而，更常见的现象是，很多投资者每天只顾忙着买进卖出，连自己过去曾经买过什么股票都记不清了，这种只会买卖不会分析的投资是不太可能成功的。但是很多投资人依旧如此。很多投资人对于曾经买过的股票，以后就再也不碰。尤其是当那些老股票勾起痛苦的回忆时，他们巴不得只想彻底忘记永不再提。他们或者是本来及时获利了结能赚钱，却因为太贪心太晚卖出结果反而赔钱；或者是本来多拿一段时间就能赚钱，却因为太害怕而过早卖出认赔离场。唉，不管是卖出太晚还是卖出太早，这些痛苦都让人只想彻底忘掉。

对于那些曾经持有过后来卖掉了的股票，尤其是那些你卖掉后却一直涨个不停的股票，你肯定会有意回避去看这些老股票现在的股价行情如何，以避免产生痛苦的回忆。这是人的本性，就像突然在超市碰到老情人，你会偷偷地溜到一边故意躲开一样。有些人在看股票行情时，会故意用手遮住眼睛，以免看到自己卖掉后又上涨了一倍的沃尔玛百货，这种有意回避痛苦往事的心理我完全能够体会。

可是要成功投资，你就必须努力学会克服这种畏惧。开始管理麦哲伦基金以后，我强迫自己对以前曾买过又卖掉的股票也要多加注意，不然的话，我就没有多少股票可以选择买入了。在此过程中，我也领悟到，不要把一家公司的发展当成一个个断断续续的个别事件，而要看成一个连续不断的长篇传奇故事，你必须时时重新核查故事的最新发展，不要错过任何新的转折和变化。除非一家上市公司破产倒闭了，不然这家公司的故事将会永远持续下去，没有结束。不管你是在10年前还是在2年前买过的股票，现在都可能又会变成值得再次买入的便宜股。

为了防止我对自己的持股有了新欢就忘了旧爱，我用一本大学生常用的大笔记本，详细记录我对每一只股票的投资过程，包括从季报和年报上摘录的重要信息，当时决定买入的原因以及上一次决定卖出的原因。在我上班的路上或夜深人静在家独坐时，我就把这个大笔记本拿出来细细翻阅，就好像有些人细细翻阅从阁楼里找出来的旧情书一样。

这次重新翻阅我笔记本上的投资记录，我又重新回顾了1991年我在《巴伦周刊》上推荐的21只股票。那一年大盘全面大幅反弹，我选的这些股票总体而言表现非常出色。标准普尔指数上涨了30%，我推荐的这些股票总体上涨50%以上，包括凯普尔公司（保险及理财服务）、豪斯霍德（Household）国际公司（金融服务）、雪松娱乐公司（Cedar Fair，游乐场）、EQK绿地公司（购物中心）、锐步公司（运动鞋厂商）、恺撒大世界公司（赌场）、费尔普斯·道奇公司（镀铜）、可口可乐装瓶公司（装瓶商）、基因科技（生物科技）、美国家庭公司（American Family）——现更名为AFLAC公司（一家日本的癌症保险公司）、凯马特百货（零售百货）、优尼玛公司（Unimar，印度尼西亚的一家石油公司）、房地美公司和凯波斯迪德（Capstead）抵押公司（抵押贷款）、太阳信托（银行），还有5家储蓄贷款协会以及我连续6年一直推荐买入的房利美公司（抵押贷款）。

再次仔细阅读我的投资历史记录，我注意到发生了一些重要的变化情况。最主要的变化就是股价已经上涨了。股价上涨并不意味着就不能再推荐这些股票，但是在大部分情况下，股价上涨意味着这些股票已经不再像过去那样是价廉物美的便宜货了。

雪松娱乐公司就是这样一个股价上涨不再是便宜货的股票。这家公司在俄亥俄州以及明尼苏达州都设有游乐场。1991年，雪松娱乐公司引起我注意的是，这只股票股息收益率高达11%。当时每股股价还不到12美元，但现在已经上涨到了18美元，股息收益率已降低到8.5%。这种股息收益率仍然算是相当不错的，但并不足以吸引我进一步追加投资。我希望得到更多的公司能够改善盈利能力的利好消息，但在和公司进行交流之后，我发现他们所做的工作中并没有什么能够刺激业绩增长的项目，所以我想还是转向其他公司寻求更好的投资机会。

我用同样的方法又仔细分析研究了其他 20 只股票。首先我把 EQK 绿地公司从荐股名单上删掉了，原因是我注意到这家公司在最新一期季度报告上的一则短短的说明（我发现留心读一下季报会让你得到很多有用的信息）。吸引我注意的是，这则说明提到，过去这家在长岛经营购物中心的公司每个季度都会宣布增加 1 美分的股息，但现在正在讨论是否取消这项持续增加股息的惯例。要知道 EQK 绿地公司上市 6 年来，每季都会宣布提高股息，如今公司为了省下区区 10 万美元，竟然不惜取消这一惯例，肯定是短期资金周转陷入困境才不得不如此。一家持续提高股息已成为一项传统的企业，突然表示改变惯例，只是为了省下一笔微不足道的小钱，这是一个投资者一定要当心的警告信号（1992 年 7 月 EQK 绿地公司不但没有提高股息，反而大幅降低股息）。

尽管可口可乐装瓶公司股价下跌，但我觉得这家公司的发展前景比以前更加暗淡，所以也把这只股票从荐股名单中删掉了。房利美股价已经上涨，但我认为公司未来前景仍然非常良好，所以我连续第 7 年推荐这只股票。要记得，股价比过去低了，并不是买入的理由；股价比过去高了，也并不是卖出的理由。另外，我决定继续推荐买入费尔普斯·道奇公司和两家储蓄贷款协会，我会在后面详述原因。

| 第 8 章 |

零售业选股之道：边逛街边选股

我根据最新情况把 1991 年的荐股名单重新分析研究一番，发现其中有 5 只股票值得继续推荐买入。做完这些功课之后，我又开始用我习惯的老法子去寻找新的大牛股。我直奔给我带来投资灵感最多的福地：伯灵顿购物中心。

伯灵顿购物中心离我住的马布尔黑德镇有 25 英里，规模很大，里面有各种各样的商店。像这么大的购物中心，美国全国大概只有 450 家左右，在购物中心里逛街心情舒畅，非常适合研究股票。购物中心就是众多上市公司激烈竞争的战场，不管是业余投资者还是专业投资者，每天到这里都能调查发现那些上市公司的业务状况如何变化：哪些公司业务蒸蒸日上，哪些公司日渐滑坡，哪些公司在进行业务转型。作为一种投资策略而言，我认为，到购物中心多逛逛，远远胜过相信证券公司的投资建议，也远远胜过自己翻遍财经报道到处寻找最新消息。

许多股价涨幅最大的大牛股，往往就来自数以百万消费者经常光顾的商场。4 家最热门的零售业大牛股是家得宝、Limited、盖普服饰和沃尔玛。1986 年在这 4 只人人皆知的零售商股票上投资 10 000 美元，然后持有 5 年，到 1991 年年底就会上升 5 倍增值到 50 000 美元。

在开车去伯灵顿的一路上会路过很多商店，这让我回想起了自己曾经买进卖出过的其他零售股。一出马布尔黑德镇首先路过的是两家 Radio Chacks 商店（Tandy 公司所有，如果你在 20 世纪 70 年代初对它投资 10 000 美元，到 1982 年股价达到最高点时及时卖出的话，就会赚到 100 万美元）；接着会路过一家玩具反斗城，这只股票由 25 美分上涨到 36 美元，上涨了 144 倍；接着路过一家 Kids"R"Us；接着一家艾姆斯百货商店（Ames），提醒我们一只股票的股价最低会暴跌到零；一家规模很大的眼镜店 LensCrafter，这家公司的经营问题严重拖累了美国制鞋公司（U. S. Shoe）的业绩。

下了高速公路后，走 128 号公路，从北面进入伯灵顿。这条 128 号公路周围，是 20 世纪 60 年代许多著名的投机气氛很浓的高科技股的发源地，如宝丽来、EG&G 公司等，这个地区就是美国最早的硅谷。我先经过的是 Howard Johnson 公司，这是一只 20 世纪 50 年代涨幅极大的成长股。接着经过塔可钟公司，一只表现极好的大牛股，后来被百事可乐公司收购，又推动百事公司盈利大增。再接着经过一家叫 Chili's 的辣餐厅（股票代码很有趣，正好是 EAT），尽管我的孩子们极力向我推荐这家餐厅，但我还是错失这只大牛股，因为我自作聪明地认为：谁会喜欢这种辣味餐厅呢？

伯灵顿购物中心的停车场，面积跟我所居住的马布尔黑德镇的市中心一样大，总是停满了汽车。停车场远端有一家汽车保养中心，屋顶竖着固特异轮胎（Goodyear）的广告牌。我曾在 65 美元时买进固特异的股票，但买入后股价下跌，尽管最近有所回升，但我还是相当后悔买入这只股票。

伯灵顿购物中心布局就像个大十字架，四角有 4 座大楼，东边是乔丹·玛什（Jordan Marsh）商场，南边是法林商场（Filene），过去都属于开发商坎佩（Campeau）所有。有一天坎佩先生突然闯进我的办公室大谈零售业，列举出许多事实和数字，他对数字掌握得如此深刻，让我印象很深，所以我买了坎佩先生的公司股票，结果犯下大错。在北边有罗德泰勒百货公司（Lord &

Taylor),现在属于五月花百货公司,是一只表现优异的成长股。西边是西尔斯百货,这只股票 20 年前创出天价,但 20 年来再也没有到过这个价位!

走在购物中心里面,让我想起过去的小镇广场,有水池,也有长椅,还有很多大树;有年轻恋人在散步,也有老人在闲坐。只是过去小镇广场对面是一座戏院,而现在的购物中心广场对面却是长廊相连的 4 栋大楼;过去小镇广场上只不过有几家杂货店、药店、五金店而已,而现在的购物中心有两层,分布着 160 多家各种各样的商店。

不过我到购物中心来可不是没事随便闲逛的。我认为购物中心是研究上市公司基本面的绝佳之地,把许多很有发展潜力的上市公司一排排集合到一起,连在一起,股票投资人可以一家接一家地逛,一家接一家地进行调研。在购物中心逛一天,你对上市公司发展前景的了解,要比参加一个月的投资研讨会收获大得多。

唯一遗憾的是,伯灵顿购物中心里面没有一家证券公司,要不然,就在购物中心泡上一整天,观察各家商店进进出出的客流量大小,然后溜进证券公司买入人气最旺的商店所属的上市公司股票。这样选股当然绝非既简单又有效的选股之道,但我认为它还是比只听亲戚朋友推荐就随便买入强多了,这让我总结了第 14 条林奇投资法则:

-------------------------------- **林奇法则** --------------------------------

如果你喜欢一家上市公司的商店,可能你也会喜欢上这家公司的股票。

食品口味和服装时尚的同质化,虽然造成了一种单调的文化,但却让零售业和餐饮业的投资者发了大财。在一个地方火起来后,几乎肯定就能风靡全国,包括甜甜圈、软饮料、汉堡包、录像带、养老保单、袜子、裤子、女装、园艺工具、酸奶,甚至殡葬安排等,都是如此。投资人如果能够慧眼识英雄，发掘到在亚特兰大起家，后来向西征服全美的家得宝公司股票；或者是在加州起家，向东风行全美的塔可钟墨西哥风味餐厅；或者是从威斯康星州起家，向南席卷全美的 Lands'End 公司；或者是从阿肯色州起家，后来向北占领全美市场的沃尔玛超市；或者是由中西部起家，后来扩张到全美的盖普服饰或 Limited 公司，都会让自己赚到一大笔钱，足够你环游世界，不用再辛辛苦苦地在购物中心或连锁商店一边逛一边研究股票了。

20 世纪 50 年代，投资零售行业股票很少有大赚一笔的好机会，因为那个年代以大规模生产概念和模具作坊而闻名，但消费者的购物和饮食习惯仍然非常多样化。美国作家约翰·斯坦贝克（John Steinbeck）在他的《与查利同游》(*Travels with Charley*) 一书中说，他和查利可以辨认出他们到的任何一个地方和另一个地方有什么不同之处。但是如果现在把他们先带到伯灵顿，然后蒙上他们的双眼，再把他们带到华盛顿州斯波坎的某个购物中心，或者内布拉斯加州奥马哈的某个购物中心，或者佐治亚州亚特兰大的某个购物中心，他们可能根本看不出各地的购物中心有什么区别，他们会以为还是在最初的伯灵顿购物中心。

我从头到尾看到了利维茨家具公司股票上涨 100 倍的整个过程，这让我激动万分，这种感觉真是终生难忘，从此我十分热衷于零售业股票。零售商并不见得都能取得成功，但至少每个消费者都很容易在购物的同时观察他们的发展进程，这是零售股另一个吸引人的优点。你可以耐心观察一家零售连锁店，看他们首先在某一个地区获得成功后，然后开始向全国扩张，并且用事实证明在其他地区同样能够复制原来的成功，这时再决定投资也不迟。

购物中心的员工更是具有内部人的优势，每天商店生意如何，一点也逃不过他们的眼睛，而且他们也很容易从同行那里得知哪家商店生意兴隆，哪家商店生意冷清。这些购物中心的经理的内部人信息优势，更是任何员工都比不上，他们能够看到每月各家商店的营业收入，这是购物中心用来计算商铺租金的依据。购物中心里任何一家商场的经营者都会一个月又一个月地亲眼看到，盖普服饰或 Limited 服装公司的生意有多么好，如果他们竟然没想到去买这两家就在眼皮底下的好公司股票，放着大钱不赚，那真应该被自己的老婆骂，自己打自己两巴掌！这种人坐失良机，实在是太可惜了。即使弄虚作假炒股票被判入狱的伊凡·博斯基（Ivan Boesky）也得不到这么好的内部信息。

我们家没有亲戚朋友在购物中心工作，不然的话我会每周请他们吃三四次饭，聊聊商场的最新经营情况。不过我们家却有好几位喜欢购物的，对这些商店的了解仅次于在购物中心上班的员工。我的妻子卡罗琳现在要忙着照顾几个孩子，花在研究商品目录上的时间比以前少多了（她有几位朋友在这方面可是绝对的高手），不过后继有人，我们的三个千金青出于蓝而胜于蓝，对各种商品的分析非常独到，连我这个公司研究专家也自叹不如。

两年前，有一次我们家一起坐在餐桌旁边吃边聊，我的女儿安妮问："生产 Clearly Canadian 饮料的是一家上市公司吗？"在我们家非常鼓励孩子们提出这一类问题。冰箱里塞满了 Clearly Canadian 这个牌子的饮料，我当然晓得他们非常喜欢这种新型碳酸饮料。可是我并未留心孩子们的提醒，下功夫仔细研究这家公司，我只是翻翻标准普尔股票指南，没看到这家公司的名字，我想肯定不是上市公司，也就把它忘到一边了。

后来我才知道 Clearly Canadian 是在加拿大上市的公司，所以在只是记录美国上市公司的标准普尔股票指南上当然没有记载。我当时没有追根究底，真是大错特错。Clearly Canadian 公司在 1991 年上市后，股价在一年内就从每股 3 美元最高上涨到 26.75 美元，之后又回调稳定在每股 15 美元。不到一年就上涨了几乎 9 倍，10 年上涨 9 倍就让你乐得笑不动了，更何况是不到一年？毫无疑问，这只股票比我 1991 年在《巴伦周刊》上推荐的任何一只股票都要好得多。

Chili's 辣餐厅也是因为我忽略了孩子们的推荐而失之交臂的大牛股。我那三个宝贝女儿非常喜欢这家餐厅，晚上睡觉时还要穿着这家餐厅送的绿色

T恤衫。一看见孩子们穿的绿色T恤衫上餐厅的辣椒标志，就会让我后悔自己简直太笨了，竟然没把她们极力推荐这家餐厅的话当回事。唉！事实上有多少为人父母的，只会随便听信邻居的胡乱推荐去买什么自己根本不懂的金矿开采企业或商业地产开发公司的股票，却不知道跟着孩子们去购物中心逛街，这样就会发现这家盖普服饰公司的生意有多么红火，然后就会买入这只1986～1991年仅仅5年就涨了10倍的股票？即使直到1991年他们才跟着孩子们逛街知道了这家公司，这时买入也不算太迟，一年也能赚一倍，比市场上所有名声显赫的基金的业绩都要好得多。

我们总认为自己的小孩是非常特别的，口味也是独一无二的，其实他们也不过是追逐同样时尚潮流的国际消费群体的一分子而已，全世界的孩子们对帽子、衬衫、袜子、牛仔裤的爱好品位基本没什么两样。因此根据我的大女儿玛丽总是喜欢从盖普专卖店买衣服，我可以非常有把握地断定，全美各地青少年也都喜欢从盖普专卖店买衣服。

1990年夏天，我陪玛丽去伯灵顿购物中心二楼的盖普专卖店，给她买些准备在高中学校里穿的衣服，这让我第一次关注到了这家上市公司（作为一个在购物中心有着丰富调研经验的观察人士，我告诉你一个宝贵经验：在两层楼的购物中心里，生意最好的品牌专卖店反而都在二楼。购物中心的管理者有意如此安排，是想尽量让顾客在去最吸引人也是最赚钱的品牌专卖店时多绕一些路，多路过一些其他专卖店，好让整个购物中心多一些生意）。玛丽说她以前一点也不喜欢盖普的牛仔裤，可是现在她和成千上万个青少年一样，被盖普新推出的各种各样色彩缤纷的新款商品所吸引。可惜如同错失Chili's辣餐厅和Clearly Canadian饮料一样，我又忽略了我女儿非常喜欢这个品牌的强烈买入信号，我痛下决心，今后一定要听女儿们的推荐，再也不犯同样的错误了。

圣诞节前，我带女儿去伯灵顿购物中心，我美其名曰"专门进行圣诞礼物大采购"，其实对我而言更大程度上是专门进行上市公司调研。我的目的是想让她们带我到她们最喜欢的专卖店。根据以往的经验，这表明这家专卖店所属的上市公司业务非常好，是一个绝对可靠的买入信号。和往常一样，盖普专卖店里人山人海，但我的女儿们这一次却并不是第一个就冲进这家店，她们第一个去的是美体小铺（Body Shop）。

美体小铺专卖各种化妆品和护肤品，有香蕉、果仁和草莓等制成的乳液和沐浴露、蜂蜡睫毛膏、奇异果唇膏、胡萝卜保湿霜、兰花油洗面奶、蜂蜜加燕麦片的面膜、覆盆子防皱化妆水、海藻加桦树的洗发水，还有更奇怪的东西，叫Rhassoul⊖矿物泥洗发香波。我可是绝对不会去买这种洗发香波的，不过显然肯定会有很多人买，因为我亲眼看到店里买东西的人挤得水泄不通。

事实上，美体小铺是购物中心生意最好的3家店之一，另外两家是盖普服饰专卖店和CML集团拥有的天然公司（Nature Company），CML集团还生产现在在各家各户起居室常见的挪威式窗帘轨道。我大致估算了一下，美体小铺及天然公司这两家店铺面积总共只有大约3000平方英尺，但营业额看起来和营业面积高达10万平方英尺的西尔斯百货公司差不多，西尔斯百货公司尽管面积很大，但顾客稀少，冷冷清清的。

当我看着女儿们拿着好几瓶香蕉沐浴液到收银台去结账时，我忽然想起，1990年，在麦哲伦基金一次每周例会上，一位分析师莫妮卡·卡尔曼森（Monica Kalmanson）推荐了这只股票。我又想起原来富达公司资料管理部的主管凯茜·斯蒂芬森（Cathy Stephenson），宁愿放弃丰厚的薪水，不要特高的职位（她有30个部下），用自己攒的钱去开美体小铺连锁加盟店。

我问一个店员，这家店的老板是不是斯蒂芬森小姐，结果果然是她开的这家分店。不巧我们来的这天她正好不在店里。我于是给她留话说我很想跟她聊聊。

⊖ 一种植物。——译者注

这家店看起来管理得很好，十几个年轻店员非常热情。那次我们一下子买了好几瓶洗发香波及沐浴液，我一看它们的成分，估计也能做出一份相当美味可口的凉拌蔬菜。

回到办公室后，我翻开打印出来的装订在一起的麦哲伦基金持股记录本，在我离职时，这份基金持股记录已经比我所住的小镇电话簿还要厚两倍。一查结果让我十分懊恼，1989年我就曾经买过这只股票，但是不知怎么回事我竟然忘记了。美体小铺这只股票，和其他很多我持股很少的股票一样，只是试探性购买，少量买入的目的就是保持对这家公司发展情况的及时追踪，以免我因为没有持股而忽视追踪这些股票，结果虽然我曾经少量买入了，却还是忽略了追踪这只股票。在伯灵顿购物中心亲身调研这家商店以前，如果你骗我说美体小铺是汽车修理连锁店，我也会坚信不疑。我的持股多达1400家上市公司，要想同时追踪所有持股上市公司的最新动态，实在是有些顾不过来，遗漏忘记一些在所难免。

看了一些券商的研究报告，我慢慢弄清楚美体小铺的发展历史过程。美体小铺原来是一家英国公司，创办人阿妮塔·罗迪克（Anita Roddick）尽管只是一位平凡的家庭主妇，但非常想干一番事业。她丈夫经常出差不在家，但她既不爱看什么电视连续剧，也不想跳什么有氧健身操，却喜欢在车库用各种水果蔬菜折腾来折腾去调配这种那种沐浴液。哪知道做出来的东西竟然大受欢迎，于是试着卖给周围的街坊邻居，结果这个原来只是家庭作坊式的小生意，很快就发展成一项大生意。1984年美体小铺股票公开发行上市，每股发行价只有5便士，约合10美分。美体小铺股价如表8-1所示。

表8-1 小结

股票代码	公司名称	1992/1/13 股价
BOSU[①]	美体小铺	325便士

[①] 在伦敦证券交易所上市交易。

美体小铺创立之后，很快就从一家小店发展壮大成为一家国际性特许经营连锁店，专门经营用新鲜水果和蔬菜制作的沐浴护肤用品。尽管中间股价有过两次暴跌，一次是在1987年股市大崩盘时市值损失一半，一次是在美国攻打伊拉克时股价又暴跌一半，但是经过6年时间，到了1990年股价还是由原来的5便士上涨到了362便士，如果某位投资者在首次公开发行时就买入，一直持有不抛出，投资收益将超过70倍！美体小铺股票虽然是在伦敦证券交易所上市，但通过美国证券公司也能买卖。

和生产调味品的Celestial Seasonings公司或生产冰淇淋的Ben & Jerry公司一样，美体小铺也是一家高度重视社会责任的企业。美体小铺产品全部由天然原料制造（其中有些原料是南美卡雅波（Kayapo）族印第安人从热带雨林中提炼出来的，卡雅波族人如果没有这份工作，或许就只能依靠砍树来维持生活了）。除此之外，美体小铺也从不做广告，所有员工每周带薪休假一天专门去做社区服务工作。美体小铺产品追求的是健康，而不是美丽。毕竟有谁能够一生保持美丽不老呢？美体小铺回收购物袋再利用，如果消费者拿旧瓶子来买新沐浴液，一个瓶子可以优惠25美分。

美体小铺并不是只想赚钱，还努力追求回报社会，但却并未因其社会责任感而影响公司发展，公司特许经营连锁加盟店增长很快，让公司盈利大增。斯蒂芬森告诉我，新开一家加盟连锁店第一年就可以收回投资开始盈利。她在伯灵顿购物中心开的分店生意简直太好了，所以她准备在哈佛广场再开一家分店——要知道当时美国经济正处于衰退之中。

尽管整个国家都处于经济衰退之中，美体小铺全球各地的平均单店营业收入却持续增长⊖。美体小铺的洗发水和沐浴液比折扣商店卖得贵，但比精品店和百货公司便宜，这种价格定位让公司找到了自己的"利基"（price niche）。

⊖ same-store sales，单店营业收入是分析零售行业的重要指标。——译者注

美体小铺最吸引人的地方在于，公司正处于快速增长的初期，而且公司产品主打的健康概念在全球范围都非常有吸引力。按照人口比例计算，美体小铺最密集的国家是加拿大，一共有92家连锁店。如果按照每平方英尺的营业额计算，美体小铺是加拿大零售行业中盈利最高的店铺。

美体小铺原来在日本只有一家分店，在德国也仅一家分店，但在美国已有70家分店。我想，加拿大人口只有美国的1/10，其市场就能支撑92家分店，照这样推算，美国市场至少能支撑920家分店。

经历最初几年的高成长之后，美体小铺并没有陶醉自满，仍在小心谨慎地进行扩张。零售商扩张过快，会出现严重问题，尤其是依靠借债进行高速扩张更加危险。美体小铺是一家特许经营连锁企业，所以不必借债，可以依靠加盟店的资金进行扩张。

从斯蒂芬森那里，我才知道美体小铺在经营扩张上有多么小心谨慎。虽然斯蒂芬森在伯灵顿购物中心开的加盟店已经证实她完全具备成功经营一家分店的能力，但是当她申请在哈佛广场再开一家新店时，美体小铺董事长仍亲自出马，专程从英国飞到美国进行实地勘察，并仔细评估斯蒂芬森的经营能力。如果美体小铺以自有资金扩张开设新店，如此谨慎情有可原，但哈佛广场加盟店可是斯蒂芬森自己拿钱开的，而且是她开的第二家加盟店，美体小铺总公司却并未因此就不经评估直接批准。

尽管我碰巧认识一家美体小铺加盟店老板，是我的老同事，所以有机会了解不少详情，但全球各地到过美体小铺加盟店的数百万消费者，也能和我一样亲眼看到它们的生意有多么好，他们只要再读一下公司年报和季报就也能和我一样了解到更多的公司经营情况和财务数据。有一次我跟一位好友提到美体小铺，他说他妻子和女儿也都很喜欢这家店。如果45岁的中年妈妈和13岁的小孩子都非常喜欢同一家店，那它就值得你去好好调查一番了。

单店营业收入没问题，扩张计划切实可行，资产负债表非常稳健，公司每年盈利增长20%～30%，投资这家公司还有什么问题吗？有。根据标准普尔公司对其1992年每股收益的预测，美体小铺市盈率已高达42倍。

任何一只成长股，以未来一年预期每股收益估算，股价市盈率超过40倍，就表明已经过于高估，此时买入十分危险。**根据经验法则，判断股价是否高估的一个标准是市盈率不应超过收益增长率。** 即使是增长最快的企业也很少能够达到25%的收益增长率，40%更是极为罕见。如此之高的收益增长率很难长久保持，公司增长速度过快，往往会自我毁灭。

有两位股票分析师认为美体小铺未来几年会继续保持30%的收益增长率。这意味着这是一只增长率估计为30%，但市盈率为40倍的成长股。纯粹从数据上来看并没有什么吸引力，但从整个股市的平均估值水平来看，这样的股票还算不错。

在我研究这只股票的时候，标准普尔500指数平均市盈率为23倍，可口可乐市盈率为30倍。一个选择是收益增长率为15%而市盈率为30倍的可口可乐股票，另一个选择是收益增长率为30%而市盈率为40倍的美体小铺，如果要二选一的话，我更倾向于美体小铺。一只市盈率较高但收益增长率也较高的股票，终究会胜过市盈率较低但收益增长率也较低的股票。

问题的关键在于，美体小铺是否能够在相当长的时间里持续保持25%～30%的收益增长率，从而使未来的每股收益最终能够支撑目前很高的股价？长期保持盈利高速增长说起来容易做起来可相当困难。但是美体小铺最近几年经过事实证明它所具有的扩张进入新市场的能力以及其产品在全球普遍受到欢迎的程度，都让我感到非常吃惊。美体小铺几乎一开始就进行跨国经营，业务向全球六大洲迅速扩张，而且都相当顺利、成功。若一切能够按照公司预定计划顺利进行的话，那么全世界最后会有几千家美体小铺连锁加盟店，股价还会再上涨70倍。

基于美体小铺的独一无二的全球市场扩张前景，我还是在《巴伦周刊》

上公开推荐了这只股票。但是由于股价相对于每股收益已经相当高了，万一收益预期出现一点差错，赚钱的空间将十分有限，因此我决不会极力推荐美体小铺是投资人决不能错过的一只好股票。要是你很喜欢一家上市公司，但是目前价位不是那么合理的话，那么最好的办法就是，先买一点，保持跟踪，等下一次股价回调时再多追加买入。

投资像美体小铺、沃尔玛及玩具反斗城这种快速成长的零售股，最吸引人的地方就是，你有很长的一段时间可以充分观察它们的发展。等到他们用事实证明自己的巨大成长潜力之后，再买入股票一点也不迟。美体小铺的创始人还在车库里试验最初的沐浴液配方时，你根本没有必要冲进去匆匆抢购股票；即使是美体小铺在英国开了100家店，甚至在全世界开了300家或400家店时，你再买入股票也根本不晚。甚至等到美体小铺公开上市8年后，我女儿领着我到伯灵顿购物中心，我才第一次知道美体小铺，这时买入股票仍然不晚，美体小铺后面还有很大的上涨空间呢。

如果有人说，某只股票已经涨了10倍，甚至50倍，以后肯定不会再涨了，你就给他看看沃尔玛的股价走势图。23年前（1970年），沃尔玛刚刚公开上市时，只有38家分店，而且大部分集中在阿肯色州。上市5年后（1975年），沃尔玛扩张到104家分店，这时股价也上涨了4倍。上市10年后（1980年），沃尔玛分店扩张到276家，股价上涨了20多倍。

沃尔玛创始人山姆·沃尔顿是阿肯色州本顿维尔镇人，在沃尔玛刚创立时，镇上许多老乡很幸运地能够抓住了最早的机会买入股票，投资10年就能升值20倍。那么当投资的沃尔玛股票已经升值了20倍时，是不是应该不要太贪心，趁机高价抛出，把赚来的钱再去投资热门的计算机公司呢？如果想赚更多的钱，就不应该卖掉这么好的成长股。股票才不会在乎谁是持有人；至于是否过于贪心的问题，应该到教堂找牧师，或者找心理医生来解决。股票投资就是要赚钱，与是不是太贪心没有什么关系。真正应该重点分析的，不是沃尔玛股票会不会大跌以惩罚过于贪得无厌的股东，而是公司市场是否过度饱和。这个问题的答案非常简单：尽管在整个20世纪70年代，沃尔玛收益和股价都已经大幅成长，但沃尔玛也只不过在全美15%的地方开设了分店，未来全美还有85%的巨大增长空间！

到1980年，经过10年，沃尔玛股价已经上涨了20倍，创始人沃尔顿已是名扬天下的亿万富翁，但他还是开着一辆敞篷小货车；即使到这个时候再买入沃尔玛的股票也会让你大赚一笔。如果你在1980年买入，一直持有到1990年，就会上涨30倍。到了1991年沃尔玛股价又上涨了60%，这样1980年买入持有11年就能赚到50倍。如果那些最早的沃尔玛股票持有者，20世纪70年代赚了20倍就已经觉得太贪得无厌了，而在此基础上如果继续持有到1991年，就会赚到1000倍，这时会觉得自己更加贪得无厌——不过此时，他有的是钱去看心理医生。

对于连锁零售业或连锁餐饮业来说，迅速扩张是推动收益增长和股价增长的最主要动力。只要单店营业收入持续增长（年报及季报都会披露这一数据），企业没有过度举债，并且正在按照公司年报向股东所描述的发展规划进行扩张，那么长期抱牢这只股票肯定就会大赚了。

| 第 9 章 |

房地产业选股之道：
从利空消息中寻宝

美国房地产市场的崩溃让我发掘到了 Pier 1 公司、阳光地带园艺公司（Sunbelt Nursery）和 General Host 公司。

想在平静怡人的环境中寻找到大牛股，如同一个侦探只会呆坐在沙发上就想找到破案线索一样，几乎是不可能的。想在股市上超越别人，就得有胆量为人所不能为，敢于投资于其他投资人，尤其是基金经理都不敢投资的行业。到了 1991 年年底，投资人最恐惧的就是房地产行业相关的上市公司股票。

过去两年多以来，房地产一直是整个美国最大的噩梦。由于商业地产的大崩盘，谣言盛传住宅房地产也将面临崩溃，据说住宅价格将会直线暴跌，会让很多卖家根本卖不出去。

从我住的马布尔黑德镇上，就能感受到大家对房地产市场的绝望气息，到处都能看见一套套房子上竖起的"此屋出售"的大牌子。如果你是初次来到我们这个小镇，搞不好还会以为这些大牌子是马萨诸塞州新选定的州花呢！但是后来这些"此屋出售"的大牌子都消失了，原因是那些卖家从买家那里根本得不到合理的报价，一次次失望之后，也只好继续抱着跌价的房子不卖算了。到处都听到卖家在抱怨，说对方出价竟比两三年前的价格还要低上三四成。这种情况非常普遍。特别是那些高级住宅区，房价更是严重下跌，很明显，房地产的大繁荣已经结束啦！住在这些高级住宅区的人，其中有不少是报社编辑、电视新闻评论员和华尔街的基金经理人，因此也就不难理解为什么报纸头版和电视晚间新闻会那么关注房地产崩盘了。事实上这些新闻报道只是报道商业房地产的崩盘，但标题上往往去掉了"商业"两个字，结果就让大众误以为整个房地产市场都已经崩溃。

有一天，在报纸次要版面上不起眼的一则小消息引起了我的注意：据美国房地产协会（National Association of Realtors）公布的数据，美国中等住宅价格在上涨。1989年在上涨，1990年在上涨，1991年还在上涨，而且从美国房地产协会1968年开始发布中等住宅价格统计数据以来，房屋价格一直在上涨。

中等住宅价格水平只是众多能表明房地产市场真实情况的有力数据之一，这些数据表明，美国房地产市场其实没有大家想象的那样糟糕，足以鼓励投资者勇敢地到当时最令人恐惧的房地产行业去寻找大牛股。其他毫不引人注意却能够让你看透行业真相的数据还有美国住宅建筑商协会（National Association of Home Builders）公布的购屋能力指数（afford ability index）以及房地产抵押贷款呆账比例等数据。

这些年来，好几次的经验让我发现，在报纸、电视大肆宣传报道的背后，那些不引人注意却十分有力的数据往往表明事实上完全不是那么回事。一个总是十分灵验的投资策略是，等到媒体和投资大众普遍认为某个行业已经从不景气恶化到非常不景气时，大胆买入这个行业中竞争力最强的公司的股票，肯定会让你赚钱。

（我得说明，这个选股方法并非万无一失。1984年投资界都以为石油和天然气行业根本不可能再恶化下去了，可是后来这个行业仍然继续恶化。除非有强有力的事实和数据表明行业景气度确实正在改善，否则故意去赌一个被行业不景气折腾得奄奄一息的公司能够起死回生就太愚蠢了。)

1990年和1991年中等住宅价格持续上涨的消息很少有人注意到,当我在巴伦投资圆桌会议上提出这个证据时,根本没人愿意相信。而且,当时美国利率已经下降,使得居民购房能力比10年前提高了许多。购房能力指数大增使我相信,除非经济永远衰退下去,否则美国房地产市场的春天很快就会来临了。

然而,尽管许多有力的数据都表明房地产行业正在好转,不少很有影响力的人士还是在继续担忧房地产市场将会崩盘,这种观点铺天盖地,使得和房地产市场有关的建筑公司和房地产信贷公司的股票价格也一跌再跌。1991年10月,我开始关注托尔兄弟公司(Toll Brothers),这是一家美国知名的住宅建筑商。这只股票过去曾经多次出现在我管理的麦哲伦基金投资组合中,也出现在我的投资日志中。可是如今受累于市场对房地产行业的悲观预期,托尔公司股价从原来的12.625美元,跌到只有2.375美元——也是一只5倍股,但不是上涨而是下跌了5倍。那些低价抛出股票的投资者,想必有不少是住在高档住宅区的,可能是被房价暴跌吓坏了。

我记得托尔公司实力雄厚、财务状况良好,足以支撑公司渡过任何难关,股价怎么会如此暴跌呢?所以我把相关资料找了出来,进一步详细研究。我想起,几年前有一位优秀的基金经理肯·希布纳(Ken Heebner)就向我推荐过托尔公司;我在富达基金公司的同事,阿伦·莱费尔(Alen Leifer)也曾在电梯里跟我提到过托尔公司。

托尔公司只是一家建筑商,并非开发商,所以不会把自己的钱拿来进行房地产投机。我断定,在房地产市场持续低迷的环境下,许多竞争对手由于资本实力太弱会不得不退出;只要托尔公司能挺到最后,等到行业复苏,就一定能抢到更多的市场份额。从长期来看,这次房地产大萧条,消灭了许多竞争对手,对于托尔公司反而是一件好事。

既然托尔公司的长期发展前景良好,那么托尔公司股价跌到只有原来的1/5,到底是不是公司有什么地方出现了问题呢?我翻了翻最新一期的财务报告，发现托尔公司负债减少了2800万美元，现金资产增加了2200万美元，可见经过这段行业低迷期，公司的资产负债表质量提高了！那么它的订单情况如何呢？同样很好，公司建造新的房屋的订单已经排到两年之后。如果说有什么问题的话，那就是托尔公司的生意太好了，订单多得做不完！

托尔公司在房地产市场低迷期间，还悄悄地扩张，进入了几个新市场，并且已经做好一切准备工作，一旦行业复苏，就会大大受益。只要住宅市场出现复苏，并不需要强劲上涨，托尔公司就能轻而易举地打破盈利纪录。

此时你可以想象到，我有多么兴奋，竟然找到这样一只大黑马：负债很少、订单充足——足以保证两年的业务，而且身边竞争者一个个被迫退出，股价竟然只有1991年最高价的1/5！

那年10月，我在给《巴伦周刊》的推荐买入股票名单上，把托尔公司列为首选，准备到第二年1月巴伦投资圆桌会议召开时推荐给大家。但在此期间，股价很快就上涨了近4倍，每股股价已经达到8美元（到投资圆桌会议召开的时候，已经涨到每股12美元了）。我长期关注年底股价的异常表现，在此给各位提供一个经验：动作一定要快！股市中那些专门寻找便宜股的投资猎手，最近眼睛越来越亮，用不了多长时间就会发现哪只股票被严重低估。等到这些投资猎手买够了股票建好了仓，股价早已经涨得差不多了，再也不是什么便宜货了。

我一次又一次碰到这样的事情：每年秋末，好不容易发现了一只大黑马股票，它们由于被那些年末打算利用投资亏损来避税的投资者纷纷抛出，股价被打压得很惨。在次年年初召开巴伦投资圆桌会议时，我就把它们推荐给了大家，结果一过完年，我往往就只能眼睁睁地看着股价大幅反弹，等到两个月后《巴伦周刊》要刊登出我推荐的股票名单时，股价早就涨了很多了。1991年1月14日，巴伦投资圆桌会议召开那一天，我推荐了Good Guys电器连锁店的股票，结果从会议召开那天到1月21日杂志出版这一个星期间，股价大涨，它就再也不是一只大黑马了。为此，我和《巴伦周刊》的编辑不得不在1月19日专门讨论，最后决定只好把这只股票从名单中删掉。

显然，1991年秋天，发现托尔公司股票被严重低估的投资者，远远不止我一个人。没想到，早在我在杂志上公开推荐这只大黑马股票之前，许多人就捷足先登追着买入这只股票了。没办法，我只好再去挖掘另外的大黑马。我想，房地产市场危机被过度夸大而持续低迷，肯定还有不少公司能从中受益。我第一个想到的就是Pier 1公司。

Pier 1公司

谁都知道，买了房子，不管是新房还是二手房，都得花钱重新装修布置一番，这就要买一些灯饰、隔板、踏脚垫、碗盘架、地毯、窗帘等，或许还要买藤椅、沙发以及其他各种各样的小摆设。所有这些东西Pier 1公司都有出售，而且价格便宜，预算不很宽裕的消费者也能负担得起。

当然，我以前在管理麦哲伦基金时就买过Pier 1的股票。这家公司1966年从Tandy公司分拆出来，独立成为公开上市公司，其家饰颇具远东风格。我妻子卡罗琳很喜欢到位于北岸购物中心裙房的Pier 1连锁店去逛。Pier 1在20世纪70年代曾经是牛气冲天的超级成长股，后来盘整了一段时间之后，在20世纪80年代又大涨了一把。投资人如果赶上这一波大反弹，就能赚到很多钱。但是到1987年大崩盘时，Pier 1股价从原来的14美元惨跌到只有4美元。后来股价又回升到12美元左右，不过在海湾战争时它的股价又一次暴跌，跌到只有3美元。

我第三次注意到Pier 1这只股票时，股价已经反弹到10美元，之后又滑落到7美元。我认为Pier 1股价在7美元的价位是明显被低估了，特别是在住宅市场可能复苏的曙光已经出现的情况下，未来家庭装饰品的需求必然会大幅增长。

我翻开了档案中关于 Pier 1 的资料，重新回顾了一下这家公司的基本情况。在这次受到经济衰退打击之前，Pier 1 保持着收益持续增长 12 年的盈利纪录。以前有个叫 Intermark 的大型集团企业曾经持有 Pier 1 公司 58% 的股权。这家大集团对 Pier 1 公司非常重视，当时一家外部收购者想以每股 16 美元的高价收购 Pier 1，但 Intermark 公开表示拒绝。据说 Intermark 坚持要价为每股 20 美元。但是后来 Intermark 资金紧张，不得不以每股 7 美元的低价贱卖自己持有的 Pier 1 股票。可是不久之后，Intermark 还是破产倒闭了。

没有了 Intermark 大比例持股对公司的控制，反而更有利于 Pier 1 更好地发展。1991 年 9 月和 1992 年 1 月 8 日，我两次拜访了 Pier 1 公司的 CEO 克拉克·约翰逊（Clark Johnson），他告诉了我好几个利好因素：① 1991 年在外部环境非常困难的情况下，公司仍然取得了盈利；②公司以每年新开 25～40 家分店的速度持续扩张；③目前全美只有 500 家分店，还远远谈不上饱和，市场增长的空间还大得很。尽管他们在 1991 年新开了 25 家分店，却还能想方设法做到成本有所降低。由于不断努力降低成本，Pier 1 公司的利润率持续得到改善。而对于分析零售业一贯可靠的指标——单店销售收入，约翰逊指出，在遭受经济衰退打击最严重的地区，Pier 1 连锁店单店销售收入减少了 9%，但是在全美其他地区，Pier 1 连锁店单店销售收入都实现了增长。在经济衰退期间，单店销售收入降低是十分常见的，因此我把经济衰退期部分地区单店销售收入增长视为中等利好。如果是在整个零售行业市场一片大好的时候，一家公司的单店销售收入下降，那就会让我十分担忧了，幸好 Pier 1 公司并非如此。

我评估一家零售企业时，除了前面讨论过的各点以外，我总是十分注意存货水平的变化。**如果存货高于平常水平，那么这就是一个警告信号，即管理层有可能通过提高存货来掩饰销售不佳的问题。** 如果确实如此，公司最后就不得不降价处理过多的存货，并承认销售不佳的事实。虽然 Pier 1 存货增长了，但这是因为新开25家分店要大量铺货的关系；除此之外，存货水平保持在合理水平上。

分析到这里，我们可以看出，Pier 1具备了以下优点：第一，这是一家快速增长公司，有着很大的增长空间；第二，公司在努力缩减成本，不断提高利润率；第三，这家公司在不景气的年份仍然取得了盈利；第四，连续5年提高股息；第五，在室内装饰品市场上，Pier 1早已万事俱备，就等住宅行业景气回升，业绩就会快速增长。而且，我妻子的朋友们，也都非常喜欢Pier 1店里的东西。另外，研究Pier 1还让我顺便发现了另一家好公司——阳光地带园艺公司（Sunbelt Nursery）。

1990年Pier 1公司收购了阳光地带园艺公司100%的股权。到1991年阳光地带园艺公司股票公开上市时，Pier 1公司出售了自己持有的50.5%的股权，获得了3100万美元的资金；其中2100万美元用来减少负债，另外1000万美元返还给阳光地带园艺公司，帮助它更新设备和开设分店。对Pier 1公司而言，1991年减少了8000万美元负债，只剩下约1亿美元的负债。在资产负债情况大有改善的情况下，Pier 1短期内不可能破产，而在经济衰退期间，很多负债太重的零售企业都撑不过去只好破产。

在这里，Pier 1只出售了阳光地带园艺公司一半的股权，就获得了3100万美元，这比前一年整体收购的所有成本还要多600万美元，看来这笔买卖真是大赚了。你肯定会想到，剩下一半的股权大约也值3100万美元，这可是Pier 1的一笔远远超过账面价值的隐蔽资产。

在我研究Pier 1的基本面时，股价为7美元，预计1992年每股收益为70美分，以此推算市盈率为10倍。在公司每年收益增长15%的情况下，以10倍市盈率的价格买入肯定稳赚不赔。当我1月飞往纽约参加巴伦投资圆桌会议时，股价上涨到7.75美元，不过我认为以这个价格买入还是非常便宜，不仅是因为Pier 1公司有很多优点值得买入，而且它还有阳光地带的近一半股权这笔价值巨大的隐蔽资产。

在家庭装饰产品市场，Pier 1的竞争对手有相当一部分是夫妻店。每个月都会有一些熬不下去，不得不关门，退出市场。由于经济衰退，大型百货公司的家饰部门也不得不缩减规模，把更多的精力专注于服装和饰品上。因此一旦经济周期开始复苏，Pier 1肯定会占据最大的市场份额，到那时肯定没有一个竞争对手可以与之抗衡。

也许我在给公司牵线搭桥做媒人方面相当失败。每次当我看中某一家公司，我就会开始想象可能会有其他企业有兴趣收购它。对于Pier 1公司，我做的白日梦是，当地的凯马特百货公司应该会想要收购它。过去凯马特百货就接连收购了连锁药店、连锁书店和连锁办公用品店，做得相当成功，并且一直在寻找新的机会继续扩张。

阳光地带园艺公司

一放下Pier 1公司的资料，我就马上拿起阳光地带园艺公司的资料。研究股票往往就是这样，一只股票会引出另一只股票，专业的选股人就会开始一段新的探索之旅，就像训练有素的猎犬用机敏的鼻子嗅来嗅去，不断辨别出新的气味。

阳光地带园艺公司是一家经营草皮和园艺用品的零售连锁企业。我认为，如果房地产市场复苏，草皮和园艺行业从中受益的程度一点也不亚于家庭装饰行业。每家每户搬进新房子后，总免不了种几棵树，整整草皮，窗外摆几盆花，把院子收拾得漂漂亮亮的。

我进一步深入思考，目前园艺用品行业业态主要还是以夫妻店为主，特许经营加盟店或零售连锁的业态还未占据主导地位。理论上来说，正如当年Dunkin' Donuts连锁店迅速扩张、占领全美市场一样，一个管理良好的区域性或全国性的园艺连锁企业也有可能在全美国取得巨大的成功。

阳光地带公司能否扩张成为一个全国性园艺连锁企业呢？目前在全美11个规模最大的园艺市场中，阳光地带已经进入其中的6个，经营形态和得克萨斯州及俄克拉何马州的Wolfe园艺公司、加利福尼亚州的花园中心园艺公司、亚利桑那州的Tip Top园艺公司差不多。史密斯·巴尼证券公司的研究报告指出，阳光地带园艺公司致力于满足高档的、注重品质的客户群，努力提供更多种类、更加优良的园艺产品，提供更高水准的服务，以战胜主要依靠低价进行竞争的园艺用品零售商。

最初，阳光地带是随着Pier 1公司从Tandy公司分拆而独立出来的。1991年8月，阳光地带公司准备股票公开上市时，我才第一次接触到这家公司。母公司Pier 1公司要出售320万股股票，阳光地带园艺公司管理层也到基金公司云集的波士顿来进行路演，推销自己的股票，在路演会议上，我翻了翻阳光地带园艺公司的招股说明书。招股说明书经常被称为红鲱鱼，是因为在有很多重大风险警告的地方画了红线，你会发现这种红线零零散散，到处都是，看起来真有些像红鲱鱼。看招股说明书，就跟看机票背面的文字差不多，尽管印刷非常精美，但除了让人很感兴趣的少部分内容之外，其余大部分内容都无聊透顶——无聊得只会让你再也不想坐任何飞机，无聊得只会让你再也不想买任何股票。

不过首次公开发行股票时往往都能把股票全部卖出，可见大多数投资人对那些红线标注的风险提示说明肯定是视而不见的。不过我可要提醒你，招股说明书里面其实有些信息非常有用，千万不能忽略不看。阳光地带园艺公司首次公开发行非常成功，每股招股价为8.5美元。由于发行股票筹得巨资，阳光地带园艺公司股票刚上市时，资产负债表非常稳健，没有一分钱负债，每股平均还有2美元现金。公司计划用这笔现金来重新改造旗下的98所园艺中心，少数破落、无法利用的园艺中心则予以关闭，以提升整体盈利能力。

自越南战争以来，阳光地带各地的连锁分店就未曾好好打理过园艺场，因此有很多地方都需要整修，最重要的工作是要将一部分场地建设成封闭式的，好保护一些植物和花卉度过寒冬，重新生长发芽。

Pier 1 公司售出 50.5% 的股权后，仍然是阳光地带公司的最大股东，持有 49% 的股权。我认为这是一件好事，因为 Pier 1 擅长经营零售连锁企业，而不像保险公司——尽管持有一个造纸企业的大部分股权，但对造纸行业一窍不通；而且 Pier 1 公司最近刚刚完成分店改造，其经验对阳光地带重整下属分店很有帮助；同时，双方管理层都持有相当多的阳光地带公司股票，这让他们很有动力把阳光地带园艺公司经营得更加成功。

就在我考虑把阳光地带园艺公司作为候选对象准备在巴伦投资圆桌会议上进行推荐的时候，股市上每逢年底为了利用投资亏损避税的大抛售开始了，这连累了阳光地带园艺公司的股价跌到只有 5 美元。由于发生了一连串对草皮和园艺植物非常不利的自然灾害——亚利桑那州出现早霜，得克萨斯州降雨量高达 14 英寸㊀，导致阳光地带园艺公司季度盈利非常令人失望，因此股价下跌，市值缩水近一半。

此时有勇气在底部大胆买入的投资人，就是买到了一匹大黑马。现在一股 5 美元的阳光地带园艺公司，还是两个月前上市时每股为 8.5 美元的同一家公司，每股账上还是同样的 2 美元现金，分店重修还是会照常进行。这家公司股价只有 5 美元，而账面价值为每股 5.7 美元，已经高于股票市价；预期 1992 年每股收益为 50～60 美分，所以目前市盈率还不到 10 倍，每年平均收益增长率高达 15%。而股市上其他园艺零售公司，股价是账面价值的 2 倍，市盈率为 20 倍。

评估一家上市公司的实际价值，可以采取将类似的公司进行比较的方法，像房屋估价一样，用附近同类房屋最近成交价格作为参照。阳光地带园艺公

㊀ 1 英寸 = 2.54 厘米。——译者注

司总股本为 620 万股，乘以现在的每股市价 5 美元，这家有 98 个草皮和园艺中心的公司股票市值为 3100 万美元（一般还要再扣除负债，不过阳光地带园艺公司根本没有负债，就不用扣除了）。

而其他园艺公司呢？例如美国东南部的卡乐威（Calloway's）公司，只拥有 13 家和阳光地带园艺公司类似的连锁店，总股本为 400 万股，每股市价 10 美元，公司市值为 4000 万美元。

如果只有 13 家分店的卡乐威公司就值 4000 万美元，那么拥有 98 家分店的阳光地带园艺公司怎么可能只值 3100 万美元呢？即使卡乐威公司经营得更好，单店盈利能力更高（事实也确实如此），但阳光地带园艺公司的连锁店总数还是卡乐威的 7 倍之多，而且营业收入总额也是卡乐威的 5 倍，阳光地带园艺公司的价值比卡乐威还要低，这怎么合理呢？假使市场对两家公司的估值水平基本相同，阳光地带园艺公司的市值也应该有 2 亿美元，即每股价值超过 30 美元。即使两家公司估值水平不同，比如卡乐威公司经营水平一流，股价估值水平较高，而阳光地带园艺公司经营只是二流水平——即使如此，阳光地带园艺公司股价也未免太过于低估了。

我在巴伦投资圆桌会议上推荐了阳光地带园艺公司股票，等到在《巴伦周刊》上刊登出来时，阳光地带园艺公司股价已经反弹到每股 6.50 美元。

GH 公司

尽管不是有意为之，但 1992 年真成了我特别热衷于投资园艺行业的一年。就像 Pier 1 公司引导我发现了阳光地带园艺公司一样，阳光地带园艺公司又引导我发现了同样也经营园艺用品的 GH 公司（General Host）。

你绝对猜不到 GH 公司会和园艺行业有关。过去 GH 公司是一家十分怪异的集团企业，什么业务都有，什么生意都做。它曾经拥有过萨姆饼干（Hot

Sam's Pretzels)、山胡桃农场小店（Hickory Farms Stores）、售货亭（kiosks）以及美国盐业（American Salt）等子公司。它还曾经拥有过全美美食家电视晚餐（All-American Gourmet TV Dinners）、范德卡普冷冻海鲜（Van De Kamp's Frozen Fish）、弗兰克园艺和工艺品商店（Frank's Nursery & Crafts）等子公司。在卡乐威分拆独立上市之前，它还全资拥有卡乐威公司。

最近，GH公司进行业务重整，把饼干、制盐、电视晚餐、农产品及冷冻海鲜等杂七杂八的生意全部剥离，集中精力经营遍布全美17个州、共有280家分店的弗兰克园艺公司。一开始吸引我注意到这家公司的是GH公司制订的长期股票回购计划。最近GH公司以每股10美元的价格在回购自己的股票，这表明以该公司内部人士的专业眼光来看，GH公司的股票价值肯定高于10美元，否则他们干吗要用这么高的价格回购股票呢？

当一家过去一直发放股息的公司，现在决定回购股票，并且通过贷款来回购股票时，这样做对公司有双重好处：一是贷款利息可以抵税，二是可以减少发放股息的支出（发放股息是用税后利润支付的）。几年前，埃克森石油公司股价大幅下跌，导致股息收益率高达8%～9%。后来埃克森以8%～9%的利率贷款回购这些需要支付8%～9%股息的股票。由于贷款利息可以抵税，所以实际贷款利率只有5%左右，而回购的股票就不用再支付8%～9%的股息。通过这样的操作，公司可以降低成本，相应也就提高了盈利，而这种操作却根本不用埃克森公司多炼一滴油。

而最近GH公司的股价又远远跌破了10美元，这完全吸引了我的注意力。如果一家公司以一定的价格回购股票，而你竟然还能以比回购价格更低的价格买到股票，那么这只股票就非常值得你考虑是否买入了！如果企业的管理层，如总经理或高管等内部人士，曾经以比目前市价更高的价格购买过自家公司的股票，这也是一个很好的买入信号。并不是说公司内部人士就不会错误地估计自家公司股票的实际价值（像新英格兰银行和得克萨斯州银行，尽管股价一路下跌却愚蠢地回购更多的股票），但上市公司里的确有一些非常精明的内部人士——他们知道自己在干什么，像那种以远远高于价值的价格来购买自家公司股票的蠢事是绝对不会干的，并且他们也会格外努力把公司经营得更好，好让自己持有的自家公司股票大大升值。由此我总结出第 15 条林奇投资法则：

林奇法则

当你发现公司内部人士买入自家公司股票时，这就是一个很好的买入信号，除非这些公司像新英格兰银行那样愚蠢地以过高的价格回购股票。

根据 GH 公司最近公布的股东大会资料，我发现该公司 CEO 哈里斯 J. 阿什顿（Harris J. Ashton）个人就持有 100 万股，而且在最近这一次股价大跌中，他一股也没抛。这可是一个很好的投资信号。这只股票更吸引人的一点是，GH 公司账面价值为每股 9 美元，而现在的股价只有每股 7 美元！换句话说，你用 7 美元的价格就可以买到价值 9 美元的资产，用更低的价格买到更高的价值是我最理想的投资之道。

每次看到公司账面价值增加，我就会问一个看电影时都会问的问题：这是真的还是假的？上市公司的账面价值，可能是真的，也可能是假的。要辨明真伪还需要仔细研究公司的资产负债表。

让我们来仔细研究分析一下 GH 公司的资产负债表（见表 9-1），正好以此为例来给各位介绍一下我的 3 分钟透视资产负债表秘诀。

表 9-1　GH 公司合并资产负债表　　　　　　　　（单位：1000 美元）

	1991/1/27 及 1990/1/28	1990 年	1989 年
资产			
流动资产			
现金及现金等价物		65 471	110 321

（续）

1991/1/27 及 1990/1/28	1990 年	1989 年
其他有价证券	119	117
应收账款及应收票据	4 447	2 588
应退所得税	4 265	13 504
商品存货	(77 816)	83 813
预付费用	7 517	7 107
流动资产总额	159 635	217 450
土地、厂房及设备，扣除累计折旧 77 819 美元及 61 366 美元	245 212	246 316
无形资产，扣除累计摊销的 5 209 美元及 4 207 美元	(22 987)	23 989
其他资产及延付费	17 901	18 138
资产总额	445 735	505 893
负债及股东权益		
流动负债		
应付账款	(47 944)	63 405
应计费用	41 631	38 625
一年内到期的长期负债	9 820	24 939
流动负债总额	99 395	126 969
长期负债		
优先债券	119 504	146 369
附属债券，扣除原始发行折扣	48 419	50 067
长期负债总额	(167 923)	196 436
递延所得税	20 153	16 473
其他负债	9 632	12 337
承诺及或有事项		
股东权益		
普通股，面值 1 美元，核准发行 1 亿股，共发行 31 752 450 股	31 752	31 752
资本公积	89 819	89 855
未分配利润	158 913	160 985
	280 484	282 592
非流动有价证券的未实现净损失		(2 491)
库存普通股 13 866 517 和 12 754 767 股的成本	(131 738)	(125 545)
执行股票期权的应收票据	(114)	(878)
股东权益总额	(148 632)	153 678
负债及股东权益总额	445 735	505 893

一般来说，资产负债表分为左右两边，右边显示公司的负债（表明公司欠别人多少钱），左边是资产（表明公司有多少钱），而资产减去负债，就是真正属于股东的权益，因此叫作股东权益。GH 公司的资产负债表显示股东权益为 1.48 亿美元，这个数字是真实的吗？

在股东权益中，其中 6500 万美元资产是现金，这部分现金是真金白银，真实性没什么可怀疑的，至于其他 8300 万美元是否真实，得看看其余资产质量如何才能确定。

资产负债表左栏列出的是资产部分，里面可是有很多猫腻，你得睁大眼睛。资产里面包括房地产、机器、设备和存货等，这些资产的真实价值可能和公司账面记录的价值并不符合。一座钢铁厂的资产负债表上记录的账面价值可能高达 4000 万美元，但若设备陈旧过时，就会一钱不值，卖废铁的钱还不够拆卸的费用。又如，房地产以原始买入价格入账，可能也已经贬值（不过往往更可能会增值）。

在零售企业的资产负债表上，商品存货也属于资产，不过存货资产账面价值的可靠性要看这些存货是什么类型的——如果是过时的迷你裙，现在一分钱也不值；如果是永不过时的白袜子，早晚都能卖出去。GH 公司的存货是树木、花卉和灌木等，我想这些东西以后再次出售也能卖个不错的价钱。

一家企业收购其他公司时，会涉及"商誉"，也称为"无形资产"，GH 公司资产负债表中商誉为 2290 万美元。商誉是指企业支付收购价格时超出被收购公司账面价值的金额。打个比方说，可口可乐公司的实际价值，远远超过装瓶厂、货车和糖浆原料等有形资产的价值。如果 GH 公司想要收购可口可乐公司，除了支付购买有形资产的费用之外，可能还要支付几十亿美元来购买可口可乐的品牌、商标及其他无形资产，这部分用来购买无形资产的价格在资产负债表中显示为商誉。

当然 GH 公司规模太小了，根本不可能去收购可口可乐公司，我这么说只不过是打个比方而已。GH 公司资产项目中有商誉这一项资产，表明 GH 公司曾经收购过其他企业。GH 公司能否把当初为商誉所支付的收购成本赚回来，谁也不晓得，不过在会计处理上他们必须用盈利逐渐把商誉冲销掉。

我无法确定 GH 公司在收购时为无形资产所支付的 2290 万美元的商誉是否真的物有所值。如果 GH 公司的资产有一半都是商誉，那么我可能就会怀疑 GH 公司的账面价值或者说是股东权益有很多水分了。不过 GH 公司总资产为 1.48 亿美元，商誉只有 2290 万美元，在总资产中占的比例不足 20%，所以即使有些水分也不会有什么大的影响。

因此我们可以认为，GH 公司资产负债表的记录与所宣称的每股约 9 美元的账面价值是非常接近的。

看完了资产负债表左边的资产部分，我们再来看看右边的负债部分。GH 公司股东权益为 1.48 亿美元，但负债总额却高达 1.67 亿美元，这就有问题了！我们希望看到资产负债表上二者比较理想的比率是：股东权益至少应该是负债总额的两倍。股东权益越高，而负债越低越好。

一般而言，权益负债比率这么高，就足以让我把这种股票从名单上删掉。不过有些其他因素会让我酌情考虑：第一，这些债务不是短期债务，要过好几年才到期；第二，这些债务都不是银行借款，因为对于负债比例较高、财务杠杆较大的企业，银行借款是相当危险的，一旦公司经营上遇到问题，银行马上会要求归还贷款，这就使公司资金短缺，使本来能够应付过去的问题很可能会变成致命的打击。

再回过头来看看资产负债表左边的资产一栏，要特别注意商品存货的变化情况，尤其是对零售行业。存货太多就有麻烦了。如果存货过多，可能意味着公司是在隐瞒销售不佳的情况，延迟报告亏损，而不是抓紧时间降价处理掉多余的存货。不过如表 9-1 所示，GH 公司本年度期末商品存货额比期初减少。

应付账款很高，不过这并不是什么问题，这反而表明 GH 公司在尽量延迟支付账单，尽可能把手里的现金利用到最长的时间。

在年报的文字部分中，GH 公司描述了公司如何开展一项声势浩大的降低成本的大行动，以提升竞争力和盈利能力。这种裁减支出，提升获利的做法——这种降低成本的行动在美国所有的企业中都非常普遍；然而大部分企业都只是说说而已，是否真的说到做到，还得用数字说话——一看利润表上的销售费用、一般费用和管理费用三大费用数字是否降低就会知道。如表 9-2 所示，GH 公司的销售费用、一般费用和管理费用确实在下降，并且这种下降走势一直持续到 1991 年。

表 9-2　利润表

会计年度截止日期：1991/1/27,1990/1/28 及 1989/1/29 （除每股平均数值外，其余均以 1 000 美元为单位）	1990 年	1989 年	1988 年
收益			
销售收入	515 470	495 767	466 809
其他收入	4 103	13 179	11 661
	519 573	508 946	478 470
成本与费用			
销售成本（包括购买和占用）	355 391	333 216	317 860
销售费用、一般费用、管理费用	145 194	156 804	147 321
财务费用	21 752	26 813	21 013
	522 337	516 833	486 194
税前持续经营损失	（2 764）	（7 887）	（7 724）
所得税	（6 609）	（8 768）	（3 140）
持续经营收益（损失）	3 845	881	（4 584）
非持续经营		（3 424）	（12 200）
扣除非经常损失前的收益（损失）	3 845	（2 543）	（16 784）
非经常损失			（4 500）
净收入（净损失）	3 845	（2 543）	（21 284）
每股收益			
持续经营收益（损失）	0.21	0.05	（0.23）
非持续经营损失		（0.18）	（0.61）
扣除非经常损失前的收益（损失）	0.21	（0.13）	（0.84）
非经常损失			（0.23）
净收入（损失）	0.21	（0.13）	（1.07）
每股平均未付额	18 478	19 362	19 921

GH公司采取了许多办法来提高盈利能力，下至陆地，上至太空。在陆地上，GH公司采用新的扫描设备使收款系统实现自动化。收款后每一次交易记录马上上传到太空上的卫星，然后再传送回地面上的中央计算机系统进行处理。有了这套卫星系统，就能追踪各个分店各类产品的销售情况，就能帮助总公司管理层进一步提高经营效率。例如，哪些分店"一品红"需要补货，或者某地芙蓉花存量太多，就可以转移到其他销售量较大而存货量又太少的分店。

另外，GH公司各店信用卡签账单授权处理速度，也由原来的每笔需要25秒，提高到每笔只需要3秒，这使收银台前排队付款的时间大大缩短，提高了顾客满意度。

GH公司也准备和阳光地带园艺公司采取同样的措施，在下属的各个弗兰克园艺分店封闭隔离出一片区域，以延长植物销售期，并且准备在圣诞节前后，进入大型购物中心专门开设售货亭，以提升节日销售量。想在购物商场设摊，我想GH公司并不是一时的轻率决定，在经营售货亭方面他们有着丰富的经验，GH公司曾在全美经营过1000多个售货亭，出售山胡桃农场的农产品。

对零售业者来说，售货亭成本低廉是增加营业面积的好办法。1991年GH公司已在购物中心设置了100来个弗兰克园艺售货亭，出售圣诞树、节庆花环和其他植物，还有礼品包装服务。GH公司预定在1992年，把园艺售货亭增加到150个，并正在采取一系列措施把售货亭封闭起来以更好地保护植物，并尽量使这些售货亭更加持久地经营下去。

同时，GH公司也和以往一样，以稳健且审慎的步伐开始开设弗兰克园艺连锁店。预定目标是到1995年再增开150家分店，届时弗兰克园艺分店总数将达到430家。另外，弗兰克园艺连锁店也推出自己品牌的肥料和种子。

任何一家公司都喜欢告诉股东公司的生意越来越好。不过GH公司管理层的说法更让股东感到真实可信，因为他们有一整套实实在在的经营计划。GH 公司并非只是傻坐着等待园艺行业的春天来临，而是采取实际行动来提高盈利，例如开设售货亭，整修园艺场，利用卫星系统加快信息处理等。像弗兰克园艺这种传统老店，能够在各个层面主动进行现代化改造，同时稳步扩张，其未来成功提高盈利能力的可能是很大的。

最后要确认的是关于 GH 出售下属的卡乐威园艺公司的交易进展情况。1991 年 GH 公司整体出售了得克萨斯州的卡乐威园艺连锁店，用这笔钱来偿还债务，公司资产负债表更加健康了。

如今 GH 公司经过重组以后，和卡乐威公司一样，只专注于经营园艺业务，这正好让我们有机会来比较一下这两家业务相似的公司。我得拿出我最复杂的一个投资工具，一台我用了 15 年的计算器，来进行计算。

卡乐威公司只有 13 家连锁分店，股票市值为 4000 万美元，平均每家分店市值约 300 万美元。GH 公司有 280 家弗兰克园艺连锁店，大约是卡乐威公司分店总数的 21 倍。由于弗兰克的店比较老旧，规模较小，盈利能力也较差，所以我们假设弗兰克每家分店的价值只有卡乐威一家分店的一半，相当于 150 万美元，那么弗兰克 280 家连锁店总的市场价值应该是 4.2 亿美元。

从 GH 公司 4.2 亿美元的总资产价值中，减掉 1.67 亿美元的负债，还剩下 2.53 亿美元，这是 GH 公司的股东权益市场价值。当时在外流通股数为 1790 万股，因此合理股价应是每股 14 美元，比市价高出约 1 倍。非常明显，GH 公司的股价被市场低估了（小结见表 9-3）。

表 9-3 小结

股票代码	公司名称	1992/1/13 股价（美元）
GH	GH 公司	7.75
PIR	Pier 1 公司	8.00
SBN	阳光地带园艺公司	6.25

| 第 10 章 |

超级剪理发记

1991年12月,我特意到超级剪(Supercuts)美发店理了一次发,亲身体验了一下这家公司的服务如何。当时超级剪美发公司股票才刚上市,交易代码就是 CUTS(剪)。如果不是我碰巧在桌子上堆放的一大堆文件上面看到超级剪的招股说明书,我也不会注意到这家公司,更不会故意不找我固定的理发师文尼·迪文森卓(Vinnie DiVincenzo)先生。文尼就在我住的马布尔黑德小镇开店,每次理发10美元,我每次去他都会和我聊得很愉快。

我们会谈谈孩子的事情,谈我那辆1977年出厂的 AMC Concord 到底算是老爷车还是古董车。可惜文尼先生的店还没发行股票成为上市公司,这次我为了进行上市公司调研,才没去找他理发,请我的这位老朋友可要原谅我一次。

我去的那家超级剪分店,位于波士顿的波伊斯顿大街829号,一栋气派的赤褐色砂石建筑的二楼。楼下立个牌子标示价格:剪发8.95美元,洗剪12美元,单洗发4美元。

超级剪的理发价格和文尼小店里的价格差不多,可是与那些高档美发厅和专业美发美容店相比就便宜多了。我的老婆和女儿们就是去那些专业美发美容店做头发，要扮靓指甲，再烫个漂亮的波浪，价格可是贵得很，搞不好你的信用卡都要透支了。

当我走进超级剪美发店的时候，一位侍者上来招呼我。我看见有3个客人正在理发，还有4个客人在等候，都是男的。最后，终于来了几位女客人。后来通过与店员交谈，我了解到80%的客人都是男性，而95%的发型师（看来他们并不称呼自己是理发师）都是女性。我在等候名单上签了名，心想，许多人一定认为超级剪理发店的手艺一流，值得多等一会儿。

我坐下来，开始研究超级剪公司的招股说明书和相关资料，这是我特意从办公室带来的。在一家公司的分店里研究这家公司，再没有比这更有意义的方法来充分利用等候理发的时间了。

1991年10月，超级剪的股票首次公开发行，价格为每股11美元。通过特许授权经营，现在已经增加到650家分店了。公司创始者已经退出，新的管理层积极地开始了一项雄心勃勃的扩张计划。他们请来电脑天地公司（Computerland）的前任总裁埃德·费伯（Ed Faber）来负责这项扩张计划。

我记得费伯以前是一位海军陆战队士兵，在他的带领下，电脑天地公司创造了奇迹般的快速增长。他离开后，电脑天地公司就垮掉了，现在他又回来了。真奇怪这位原海军陆战队士兵会从事美发业，但是从事什么行业无关紧要，费伯的特长就是发展特许经营连锁企业，使一个原来只有几家小店的小公司发展成分店遍布全美的大型连锁企业。

理发行业是一个年营业额高达150亿～400亿美元的行业，而这个行业中大多数是理发师个人开的小理发店，或者是当地的美发厅。理发师越来越少（在纽约州，过去10年有执照的理发师人数减少了一半），但人的头发每月都会长一寸，既然找不到自己开店的理发师，总得找别的地方理发呀！这就形成了一个巨大的市场空白。进入并占领这个市场空白地带，对于一个管理规范、经营效率高的全国性美发特许连锁店来说是一个非常好的机遇。

这与我数年前见到的国际服务公司的专业殡葬服务连锁店开始取代殡葬服务夫妻店的情形是一样的。总是不断会有人死亡，总得有人来做殡葬服务，但是这个行业都是一些经营效率低下、规模很小的夫妻店，店主的孩子大多不想从事这一行，而是想去学法律专业，毕业以后当律师。

根据超级剪美发店的规矩，每一个发型师都不能慢悠悠地干活或是闲聊，而要迅速、高效地剪发。这完全符合美国20世纪90年代流行的"没有拖延、没有废话"的快餐文化。手拿一把小剪刀和一把"革命性功能"的梳子，一个发型师每小时能为2.8个人理好发。你在任何一个地方都能享受到同样的理发服务。

当你涉足任何新的行业，你总会学到一些新东西。你知道当一名理发师还得考从业资格证吗？我以前可不知道。但是他们的确得考从业资格证。掌管数十亿美元的基金经理并不需要考什么从业资格证，而一位理发师在修剪你的鬓角之前，他居然还要通过一系列从业资格考试。难怪过去10年基金经理的平均记录这样难看，要是每个基金经理都得考从业资格的话，也许他们的业绩会是另外一番样子。

超级剪美发店的发型师的每小时工资是5～7美元，这并不高，但加上医疗福利和每小时2.8个人给的小费，她的工资可以成倍增长（我用"她"是因为在那里工作的发型师大多数是女性）。

同时，发型师每小时能为开连锁店的老板挣到30美元的收入——怪不得开一家超级剪美发店这么赚钱。这不像炼铝行业的公司，一半的盈利还得花费在机器和设备更新上。除了房屋租金外，美发店的最大开销只不过是买剪刀和梳子而已。

从招股说明书上我还看到，开一家超级剪美发连锁店，平均每家连锁店要投资10万美元。这些钱主要用于支付特许经营权使用费、理发椅、装饰、洗发水等。仅仅是在最初两年，公司就预计能实现50%的税前投资利润率，这比我们在其他地方见到的任何一家公司的利润率都要高，这说明了公司为什么那么容易招募到新的加盟者。

对加盟店有好处的地方，当然对股东也有好处，这正是我这个基金经理对这家公司股票最感兴趣的地方。公司向各连锁店按销售收入的 5% 收取特许权使用费，并从各家连锁店销售 Nexxus 品牌美发美容产品收入中提成 4%（我可以看到那些产品放在远处的墙上）。连锁店管理成本实际上微不足道，最大的费用是训练发型师。超级剪美发店平均每次为 10 个新店雇用一位新的培训师（1 年薪水是 40 000 美元），而每年这 10 个新店能为公司增加收入 300 000 美元。

正如我在本书前面所提到的，在分析一家零售连锁企业的业务经营时，你要了解的第一件事情是，这家公司是否有实力不断进行扩张。看一下资产负债表，我发现这家公司的负债占总资产的 31%，这么高的负债并不太理想，得进一步分析负债较高的原因何在。我在负债数字旁边做了个标记，提醒自己以后仔细分析。

在我思考的过程中（美发店的员工看到我东张西望，还不停地在本子上记着什么，一定是把我当成了理发行业工会派来的探子），听到有人喊我的名字，终于轮到我了。有个店员领着我穿过一排理发椅，来到专门洗发的地方。一位漂亮可爱的发型师非常麻利地帮我洗好了头，然后又把我领回了剪发区。她给我套上围裙就开始大剪一通，一切是那么迅速，我几乎还没反应过来，我的鬓角就不见了。这时候我觉得自己好像变成了电影《剪刀手爱德华》（*Edward Scissorhands*）中被狂剪一通的篱笆树。

通常情况下，我从来不晓得自己到底看起来好看还是难看，即使当时从超级剪美发店的镜子里看到自己给剪成这般模样，我也没有表示一句不满。我要回去让家人看看，听听他们的意见才算数。我自己当时的感觉是，这次剪的发型蛮时髦的。

一回到家，我的妻子卡罗琳和三个女儿一见到我就问："你怎么剪了这样一个发型？"我意识到，对于我这样一个 48 岁、一头白发的中年人来说，这种发型并不是那么适合。好几个熟人一见我都说我看起来更年轻了，我终于明白了，他们只是不想说实话让我难受，年轻是他们能找到的最恰当的说法了。当人们对我说我看起来更年轻的时候，我开始意识到，他们可能原来以为我很老，却没有告诉我实情。

我们前面讲过一个投资法则，在你买一家公司股票之前，你必须得先喜欢上这家公司才行。但是这条投资法则也有一个例外。在我到超级剪美发店剪完头发以后，我发现我喜欢这只股票（至少是招股说明书）远远胜过喜欢这家公司的美发店。我发誓我以后还要到原来一直给我理发的文尼先生开的那家店去理发。

就我的发型问题，我同远在加利福尼亚州的超级剪公司的高级副总裁和财务总监史蒂文 J. 汤普森（Steven J. Thompson）通了电话，他非常同情我被剪掉了鬓角。后来他安慰我道："别担心，你的头发每月能长半英寸。"那天我在等待理发、看公司的小册子时，我就知道头发的这一增长速度了，看来我只能寄希望于自己的鬓角快点长出来了。

通过交流，我了解到，超级剪美发店的发型师都有从业资格证，并且每隔 7 个月就要重新接受培训，而医疗福利待遇和丰厚的小费都会吸引很多优秀的人才。对此，我担心的是员工的流动率太高，或者素质参差不齐，工作易受情绪影响等问题。汤普森回答说，到目前为止员工流动率一直很低。

了解到的信息大多数是正面的，先前我注意到负债过高可能是一个潜在的问题，后来事实证明问题也不是我想象的那么严重。汤普森表示，超级剪公司每年的自由现金流量为 5400 万美元，其中大部分可以用来偿还债务，预计到 1993 年，所有债务能够全部清偿完毕；到那时，像 1991 年 2100 万美元这样的利息费用从此以后也就不复存在了。

超级剪公司采取特许连锁加盟方式，因而设立新店的资金全由加盟商自己负担。这是超级剪公司的另外一个大优势所在——不用自己投入资本，也不用过度借债，就能实现迅速扩张。

综上所述，超级剪最大的优势是，整个美国2.5亿人每个月都要理发，而在个体美发店逐步消亡的同时，却并没有出现大型连锁美发企业来填补这个市场空白。超级剪的最大竞争对手包括：瑞吉斯公司（Rigis Corporation）经营的美发大师（Mastercuts）连锁店，其大部分分店开在各大购物中心里面，租金较高，而且客户主要是女性；梦幻萨姆（Fantastic Sam），虽然分店数目是超级剪的两倍，但平均每家连锁店的收入只有超级剪的一半；彭尼百货（J. C. Penney），其美发厅只开设在彭尼商场里面。

此外，超级剪还有一个额外的竞争优势，那就是周日及晚上照常营业。公司方面正在进行一场声势浩大的全美性广告宣传，希望建立起竞争对手难以企及的高品牌认知度。超级剪正处于高成长的初期，每年收入增长率高达20%，我推荐这只股票时股价市盈率为16倍。

最终，由于这只股票各项分析指标都非常优秀——尽管我因为鬓角被剪掉十分生气，但我还是在巴伦投资圆桌会议中推荐了超级剪公司股票。我在会议上对大家说："我在那儿剪过头发，我亲自调研过了。"马里奥·加贝利问："就是你现在这个发型吗？"我只好承认就是在那里剪的。会议主持人埃布尔森马上接着说："我们可不会为这样的发型做广告！"

超级剪公司小结如表10-1所示。

表10-1　小结

股票代码	公司名称	1992/1/13 股价（美元）
CUTS	超级剪公司（Supercuts）	11.33

第 11 章
沙漠之花：低迷行业中的卓越公司

阳光电器公司

我总想在低迷行业中，找出经营非常优秀的公司。像计算机或医疗科技这样成长迅速的热门行业吸引了太多的注意力，同时也吸引了太多的竞争者。就像约吉·贝拉（Yogi Berra）㊀对一家著名的迈阿密海滨餐厅的评价："生意太火也太挤了，再也没人愿意去了。"如果一个行业太热门了，竞争者拼命进入，竞争就会激烈到谁也赚不到什么钱。

投资中选择行业时，任何时候我都更喜欢低迷行业而不是热门行业。低迷行业成长缓慢，经营不善的弱者一个接一个被淘汰出局，幸存者的市场份额就会随之逐步扩大。一个公司能够在一个陷入停滞的市场上不断争取到更大的市场份额，远远胜过另一个公司在一个增长迅速的市场中费尽气力才能保住日渐萎缩的市场份额。这让我总结出第 16 条林奇投资法则：

㊀ Yogi Berra，美国扬基棒球队著名捕手。——译者注

------------------------------ **林奇法则** ------------------------------

在商场上竞争绝对不如完全垄断。

低迷行业的优秀公司都有几个共同特征:公司以低成本著称;管理层节约得像个吝啬鬼;公司尽量避免借债;拒绝将公司内部划分成白领和蓝领的等级制度;公司员工待遇相当不错,持有公司股份,能够分享公司成长创造的财富。它们从大公司忽略的市场中找到利基市场,形成独占性的垄断优势,因此这些公司虽处在低迷的行业中,却能快速增长,增长速度比许多热门的快速增长行业中的公司还要快。

会议室装修过于豪华,公司高管薪酬过高,内部等级制度过于森严,以致严重影响员工士气,负债过高,这种企业肯定业绩平平。反之,若是会议室装修十分简朴,公司高管薪资合理,内部等级制度合情合理能激励员工奋发向上,而且企业负债很少,这种公司大部分业绩表现优异。

我打电话向约翰·韦斯(John Weiss)请教,他是加利福尼亚州蒙哥马利证券公司的股票分析师,研究过好几家折扣家电连锁零售企业。我问他对Good Guys电器公司的看法,这只股票我从1991年就开始持续关注。韦斯告诉我,在电路城(Circuit City)电器公司的强势竞争下,Good Guys盈利能力受到严重打击。后来我问韦斯,在低迷的家电零售业中,他还青睐哪一家公司,他说是阳光电器公司(Sun Television & Appliance)。

韦斯给我讲了阳光电器发展的故事,他讲得实在太精彩了,刚和他谈完,我马上打电话到俄亥俄州阳光电器公司总部,想从公司了解第一手资料。

你从未见过一家上市公司的总裁很快就能接通他的电话,这就表明该公司没有什么等级森严的官僚体制。我很快通过电话联系到了非常和蔼的公司总裁鲍伯·欧伊斯特(Bob Oyster)先生,我们先猛扯了一番俄亥俄州的高尔夫球场，然后才转入正题。

阳光电器公司是俄亥俄州中部唯一的一家大型折扣家电零售企业，主要销售各种小家电和冰箱、洗衣机、干衣机等。欧伊斯特告诉我，仅仅是在哥伦布市就有7家分店，而最赚钱的是在俄亥俄州的奇利科西（Chillicothe，我为自己能够正确念出这个地名而相当得意）的一家分店，另外该公司在匹兹堡地区也占有市场主导地位。

事实上，美国的一半人口就集中在哥伦布市周围500英里的范围以内，我想阳光电器的股东和有兴趣的投资者听到这一点一定很高兴。在密西西比河以东和梅森-迪克森沿线以北的区域内，哥伦布市也是唯一一个在1950～1990年人口不断增加的大型城市。

俄亥俄州中部人口持续增加的消息还没传到东海岸，所以对阳光电器公司未来发展非常有利。该公司正在开展一个雄心勃勃的扩张计划（1991年新开7家分店，1992年新开5家分店），未来一共要开设22家分店。公司负债不到1000万美元。公司每年收益增长率为25%～30%，股价为18美元，市盈率只有15倍，而阳光电器的几个竞争对手正在为勉强经营下去而苦苦挣扎！

在1990～1991年的大衰退中，经济状况非常糟糕，住宅市场低迷，没有什么人买新家电，但是阳光电器公司照样赚钱。1991年阳光电器公司的盈利的确实现了增长，我没有什么理由怀疑1992年阳光电器公司的盈利会进一步增长。

尽管如此，阳光电器能否成为低迷行业中的优秀公司，在很多方面还有待观察。我选出7家低迷行业中的优秀公司股票，它们的股价表现详见表11-1。这几家公司的股价最近大部分都上涨了，以至于我不得不把它们从我1992年推荐买入的股票名单中删除。不过这些股票每一个都值得继续追踪，说不定以后还有好的机会可以买入。

表 11-1　7 家低迷行业中的优秀公司

公司名称	1990～1991 年投资收益率（%）
西南航空公司（Southwest Airlines）	115
班达格公司（Bandag）	46
库珀轮胎公司（Cooper Tire）	222
绿树财务公司（Green Tree Financial）	188
迪拉德公司（Dillard）	75
CC & S 公司（Crown Cork & Seal）	69
纽柯钢铁公司（Nucor）	50
肖氏工业公司（Shaw Industries）	17
平均投资收益率	**87**
标准普尔 500 指数涨幅	**26**

阳光电器公司小结如表 11-2 所示。

表 11-2　小结

股票代码	公司名称	1992/1/13 股价（美元）
SNTV	阳光电器公司（Sun Television & Appliances）	18.50

西南航空公司

20 世纪 80 年代还有什么行业比航空业更糟糕吗？东方航空公司（Eastern）、泛美航空公司（Pan Am）、布兰尼夫航空公司（Braniff）、大陆航空公司（Continental）以及中部航空公司（Midway）相继破产，没有破产的其他航空公司也都在破产边缘苦苦挣扎。但是就在航空业这灾难性的 10 年中，西南航空公司的股价反而由 2.40 美元上涨到 24 美元。其他航空公司都破产或勉强维持生存，凭什么西南航空股价翻了 10 倍？主要原因不是西南航空做了什么，而主要是这家公司没做其他航空公司都在做的事！

他们不开通飞往巴黎的航班，不提供精美的机上餐点，不借太多钱购买太多飞机，也不为公司高管支付高得离谱的薪酬，但员工待遇非常优厚，让员工没有什么抱怨公司的理由。

第 11 章 沙漠之花：低迷行业中的卓越公司

西南航空公司（股票代码 LUV）在整个航空业中，营运成本最低。我们怎么知道这一点呢？看"每个座位每英里平均营运成本"这个统计指标就知道了，行业平均水平为 7～9 美分，而西南航空只有 5～7 美分。

判断一家公司是否真的非常节俭，一个办法是亲自到公司总部去看看。投资顾问威廉·唐纳休（William Donoghue）说："你投资股票的上市公司总部大楼气派华丽，并不意味着里面的公司高管聪明能干，而是意味着你投资给公司的一部分钱为这座大楼付费了。"根据我自己的经验，他说得对极了。加利福尼亚州的金色西部财务公司，是储蓄信贷行业中营运成本最低、最节俭但经营效率最高的公司，该公司总部前台连接待小姐都没有，只放着一台老式的黑色电话机，上面贴个标签"请用"。西南航空在达拉斯的公司总部，18 年来都是在一套破旧简陋得像军营一样的办公室里面办公。1990 年他们总算决定"奢侈"一下，盖了一座三层高的大楼，还聘请了一位设计师负责内部装潢。不过这位设计师却犯下了大错，他竟然把公司原来挂在墙上的优秀员工奖牌和公司野餐的照片拿下来，换上了昂贵的艺术品。结果公司首席执行官赫布·凯勒赫（Herb Kelleher）发现后，勃然大怒，马上把他解雇掉了，自己花了整整一个周末把奖牌和照片重新摆回原来的地方。

凯勒赫这位公司带头人的作风，让西南航空上下有一种与众不同的疯狂气质。首席执行官的办公室用火鸡来装饰，员工年度大聚餐是露天吃辣味快餐。公司高级主管的薪酬提高幅度被限制不得超过普通员工薪水的提升幅度。首席执行官以下的所有主管人员，每个月都要在机场担任一天的票务员或行李搬运工。

西南航空的空姐制服是蓝色牛仔裤、T 恤运动衫和运动鞋。机上餐点只供应花生和鸡尾酒。乘客中谁的袜子破洞最大谁就能得到奖品。起飞前的安全须知，用饶舌歌（Rap）唱给乘客听。

在其他航空公司竞相采用宽体客机在飞往洛杉矶、纽约或欧洲等相同的长途航线激烈竞争时，西南航空却找到市场缝隙——短途航线。西南航空公司自称是"唯一一家多班次短程廉价航空公司"。因此当其他航空公司在激烈竞争中不断破产倒闭的时候，西南航空却从1978年只有4架飞机的不起眼的小公司，发展成为美国第八大航空公司，也是唯一在1973～1991年连续盈利的航空公司。就投资回报率而言，西南航空至今无人可比。

在竞争对手摇摇欲坠朝不保夕的时候，西南航空已完全准备好充分发挥优势占领更多的市场份额，这就是低迷行业中的优秀公司的共同之处。最近他们已经扩张进入美国航空公司（US Air）和美西航空公司（America West）放弃的航线（由于财务问题，这两家航空公司不得不收缩战线）。

购买西南航空公司股票的投资者，在1980～1985年获得了10倍的涨幅。不过在1985～1990年股价盘整达5年之久，投资者的耐心受到严峻的考验。其实西南航空公司股票能够维持股价盘整已经相当不错了，如果是投资泛美航空或东方航空这两家后来破产的航空公司股票，那可就亏个精光了。1990年以后，投资者的耐心得到了回报，西南航空股价又涨了一倍。

班达格公司

班达格公司专做旧轮胎翻新业务。你是不是觉得再没有什么业务比这更无聊的了？班达格公司在艾奥瓦州的马斯卡廷。我从没去过那里，查查地图，马斯卡廷是一个很小的偏僻小镇，紧临密西西比河，在达文波特的西南方。

在马斯卡廷这种穷乡僻壤，即使一州之隔的堪萨斯市流行的东西，在马斯卡廷也可能根本没人知道，但这反而是一种好事。由于公司地处非常偏僻的地方，华尔街的股票分析师很少来调研，过去15年来，只有3位分析师追踪过班达格公司，尽管这家公司的股价从原来的2美元一路攀升到60美元。

班达格公司首席执行官马丁·卡弗（Martin Carver）远离纽约这种大都市

而在偏僻的马斯卡廷自得其乐。他是全世界柴油卡车最快驾驶速度纪录的保持者。你不会在特鲁普大饭店那种豪华酒店看到他在那儿喝香槟——尽管他是个大富豪，有的是钱可以好好地奢侈一把。

班达格公司可以说是轮胎翻新行业中的西南航空：管理风格非常朴实（1988年年报中，卡弗向家人表示感谢）；专注于成本节约；在其他人认为无利可图的行业中寻找到与众不同的利基市场，形成独占的竞争优势。目前美国每年卡车和客车翻新轮胎的需求约为1200万个，其中班达格公司的市场份额达到了500万个。

班达格公司自1975年以来，股息持续提高，从1977年到现在盈利每年增长17%。该公司资产负债表看起来有点不太稳健，是因为公司目前正进行海外扩张（已经占领10%的海外翻新轮胎市场），公司已经回购股票250万股。

尽管收益持续增长，班达格公司的股价在1987年股市大崩盘和海湾战争期间也曾两次暴跌。华尔街的这种过度反应，正是逢低大量买入班达格公司股票的好机会。两次暴跌之后，股价不但全部收回失地，而且后来又有所上涨。

库珀轮胎公司

库珀轮胎公司可以说是班达格公司的另一种版本。其他大型轮胎公司在新车配新胎的市场上激烈竞争，结果个个赔钱。库珀轮胎公司却避开竞争最激烈的新车市场，重点开拓旧车换轮胎的市场。库珀轮胎生产成本很低，售价也低，所以许多小型轮胎交易商都喜欢和它做生意。

20世纪80年代末，轮胎业三大巨头（米其林、固特异和普利司通）竞争得头破血流，三败俱伤，库珀轮胎公司却照样赚钱。从1985年以来库珀轮胎公司收益持续增长，1991年盈利再创新高。库珀轮胎公司的股价则由1987年的最低点开始到海湾战争前上涨了3倍，涨到每股10美元，后来受战争影响又跌回到了每股 6 美元。当时投资人忽视了库珀轮胎公司良好的基本面，只是认为战争爆发，世界要完蛋了，轮胎业也要完蛋！结果世界一切正常，轮胎业也一切正常，库珀轮胎公司股价又上涨了 5 倍，达到每股 30 美元。

绿树财务公司

绿树财务公司，我把它和雪松娱乐公司、橡树工业、EQK 绿地、枫叶食品和松林有限公司合并在一起，统称为"梦幻森林投资组合"。绿树财务公司负债非常高，首席执行官薪水也很高，甚至超过了一些棒球队的二垒手，所以这家公司算不上一家低迷行业里的优秀企业。不过我之所以把绿树财务公司也作为案例之一，是要告诉大家，在低迷行业中，即使只是一家还可以的公司，表现也会相当出色。

绿树财务公司专门发行活动房屋⊖的抵押贷款，这也是一个低迷行业，而且近几年来变得越来越低迷。1985 年以来，活动房屋销售量一年比一年低，1990 年全美只卖出 20 万辆活动房屋。

更糟的是，活动房屋抵押贷款的坏账数额也连创新高。活动房屋的主人还不起贷款，就写一张纸条："我的拖车，现在归你了！"然后就弃屋而逃，一走了之。而一套用了 10 年之久的活动房屋，根本卖不了多少钱。

然而活动房屋抵押贷款行业的灾难对绿树财务公司却是大好机遇。加州一家叫山谷联邦（Valley Federal）的储蓄贷款机构，发放 10 亿美元的活动房屋抵押贷款，结果大亏，只好退出这个行业；密歇根州一家保险公司下属的财务服务公司也是兵败离场；就连过去一直是活动房屋贷款行业龙头老大的花旗银行，也亏得只好退出。但绿树财务公司却撑下来了，一旦行业复苏，它就能迅速占

⊖ Mobile Home，活动房屋，一种大的、汽车拖行的活动房屋，它能被安置在相对固定的地点，当作住所。——译者注

领其他竞争对手退出后留下的巨大市场,当然,前提是这个行业还会复苏。

1990年年底,绿树财务公司股价跌到最低点,每股只有8美元,但此时仍有很多人怀疑活动房屋贷款行业是否还会有复苏之日。1990年5月,《福布斯》杂志还发了一篇负面报道,标题是:"绿树之根枯萎了吗?"一看标题就会吓得你想要卖掉绿树财务公司的所有股票。这篇文章的作者详细叙述了每一个不利于绿树财务公司的负面因素,如活动房屋购买意愿持续低迷、贷款坏账问题连连、绿树财务公司的贷款涉及棘手的诉讼官司等。文章的最后结论是:"尽管股价市盈率只有7倍,绿树财务公司也不是一只值得投资的廉价股。"

不过投资者却根本没有理会这个负面报道,股价在9个月内回升为36美元。为什么在如此低迷的行业,如此糟糕的公司股价却表现如此之好?只有一个原因,即根本没有任何竞争对手。绿树财务公司垄断了整个活动房屋抵押贷款市场,公司发放贷款额剧增。绿树财务公司还开始把抵押贷款进行打包,然后转售给次级市场,就像房利美公司把住房抵押贷款打包出售的做法一样。另外,绿树财务公司也开始发放利润较高的房屋整修贷款、二手活动房屋贷款,还进一步扩张进入摩托车融资贷款市场。

如果当时你一看到《福布斯》的负面报道,就反其道而行,马上买入绿树财务公司的股票,那么不到9个月,就能上涨3倍。我并不是有意贬损《福布斯》这家非常优秀的刊物,我只是想告诉大家我的投资教训。在我的投资生涯中曾经错过了许许多多像绿树财务公司这样的好股票,**我的教训是,低迷行业的幸存者,一旦竞争对手消失,很快就能时来运转**(绿树财务公司最近更名为绿树承兑公司(Green Tree Acceptance))。

迪拉德百货公司

在迪拉德百货公司也有几位非常低调也非常节俭的公司经理人。迪拉德家族（主要是 77 岁高龄的威廉和他的儿子威廉二世）只拥有这家百货公司 8% 的股份，却几乎控制了所有具有投票权的股份。迪拉德百货公司是从美国阿肯色州首府，也是该州最大的城市小石城起家的。

迪拉德父子是两个非常吝啬的守财奴，他们翻遍所有书籍寻找进一步降低成本的方法，但却从来不会牺牲员工福利，员工薪酬待遇相当不错。迪拉德百货公司最节俭的方面体现在债务上，从资产负债表上看债务极少。

迪拉德百货公司的经营很早就开始用电脑进行管理，不但用电脑来管理资金，还用来管理存货。如果某家迪拉德分店卖掉了一件衬衫，店里的电脑会记录下来，然后自动向库房计算机发送补货信息，库房电脑再把订货信息发给供货商。分店经理和管理人员从电脑就能知道什么地方什么商品卖得怎么样，不必再花钱请一大堆咨询专家告诉公司应该进什么货。

迪拉德百货公司远离繁华的大都市。在大都市繁华商圈中有很多高档连锁百货公司竞争得头破血流。迪拉德百货公司一般建在像威奇托和孟菲斯这样的小城镇里。一些高档连锁百货公司，如联邦百货（Federated）、联合百货（Allied）和梅西百货个个遭遇经营危机，不是重组就是破产；迪拉德百货公司就买下它们放弃的一些分店，并把它们并入迪拉德电脑系统，这其中就包括联合百货的 Joske's 分店和 B. A. T. 工业公司的 J. B. Ivey 分店。

如果在 1980 年投资 10 000 美元买入迪拉德股票，1991 年就增值为 600 000 美元了，60 倍！

CC&S 公司

CC&S 公司让我联想到丹尼·德维托（Danny DeVito）在电影《金钱太保》（*Other People's Money*）中一心想吞掉的新英格兰电线电缆公司。影片中新英格兰电线电缆公司的总经理办公室就在工厂楼上一间乱糟糟的房间里，墙上只挂着厂商送的廉价挂历，再无其他任何装饰。CC&S 公司高管的办公室也在装配生产线的楼上，只是一个敞开的阁楼。新英格兰公司生产电线电缆，而 CC&S 公司生产汽水罐、啤酒罐、油漆罐、宠物食品罐、抗冻剂罐、瓶盖、洗瓶器和罐头加热器等。

这两家公司的总经理都是传统观念很强的商人，不过电影中的新英格兰电线电缆公司濒临破产，而现实中的 CC&S 公司却是全球最成功的制罐业厂商。

不用我多说你也知道，制罐业利润微薄，是个低迷行业；你也知道 CC&S 公司以成本最低而闻名。CC&S 公司的销售费用只占销售收入的 2.5%，比行业 15% 的平均水平要低得多！

销售费用压缩得这么低，几乎接近于一种非常苛刻的水平，这就是不久前去世的 CC&S 公司首席执行官约翰·康奈利（John Connelly）所一贯倡导的作风。康奈利极端仇视铺张浪费，这让我总结了第 17 条林奇投资法则：

------- **林奇法则** -------

如果其他条件都一样，就选年报中彩色照片最少的那家公司股票。

康奈利的公司的年报就根本没有一张照片，但他舍得花大钱开发新的制罐技术，使 CC&S 公司在业内持续保持生产成本最低的地位。

公司盈利不是用来改进生产技术，就是用来进行股票回购。由于公司回购股票，股本减少导致每股收益提高，从而推动股价上涨，那么继续持有股票的投资人就大大沾光了。你几乎可以确定康奈利的确是在全心全意为股东服务，这种高管在其他公司可是极为少见！

康奈利先生去世后，CC&S 公司经营策略也有所改变。现在公司多余的现金都用来收购竞争对手，以这种常见的方式来迅速扩张。公司的资本支出增加了，负债也比以前相应增长，不过新的经营策略到目前为止还是和老的经营策略一样赚钱。1991年CC&S股价也由54美元上涨到了92美元。

纽柯钢铁公司

最近谁也不想进入钢铁行业，因为钢铁行业不但要面对日本钢铁厂的激烈竞争，而且几十亿美元的设备投资，很可能一下子就过时了。过去大名鼎鼎的美国钢铁公司（USX）和伯利恒钢铁公司都是美国光荣的象征，但过去12年来这两家公司只会一次又一次地试探投资人的耐心极限。伯利恒钢铁公司股价在1986年跌到每股5美元，过了很久才涨回来，现在每股13美元，但离1981年最高的32美元还差很远。美国钢铁公司股价同样至今还没有涨回到1981年的最高价。

然而如果你在1981年就买入纽柯钢铁公司股票，当时一股只有6美元，1991年就已经涨到75美元了，为此，说不定你还会以为钢铁行业是发展迅速的行业呢！倘若你早在1971年就以每股1美元投资纽柯钢铁公司，你就赚了75倍，也许你就会认为钢铁业是所有行业中最棒的行业。不过如果你在1971年买的不是1美元的纽柯钢铁公司股票，而是24美元的伯利恒钢铁公司股票，持有到1991年股价只有13美元——持有20年赔了近一半，这将会让你认为投资国库券比投资股票更安全更可靠。

在纽柯钢铁公司也有一位既非常节俭又很有战略眼光的首席执行官肯尼思·艾弗森（F. Kenneth Iverson）。艾弗森可不会带公司的大客户去豪华餐厅用餐，尽管就近在公司总部对面。纽柯钢铁公司总部在北卡罗来纳州的夏洛特市，公司总部没有高管专用的餐厅，停车场没有豪华汽车，机场也没有纽柯钢铁公司的专用飞机。西装笔挺的公司高管并不比穿工装的普通工人有什么特权，如果公司盈利下降，从上到下一起降薪，如果盈利增加（通常都是增加），从上到下一起发奖金。

纽柯钢铁公司的 5500 位员工并不属于某个工会，但福利比其他钢铁公司的员工待遇好得多。如果公司盈利，所有员工都能够一起分享，而且任何员工都绝对不会被解雇；员工孩子上大学，公司还发奖学金。万一经济不景气，公司决定减产，所有员工一起减少每周工作时间，以使整个公司不用解雇任何一名员工。

在历史上纽柯钢铁公司曾有过两项很成功的技术突破。20 世纪 70 年代，纽柯钢铁公司专门把废钢铁再加工成为建材等级钢材，非常赚钱。后来当其他同行也掌握了这项技术之后，纽柯钢铁公司又领先一步，开发出高级板材的技术。这种高级板材可用来制造汽车车身和家用电器外壳。拥有这项新的薄板浇铸技术，纽柯钢铁公司就能直接与伯利恒钢铁公司和美国钢铁公司这些大型钢铁公司进行竞争了。

肖氏工业公司

搜索一下杂志数据库里，和肖氏工业公司有关的只有两篇文章：《纺织品世界》(*Textile World*) 上有一段文字；另外一份古怪的技术杂志《自动化数据处理》(*Datamation*) 上有一句话，提到了这家公司。此外，我还在《华尔街日报》和《PR 新闻快报》(*PR Newswire*) 上各看到一篇报道。很明显，关于肖氏工业公司的报道极少——尽管肖氏工业公司市值高达 10 亿美元，后来又很快增长到 20 亿美元，而且拥有全美 20% 的地毯市场份额。

前面我们谈的低迷行业的优秀公司总部都在非常偏僻的地方，肖氏工业公司也一样。它的总部设在佐治亚州的蓝脊山 (Blue Ridge Mountains) 南峰附近的多尔顿，距离最近的大型机场至少有两小时的车程。历史上多尔顿以木屐舞和非法酿制威士忌酒而闻名全球。1895 年当地一名少女发明了制造羽毛床单的制法，直接引发了当地床单制造产业的繁荣，又间接引发了地毯制造产业的蓬勃发展，不过那时候还没有肖氏工业公司。

肖氏工业公司直到1961年才成立，创始人罗伯特·肖（Robert Shaw）现年58岁，目前仍然担任公司总裁和CEO，他的兄弟J. C. 肖担任董事长。从仅有的几篇报道来看，罗伯特·肖被形容为一个寡言少语但一字千金的人物。总裁办公室墙上则挂着一面旗，上面是简单易记的公司座右铭："维持足够的市场份额，充分利用生产设备。"

以前罗伯特·肖曾宣称，肖氏工业将会成为市值10亿美元的大公司。大家都讥笑他是痴人说梦，尤其是West Point-Pepperell公司的高管更是笑得喘不过气来——当年这家公司是地毯业巨头，销售量是肖氏工业公司的两倍。但后来肖氏工业公司真的吞并了West Point-Pepperell公司，此后再也没有一个人敢笑话罗伯特·肖先生的雄心壮志了。

20世纪60年代肖氏工业公司成立时，再没有比地毯业更糟糕的行业了。只要投资10 000美元就能办一家地毯厂。多尔顿附近布满了小地毯厂，350多家新办的地毯工厂开足马力扩大生产，以满足全美国各地对地毯的强大需求。需求量巨大，但供应量更加巨大。过了不久，地毯商只好降价销售，你降了我也只好降，结果无论是自己还是竞争对手都赚不到钱了。

到了1982年，木地板重新流行起来，地毯市场的繁荣走到了尽头。到了20世纪80年代中期，原先25家最大的地毯公司，已经有一半不得不退出地毯行业，地毯市场从那时起也开始陷入停滞状态。但肖氏工业公司拼命压低成本，苦心经营，生意则越来越兴隆。当其他竞争对手纷纷出局时，肖氏工业公司在地毯市场的份额就越来越大。

肖氏工业公司利用所有可用的资金改善生产流程，进一步降低成本。为了避免高价购进棉纱原材料，肖氏工业公司自己买来机器自己生产，省掉了一个中间环节。肖氏工业公司自己建立销售网络，有自己的卡车运输车队。

在对低成本的无止境追求中,肖氏工业公司选择不花大价钱在亚特兰大市区设置展厅,而是用大客车把客人拉到多尔顿的公司来参观。即使在地毯市场最糟糕的时期,肖氏工业公司还是能够每年维持20%的盈利增长,股价也随之节节上升——从1980年以来已经上涨了50倍,1990～1991年股价增长步伐稍有停滞,但1992年股价又上涨了一倍。谁会想到在地毯行业竟然会出现一只上涨50倍的大牛股?

1992年5月,肖氏工业公司再度出击,买下了Salem地毯厂,增强了公司在地毯业的控制地位。肖氏工业公司认为,到20世纪末,全球地毯市场将被3～4家大公司所垄断。不过肖氏的竞争对手更担心的是,到时候可能全球市场只由一家公司所垄断,而且它们都知道哪家公司最终将会完全垄断整个地毯制造行业!

| 第 12 章 |

储蓄贷款协会选股之道

最近谁也不敢碰的股票，就是储蓄贷款协会。一听到这个字眼，大家都赶紧捂住自己的钱包。一提起储蓄贷款协会，大家就想道：储蓄贷款协会解困援助需要所有纳税人共同负担 5000 亿美元；1989 年以来破产倒闭的储蓄贷款协会有 675 家之多；各家储蓄贷款协会的公司高管奢侈浪费得惊人；美国联邦调查局正在调查 10 000 多件金融诈骗案。过去一提"储蓄贷款协会"，我们就会想到电影《风云人物》（It's a Wonderful Life）[一]中的詹姆斯·斯图尔特（James Stewart）饰演的那位节俭的银行家，现在则会联想起身陷牢狱中的前任林肯储蓄贷款协会主席查尔斯·基廷（Charles Keating）[二]。

自 1988 年以来，跟储贷机构有关的新闻报道到处都是，翻开任何一份报纸，都会有关于储蓄贷款协会破产、被起诉的消息，或者国会正努力审议通过对储蓄贷款协会进行援助的法案等。关于这些负面消息，现在至少有 5

[一] 《风云人物》，又译《美好的生活》，美国影片，1946 年出品，美国著名演员詹姆斯·斯图尔特饰片中男主角乔治·贝利，一位勤恳节俭的银行家。——译者注

[二] 查尔斯·基廷（Charles Keating），号称"美国储蓄贷款协会丑闻之教父"，前林肯储蓄贷款协会主席，涉嫌诈骗、洗钱等多项刑事指控，林肯储蓄贷款协会倒闭造成 20 亿美元损失，1989 年被判入狱 12 年半，1993 年宣告无罪释放。——译者注

本专门进行讨论的著作，但关于如何经营储蓄贷款协会赚钱的书，却一本也没有。

尽管许多储贷机构麻烦不断，但那些没有问题的和摆脱困境生存下来的储贷机构却经营得非常不错，值得关注和投资。用最基本的财务实力分析指标——资本充足率来衡量，实力最强大的银行摩根大通银行也只不过是5.17%，而高于这一水平的储贷机构全美就有100多家；随便提几家，比如康涅狄格州的新不列颠大众储蓄银行，它的资本充足率就高达12.5%。

当然，摩根大通之所以能够成为最强大的银行，还有许多其他重要因素，只拿一个指标来跟这个大众储蓄银行进行比较，是有点离谱。不过我想表达的关键一点是，我们都听说储蓄贷款协会经营得非常糟糕，财务实力非常差劲，而事实正好相反。

的确有不少储蓄贷款协会的财务状况很糟糕，所以区分优劣非常重要。我把储蓄贷款协会分为三种基本类型：诈骗钱财的大坏蛋、把好事弄砸的贪婪鬼和詹姆斯·斯图尔特那种节俭型的老实人。以下分别介绍。

诈骗犯

像老千一样用小钱骗大钱的一套骗术，的确一试就灵。后来许多涉及诈骗的储蓄贷款协会，都是用这套骗术。这些骗子是这样做的，比方说有一群人，为简单起见，假设是10个，每人出资10万美元设立一家"信神"储蓄贷款协会。他们这样就可以用凑起来的这100万美元的股东权益，再吸收1900万美元的存款，然后在此基础上发放约2000万美元的贷款。

为了吸收1900万美元的存款，他们用特别高的利率来引诱存款人，并聘请美林证券和谢尔森这样的著名证券公司帮助吸引资金。几年前你或许在报纸上看到过类似的广告："信神储蓄贷款协会的超级大额定期存单，利率高达13%，联邦储蓄贷款保险公司（FSLIC）提供担保。"有政府做担保，信神储蓄贷款协会的大额定期存单好卖得很，证券公司也乐得大力推销好多拿佣金。

吸收了1900万美元存款，再加上100万美元的股东权益，于是信神储蓄贷款协会的股东和董事开始大肆放款给亲戚朋友，大搞一些价值很值得怀疑的房地产项目开发计划，结果在很多根本没有房地产市场需求的地方创造出一时的房地产市场繁荣。由于贷款前先扣佣金，所以从账面上来看，信神储蓄贷款协会的盈利惊人得高。

这些"盈利"使公司股东权益相应增长，而股东权益每增加1美元，公司就可以再像前面一样，吸收19美元的存款，然后发放20美元的贷款。如此循环再循环，越滚越大，这就是为什么一些偏僻小镇的储蓄贷款协会，比如像得克萨斯弗农镇的储蓄贷款协会也可以发展到几十亿美元资产规模的原因。就是这样，贷款越多，盈利越多，股东权益也越多，公司规模也越滚越大，最后大到有足够的财力去贿赂会计师、审计师，收买银行委员会中有权有势的参议员和众议员，还有足够的钱购买Lear喷气式飞机，在船上搞派对，甚至进口大象……

除查尔斯·基廷等少数几家公司之外，大多数诈骗型的储蓄贷款协会都不是股票公开上市的公司，而是私人所有。股票公开上市的公司有一套严格的审查制度，是这些诈骗公司的股东和高管根本无法忍受的。

贪婪鬼

不一定非得是一帮骗子，贪婪鬼也会破坏一家储蓄贷款协会。说个故事好了，某个叫"死水一潭"储蓄公司的储蓄贷款协会，看到周围信神和其他竞争对手大赚特赚，实在是有些不服气。这些家伙通过向亲戚朋友发放大量商业贷款，收取高额手续费，一夜之间成为百万富翁，天天声色犬马，纸醉金迷。而死水一潭储蓄公司还是辛辛苦苦地做着传统的房屋抵押贷款，根本赚不了几个钱，凭什么他们能赚大钱我们却不能赚呢？

于是死水一潭储蓄公司也聘请了一位华尔街专家——吊带裤先生，来教他们如何赚大钱。吊带裤先生能教给他们的只有一套永远不变的招数：最大限度地借款，直接从联邦住房贷款银行借款，然后像其他储蓄贷款协会一样，做一些能赚大钱的商业项目贷款。

死水一潭储蓄公司言听计从，于是向联邦购屋贷款银行借款，也出售大额定期存单吸收存款，也和信神储蓄贷款协会一样在报上刊登广告。现金一到手，死水一潭储蓄公司就把钱借给开发商去建造办公大楼、住宅公寓和购物中心。为了赚到更多的钱，死水一潭公司甚至投资入股这些房地产开发项目。非常不幸的是，经济萧条来临了，那些本来要租赁办公大楼、公寓或购物中心的租客一夜之间消失得无影无踪，开发商也拖欠贷款不还。结果死水一潭储蓄公司花了50年才积累起来的财富，却在不到5年的时间里就蒸发得干干净净了！

其实死水一潭储蓄公司的故事不过是信神储蓄贷款协会的翻版，只不过死水一潭储蓄公司的董事并没有向亲友发放贷款，也没有暗中拿回扣装到自己的腰包里。

老实人

我个人当然最喜欢一直默默努力赚钱，从不装腔作势，始终低成本经营的老实本分的储蓄贷款协会。这些储蓄贷款协会从邻近地区吸收存款，只进行传统的购屋抵押贷款赚些小钱就心满意足了。在全美各地许多小镇和某些大城市郊区等这些被商业银行忽视的地区都可以发现这一类储蓄贷款协会。

很多储蓄贷款协会只有几家存款额很高的大型分支机构，这要比那些分支机构很多但规模很小的储蓄贷款协会的盈利能力强多了。

老实本分的储蓄贷款协会只维持简单的营运方式，因此根本不用高价聘请专家进行贷款分析，也不必像大银行那样高薪聘请大人物来担任高管。同样，公司也不会大把花钱把办公大楼修得像希腊神殿一样富丽堂皇，大厅不必放古典家具来摆阔，也不必用飞艇、大型广告牌、名人来大肆宣传，墙上也不必挂高价名画，最多用海报宣传一下就足够了。

大型金融机构，如花旗银行，其一般管理费用及其他相关费用，大约是贷款总额的 2.5%～3%。因此要保持盈亏平稳，存款和贷款利差就得超过 2.5% 才行。

但老实本分的储蓄贷款协会经营成本低，即使是更低的存贷利差照样能够维持经营。存贷利差缩小到 1.5 个百分点左右照样能够维持盈亏平衡。从理论上讲，即使储蓄贷款协会根本不做任何抵押贷款，也照样能够赚钱。例如，向储户支付的存款利率为 4%，而存款投资 6% 的国债，这样就有 2% 的利差；如果发放 8% 或 9% 的抵押贷款，储蓄贷款协会的利润率就更高了。

多年来，老实本分型的储蓄贷款协会的最佳榜样是加利福尼亚州奥克兰的金色西部储蓄贷款协会。金色西部储蓄贷款协会拥有 3 家分支机构，由一对快乐的夫妻搭档赫布·桑德勒（Herb Sandler）和玛丽昂·桑德勒（Marion Sandler）经营。他们像电影《奥兹和哈里特的冒险》（*The Adventures of Ozzie and Harriet*）中的奥兹和哈里特一般沉着冷静，同时又像沃伦·巴菲特一样精明过人，这是经营成功企业的一对完美组合。对于不值得的投资风险，桑德勒夫妇根本不碰，诸如高风险垃圾债券或房地产商业投机项目，两人根本不予考虑，以确保金色西部储蓄贷款协会避免经营不善而破产倒闭或被政府收购接管。

桑德勒夫妇从来不喜欢在愚蠢的项目上浪费钱财。他们对新鲜玩意常抱着怀疑态度，因此到现在也没安装自动柜员机。他们也从来不用烤箱、冰桶等奖品来引诱客户存款。在房地产开发贷款的狂热中他们却不为所动，坚持固守于传统的住房抵押贷款，这项传统业务占其贷款总额的96%。

如果谈到公司管理怎么节约费用，桑德勒夫妇无人能比。他们不像其他追求气派豪华的银行和储蓄贷款协会一样把总部设在旧金山繁华高贵地段，而偏偏选在租金低廉的奥克兰地区。金色西部储蓄贷款协会公司总部前台只有一部黑色电话，客人来访得自行通报！

不过在各分支机构营业网点的装修上，桑德勒夫妇一点也不吝啬，装修得尽可能让客户感到愉快和合适。他们也经常派人假扮客户，暗中调查各分支机构的服务质量情况。

20世纪80年代中期，在西弗吉尼亚州举行的储蓄贷款协会年会上，玛丽昂·桑德勒发表演讲，题目是《经营效率与成本控制》。演说十分精彩也非常吸引人，但与会的储蓄贷款协会高管中却有1/3中途离席。他们不愿听关于如何压低成本的演讲，却蜂拥到另一个房间去听一场关于最先进的电脑系统和计算器的演讲了。如果当时那些人肯用心听玛丽昂·桑德勒关于降低成本的演讲，并认真做笔记，或许他们中的大多数人现在还能留在这一行里。

在20世纪80年代之前，金色西部储蓄贷款协会是少数几家股票公开上市的储蓄贷款协会之一。20世纪80年代中期股票发行热潮中，有几百家原来是私人持股的储蓄贷款协会，转型为"共同储蓄银行"（mutual savings banks）申请股票公开上市。当时我为麦哲伦基金买入了很多这种股票，几乎名称中有"第一"或"信托"的，都在我购买之列。有一次我在巴伦投资圆桌会议上说，我收到145家储蓄贷款协会的招股说明书，结果买了其中135家公司的股票。会议主持人埃布尔森反唇相讥说："那几家你不买的是怎么回事？"

为何我如此狂热地不管好坏大量购买储蓄贷款协会的股票，在此我要解释一下。第一，麦哲伦基金规模非常庞大，但储蓄贷款协会股本很小，因此必须买入相当多的股票，才能对基金业绩有一定的影响，这跟鲸鱼必须大口吞食浮游生物才能生存一样。第二，储蓄贷款协会股票上市方式十分特殊，这使它们的股价从一开始就明显低估（要想知道如何花一分钱就能得到好东西，请参见第13章）。

总部设在弗吉尼亚州夏洛茨维尔的SNL证券公司一直持续追踪储蓄贷款协会股票上市后的发展情况。在其一份最新的研究报告中指出，自1982年以来陆续上市的464家储蓄贷款协会中，有99家被大型银行或大型储蓄贷款协会收购，股东往往都因此大赚一笔（最明显的例子是新泽西州莫利斯县的储蓄银行，1983年以10.75美元上市，3年后以每股65美元被收购）；有65家股票公开上市的储蓄贷款协会破产倒闭，股东自然是亏得血本无归（我有深切体会，因为这类破产的股票我也买过）；目前继续经营的还有300家储蓄贷款协会类上市公司。

如何评估储蓄贷款协会

每当我想要投资一家储蓄贷款协会的股票时，就会想到金色西部储蓄贷款协会。但是在1991年金色西部储蓄贷款协会股价翻了一倍后，我只得在这个行业中寻找其他未来的大黑马。在准备1992年巴伦圆桌会议推荐股票名单时，我从储蓄贷款协会股票中找到了几只好股票。当时美国的经济和金融情况非常不乐观，很容易就能找到被严重低估的储蓄贷款协会股票。

前面讲过储蓄贷款协会如何诈骗钱财的故事，现在最大的问题则是房地产市场崩盘。当时大概有两年时间，整个美国都在担心害怕一件事：房地产市场即将崩盘，将会搞垮整个美国银行体系。20世纪80年代早期，得克萨斯州楼市崩盘，几家银行和储蓄贷款协会随之倒闭，至今令投资人心存余悸。如今美国东北部及加利福尼亚州高档住宅区房价大跌，让人不禁联想到会有同样的悲剧发生，这回是否也会导致有关银行和储蓄贷款协会倒闭？

当时美国住宅建筑商协会公布的最新统计数字表明，二手房价格在1990～1991年连续上涨。因此我认为，人们担心美国房地产市场会崩溃，其实只是高档住宅价格下跌引发的恐惧。那些老实本分的储蓄贷款协会对高档住宅和商业不动产或房地产开发的贷款十分有限，其贷款大部分集中于10万美元左右的住房抵押贷款。这些公司收益持续增长，拥有十分稳定的忠实存款客户群，而且资本充足率比摩根银行还要高。

但是在一片恐慌之中，这些老实本分的储蓄贷款协会的优点根本没人注意。华尔街的机构不断打压股价，一般投资人也纷纷低价抛售。富达基金公司的储蓄贷款协会精选基金（Select S&L Fund）资产规模也大幅缩水，1987年2月为6600万美元，到1990年10月竟只有300万美元。证券公司对储蓄贷款协会行业的股票研究覆盖范围也大为缩小，有些证券公司甚至不再研究这个行业。

富达基金公司以往有两位专职研究储蓄银行的行业分析师：戴夫·埃利森（Dave Ellison）负责大型的互助储蓄银行；亚历克·默里（Alec Murray）负责小型储蓄银行的研究。后来默里去了达特茅斯研究生院，他的空缺也没有人补上。埃利森则被分派去研究另外一些大型金融公司，包括房利美、通用电气以及西屋电器。这样对他来说，研究储蓄贷款协会股票成了业余工作。

全美国只研究沃尔玛百货一家公司的分析师大概就有50位之多，追踪菲利普·莫里斯一家公司的分析师有46位之多，但研究公开上市的储蓄贷款协会股票的分析师一共只有几个人。由此我总结出了第18条林奇投资法则：

------------------------------ **林奇法则** ------------------------------

分析师都感厌烦之日,正是最佳买入之时。

看到许多储蓄贷款协会股价很低,我开始深入研究这个行业的股票,认真研读《储蓄银行业文摘》(*The Thrift Digest*),这是我喜欢的枕边休闲书之一。这部书由前面提到的 SNL 证券公司出版,由里德·内格尔(Reid Nagle)主编,他这本书做得非常出色。《储蓄银行业文摘》差不多跟波士顿这个大都市的电话簿一样厚,每年要支付高达 700 美元的订费,才能得到每月更新资料。我特意告诉你价格是多少,是以免你一冲动就去订阅,却发现这份资料竟然这么贵,都可以买两张去夏威夷度假的来回机票了。

如果你真的准备在被严重低估的储蓄贷款协会股票中寻宝,这可比到夏威夷度假有意思多了。我建议你到图书馆,或到证券公司营业部借阅一本最新一期的《储蓄银行业文摘》。我这一本就是向富达公司借的。

由于我晚饭之前、晚饭之中、晚饭之后都一直在看这本书,以致我妻子说这本书是我的"旧约圣经"。有这本《储蓄银行业文摘》在手,我用一套自创的储蓄贷款协会行业分析指标逐一进行分析,找出了 145 家实力最强的储蓄贷款协会。以下就是分析一家储蓄贷款协会股票需要搞清楚的全部指标。

1. 股票市价

这是肯定要看的。

2. 首次公开发行价格

股价已跌破发行价,这是股票可能被低估的一个信号。当然还要考虑其他因素。

3. 资本充足率

这是最重要的分析指标,代表公司的财务实力和生存能力。资本充足率越高越好。不同金融机构的资本充足率可能差别很大，最低的只有1%或2%（这样的股票跟废纸差不多了），最高的可能有20%（相当于摩根大通银行的4倍）。一般平均水平在5.5%～6%，低于5%的话表明你投资的是一家有相当大风险的金融机构。

不过我自己定的选股标准是资本充足率不低于7.5%。这样高的资本充足率，不仅表明破产倒闭风险很低，而且表明这种公司有可能成为其他金融机构的收购对象。因为这种公司资本越充足，贷款放大能力就越强，这正是大型银行或大型储蓄贷款协会可能会想收购这样资本非常充裕的公司来扩大贷款规模的主要原因。

4. 股息

很多储蓄贷款协会的股息高于平均水平。如果这只股票符合所有标准，而且股息收益率很高，那就是锦上添花了。

5. 账面价值

银行或储蓄贷款协会的资产，大部分都是贷款，所以如果储蓄贷款协会没有高风险贷款（稍后详细讨论），那么资产负债表上的账面价值就真实反映了这家公司的实际价值。目前许多老实本分的储蓄贷款协会盈利能力很高，但股价却大大低于账面价值。

6. 市盈率

不管是什么股票，市盈率越低越好。目前有些储蓄贷款协会每年收益增长15%，但根据过去12个月的收益计算，市盈率只有7～8倍，这种股票当然很有升值潜力。尤其是当时我正在研究储蓄贷款协会时，标准普尔500指数平均市盈率高达23倍，这些储蓄贷款协会股票与之相比简直太便宜了。

7. 高风险不动产资产

这是储蓄贷款协会普遍的问题，尤其是商业贷款和建造工程贷款，成了许多储蓄贷款协会的葬身之地。如果一家储蓄贷款协会的高风险资产占总贷款的5%～10%，我就会十分害怕、担心。如果其他条件都一样，我宁愿选高风险资产比例较低的。而储蓄贷款协会的商业贷款风险到底有多大，普通投资人从外部根本不可能准确分析判断，所以最安全的办法就是不要投资那些高风险贷款比例较高的储蓄贷款协会。

即使没有《储蓄银行业文摘》，你也可以自己算出高风险资产比例是多少。先在年报的"资产"项目下找到建筑及商业不动产贷款额，再找到对外发放的贷款总额，用前者除以后者，所得的数值就是高风险资产比率。

8. 逾期90天贷款

就是那些逾期未归还的不良贷款啦！这个数字当然越低越好，最好不要超过总资产的2%，而且最好是持续下降而不是上升。有时不良贷款比率即使只是增加了一两个百分点，也可能使一家储蓄贷款协会的所有股东权益化为乌有。

9. 抵押不动产处置

这是指债权人因无法履行债务，储蓄贷款协会取消抵押品赎回权，收归已有的抵押不动产。这个项目的金额有多大，就表明过去贷款的问题有多大，因为原来发放的抵押贷款已经全部作为坏账损失冲销。

因为已经列为损失，所以抵押不动产处置金额即使很高，也不会像高风险资产比例那么令人担心了。不过若处置额持续上升，就十分令人担心了。储蓄贷款协会并不是房地产商，如果从债务人那里收回到一堆抵押的公寓住宅或办公大楼，单是维修费用就非常高昂，想卖出去也很不容易。事实上，如果一家储蓄贷款协会要处置很多不动产抵押品，你完全可以断定要处置掉这些不动产会障碍重重。

……

最后我选定了7家储蓄贷款协会股票，在巴伦投资圆桌会议上推荐买入，由此可见我多么青睐这个行业。其中5家属于财务实力稳健且经营老实本分的储蓄贷款协会，另外两家则属于一旦成功将获巨大回报但只有微小成功机会的冒险类型，我称之为起死回生类型，因为它们都是从破产边缘被拉了回来。那5家财务实力稳健且经营老实本分的储蓄贷款协会中，德国小镇储蓄公司（Germantown Savings）和冰河银行（Glacier Bancorp）这两家我在1991年就已经推荐，现在我再次推荐。

这5家财务实力稳健且经营老实本分的储蓄贷款协会，从各类分析指标来看，都相当优异：其中4家股价低于账面价值；资本充足率都达到或超过6.0%；高风险贷款比率低于10%；逾期90天不良贷款比率都低于2%；收回抵押不动产比率低于1%；市盈率低于11倍。其中两家最近回购股份，更是有利的投资信号。冰河银行和德国小镇储蓄公司商业贷款比率略高，不过听了公司方面的解释后，我认为问题不大。

至于那两家起死回生型的储蓄贷款协会，很多分析指标都相当糟糕，那些保守的投资者看到这种指标肯定会避之唯恐不及。我之所以认为这两家公司股票值得冒险投资，是因为尽管存在很多问题，但它们的资本充足率仍然保持相当高的水平。有了充足的资本作为缓冲资金，就给了这两家公司相当大的回旋余地来解决面临的问题。两家储蓄贷款协会的主要业务地区靠近马萨诸塞州与新罕布什尔州的边界，这个地区经济已经显示出稳定的迹象。

它们能不能生存下来，我可不敢保证。不过它们的股价跌得实在非常之低（如劳伦斯储蓄公司（Lawrence Savings）由13美元跌到只有75美分），我认为抄底买入肯定能大赚一笔。

和我推荐的这5家财务实力稳健且经营老实本分的储蓄贷款协会相比，同样好、甚至更好的储蓄贷款协会，在全美各地肯定还有好几十家，也许你所住的城镇上就有一两家。那些集中投资于这类财务实力稳健且经营老实本分的储蓄贷款协会的投资人未来将会赚得笑掉大牙。因为这 5 家储蓄贷款协会不是未来继续发展壮大，就是被大型金融机构以远远高于目前股价水平的价格并购，其股价上涨潜力巨大。

若储蓄贷款协会的股东权益相对于资产的比例非常高，贷款能力相对于存款有很大的扩大余地，又有一个非常忠实的存款客户群，那肯定会让那些商业银行垂涎三尺。按照规定，商业银行只能在所在的州里吸收存款（该规定目前稍有修正），但它们却可以向全国任何一个地方发放贷款。因此商业银行对收购储蓄贷款协会非常感兴趣。

比方说，如果我是波士顿银行，我一定会对马萨诸塞州沿海的楠塔基特岛家庭港湾储蓄银行（Home Port Bancorp of Nantucket）发出收购要约。家庭港湾储蓄银行资本充足率高达 20%，这大概是当今世界上最稳健的金融机构；它们拥有最理想的客户群——这个岛上的新英格兰人十分固执，从来不会改变他们的存款习惯，根本不会把钱转到那些刚刚问世不久的货币基金账户上。

或许波士顿银行并不想在楠塔基特岛上贷款，但是如果收购了这个家庭港湾储蓄银行，就得到了这家公司充裕的股东权益和忠实的存款客户群，从而利用其放大贷款能力，向波士顿或其他任何地区发放贷款，提高盈利。

1987 ~ 1990 年，储蓄贷款协会度过了一段艰难的日子，在那期间有 100 多家储蓄贷款协会被大型金融机构收购，收购的原因就像波士顿银行看中家庭港湾储蓄银行一样。而且我们有很好的理由认为，银行和储蓄贷款协会合并的速度会越来越快。目前整个美国的银行、储蓄贷款协会及其他各种存款机构，总数超过 7000 家，依我看来其中 6500 家都是多余的。

仅仅是在我住的马布尔黑德小镇，就有 6 家不同的存款机构，而整个英国只有 12 家存款机构而已（具体小结见表 12-1）。

表 12-1 小结

公司名称	1991年第三季度股价（美元）	首次公开发行价格（美元）	资本充足率（%）	股息（美元）	账面价值（美元）	逾期90天不良贷款比率（%）	抵押不动产处置（%）	商业不动产及其他商业贷款（%）
稳健型								
Germantown	14+	9+	7.5	0.40	26.125	0.5	0.0	7.0
Glacier	12	8+	11.0	0.40	11.50	0.9	0.2	9.2
People's	11	10+	13.0	0.68	18.625	2.0	0.9	2.7
Eagle	12	11+	9.7	0.60	19.125	1.8	0.7	2.9
Sovereign	9+	4+	6.0	0.16	10.25	0.9	0.4	3.9
起死回生型								
First Essex	2	8	9.0	—	7.875	10.0	3.5	13.0
Lawrence	0.75	13+	7.8	—	6.5	9.6	7.5	21.0

资料来源：SNL Quarterly Thrift Digest.

| 第 13 章 |

近观储蓄贷款协会

　　这种公司你可以多加留意。首先按照自己的选股标准选择 5 家储蓄贷款协会，然后以等量资金购买其股票，最后就是等待丰厚的回报。假定其中有 1 家盈利超预期，3 家盈利基本符合预期，另外 1 家盈利稍差，但从总体结果看，收益很可能会比投资股价已被高估的可口可乐公司或默克公司要高得多。

　　我属于好打听消息的一类人，而且决不完全依赖和满足于二手信息。为了提高我的信息优势，我经常会直接给上市公司拨电话，我愿意为此花钱。可能电话账单的费用会高些，不过从长远看，一切都是值得的。

　　一般我会和公司总裁、首席执行官（CEO），或者其他高级官员通话。有时我试图从中找到某些特定问题的答案，有时我也会闪烁其词，慢慢套出一些不为华尔街的其他证券分析师所知的奇闻轶事，例如，冰河银行从一家储蓄机构借了过多商业贷款。这样的消息是我不愿意听到的，所以如果不对这类消息进行查证，我绝不可能购买它的股票，也不会盲目推荐它。

　　要和储蓄贷款协会直接谈话并不需要你是某方面的专家，但关于公司如何经营的基本常识还是需要知道的。储蓄贷款协会一般都需要有一批忠实的储户，他们把钱存入存款账户和支票账户○；然后，储蓄贷款协会公司将这些钱贷出去，以钱生钱，但必须防止向潜在的违约借款人提供贷款；为了最大化利润，公司还必须尽量降低经营费用。此外，银行家都崇尚三六原则：以 3% 的利率吸收存款，以 6% 的利率放贷，稳赚 3% 的利差，然后尽情享受打高尔夫的休闲时光。

言归正传，为了收集相关细节，我给 6 家储蓄贷款协会打了 6 个电话，其中 4 个是稳健增长的，另外两个则是起死回生型的。但我没有打扰 Eagle 金融公司，原因是 Eagle 金融公司正处于繁忙的 9 月到 9 月的会计年度，到时年报详细数据会以打印方式及时到达我手中，我会像一个银行查账员般对数据细品细酌。然而其他几家公司的年报要到 2 月或 3 月才能揭晓。下面是我通过和他们的谈话所发掘到的信息。

冰河银行

我在圣诞节后的第二天给冰河银行打了电话，记得那天我穿了一条波士顿格子长裤和一件 T 恤衫。我来到办公室时，整栋楼除了我和那个保卫员，空空如也。

假期是完成此类工作的理想时间。在 12 月 26 日这一天，要是看到有公司人员坐在办公桌前，那我每次都会感触良深。

在我一片狼藉的桌面之上，我翻开了冰河银行的数据文件。公司现在的股价是 12 美元，相比去年有 60% 的增幅；公司收益率保持在 12%～15%，现在的市盈率是 10 倍。这些数据看起来并不吸引人，不过也没太大的风险。

冰河银行过去一直被叫作卡利斯佩尔第一联邦储贷协会（First Federal Savings and Loan of Kalispell）。我倒希望他们能保持这个旧名，因为它听起来

○ 存款账户利息高，支票账户利息低，两类账户用途不同。——译者注

古色古香，这对我未尝不是一种品质的保证。我喜欢古朴的、带有教区色彩的命名法，太新潮和老到的名称我欣赏不来——它经常暗含着一种公司为了提升形象而肆意抓狂的意味。

我欣赏的公司是那些精于业务，并以此使形象得到自然升华的公司。现在的许多金融单位都有一种不良趋势，它们都想把公司名中的"bank"剔除，而用"bancorp"取而代之[1]。地球人都知道 bank 是什么，但"bancorp"却让我神经紧张。

不过，卡利斯佩尔冰河银行的接话人告诉我说，他们正在为一位公司高级职员举行退休聚会，但他还是马上帮我通知了公司总裁查尔斯·莫科德（Charles Mercord）。莫科德肯定是被他从聚会上拉出来的，因为几分钟之后莫科德就给我回了电话。

向总裁或 CEO 询问公司收入还是很有忌讳的，如果你不假思索地脱口而出："明年你们公司能赚多少钱？"那么肯定什么答案都得不到。首先，你要建立一种友善的关系——我们先聊了一下旅游话题。我告诉他我们全家老少去了一趟西部，游览了国家公园，并说我很喜欢蒙大拿[2]。我们聊及木料工业、带花斑的猫头鹰、比格山（Big Mountain）的滑雪场，还有阿纳康达矿业公司（Anaconda）拥有的巨大炼铜炉。作为一个分析师，阿纳康达是我经常造访的一家公司。

接着我开始切入正式一点的投资话题，我问他："那地方人口有多少？""那个城镇海拔怎么样？"然后进一步提出更加实质性的问题，如："你们是否打算收购新公司还是继续坚持原来的规模？"我试图感知冰河公司的发展态度。

"第三季度会有什么不同寻常吗？"我继续问，"我发现，公司这个季度的每股收益是 38 美分。"问这些问题时最好能像做菜撒胡椒粉一样提供一点少

---

[1] 两个词都是"银行"的意思，但 bancorp 不属于现代英语。——译者注
[2] 蒙大拿州，卡利斯佩尔冰河银行所在地。——译者注

量的信息，这样被询问者会觉得你为此花了不少心思，做足了功课。

冰河公司的经营理念是积极向上的，它几乎不存在不良贷款。整个 1991 年中，冰河银行无法避免的不良贷款仅为 16 000 美元；15 年来公司分红持续增加。公司曾经收购了另外两家储蓄银行，那两家银行的名字相当之好，它们分别叫作鲑鱼湾第一国家银行（First National Banks of Whitefish）和尤里卡第一国家银行（First National Banks of Eureka）。

不断地并购是较强的储蓄贷款协会在接下来的几年中快速壮大的主要手段。它们通过收购经营出现问题和接近瘫痪的其他储蓄贷款协会而获得大量存款。冰河银行可以把鲑鱼湾第一国家银行整合到自身经营系统中，把获得的额外存款作为信贷借出，从而获得更多收益。此外并购还可以降低管理费用，因为两家储蓄信贷协会的结合常会使双方得利，经营费用更低。

"你们又获得了一处优良资产，"我引出有关鲑鱼湾第一国家银行的话题时说，"我确信这对公司很有好处，从会计学的角度看也非常明智。"事实上我唯一担心的是冰河银行是否为收购付出了过高价格。我旁敲侧击，"我猜测你们不得不为此支付高于股票净值的价格吧？"我如是探测，试图让冰河银行的大总裁承认这种糟糕状况。不过没有，冰河公司并没有支付高价。

我们又谈及冰河高达 9.2% 的商业贷款，这是我从《储蓄银行业文摘》上收集到的统计数据中唯一不能让人满意的一项。如果这是一家新英格兰的储蓄银行，那我早就被吓跑了，但是蒙大拿可不是马萨诸塞。冰河银行的总裁甚至向我保证，他说，冰河银行从不会向无人使用的办公大厦或者卖不出去的度假休闲公寓提供借贷。冰河的商业贷款大部分都投资于大户型住宅，而这种住宅在市面上很紧俏，而且蒙大拿的人口还在不断增长，每年都有数以千计的居民从烟尘弥漫和课税繁重的加利福尼亚抽身而出，来到这天空广阔、政府机构小巧的地方安家落户。

我每次和上市公司沟通，有一个问题是必问不可的：你最羡慕的其他公司有哪几家？伯利恒钢铁公司的 CEO 告诉我他羡慕微软公司，这就算了，但如果是一家储蓄贷款协会的总裁告诉我他羡慕的是另外一家储蓄贷款协会，那就非常有意义。那家被羡慕的储蓄贷款协会一定在某方面表现出众。就是通过这种方式，我找到了很多不错的股票。所以，当莫科德提到联合储蓄银行（United Savings）和联邦安全银行（Security Federal）时，我马上用脖子支住电话，迫不及待地打开手边的标准普尔股票指南找到了股票简称 UBMT 和 SFBM，一边听他的描述，一边按下回车让它们在科特龙上显示。它们都是蒙大拿的储蓄银行，都有着较高的资本充足率（联邦安全银行的为 20%）。我立刻把它们放入了我的"等待研究"名单中。

德国小镇储蓄公司

我在 1 月给德国小镇储蓄公司打了电话，就在我飞往纽约参加巴伦圆桌会议的前一天。这是我上一年推荐过的另一家公司，那个时候股价只有 10 美元，现在涨到了 14 美元。德国小镇储蓄公司的每股收益是 2 美元，这使得市盈率还不到 7 倍。每股净资产是 26 美元，权益资产比是 7.5，并且不良贷款百分比不到 1%。

德国小镇储蓄公司的总部位于费城市郊，总资产 14 亿美元，公司业绩优良，但是仅仅一个普通的经纪公司也不难发现其中的问题。我阅读最后一期年报时，就准备拿起电话了。存款量是上升的，也就是说客户都乐于把钱放在他们那儿，但是贷出资金量下降了，资产负债表中的资产也有下降趋势，这意味着公司高层最近采取了保守策略，在贷款问题上相当谨慎。

我还找到了公司在"投资安全"方面小心谨慎的更多证据。公司的证券投资资金较去年有 5000 万的增长幅度，所投资的证券类型包括短期国库券、债券、股票以及外汇。如果某家储蓄贷款协会对整体经济不看好，或者对借款人的信用不放心，那么它一般会把资金投资于债券，这与个人投资者的做法是一致的。当经济开始好转，借款人的信用也能得到保障时，德国小镇银行则会售出这些证券，并提供更多的贷款，这样会使收入大幅增加。

关于这个问题，我特别查看了公司的利润表，看看是否有某些其他因素可能会误导投资者。你肯定不想被公司的报表愚弄；有时候公司报表突然有了起色，我们一时冲动便购买了它的股票，结果却发现公司的这种超额利润不过只是一次意外，可能源于某种一次性的事故，比如转让有价证券。不过我在这里发现的情况恰恰相反——德国小镇储蓄公司出售其证券时甚至还承担了少量损失，这对正常收益有不良影响，但还不足以造成明显影响。

"我们的故事没什么新奇的，"我打电话过去时公司的CEO马丁·克莱普（Martin Kleppe）这样说。但他一定知道他接下来所讲的故事正是我求之不得的："我们还制定了一份防御性平衡表。如果我们陷入困境，那我们的对手恐怕已经岌岌可危了。"

贷款损失和贷款违约本来就不很常见，那个月发生率更是越发稀少，尽管这样，德国小镇储蓄公司还是采取了保护措施，他们增加了贷款损失准备金。这么做短期内会妨碍收入的增长，但是长期反而会刺激收入增加，因为这笔积累起来的小额资金如果没有用掉，最后还会返还到公司的资产收益中。

德国小镇储蓄公司所处环境的方方面面都谈不上是欣欣向荣，但是那里的人们大多有良好的存款习惯，对好的银行也忠贞不渝，德国小镇储蓄公司从来也都是谨慎对待这些存款。由此可知，这是一家精于实务的储蓄贷款协会，有能力超越众多强劲的竞争对手，最终必能以它自己的方式创造巨额利润。

苏维瑞银行

在1991年11月25日的《巴伦周刊》上我读到一篇文章，标题是"富有者身边的借款处"。文章描述说，苏维瑞银行（Sovereign Bancorp）在雷丁的总部是宾夕法尼亚东南部的一处财富象征。对苏维瑞，我最喜欢当一项抵押贷款获批时，相应分行的大钟就会响起的那一刻。

这是我职业生涯中第一次通过一份周刊获知一只好股票。我查看了它的年报和各季度的报表，各项重要指标都显示苏维瑞表现卓越：坏账只占资产的1%；商业和建筑贷款比重是4%；苏维瑞的准备金也很充裕，足以应付可能冒出来的所有坏账。

苏维瑞从美国清贷信托公司（Resolution Trust Corporation）收购了两家新泽西的储蓄银行，这大大增加了公司的存款资金量，并最终使得收入突飞猛进。为了核实细节情况，我给苏维瑞的印度籍总裁杰伊·斯德胡（Jay Sidhu）打了电话。我们先闲聊了不少关于孟买和马德拉斯的事情，我在上一年的慈善之旅中曾去过这些地方。

当我们开始涉及正题时，斯德胡告诉我，公司业务的年增长率至少能达到12%，而我知道，基于分析师对1992年的最新估计，该公司股票当时的市盈率大约是8倍。

唯一的负面因素是1991年苏维瑞增发了2500万股新股。我们前面已经讨论过，只要公司还承担得起，回购股票往往是一件好事，相反，公司若增加其股本，事情往往就不容乐观。这可以和政府印刷纸币进行类比来帮助理解：印的多了，钱自然就不值钱了。

不过，苏维瑞至少不会肆意挥霍这些出售股票所得的收入，这些收入的用途是向清贷信托公司收购更多无以维系的储蓄银行。

我非常惊喜地发现，斯德胡先生所采用的成功模式来自金色西部金融公司（Golden West）。本质上讲，他想要模仿桑德勒夫妇的精打细算，也就是尽可能增加贷款款源并缩减开支。算上从最近收购公司继承到的薪金总额，公司的一般管理费用占总支出的2.25%，这比金色西部金融公司的1%高了许多,但是,斯德胡先生似乎决意要把它降下来。他拥有公司 4% 的股权,这极大地激励着他尽快出台具体措施。

和大多数储蓄银行热衷于抵押贷款不同,苏维瑞的专长是提供贷款服务,然后把它们出售给贷款包装商,比如房利美和政府国民抵押贷款协会(Freddie Mac)。这种策略让苏维瑞得以快速回收资本,并可将资本立即用于再次提供新的贷款服务,通过收取贴息和其他费用获得可观利润。通过这种方式,抵押贷款的风险巧妙地转嫁给了第三方。

即使是这样,苏维瑞对贷款类型还是有苛刻的偏好。它最乐于提供住房抵押贷款,但是自 1989 年以来,它从未提供过一笔商业贷款,而且,所提供的住房贷款的平均金额没有超过所抵押资产净值的 69%。公司不良贷款极少发生,一旦发生就会严查细究,以便找出问题的原因,杜绝相同的错误再次发生。

此外,我从斯德胡先生那里还知道了一些新消息——在我和公司的谈话中时常能有这类意外收获,他给我透露了卑鄙的银行或者储蓄贷款协会伪装不良贷款的一个方法。假定,有一个开发商要为一项商业工程借款 100 万美元,那么银行会提高贷出金额而给他提供 120 万美元,这额外的 20 万美元将反过来由银行保管。如果开发商违约,银行则用这笔额外资金作为开发商的支付款,通过此种方法,不良贷款仍可以像优良贷款一样登记在册——至少短期内可以不露马脚。

我无法得知这种事情流行范围有多广,但如果斯德胡是对的,那么它就是避免投资那些提供大量商业房产贷款的银行的另外一个理由。

国民储蓄金融公司

这家公司总部在康涅狄格州的新不列颠,接近哈特福德。我给那里的首席财务官（CFO）约翰 G. 梅德韦克（John G. Medvec）打去电话。梅德韦克说，那个地区有很多实力较弱的银行都已纷纷失败出局，这更巩固了国民储蓄金融公司（People's Saving Financial）作为存放金钱的安全地方的地位。国民储蓄金融公司擅长为自己做广告宣传：一个权益资产比为 13 的公司是安全的，这至关重要。广告产生的效果是，国民储蓄金融公司的存款量从 1990 年的 2.2 亿美元一直上升的 1991 年的 2.42 亿美元。

如果国民储蓄金融公司不回购股票，它的权益资产比甚至还会更高。公司分两个阶段共撤销了 16% 的股本，期间共支出 440 万美元。如果它继续以这种模式回购股份，某一天它的股票将变得非常稀缺，因而也非常值钱。股票少了，即使业绩平庸，每股收益也会有所增加。如果经营优秀，股价还可能火箭般一飞冲天。

有些公司经理爱讲空话，说要"提高股东权益"，随后却把钱胡乱花在并购上。他们忽略了回报股东的最简单和最直接的方法——回购股票。DQ 公司和 CC&S 公司本是比较一般的上市公司，但由于开展了轰轰烈烈的股票回购运动，它们成为股市中的明星。那也是 Teledyne 公司股价涨了 100 倍的原因。

国民储蓄金融公司在 1986 年首次公开上市时，它的股票售价是每股 10.25 美元。现在，5 年之后，它的经营规模更大，利润更高，股本也变少了，但价格却只上涨到 11 美元。是什么原因使股价停滞不前呢？我猜测是公司当前所处的形势比较压抑。这种压抑不是主观意识形态上的，而是这个行业在整个康涅狄格州都比较萧条。

综合了所有该考虑的因素之后，我认为，与其投资一个繁荣经济时期蓬勃向上却从未经受考验的储蓄贷款协会，不如选择一家被证明能在困境中生存下来的储蓄信贷协会。

我从《储蓄银行业文摘》获悉，国民储蓄金融公司的不良贷款率为 2%，相对适度，但是我还想对此做一番深究。梅德韦克说，这2%之中大部分都是由单独一笔建筑贷款构成的，而且他们此后也再没有提供过这种类型的贷款。

当这笔不良贷款被注销，利润遭受打击时，国民储蓄金融公司从中很好地吸取了教训。下一个步骤是取消违约方对抵押资产的赎回权。梅德韦克证实了我所听到的关于取得抵押资产手续非常烦琐、费用很昂贵的说法。要彻底驱逐违约借款方可能也需要很长，如两年的时间。这和小气财神史卢基（Scrooge）开除可怜的鲍勃（Bob），并把他还有他的儿子驱逐到大街上可是两码事，因为国民储蓄金融公司碰到的违约行为都属商业性质，或者要没收的是一些肥猫⊖的财产，那些赖账不还的混蛋经常要无偿占据这些资产长达几个月，直到违约行为的法律补救期失效过期为止。

最终，一项没收所得的资产将会归入到公司的称为"拥有房产"的统计项下，受到侵害的贷款方可以尝试着把它卖出以收回部分资金，也好为那次永久失去的贷款做些弥补。某些情况下，贷款方有可能收回比预期更多的资金，所以这其中可能还会有意外的惊喜。

梅德韦克和我还讨论了该地区的经济环境。在1992年谈论康涅狄格难免为这些事情担忧，他告诉我，在新不列颠，硬件制造商提供了最多的工作岗位，但唯一不同的是 Stanley Works 公司。中央康涅狄格州立大学和新不列颠综合医院也吸收了一些闲散民工，但失业率仍居高不下。

挂电话之前，我问了个一贯的告别问题：请列举给你留下深刻印象的竞争对手。梅德韦克提到了美国新不列颠储蓄银行（American Savings Bank of New Britain）。这个公司的权益资产比是12，不过还没有上市。受此鼓舞，我决定驱车前往，预先开个账户，等到公司最终上市时好夺个头席。本章最后一个小节会告诉你我这样做的原因。

⊖ 即大款。——译者注

第一艾塞克斯银行

　　这是两个起死回生型公司中的第一个。在这个例子中，公司对股票的回购没有起到提升股价的作用。第一艾塞克斯银行（First Essex Bank）于1987年上市，总股本800万，发行价每股8美元。两年内股本和股价没有什么变化，而公司管理层却已经以每股8美元的价格回购了200万股。如果管理层等到1991年才回购，那么就将蒙受75%的亏损，因为那个时候股价跌到了每股2美元。

　　我在第一艾塞克斯银行的报表文件中发现，有一些数据着实让人震惊——不良资产占有率达10%，拥有房产占3.5%，还有13%的商业贷款和建筑贷款。这家位于马萨诸塞州劳伦斯市的小型储蓄贷款协会在1989年亏损1100万美元，在1990年又亏损2800万美元。公司遭受如此不幸，归根到底是因为过分疯狂地贷款给公寓住房开发商和其他房产商，最后这些房产商在经济萧条中纷纷破产。劳伦斯市位于横跨新罕布什尔疆界的地方，而那个地方正是整个新英格兰最为萧条的地区之一。

　　"我们是拿着600英尺长的线在钓河底的鱼。"我拨通第一艾塞克斯银行的首席执行官伦纳德·威尔逊（Leonard Wilson）的电话后他这样描述他们的处境。在整整三个恐怖年度中，这家储蓄贷款协会面临着一连串的房产没收事件，每个事件都是对利润的一次打击，每个事件都迫使第一艾塞克斯银行多拥有一处房产——直到这家储蓄贷款协会现金匮乏，在闲置房产上却异常"富有"，只不过没人想买。它成了这个地区的顶级外居地主⊖——可惜外居的都是房客。

　　尽管如此，第一艾塞克斯银行的每股净资产仍然达到7.125美元，权益

⊖ 外居地主是一个经济学名词，指的是拥有并租出资产以获得租金收入，但本人不居住在这些资产所在的本地经济圈内。——译者注

仍然较高,这使得权益资产比高达 9。而这是一个仅售两美元的股票!

这将是一次赌博,对象就是一家在苦难时期遭遇灭顶之灾的储蓄贷款银行,如第一艾塞克斯银行。如果商业房产市场开始企稳,对房产商资产的没收也可以停止,那么这家银行还能得以幸存,并最终补偿遭受的损失;此外,这只股票也很容易变成一只 10 美元股。问题的关键在于我们无法知道什么时候或者商业市场是否会企稳以及这次大萧条将会有多么深远的影响。

通过其年报我得知,第一艾塞克斯银行在 1991 年年终之前总共借出了 4600 万美元的商业贷款,而公司的资产净值也是 4600 万美元。这种资产净值和商业贷款之间 1∶1 的关系可以说是一种安全的保证。如果未处理的商业贷款中有一半是不良贷款,那么第一艾塞克斯会损失 50% 的净资产,但是仍然可以幸免破产。

劳伦斯储蓄银行

劳伦斯储蓄银行同样坐落在梅里马克峡谷地区,也是一家可尝试风险投资的公司。它和第一艾塞克斯面临着相同的问题——区域经济萧条。它们的经历也大同小异:本来是盈利较佳的储蓄贷款协会,无奈落难于失控的商业贷款,不断流失数以百万计的资金,股票价格随之一落千丈。

根据 1990 年的年度报表,劳伦斯储蓄银行仍然拥有 7.8 倍的权益资产比。但我通过分析发现,它的危险性比起第一艾塞克斯银行有过之而无不及。劳伦斯储蓄银行的商业房产贷款占了贷款总额的 21%,而第一艾塞克斯银行只占 13%。劳伦斯储蓄银行的商业贷款金额更加巨大(5500 万美元),而原始净资产(2700 万美元)却比第一艾塞克斯银行少。这样的冒险如履薄冰。如果劳伦斯储蓄银行残存的商业贷款中有一半无法收回,投资者可就万劫不复了。

分析可进行风险投资的储蓄贷款协会的方法如下：找出公司的净资产是多少，并把它和借出的商业贷款作对比。要做最坏的假设（小结见表13-1）。

表13-1 小结

股票代码	公司名称	1992/1/13 股价（美元）
EAG	Eagle 金融公司	12.06
FESX	第一艾塞克斯银行	2.13
GSBK	德国小镇储蓄公司	14.50
GBCI	冰河银行	11.14
LSBX	劳伦斯储蓄银行	1.00
PBNB	国民储蓄金融公司	11.00
SVRN	苏维瑞银行	6.95

查尔斯·吉文斯[⊖]的最爱，零风险交易

想象你购买了一处住房，结果却发现房子前主人已经帮你预付了订金，并把余款塞入一个信封留在了厨房抽屉里，并附有一张小纸条，上书："拿着它，由于你是第一个到来的，它已经属于你。"你就这样得到了这所房子无须付出任何东西。

其实，这种美事一直等候着那些购买首次公开发行的储蓄贷款协会股票的投资者，而且由于这是美国现有的1178家储蓄贷款协会的必由之路，所以说，让投资者获得意外惊喜的机会多的是。

我在管理麦哲伦基金的早期就知道了"抽屉现金"的回扣。这也解释了为什么每次有储蓄贷款协会或者互助储蓄银行（类似机构的另一种称谓）出现在我的科特龙上时，我几乎都要建立一定的仓位。

从传统上讲，地方储蓄贷款协会或者互助储蓄银行都没有股东，它由全体存款人共有，这和乡村电力公司采取合作社的组织形式并且由所有用户共

⊖ Charles J. Givens 有限公司总裁，*Wealth Without Risk* 的作者。——译者注

同拥有相似。一家有上百年历史的互助储蓄银行，其净值属于每一个在它的各个分行开办了存款账户或支票账户的公民。

只要这种互助式的所有权形势继续不变，那么千千万万的储户尽管为企业投入了自己的资金，但仍将一无所得；或许只多得 1.5 美元的一瓶矿泉水的利息钱。

一旦互助储蓄银行来到华尔街，开始公开发行股票，一种魔幻的力量就开始运作。首先，储蓄贷款协会的董事集中交易公司股份，购买者和董事处于对等地位。董事自己也购买股票。你可以从发行公告书中了解有关细节。

董事自己要购买股票，那他们会怎样制定发行价呢？当然是非常低廉。

存款者和董事都拥有以初始发行价购买股票的机会。有意思的是，公司通过出售股票获得的每一美元，除去承销保荐费用，都将回到公司的资产储备中。

其他类型的公司上市时情况则并不相同，会有相当可观的一部分资金将被发起人和原始股东吞走，那些人会变成百万富翁，然后去购买意大利的豪华别墅和西班牙的富丽华宅。但是在互助储蓄银行中，银行由存款人所有，如果要把出售股票获得的收益分摊给千万个卖方，那将是非常不方便的事，而且卖方可能自己也要购买股票。所以，这些资金会完全回笼到公司，变成储蓄贷款协会净资产的一部分。

假设你的地方储蓄所上市前净资产是 1000 万美元，然后它发行价值为 1000 万美元的股票——100 万股每股 10 美元。随着这 1000 万美元从股票交易中回到公司资产中，公司的净资产得到了加倍，也就是净值为 20 美元的股票正在以每股 10 美元的价格出售。

但是这不能完全保证你免费得来的东西最终能让你发财。你选中的可能是一家詹姆斯·斯图尔特储蓄贷款协会，或者也可能是一家垃圾公司，管理无能，年年亏损，最终损失掉所有净资产并关门倒闭。虽说这是一种不败的交易，但还是应该记住，没有调查就没有投资可能。

下一次你碰巧路过一家仍然处于合作共有状态的互助储蓄银行或者储蓄贷款协会时，一定要考虑停下脚步，并进去开办一个账户。通过这种方式，你可以得到以初始发行价购买股票的一种权利。当然，你可以一直等待，直到公开上市之后再做抉择，你兴许可以买到更加物美价廉的便宜货。

不过不要等待过久，华尔街对"抽屉中的现金"的诡计可是充分理解的。互助储蓄银行自 1991 年变成公众所有之后，其股价、存款和贷款的上涨简直是不同寻常。全美上下，不管是在哪里，它都称得上是一座现金富矿。

1991 年有 16 家互助储蓄银行上市，其中的两家以超过上市价 4 倍的价格被并购，剩下的 14 家中最差的也有 87% 的涨幅，其余的都翻倍或者还好一些，具体来说是有四家翻 3 倍，一家翻 7 倍，一家翻 10 倍。想象一下，通过投资密西西比哈蒂斯堡的马格纳银行（Magna Bancorp），短短 32 个月就能让你的钱翻 10 倍（见表 13-2）。

1992 年，另外的 42 家储蓄机构也陆续上市，其中唯一一个失败的案例是圣伯纳迪诺（San Bernardino）的第一联邦储蓄和贷款协会，它的股价微跌 7.5%，其余的都高歌猛进——38 家上涨 50% 以上，23 家上涨 100% 以上。而这一切就发生在 20 个月之后（参见表 13-3）。

这其中有两家翻了 4 倍——密歇根海湾市互助储蓄银行和圣路易斯联合邮政银行。经营最好的 5 家合计给出了 285% 的回报；即使是最最倒霉的人选中了其中最差的 5 家，到 1993 年 9 月也会有 31% 的收益。最差的 5 家都战胜了标准普尔 500 指数和大部分共同基金。

在 1993 年的前 9 个月中，又有 34 家互助储蓄机构上市，在很短的时间之后，最差的上涨 5%，有 26 家上涨 30% 以上，20 家上涨 40% 以上，9 家上涨 50% 以上（见表 13-4）（上述所有数据均摘自 SNL 证券公司的统计研究）。

表 13-2 互助储金和储蓄银行在 1991 年完成的首次公开募股情况①

证券代码	公司名称	城市	所在州	首次公开发行日期	发行价（美元）②	1993/9/30市价（美元）	增幅（%）
MGNL	Magna Bancorp, Inc.	Hattiesburg	MS	1991/3/8	3.542	37.750	965.78
CRGN	Cragin Financial Corp.	Chicago	IL	1991/6/6	6.667	36.375	445.60
FFSB	FF Bancorp, Inc	New Smyrna Beach	FL	1991/7/2	3.333	13.625	308.79
COOP	Cooperative Bank for Savings	Wilmington	NC	1991/8/16	5.333	20.00	275.02
KOKO	Central Indiana Bancorp	Kokomo	IN	1991/7/1	7.500	27.000	260.00
AMBS	Amity Bancshares	Tinley Park	IL	1991/12/16	10.000	34.000	240.00
AFFC	AmeriFed Financial Corp.	Joliet	IL	1991/10/10	10.000	33.750	237.50
FCVG	FirstFed Northern Kentucky Bancorp, Inc.	Covington	KY	1991/12/3	10.000	30.000	200.00
UFBI	UF Bancorp, Inc	Evansville	IN	1991/10/18	10.000	27.750	177.50
LBCI	Liberty Bancorp	Chicago	IL	1991/12/24	10.000	26.250	162.50
CRCL	Circle Financial Corp.	Sharonville	OH	1991/8/6	11.000	27.250	147.73
CENF	CENFED Financial Corp.	Pasadena	CA	1991/10/25	6.667	16.250	143.74
KFSB	Kirksville Bancshares	Kirksville	MO	1991/10/1	10.000	21.000	110.00
BELL	Bell Bancorp	Chicago	IL	1991/12/23	25.000	46.750	87.00
FFBS	FedFirst Bancshares	Lumberton	NC	1991/3/27	10.000	③	
DKBC	Dakota Bancorp, Inc	Watertown	SD	1991/4/16	8.000	④	

注：16 家互助储金和储蓄银行在 1991 年上市，其中两家被收购，剩余 14 家全部上涨；其中 13 家涨幅超过 100%。柯克斯维尔银行（Kirksville Bancshares, Inc.）不再由 SNL 证券公司跟踪监视。公司报告称该股票的交易极不活跃。

① 原始列表中的两家公司已被并购。
② 由于股本分拆，故进行了相应折算。
③ 该银行于 1993 年 1 月 29 日被南方国家银行（Southern National）以每股 48.00 美元的价格收购。
④ 该银行于 1993 年 6 月 30 日被南达科他金融公司（South Dakota Financial）以每股约 36.00 美元的价格收购。

资料来源：SNL Securities, L. P.

表 13-3 1992 年上市的互助储金和储蓄银行的十佳十差排名

证券代码	公司名称	城市	所在州	首次公开发行日期	发行价（美元）①	1993/9/30 市价（美元）	涨幅（%）
UPBI	United Postal Bancorp	St. Louis	MO	1992/3/11	5.000	28.750	475.00
MSBK	Mutual Savings Bank	Bay City	MI	1992/7/17	4.375	23.750	442.86
LGFB	LGF Bancorp, Inc	La Grange	IL	1992/6/18	10.000	27.250	172.50
RESB	Reliable Financial Corp.	Bridgeville	PA	1992/3/30	10.000	27.000	170.00
CTZN	CitFed Bancorp, Inc	Dayton	OH	1992/1/10	9.000	24.000	166.67
HFBS	Heritage Federal Bancshares②	Kingsport	TN	1992/4/8	7.667	20.000	160.86
HFFC	HF Financial Corp.	Sioux Falls	SD	1992/4/8	10.000	24.750	147.50
ABCW	Anchor Bancorp Wisconsin	Madison	WI	1992/7/16	10.000	24.750	147.50
AADV	Advantage Bancorp, Inc.	Kenosha	WI	1992/3/23	11.500	28.000	143.48
AMFF	AMFED Financial, Inc	Reno	NV	1992/11/20	10.455	25.125	140.32
CNIT	CENIT Bancorp, Inc	Norfolk	VA	1992/8/5	11.500	20.500	78.26
ABCI	Allied Bank Capital, Inc	Sanford	NC	1992/7/9	11.500	19.500	69.57
PVSB	Park View Federal SB.	Bedford eights	OH	1992/12/30	11.000	16.750	67.50
KNKB	Kankakee Bancorp, Inc	Kankakee	IL	1992/12/30	9.875	16.500	67.09
BASF	Brentwood Financial Corp.	Cincinnati	OH	1992/12/29	10.000	16.250	62.50
MIFC	Mid-Iowa Financial Corp.	Newton	IA	1992/10/13	10.000	16.000	60.00
FDNSC	Financial Security Corp.	Chicago	IL	1992/12/29	10.000	14.750	47.50
COLB	Columbia Banking System②	Bellevue	WA	1992/6/23	8.875	12.000	35.21
FFML	First Family Federal S&LA	Eustis	FL	1992/10/9	6.5000	7.500	15.38
FSSB	First FS&LA of San Bernardino	San Bernardino	CA	1992/12/30	10.000	9.250	−7.50

① 由于股本分拆，故进行了相应折算。
② 原始清单上不存在。

资料来源：SNL Securities, L. P.。

表 13-4　1993 年前 9 个月上市的互助储金和储蓄银行的十佳十差排名

证券代码	公司名称	城市	所在州	首次公开发行日期	发行价（美元）[1]	1993/9/30 市价（美元）	涨幅（%）
WAYN	Wayne Savings & Loan Co. MHC	Wooster	OH	1993/6/23	10.000	19.875	98.75
FSOU	First Southern Bancorp	Asheboro	NC	1993/2/24	10.000	18.500	85.00
JSBA	Jefferson Savings Bancorp	Baldwin	MD	1993/4/8	10.000	17.000	70.00
MARN	Marion Capital Holdings	Marion	IN	1993/3/18	10.000	17.000	70.00
CGFC	Coral Gables Fedcorp, Inc.	Coral Gables	FL	1993/3/31	10.000	16.750	67.50
HFSB	Hamilton Bancorp, Inc	Brooklyn	NY	1993/4/1	10.800	17.500	62.04
CASH	FirstMidwest Financial	Storm Lake	IA	1993/9/10	10.000	15.750	57.50
FDEF	First Federal Savings & Loan of Defiance	Defiance	OH	1993/7/21	10.000	15.250	52.50
MORG	Morgan Financial Corp.	Fort Morgan	CO	1993/1/8	10.000	15.000	50.00
LFCT	Leader Financial Corp.	Memphis	TN	1993/9/30	10.000	14.875	48.75
FFWD	Wood Bancorp, Inc.	Bowling Green	OH	1993/8/31	10.000	13.250	32.50
FFEF	FFE Financial Corp.	Englewood	FL	1993/8/26	10.000	13.250	32.50
ROSE	TR Financial Corp.	Garden City	NY	1993/6/29	9.000	11.500	27.78
KSBK	KSB Bancorp, Inc.	Kingfield	ME	1993/6/23	10.000	12.750	27.50
FBHC	Fort Bend Holding Corp.	Rosenberg	TX	1993/6/30	10.000	12.500	25.00
SCBN	Suburban Bancorporation	Cincinnati	OH	1993/9/30	10.000	12.500	25.00
TRIC	Tri-County Bancorp	Torrington	WY	1993/9/28	10.000	12.250	22.50
COSB	CSB Financial Corp.	Lynchburg	VA	1993/9/24	10.000	13.125	21.25
ALBC	Albion Banc Corp.	Albion	NY	1993/7/23	10.000	11.250	12.50
HAVN	Haven Bancorp	Woodhaven	NY	1993/9/23	10.000	10.500	5.00

[1] 由于股本分拆，故进行了相应折算。

资料来源：SNL Securities, L. P.。

从北卡罗来纳州的阿什伯勒到东海岸马萨诸塞的伊普斯威奇；从加利福尼亚的帕萨迪纳到西部华盛顿的埃弗里特；从俄克拉何马的斯蒂尔沃特到伊利诺伊的坎卡基，到中部得克萨斯的罗森伯格，各地的储蓄贷款协会都提供了最好的投资机会，不计其数的人们涉身其中。这些终极例子说明，个人投资者要获得成功，可以忽略那些由机构广泛持股的公司，而把目光投向身边的公司。还有什么能比时常去存钱的地方储蓄所更加唾手可得呢？

在这些储蓄所中办理的任何一个账户都会赋予你参加首次公开发行（IPO）的权利，但这当然不是你的义务。你可以参加向潜在股东解释股票发行交易的会议，查看内部人员是否在购买股票，浏览招股说明书以确定股票的净值、市盈率、每股收益、不良资产比率、贷款质量等，熟知所有这些消息才能知己知彼，才能做出明智的决定。得以近距离查看一个本地公司是一个不错的机会，而且也是免费的。如果你不喜欢这样的交易、这个企业或者他们的管理，你完全不必投资。

现在仍有1372家互助储蓄协会准备要上市，你可以查看一下其中是否有位于你家附近的公司。只需到那里开个账户，你就有了参加首次公开发行的权利。然后，你就可以一路持股待涨了。

| 第 14 章 |

业主有限合伙公司[一]：做有收益的交易

这是另外一类公司，但它们的优势长期以来正一直被华尔街所忽视。它们名字中的"有限合伙"会勾起人们不愉快的回忆：曾经有一段时间它们大受欢迎，它缴税低微，于是人们纷纷慷慨解囊，但最后却发现自己争相购买的竟是毫无价值的垃圾——油气合伙公司、房地产合伙公司、电影合伙公司、农畜合伙公司，还有墓地合伙公司，购买这些公司的股票而承受的损失远远超出了原先希望以此避免的税收。

因为这些无价值的合伙公司公众声誉不佳，而且人们对历史的联想无所不及，所以即使是其中较为优秀的上市公司（即所谓的业主有限合伙公司），也要继续背负这项罪名。实际上，它们是不断进步的企业，它们的目标是盈利，而不是宁可亏钱也要让美国国税局难堪。现有100家以上的业主有限合伙公司在各大证券交易所交易，每年我都能从中找到一两个物有所值的公司。

当业主有限合伙公司的股东要做一些额外的书面工作，如专门的纳税申报表格必须认真准备。但这项工作已经不像过去那样令人恼火了，因为这些合伙公司的投资者关系部会填写所有内容。这样，每年你都将收到一封确认函，核对持有的股票以及是否有增持。

[一] 业主有限合伙企业不需要缴纳企业税，并且几乎把所有的利润都分配给股东。——译者注

不过这还是足以令许多投资者对这些股票望而却步，尤其是基金经理，但对我而言，如果可以让它们比现在还要不受欢迎，即使是要我回答梵文写成的问题我也心甘情愿。因为一个股票的受欢迎程度下降有助于压低价格，所以在这类股票中总可以找到廉价的宝贝。

业主有限合伙公司的另外一项吸引人的特征是它的业务大多很朴实，比如组织篮球比赛（波士顿凯尔特人（Boston Celtics）实际上就是一家业主有限合伙公司），或者提供油气管道输送服务。塞韦斯马斯特（ServiceMaster）提供家政和保洁服务，太阳批发公司（Sun Distributor）出售汽车零部件，雪松娱乐公司（Cedar Fair）经营游乐场，而EQK绿地公司（EQK Green Acres）是在长岛拥有一处大型购物中心。

此外，这些业主有限合伙公司的名字看起来都有点过时，和当代的高科技文化割裂错位。*Cedar Fair* 很像是威廉·梅克皮斯·撒克里（William Makepeace Thackeray）的作品名字，而 *Green Acres* 的作者应是简·奥斯汀，如果我看到 Tenera 和托马斯·哈代书中的其他人物一同在达特穆尔（Dartmoor）出现，我一点也不会感到惊讶。

一大堆的公司都有着这种奇异古怪而又显罗曼蒂克的名字，各自经营着有点俗套的业务，但组织方式又极为复杂，甚至不得不进行额外的书面工作等。谁要是被这种公司所吸引，那么他一定是个想象力丰富之人。这样的人们可以不厌其烦地处理书面工作，而对此大多数人都是无法忍受的。在有想象力的人中，也只有极少数坚定不移者能最终获得奖赏。

业主有限合伙公司和一般的公司最大的不同就是，前者把所有的收入都分配给股东，方式是分红或者资金返还。分红总是高得罕见是这类公司的惯例，资金返还的特征则允许特定比率的年销售收入从联邦税收中扣除。

第一家合伙公司上市是在1981年。该类公司上市的高峰期是1986年，也就是在修改税法使得这类公司比过去更有优势之后。但到1997～1998年那个时候，房地产和自然资源类合伙公司可以继续无限制生存，而其他公司可能就只能关门大吉，因为那时它们就失去了税收优势。如果一家业主有限合伙公司今天的每股收益是 1.8 美元，到 1998 年可能就只有 1.2 美元。不过这是三四年后要考虑的风险，但不是今天。

大多数我喜欢的业主有限合伙公司都在纽约证券交易所上市。在 1991 年的《巴伦周刊》上我推荐过 EQK 绿地公司和雪松娱乐公司，一年之后我又看中了太阳批发公司和特纳拉（Tenera）。接下来我将按时间顺序细细描述它们如何吸引了我。

EQK 绿地公司

EQK 绿地公司在萨达姆股市大挫（Saddam Sell-off）⊖之后才开始引起我的注意（其中，EQ 取自其合伙单位衡平人寿保险社——Equitable Life Assurance Society，而 K 代表的是 Kravco——物业公司）。这个公司 4 年前上市，发行价 10 美元，曾经攀高到 13.75 美元。但是在 1990 年夏，由于购物商场和零售行业生意清淡，在投资者的无奈中股价跌至 9.75 美元，以该价格计算，EQK 绿地公司的收益率是 13.5%，和垃圾股不相上下。不过我想，比起真正的垃圾股，它还是比较安全的。该公司的主要资产是它位于长岛的大型封闭式购物中心。

这个股票不只是内在价值值得欣赏，而且公司管理人员持有相当份额的股票，自从公司上市后，每个季度的分红都有增加。

我记住了其中许多细节，因为毫无疑问，为了麦哲伦基金，我也得买些 EQK 绿地公司的股票。最初，我是从富达基金的经理斯图尔特·威廉斯（Stuart Williams）那里听说了它，但是长岛 75 万的知情者肯定也知道这些信

⊖ 海湾战争曾引发股市大幅下挫，而黄金、石油价格屡创新高。——译者注

息，这是绿地购物中心周围5公里内居住的总人口。这个购物中心正好位于人口最为密集的拿骚县中部。

这个情况使我感到很有希望，而且我可以去商场亲身体验，于是我就去了，还在那儿买了双鞋。这真是个受欢迎的地方，像这样的封闭型购物中心在全美也只有450家，而且虽然如此受欢迎，却没有新的此类商场建立。如果你想要建起一座规模相当的类似购物中心与它匹敌，你会遇到地理分区的问题，毕竟要找到92英亩[○]的空闲地皮，再铺上地砖造成一个停车场不是件容易的事。

虽然比邻地区的沿街小商店在不断涌现，但是封闭式的大型购物中心有其独特的生境。如果你相信这种生境，如果你想要投资一家购物中心，那么绿地公司是我知道的唯一一家想在这方面做大做好的、值得你投资的上市公司。

所有购物中心都有一件最令人头痛的事，那就是场地的空置率，这也是我查看其年报时最先关注的数据。在那时，购物中心的平均空置率约为4%，绿地公司的要低一些。真正的知情者——居住在拿骚县、在绿地商场购物的公民在这方面具有优势，因为他可以每星期去检查一下这种空置率。但是我觉得绿地公司的空置率不成问题，所以感到相当满意。

此外，有一家沃尔德鲍姆（Waldbaum）的超市和一家佩尔加蒙家庭中心（Pergament Home Center）正打算入驻此商城，这显然会提高绿地公司的租金收入。购物中心内1/3的商店使其1992～1993年的租金收入大幅增长，这是未来收入增长的吉兆。

其中值得担忧的方面是收入支出高度平衡（公司必须在1997年之前偿还所有债务）、高市盈率以及任何商场都在开始衰退的共同趋势。但是至少短期内，这些不利因素可以被极高的分红和已经大大压低的股价所补偿，而且高

○ 1英亩＝4047平方米。——译者注

市盈率也是业主有限合伙公司的共性。

1992年我筛选股票时，绿地公司的股票售价是11美元，如果加上分红收益，该股1991年的总回报率超过20%。这是不错的收获，但是再次检查后我却发现了更多需要考虑的问题。假日季节零售商生意清冷，导致商场租金收入下降，因为这种租金是根据销售额的百分率计算的，如果在购物中心租摊位的商店生意不好，那么购物中心的收入要随之下降。

但是可以设想，所有的购物中心和所有的零售商都面临着同样的困境，所以不能认为绿地商场不如其他商场。找到一个行业整体繁荣很是容易，而要找到一个当其全体对手欣欣向荣唯独自身苦苦挣扎的公司却非常不易。虽然这般好话，但这之后在它的三季报中，有一段说明性的段落引起了我的注意，绿地公司承认可能需要每年缩减1分钱的分红。

这种行为表面上无伤大雅，但不得不让人警惕万分，我在第2章已经提及。像绿地公司这样的股票，如果接连13个季度增加分红，那么理应有强大的内在动能继续下去，而现在仅仅因为一分钱的缘故，或者说为了区区100万美元的利润就打破规矩，使我不得不怀疑有更深层次的系统性风险存在。

我决定不再第二次推荐绿地公司还有另外一个原因，那就是地平线上若隐若现的重大利好传闻：公司已经宣称正和两家潜在大客户——西尔斯及彭尼百货进行协商，讨论租借购物中心二楼扩展区的部分空间的有关事宜。这和在合同上白纸黑字签字不同，如果公司已经宣布与西尔斯及彭尼百货签订了协议，我会马上购进股票，能买多少就买多少，可是这只是一份潜在的协议，实在模棱两可，让人捉摸不透。

股票市场流行一句箴言："天要打雷你就买，喜讯频传反当卖。"这可能会误导群众——靠坏消息买股可能是昂贵的策略，尤其是因为坏消息还有不断恶化的倾向。不知有多少人听了坏消息却还是买进新英格兰银行（Bank of New England，股票简称BNE）的股票，结果全都损失惨重，其股票价格已经从40美元跌到20美元，然后又从20美元跌到10美元，再从10美元跌到5美元，再从5美元跌到1美元，直到最终归0，把投资资金百分之百地一笔勾销。

但从长远来看，听好消息买股票是有益的，只有等待确切的证据，投资的成功率才可以大幅提高。比起听信谣言，虽然等待正式签订合同的消息可能会使你每股少赚1美元，但只要消息是真的，股价就能在将来大幅上涨。反之，如果消息纯属虚构，那么经过等待也有好处，因为风险得到了有效控制。我于是耐心观望绿地公司，并给该股注上标记，随时监视发布的消息。

雪松娱乐公司

这是我曾经早在1991年推荐过的第二个业主有限合伙公司。雪松娱乐公司是美国中部的一个永久县集市。它自营两个游乐园，其中之一是俄亥俄州伊利湖边的雪松半岛（Cedar Point）游乐园，另外一个是明尼苏达州的峡谷游乐园（Valley Fair）。这两个游乐园的开放时间是从5月到一直到劳工日，秋季的每个周末也开放。

雪松半岛游乐园拥有10座不同的过山车，其中有一座叫作玛格南（Magnum），是世界上落差最大的过山车。另外还有世界上最高的木制过山车，它有个搞笑而形象的名字——劣质牛排（Mean Steak）。正对我办公桌的远端墙上挂有一幅加框的"劣质牛排"的招贴画。还有房利美位于华盛顿的总部的摄影照片，是仅有的两张能和我孩子的美术画以及家庭照分享壁面空间的公司纪念画。

雪松半岛游乐园已有120年历史，从有过山车开始算也有100年了。7位美国总统都曾游览此园，克努特·罗克尼（Knute Rockne）⊖曾利用夏季休假

⊖ 挪威裔美籍橄榄球教练，曾任教于圣母大学（1918～1931年）。他运用向前传球及其他要求速度和敏捷的进攻战术变革了橄榄球运动。——译者注

时间在这里打工，其中有一个夏天，罗克尼显然是在这里发明了"向前传球"，从而变革了橄榄球运动。这里有一块铭板用以纪念这个事实。

可能下个星期，有人就会突然研制成功一种新的抗艾滋病药物，于是与之有竞争关系的公司一夜之间价值损失过半，相反，绝不会有人鬼鬼祟祟地在伊利湖边大动干戈，造起一座价值5000万美元的乘坐式游乐装置。

持有游乐园的股票与持有其他股票，如石油公司的股票相比，有一个额外的好处，那就是你可以通过每年一次的游览——比如测试下弗累斯大转轮㊀是否运转顺畅，分析下过山车装置是否过渡震颤，从而为投资策略提供参考依据。这也为成长中的一代频繁光顾它们提供了一个有说服力的借口。

同时我还发现，在经济不景气时期，周围3小时驾程之内的居民可能会放弃法兰西假日游，而更倾向于待在雪松半岛游乐园的旅馆，在世界最高的过山车上来几次尖叫的俯冲。这是一家能在经济低迷时期受益的公司。

1991年，雪松游乐公司的股价从11.50美元攀升到18美元，如果把分红计算在内，股东一年内享受到的回报高达60%。1992年年初，我问自己，今年这个股票还能买吗？当时它的收益率是8.5%，似乎仍然比较理想，但不管分红多高，一个公司如果收入不能长期保持稳定增长，股价就难以再次上攻。

这种年终回顾的方法对于股票投资者非常管用：一个一个地检阅你的公司，找出明年会更好的理由。如果找不到这样的理由，下一个问题就是：我为什么还要持有这个股票？

在此思想的指导下，我直接打电话到公司，并和总裁迪克·金扎尔（Dick Kinzel）进行了谈话。如果普通百姓没法经常跟总裁谈话，也可以通过公司的投资者关系部获取信息。不过仅仅记下公司管理人员讲过的话还不能让你的投资必定成功，任凭赛马的主人怎么吹嘘，不加上自己的思考，就不可能对赛马孰优孰劣做出准确预测。那些赛马的主人总有理由说只有他们的马才会

㊀ 一种在垂直转动的巨轮上挂有悬着的在轮子旋转时保持水平的座位的娱乐设施。——译者注

赢，不过最后90%以上的概率他们都会输。

谈话一开始我保持了那种软调技巧，我没有开门见山地问金扎尔公司收入会如何改善，取而代之，我先问了问俄亥俄州的天气，又问了问俄亥俄高尔夫球场的情况、底特律克利夫兰⊖的经济以及今年夏季的游乐园临时助手好不好找。在我终于预热了这位总裁之后，我才小心地拿出了正式问题。

前些年我给雪松娱乐公司打电话时，公司总有些抓眼球的新设备引入，比如一架新过山车啦，一架大转轮啦，等等，这些都能增加公司收入。1991年开放的最高木制过山车是当年收入增长当之无愧的功臣。不过在1992年，游乐园并没有添置令人激动的大型设备，仅仅是新开了家旅馆。要知道，新设备引入一年之后，一般游玩人数又会回落。

我们的谈话结束后，我没找到1992年雪松娱乐公司的收入会继续大幅增长的理由。我更看好太阳批发公司。

太阳批发公司

太阳批发公司（Sun Distributors）和太阳能没有任何关系。这家公司在1986年从太阳石油公司（Sun Oil）剥离出来，业务主要是向汽车制造商或汽车修配厂出售汽车玻璃、平板玻璃、隔热玻璃、线缆、反光镜、挡风玻璃、螺栓螺帽、滚珠轴承以及液压系统。这些活动在商业院校的毕业生看来无聊透顶，财政分析师宁可数天花板上瓷砖的数目，也不会有兴趣追踪一个专卖汽车部件的公司的业务状况。

事实上有那么一个分析师曾经详细研究过这个公司，她就是惠特第一证券公司（Wheat First Securities）的卡伦·佩恩（Karen Payne）。不过她1990年4月发表的研究报告显然是最后一次报告，再无后文。甚至太阳批发公司的

⊖ 美国俄亥俄州东北部的一座城市，位于伊利湖畔，是一货物进入港和工业中心。——译者注

总裁唐·马歇尔（Don Marshall）在 1991 年 12 月 23 日我给他打电话时似乎也不大清楚她后来怎样了。

这是我喜欢太阳批发公司的第一点原因：华尔街正对它视而不见。

我的麦哲伦基金当然持有该股，但其 1991 年末的不良表现又一次引起了我的关注。实际上这家公司有两种类型的股票，A 型股票[1]分红很多，而 B 型股票不分红。两种股票都通过纽约证券交易所交易。这把本来就复杂的业主有限合伙公司弄得更加理不清了：竟然有两种类型的股票！这还得花费额外的书面工作。佩恩女士在她关于该公司的"终极版"报告中做了如下总结："太阳批发公司是一家复杂财务结构下的单纯而经营良好的公司。"

A 型股票分红高，但股价不容易上涨——因为最后公司会以每股 10 美元的价格买回这些股票，而它们的股价现在已经高达 10 元了。股价的波动都体现在 B 型股票中，这些股票在 1991 内跌幅达一半，价格从 4 美元变成了 2 美元。

从佩恩女士的报告中我发现希尔森－雷曼公司（Shearson Lehman）持有其 52% 的 B 型股票，而太阳批发公司有权以固定价格从希尔森－雷曼公司购回一半其持有的股票。这对经营者产生一种强大的激励作用，那就是设法使公司成功，让股价节节攀升。从公司总裁在 12 月 23 日——圣诞节的前两天还在公司忙着打电话也可看出，公司管理人员显然非常在意自身担负的任务。

马歇尔属于不喜欢招摇的类型，他从不会在《名利场》（*Vanity Fair*）[2]杂志上刊登花边故事，不过倒是可以在一本叫《服务界前沿》(*The Service Edge*)的正统刊物中找到有关他的介绍。在他的朴素制度下，公司执行官从未得到过额外奖赏，除非公司能在特定的年月大大出彩。奖励的基础是获得成功而

---

[1] 不要和我国的 A 股和 B 股混淆概念。——译者注
[2] 美国著名的生活杂志，于 1913 创刊，它是纽豪斯媒体集团中最赚钱的杂志之一，是造星工厂，是好莱坞的"圣经"，是华府政客的读本，更是追名逐利的芸芸众生看世界的一个窗口。——译者注

非裹足不前。

我对任何一个股票的调查方法都是一致的。对于这样的一个遭遇市场打击的公司，我会问：太阳批发公司能否继续生存？它是否做错了什么而导致了市场对它的惩罚，或者仅仅是成了节税型抛售⊖的受害者？这种抛售正年复一年地创造着低价股。

显然它还是赚钱的，因为收入还是正数。太阳批发公司自1991年公司独立以后每年都是盈利的。甚至在1991年玻璃销售与电子部件的销售整体进入荒季时公司都仍有收入，而且这种收入也非来自液压系统业务的大幅增长。在这样的糟糕年月之下，低成本的经营者生存了下来，厄境最终使其受益，而它的竞争对手却混得跟跟跄跄，甚至从此不见踪影。

那么我如何知道它是一个低成本的经营者呢？我可以通过收集到的收入信息推算出来（见表14-1）。用销售成本除以净销售额，我得到了太阳公司的总利润率，或者称之为销售收益率，这个数值两年来一直保持稳定，大致为60%。与此同时，太阳的销售量也有所增加，所以总利润也在增长。这是一个总利润率达60%的公司，每出售价值100美元的商品就有40美元的利润。这种业绩在玻璃和五金螺栓等部件的批发商中都可称得上鹤立鸡群。

表14-1　太阳批发有限合伙公司及子公司的收入状况整编

（除合伙收益外，单位均是1 000美元）

	1990年	1989年	1988年
净销售额	594 649	561 948	484 376
销售成本	357 561	340 785	294 640
销售毛利	237 088	221 163	189 736
经营费用：			
销售的一般开支和管理开支	187 762	175 989	151 784
一般合作商管理费用	3 330	3 330	3 330

⊖ tax-loss selling，美国征收资本利得税，于是持股人为了避税，在年初征税前大量抛售，造成股价下跌，在征税后又把股票补买回来。——译者注

（续）

	1990 年	1989 年	1988 年
折旧损失费	5 899	6 410	7 024
耗竭及摊提	4 022	3 920	3 282
总经营开支	201 013	189 649	165 420
经营收入	36 075	31 514	24 316
利息收入	352	283	66
利息支出	(12 430)	(12 878)	(11 647)
其他净收入（支出）	173	678	(384)
税前收入	24 170	19 597	12 951
赋税准备金	1 024	840	637
净收入	23 146	18 757	12 314
和合伙人关联的净收入：			
一般合伙人	231	188	123
A 型股票有限合伙人	13 820	18 569	12 191
B 型股票有限合伙人	9 095	—	—
流通股有限合伙权益加权平均数：			
——A 型股票权益	11 099 573	11 099 573	11 099 573
——B 型股票权益	22 127 615	22 199 146	22 199 146
每股有限合伙权益的收益：			
——A 型股票收益	1.25	1.67	1.10
——B 型股票收益	0.41		
预计执行的每股有限合伙权益的收益：			
——A 型股票收益	1.10	1.10	1.10
——B 型股票收益	0.48	0.29	—

　　这个行业需要的资本开支不多，这是一个优势。过大的资本开支是许多制造商的软肋，以一个钢铁公司为例，如果它一年收入达到 10 亿美元，那么它可能先得支出 9.5 亿美元才行。而一个销售挡风玻璃和零部件的地方杂货铺没有此类问题，从年报的第二页可以看到，太阳批发公司全年的资本开支只有 300 万～400 万美元。这和公司收入相比何足挂齿。

　　由于属于成熟型行业，所以公司精打细算，以争取越来越大的市场份额，而它的那些挥金如土的竞争对手纷纷落马，因此，太阳批发公司完全有资格归入我的"荒原奇葩"板块。要不是因为它是一家业主有限合伙公司，我可能早就把它放那儿了。

比收入还要重要的一项财务指标是现金流。对于任何进行了大量并购的公司我都会花大量精力在研究现金流状况上。从 1986 年开始，太阳批发公司已经买下超过 36 家相关公司并进行了资产的经营整合，降低了它们的一般管理费用，并提高它们的盈利水平。这就是太阳的成长策略。马歇尔解释说，公司的目标是成为一家销售电线电缆、螺栓螺帽、玻璃以及其他部件的超级杂货商。

当你购买一个公司的股票时，支付高于净资产的价格常常是不可避免的。这些额外费用体现的一种美好预期，而这种预期的合理性必须得到资产平衡表的支持。

早在 1970 年前，公司无须为美好的愿望牺牲收入。在旧会计系统下，如果公司 X 购买了公司 Y，公司 X 可以把购得公司 Y 所花费的完整资金归入其资产项。这样产生的一种后果是，如果公司 X 为获得公司 Y 支付的价格过高，那么这种购买行为的愚蠢性对于股东来说是不透明的，股东没有办法知道购买 Y 公司的资金损耗是否能够得到良好补偿。

为了解决这个问题，会计准则制定部门修订了这个系统。现在，如果公司 X 购买公司 Y，支付价格高于实际资产的部分，即因美好愿望产生的溢价，必须在几年内逐步从公司 X 的收入中扣除。

这种对收入的"处罚"是一种票据交易，导致的结果是公司报告的收入低于实际收入。从而，收购了其他公司的公司会表现为盈利能力降低，而事实上可能并非如此，与之对应的是股价被低估。

在这个实例中，太阳批发公司有 5700 万美元的美好预期的溢价需要逐步扣除，这种会计方法减少了报告收入，使得两种类型的股票每股收益降低到 1.25 美元，而实际上的收入差不多是它的两倍。这种公司不能列为"收入"

的幻影一般的"收入"叫作自由现金流。

健康的自由现金流能够赋予公司伸缩性，在行业环境趋好或趋坏时进退自如，这对太阳批发公司来说尤为重要，因为公司的负债很高——占总资产的 60%。但我发现公司的现金流很充沛，达到负债利息的 4 倍都不止，这使我很放松。

在经济转好的时候，太阳批发公司用现金流扩大规模，它收购了价值 4100 万美元的公司业务。而在 1991 年，马歇尔说，为了适应低迷的经济，公司缩减收购开支，把现金流用于清偿负债。如果所有剩余现金流都用于清偿负债，那么公司以 9.5% 的利益借入的 1.1 亿美元两年就能还清。显然，这正是公司决定要做的。

如果宏观环境进一步恶化，太阳批发公司还可以出售部分子公司，比如它的汽车零部件公司，以更快地还清借款。

现时期的并购公司延期偿付很可能会使收入不如过去增长那样迅速，但此外，资产负债表会更加稳健。减轻负债的动作也让我相信，公司管理层能够很好地面对现实，公司将获得生存机会，而将来还会进行更多的收购活动。

太阳批发公司既然能在很不好的经济条件下生存下来，那么如果境况变好，它就可以变得异常繁荣。最后，当这个业主有限合伙公司的经营期满后，整个企业都将被出售。按照承诺，公司将以 10 美元每股的价格赎回 1100 万股 A 型股票，而 2200 万股 B 型股票的股东将分享剩余的资金，估计价格区间可能为 5～8 美元每股。如果符合预期，B 型股股东的投资收益何止翻倍？

特纳拉有限合伙公司

这是一家有严重缺陷的公司，它最大的优点是股价在 1991 年夏天已经从每股 9 美元跌到了每股 1.25 美元。公司业务涉及软件和咨询服务，其中前者属高科技业务，我发现很难理解所以也不值得信赖，后者含糊不清，也让人不舒服。它最大的客户是核电厂行业和为联邦政府服务的承包商。

通过两个电话，我就弄清了股价崩塌的缘由。公司和其主要收入来源之一——联邦调查局闹起了纠纷，联邦调查局正在起诉它某些服务收费过高，并且已经取消了某些合同。更糟糕的是，有一个花费上百万美元成本开发的软件程序本来希望销售给全球的电力公司，现在却无法获得报偿。

公司被迫强力减少职工人数。某些关键执行人员，甚至包括总裁唐·戴维斯（Don Davis）都已辞去职务。对于那些还留下的，气氛也是极度不和谐。咨询服务行业的那些竞争对手都是些坏嘴，不停地向客户诋毁着特纳拉公司的声誉。

1991年6月，公司取消了分红。公司宣布需要"很长一段时间"才能恢复先前每季度20美分的分红水平。

我不是要吹捧特纳拉公司，如果这家公司欠有即使是一毛钱的债务，我也绝对不会瞧上它一眼。因为它没有负债，也没有需要支付的大型开销，我猜测它还不至于在一两天内倒闭。这些就是优势：零负债，没有谈得上的资本开支（除了一张桌子，一个累加费用的计算器和一部电话，顾问公司还能需要什么呢？）以及一个可以看好的核电厂服务子公司——这在清算时可以卖个好价钱。

特纳拉公司在1991年之前的4年中每年都有77～81美分的每股收益，它仍然有盈利能力。可能它永远也不能再次达到80美分了，但是如果可以赚40美分，它的股价就可以值4美元。

对于像这种让人绝望的情况，我其实不是在计算什么收益，我是在计算备件等资产的潜在价值。我认为像特纳拉这样的公司如果拍卖，它也能值1.50美元每股（我做此分析时它的市价），公司总资产除去法律费用后将分配给全体股东。

如果公司能够解决某些问题，那么股价还将有强劲反弹，而如果没能解决任何问题，股价也会有一定强度的反弹。这至少是我的期望。

特纳拉公司任用了鲍勃·达尔（Bob Dahl）并让他策划企业的复兴，达尔在电信行业公司时我与他曾有过一面之缘。在巴伦圆桌会议的前一天晚上，达尔来到纽约和我见了面。他认为公司在接下来的6～12个月经营突然好转是有可能的。他还透露内部知情人员正锁定自身持有的筹码。这使我相信公司仍是有投资价值的（小结见表14-2）。

表14-2 小结

股票代码	公司名称	1992/1/13 股价（美元）
SDP.B	太阳批发有限合伙公司，B型股票	2.75
TLP	特纳拉有限合伙公司	2.38

| 第 15 章 |

周期性公司：
冬天到了，春天还会远吗

当经济开始衰退时，精明的资本经营者就开始投资周期性公司。铝业、钢铁业、纸业、汽车制造业、化工行业，还有航空运输业，无不随着经济的繁荣与萧条一波升起又一波落下，这种循环往复的形势众所周知，就和四季的变化一样确切可靠。

问题的关键在于，作为基金经理，总要在地球人都开始行动之前先行一步，及时重新买入这些股票，这是永远的追求。现在我发现，对于这些即将复苏的周期性行业，尽管一切的繁荣还没变成事实，华尔街却也正在越来越早地参与进来。所有这些使得对周期性公司的投资变得越来越需要技巧和能耐。

对大多数股票而言低市盈率是好事，但周期性股票并非如此。如果周期性公司的市盈率开始变得很低，那么这很可能是一个标志，预示着它们已经接近高潮的尾声。粗心大意的投资者可能浑然不觉而继续持有股票，因为公司经营仍然运转良好，公司的收入仍然不菲，但是这种情况马上就会改变。聪明的投资者此时已经在卖出股票了，以避免大跌的风险。

当人们开始大量卖出股票时，股价就可能只朝一个方向变化。股价下跌，市盈率就会下降，此时这种周期性股票对于缺乏经验者会显示出比以往更强大的诱惑力。缺乏经验的投资者可能会为自己的误解付出昂贵的代价。

接着经济马上开始逡巡不前，周期性公司的股票以令人毛骨悚然的速度直往下掉。随着更多投资者迫不及待地撤离，股票价格会跌得更低。当一个周期性股票的收益创出纪录几年后，当市盈率到达低点，实践证明，此时购进股票是快速折半资金的"好"方法。

对于大多数股票来说，高市盈率是坏事，但对周期性行业的公司反而再好不过。通常，它意味着公司正在走出最难熬的困境，不久业务就会改善，收入也会超出分析家的预期，基金经理也要马上开始坚决地建仓。这样，股票价格必将稳步走高。

周期股的游戏需要猜想和直觉，在这些股票中赚钱需要双倍的技巧。最大的风险是买入过早，受到挫折后又迫不及待地抛出。如果没有相关行业（铜、铝、钢铁、汽车制造、纸业等）的工作经验，踏不准它的节奏，投资这类周期性公司是相当危险的。如果你是一位水暖工人，并且对铜管价格的来龙去脉一清二楚，那么你来购买费尔普斯·道奇公司的股票而获利的机会肯定比一个MBA（工商管理硕士）去投资还要高。这个MBA倒可能因为"它看起来便宜"而把它收藏进自己的"股票池"了。

从我自己买卖周期性公司的交易记录看，成绩还是可以的。只要经济开始萧条，我就把注意力集中到这类股票上，因为我总是做积极向上的思考，设想经济总要好转，而不去管报表上的一片暗淡。我希望能在周期公司的最低谷进行投资。当情况变得不能更糟时，一切就又开始向好的方向发展。一个受到压制的周期性公司必将以出色的资产负债表重返舞台，由此我得到的了第19条林奇投资法则：

------------------------------ **林奇法则** ------------------------------

除非你是沽空投资者，或者是寻觅富婆的诗人，否则悲观毫无裨益。⊖

⊖ 期货等投资产品有沽空机制，价格下跌也能赚钱；诗人无觅富婆，悲观之下诗兴当然更浓了。——译者注

费尔普斯·道奇公司

我们已经讨论过我是如何在房地产市场遭遇失败的——我试着趁反弹购买房地产公司的股票,进入这一市场,结果太多的其他买家都战胜了我;但是,他们没有预料到铜市场的反弹。当我在1992年1月注意到费尔普斯·道奇公司时,摆在我眼前的廉价股票实在无法让我视而不见。我询问了我的水暖工,结果他向我证实铜管价格正在回升。

费尔普斯·道奇公司是我早在1991年就推荐过的股票,但是整整一年下来股价呆滞一直没有起色。一个股票的原地踏步不构成放弃的理由,可能反而买进更多才对。1992年1月2日,我回顾了费尔普斯·道奇公司的发展历史,发现它现在的状况比一年前更好。

我以前常登门拜访位于纽约的费尔普斯·道奇公司,但是自从它搬迁到了亚利桑那州,我们就只能通过电话交流了。我给公司打了电话,和我说话的是公司主席道格拉斯·耶尔利(Douglas Yearly)。

从先前和公司的闲聊中我已获悉了关于铜的一些事实,这些事实让我相信铜是一种更有价值的日用品,比如和铝相比。在地壳中铝的含量极为丰富(精确地讲,占8%),并且铝不仅像风滚草⊖一样到处都是,提炼也相对简单。铜本来就比铝稀少,并且属于消耗性资产。铜矿中的铜往往被开采光,或者不断流失,最后被迫废弃。这和椰菜娃娃(Cabbage Patch)⊜的流水生产线不一样。你可以通过增加一个班次的工作时间生产出更多的椰菜娃娃,但铜不行。

由于环境治理法规的实施,美国许多冶炼工厂已经强制关闭,许多公司已经永久放弃了冶炼业务。美国的冶炼厂已经紧缺,但尚有一个公司发展迅

⊖ 多种枝条茂密的一年生植物中的一种,如苋和细叶钾猪毛菜,在植物生长期的末期,从根部脱离,被风吹动,在田野里滚动。——译者注

⊜ 一种流行玩具。——译者注

猛，延及全球。受此趋势影响，生活在冶炼厂下游的居民现在可以更加自由地呼吸，费尔普斯·道奇公司的股东也可以更加"自由地呼吸"㊀。费尔普斯·道奇公司拥有许多冶炼厂，现在对手也比以前少了。

虽然铜在短期内需求不旺，但据我估计反弹在即。全世界的发展中国家，包括从苏联解体出来的国家，都在忙于改善它们的电话线路系统。现今人人都有变成资本投资者的欲望，但是没有电话，成为资本投资者近乎天方夜谭。

传统电话系统需要不知多少公里的铜缆。除非这些正在兴起的国家采取人手一部蜂窝电话的解决方案（这种策略当然是不可能的），否则它们必将成为铜市上频繁购买的客户。发展中国家比成熟国家对铜的需求更加强烈，前者的力量预示着这种金属的远大前程。

近期，费尔普斯·道奇公司的股票非常符合典型的周期规律。在大萧条前夕的1990年，公司每股收益是6.50美元（由于最近的股票分拆，经过了相应调整），而股票的价格区间在每股23～36美元，计算出的市盈率非常之低，为3.5～5.5。到了1991年，收入下降到3.9美元，股价从每股39美元的高点回落到每股26美元。从股价没有进一步回落可以看出，许多投资者对公司的长期发展抱有较高的期望值。或者也可能周期股玩家正在赌下一轮循环会比以往来得更早些。

投资周期性公司要问的最首要问题是，公司的资产负债表是否稳健到足以抵御下一轮的低迷时期。 我从那个时候最新的年报，也就是1990年年报的第30页找到了这些信息（见表15-1）。公司拥有净资产16.8亿美元，总负债（扣除现金）只有3.18亿美元。很明显，无论铜价如何变化，公司也不至于破产。很多实力较弱的竞争者将被迫封闭他们的矿山，清理他们的矿渣，散伙回家，而费尔普斯·道奇公司可能还不得不增资。

㊀ 竞争对手少了当然心情愉快。——译者注

表15-1 综合资产负债表——费尔普斯·道奇公司
（除按每股计的数据外，其余数据单位均是1000美元）

	1990年12月31日	1989年12月31日
资产		
流动资产：		
现金和短期投资（以成本计）	161 649	12 763
应收账款（扣除可疑账款准备金）		
（1990年：16 549美元；1989年：11 484美元）	307 656	346 892
存货总额	256 843	238 691
物料总额	95 181	84 283
预付费用	17 625	8 613
流动资产合计	838 954	691 242
投资资金和长期应收账款	93 148	79 917
固定资产——厂房和设施，净额	1 691 176	1 537 359
其他资产和递延款	204 100	196 109
资产合计	2 827 378	2 504 627
负债		
流动负债：		
短期负债	43 455	92 623
流动长期负债	32 736	33 142
应付账款和应计支出	362 347	307 085
所得税	51 193	46 197
流动负债合计	489 731	479 047
长期负债	403 497	431 523
递延所得税	110 006	67 152
其他负债和递延贷款	116 235	156 743
负债合计	1 119 469	1 134 465
少数股东权益	24 971	20 066
普通股股东权益		
普通股，每股价值6.25美元；总股本1亿股；		
扣除库藏股本3 152 955股（1989年：2 975 578）后		
流通股本34 441 346股（1989年：34 618 723）①	215 258	215 367
股票溢价	268 729	281 381
保留盈余	1 269 094	917 848
累计换算调整数及其他	(70 143)	(65 500)
股东权益合计	1 682 938	1 350 096
	2 827 378	2 504 627

以百万美元计：
负债：479
减去现金：161
总负债：318

①在近期的2股配1股的股本拆分前统计。

由于这是一家大型公司,而且公司除了铜业还打入了许多其他行业,所以我想知道其他的业务做得怎么样。首席执行官一一向我列举:炭黑一切正常,电磁线一切正常,卡车轮胎一切正常,而峡谷资源(Canyon Resources)由于新发现了利润率达72%的金矿资源,将具有巨大增值空间。

这些副业在不好的年度(如1991年),每股收益可能1美元都达不到,此时可以假设它们在正常年度可以赚2美元每股,我想这不会显得牵强。再给予5~8倍的合理市盈率,我得出结论:它们自身可以值每股10~16美元。然后其黄金项目也可以为费尔普斯·道奇公司贡献每股5美元的价值。

我经常对公司的各项业务做这类粗略评估,挖掘公司隐藏的客观资产。不管你要购买哪个公司的股票,这都是一种很有益的实践。发现某部分业务的资产价值超出整体市价的情况也不算太稀奇。

要找出公司是否有多个主营业务相当简单,年报中都有这类数据,它会把收益拆分后详细列出。如果你把每项业务的收入再乘以一个合理的市盈率(对于周期性公司,收入平稳时取8~10,收入高峰期则取3~4),你至少可以算出这项业务的价值是多少。

在对费尔普斯·道奇公司进行计算时,如果金矿可以值5美元每股,其他副业业务贡献10~16美元每股,而股票的实际售价是32美元,那么实际上为了获得这些铜业股票你花费的资金非常之少。

我还检查了资本的支出,这是许多工业公司没落的原因。不过费尔普斯·道奇公司在这方面看起来没有问题,1990年它支出了2.9亿美元用于升级工厂及其设备,这还不到现金流的一半。

1990年年报第31页(见表15-2)显示现金流是6.33亿美元,这超出了资本输出和支付红利的总和。甚至在1991这么不好的年份,现金流仍然超出资本支出——公司收入大于支出总是个好征兆。

表 15-2 综合现金流量表——费尔普斯·道奇公司

	1990 年	1989 年	1988 年
经营活动	454 900	267 000	420 200
净收入			
由经营活动的净收入支出换算和调整为现金流量:			
折旧、损耗及耗竭	132 961	133 417	116 862
递延所得税	50 918	(53 670)	70 323
股权投资未分配收入	(5 280)	(8 278)	(15 807)
不良资产等的准备金	—	374 600	50 000
经营活动现金流量合计	633 499	712 979	641 578
由经营活动的经营过程换算和调整为净现金流量:			
现金资产和负债:			
(增加的)减少的应收账款	42 115	76 850	(69 278)
(增加的)减少的存货	(24 700)	11 394	(26 706)
(增加的)减少的物料盘存	(9 713)	(2 801)	(6 344)
(增加的)减少的预付支出	(10 565)	1 778	6 986
增加的(减少的)内部应付账款	(983)	(2 958)	(918)
增加的(减少的)其他意外事故应付账款	35 016	(38 816)	(6 770)
增加的(减少的)所得税	2 702	(11 292)	14 687
增加的(减少的)其他应计支出	23 500	24 898	(2 031)
其他调整费用合计	(48 995)	(27 833)	(8 413)
经营活动提供的净现金合计	641 876	744 199	**542 791**
投资活动			
资本输出	(290 406)	(217 407)	(179 357)
资本化利润	(1 324)	(1 529)	(6 321)
对子公司的投资	(4 405)	(68 797)	(253 351)
资产出售所获收益	3 155	5 131	35 413
投资活动净现金收入	(292 980)	(282 602)	(403 616)
财务活动			
增加的负债	19 124	79 830	184 727
偿还的负债	(98 184)	(114 244)	(235 048)
普通股购买	(21 839)	(141 235)	(30 371)
特别股分红	—	(4 284)	(15 000)
普通股分红	(103 654)	(454 307)	(29 202)
其他	4 543	13 102	1 959
用于财务活动的净现金	(200 010)	(621 138)	(122 935)
增加的(减少的)现金和短期投资	148 886	(159 541)	16 240
年初现金和短期投资	12 763	172 304	156 064
年末现金和短期投资	161 649	12 763	172 304

费尔普斯·道奇公司的矿场和其他设施状态良好。计算机公司每年都要花费大笔资金在新产品的开发和老产品的更新换代上，与此不同，费尔普斯·道奇公司的矿场维护费用很低。钢铁公司要不停地花钱在工厂的技术更新上，最后还有被更具成本优势的国外竞争者排挤的风险，费尔普斯·道奇公司在这方面也没有隐患。

不管以后资本开支和它的各项附属业务如何变动，费尔普斯·道奇公司的命运和铜价紧密关联。要做的基本数学计算如下：费尔普斯·道奇公司年产铜 11 亿磅（这在年报中有揭示），如果铜价增加 1 美分 / 磅，则税前利润将增加 1100 万美元。以发行在外的 7000 万股本计算，1100 万美元的利润平摊下来每股收益将增加 10 美分，所以铜价每磅上涨 1 美分，每股收益增加 10 美分，而如果铜价每磅上涨 50 美分，每股收益将增加 5 美元。

如果人们可以知道来年和后年的铜价，那么他们就自然成为掌握费尔普斯·道奇公司股票买卖点的绝顶高手了。我不具备这种先知的天赋，但我认为由于经济萧条，铜在 1990～1991 年时价位已经很低，据此我想象以后可能永远也不会这么便宜了。我确信当它贵起来时，费尔普斯·道奇公司的股东将是主要受益者。我们所要做的是等待，耐心地等待，并不断地接受分红。

通用汽车

汽车制造公司的股票经常被误认为是蓝筹股[一]，但事实上却是典型的周期股。购买汽车股后放上 25 年就如同从阿尔卑斯山上空飞过——你可能从中得到了一些好处，但远不及经历了所有高低坎坷的徒步者得到的好处多。

1987 年我对持有的克莱斯勒、福特以及其他汽车股实行了减仓操作——它们都曾经是我管辖的麦哲伦基金的重仓股，因为我感觉到从 1980 年就开始

[一] 由于公众对其长期稳定收入的信心而售价很高的股票。——译者注

的购车热潮就要告一段落了。但是到了1991年，也就是进入萧条期的第二年，汽车股股价已经落到近期高点的一半左右，而且随着汽车展销活动的普遍低落，轿车和卡车交易商只能以 pinochle⊖消磨时光。我此时决定重新审视汽车股。

只要还没人发明可靠的家用"气垫式交通工具"，汽车肯定还会继续成为美国最受钟爱的个人资产。或早或迟我们都要更换自己的汽车，因为时间一久，我们就会对旧车感到厌烦，或者是因为刹车已经失灵，并且可以透过腐锈的底板看到路面。我曾一直用着那辆1977年的AMC Concord轿车，不过时间长了，就是老实泉⊖也要咕哝了。

我在20世纪80年代大规模建仓汽车股时，美国的轿车和卡车年销售量已经从1977年的1540万辆下降到1982年的1050万辆。当然销售量有可能还要进一步下降，但我知道是不会降到0的。美国大多数州规定每年进行一次车检，这是另外一个人们不可以永远敝帚自珍的原因。终究，这些"老爷车"会被禁止开上公路。

确实有一个新的政策可能延迟了汽车行业从最近的萧条中好转起来：5年期限的汽车贷款的提供。过去，汽车贷款的期限是3年，所购汽车价款必须在车主决定抛弃它之前偿付完毕，这样，一般汽车折价出售时仍存在部分剩余价值。现在，一纸5年期限的法令使一切都改变了。许多用了4～5年的汽车现在的价值不如流通贷款余额了，车主无法承担过早低价卖出的损失，但是最终这些车子还是要报废的。

何时购买汽车股有一个指标，那就是二手车的价格。当二手车交易商降

⊖ 一种2～4人玩的游戏，使用48张一副的纸牌，通过采用轮圈抓牌或形成某种组合计分。——译者注

⊖ 位于美国怀俄明州西北部的黄石国家公园的一处间歇喷泉。它大约平均每隔65分钟喷发一次，每次持续4分钟，其间歇时间由33～90分钟不等。这一间歇泉可喷出一股35.4～53.4米不等的水柱及蒸气。——译者注

低价格时,意味着他们售车遇到了困难,一个对他们来说显得糟糕的市场对新车交易商来说可能就更加糟糕。二手车价格的回升则是汽车制造商业绩好转的先兆。

更加可靠的另一个指标是"受抑制的需求量"。克莱斯勒公司出版了一份叫作《企业经济学家》(*Corporate Economist*)的杂志,有一次我在里面发现了一些很能说明问题的统计表格——这个杂志是夏日海滩休闲的绝好读物,这份表格如表 15-3 所示。

表 15-3 美国小汽车和卡车行业的销售情况——实际销量和理论需求量的比较

(单位:1 000 辆,按日历年统计)

年度	实际销售量	理论需求量	实际理论差	被抑制需求量
1960	7 588	7 700	(112)	(112)
1970	10 279	11 900	(1 621)	(2 035)
1980	11 468	12 800	(1 332)	(1 336)
1981	10 794	13 000	(2 206)	(3 542)
1982	10 537	13 200	(2 663)	(6 205)
1983	12 310	13 400	(1 090)	(7 295)
1984	14 483	13 600	883	(6 412)
1985	15 725	13 800	1 925	(4 487)
1986	16 321	14 000	2 321	(2 166)
1987	15 189	14 200	989	(1 177)
1988	15 788	14 400	1 388	211
1989	14 845	14 600	245	456
1990	14 147	14 800	(653)	(197)
1991	12 541	15 000 估计值①	(2 459)	(2 656)
1992	13 312	15 200	(1 888)	(4 544)
1993	14 300	15 400	(1 100)	(5 644)

① 彼得·林奇的预测值。
资料来源:克莱斯勒公司。

表格的第二栏是轿车和卡车的实际销售量,按照日历年排序,单位是 1000 辆。第三栏叫作"趋势需求量"或"理论需求量",表示潜在的轿车和卡车的需求量,它是基于对人口的统计、前一年的销售量、在跑汽车的使用时间以及其他一些因素得出的。这两者的差值就是汽车的被抑制需求量。

在1980～1983这4年中，经济发展迟缓，人们开始存钱，实际汽车销量落后于理论需求量700万辆，也就是说，本来有700万人应该买轿车或卡车，结果他们延迟了这种购买活动。这暗示我们可以期望汽车销售将会逐步兴旺，后来的事实证实了这种猜想，1984～1989年汽车行业一直表现得相当繁荣，并且汽车的销量超过了理论需求量780万辆。

在销量连续落后理论需求4～5年之后，销量又会连续超出理论需求4～5年，连市场都可能跟不上脚步。如果你对此不了解，你就有可能会过早卖出汽车股。例如，1983年的繁荣之后，汽车销量从1050万辆增加到1230万辆，你可能会就此从克莱斯勒或福特的股票中抽回资金，因为你认为繁荣已至尾声。但如果以这种趋势为依据，可以发现，仍然有700万辆车的被抑制需求量，这种需求量能直到1988年才最终耗竭。

出售汽车股的最合适的年份是1988年，从20世纪80年代开始积累的被抑制需求量在这一年消耗殆尽。人们已经在5年内购买了7400万辆新车，销售量可能就此向下走而不会继续上升。尽管1989年的宏观经济如火如荼，但是汽车销量还是下跌了100万辆。汽车股开始衰落了。

从1990年开始，这种被抑制的需求再次开始累积。现在销售量已经连续两年低于理论需求量，如果事情按照当前状况继续发展，到1993年时就会积聚560万辆的被抑制需求量。这将会促成1994～1996年汽车销售的繁荣。

虽然1992年的销售量比1991年有所提高，但仍然在需求量之下，销售量需要4～5年的时间才能最终追赶上需求量。

找出汽车行业的时间周期还只是完成了一半的工作，另一半工作是挑选表现最突出的公司。如果你选对了行业却选错了公司，那么依然和选错行业一样容易亏钱。

1982年汽车行业好转时，我得出了以下两个结论：①买入汽车股的好时间已经到了；②克莱斯勒、福特以及沃尔沃会比通用汽车有更好的表现。可能因为通用汽车是汽车制造业的龙头，你会认为它的表现肯定会最出色，但是它没有，那是因为通用汽车的杰出名声远远超越了自身的孜孜追求。这个公司过于傲慢、目光短浅，在荣誉的光环下不思进取，不过还有一些其他的原因如它的规模太大，过于臃肿。

《罗杰与我》（Roger & Me）的电影制片人找不到进入通用汽车大楼的入口，但他不是唯一一个。有一次，我拜访通用汽车时由一个投资者关系部的职员带路，而他竟然找不到约有大学校园那么大的研究和开发中心在哪儿。我们俩整整花了两个小时才找到它的方位。既然连投资者关系部也不知道各部的位置坐标，可想而知公司的其他部门也都过得浑浑噩噩。

通用汽车在20世纪80年代给汽车股买家留下了不好的印象，尽管它的股价10年后翻了一倍，但是在1982年购买克莱斯勒的人，他们在5年后差不多获得了50倍的收益；购买福特的投资者的资金也翻了17倍。在这个年代末期，通用汽车的弱点已经众所周知，随便哪个路人都能向你阐述美国的汽车制造巨头败在了小小的日本的脚下。

但是在股票市场上对昨日的新闻太较真，或者对一个观点太执着，都很少能得到什么好处。在通用汽车的败落过程中，华尔街的普遍观点是这是一个有盈利未来的强大公司，但到了1991年，普遍观点变成了通用汽车是一个前景惨淡的弱小公司。虽然我过去不是通用汽车迷，但我的直觉使我相信，最后的大众观点将和上次一样把方向搞错。

你甚至可以把那些1982年的说克莱斯勒是被绊倒的巨人的老文章拿过来看，把克莱斯勒的名字直接改为通用，会发现相同的故事又将重新开始。唯一的区别是通用汽车在1992年的资产负债表比克莱斯勒在1982年的资产负债表好看许多，其余的都相差无几：强大的公司忘了该怎么造汽车；失去大众的信任；解雇上千员工；曾经盛极一时的公司沦为垃圾一族……

正是因为所有这些负面的因素，1991年时我反而开始迷上了通用汽车。在瞥过1990年的三季报后，我开始感到似乎是找对了。我很关注的一个事实是通用汽车在美国的汽车销售非常萎靡不振，这其实表明，通用汽车不必在美国销售更多的汽车也可以成功。它更具盈利价值的业务是它的欧洲工事、它的财政砥柱通用汽车金融服务公司（GMAC），还有休斯飞机公司（Hughes Aircraft）、德科公司（Delco）以及电子数据系统公司（Electronic Data Systems）等。

通用公司所有这些分公司的经营都非常出色，即使公司在美国市场上的汽车销售不盈利，它仍然能在1993年收入6～8美元每股。乘以8倍的市盈率，股价的合理区间为48～64美元，比现价高出许多。如果通用的汽车业务在到达破产临界点时有所恢复——随着经济的复苏也应该如此，那么公司能收入10美元每股。

部分工厂的关闭会使上千员工失去工作，但也会让通用汽车减少在盈利最少的业务上的成本。公司并不需要重新战胜日本，也不需要重新抢回美国市场上的汽车买家。通用汽车心烦意乱，它的市场占有份额已经从40%收缩到30%，但这仍然比所有日本汽车制造商的市场份额总和高。即使通用汽车只能吸引25%美国的汽车购买者，汽车生产分公司还是可以通过简化管理和减少开支（这方面它们已经有所行动）贡献收入。

我得出这个结论的当个星期，报纸即报道说有几款通用汽车已获重要奖项，备受贬损的凯迪拉克又再次征服了批评家的苛刻眼光。卡车外观优美，中型汽车气宇不凡。公司的现金储量充沛。鉴于通用汽车的名声已经差到极致，物极必反，往后给投资者带来的定将是一个接着一个的惊喜（小结见表15-4）。

表15-4　小结

股票代码	公司名称	1992/1/13股价（美元）
GM	通用公司	31.00
PD	费尔普斯·道奇公司	32.50

| 第 16 章 |

困境中的核电站：CMS 能源公司

20 世纪 50 年代，公用事业股是优秀的增长股，但从那以后，公用事业股的主要吸引力在于它们的收益。对于需要收入的投资者来说，长远来看，购买公用事业股比从银行买入大额可转让定期存单（CD[⊖]）更有利可图。CD 带给投资者的是利息与本金，而公用事业股带给投资者的是红利——红利可能会逐年增加，并且还有资本增值的可能。

尽管近几年美国大部分地区对电力的需求已经降低，公用事业股也不再被视为优秀的增长股，但公用事业板块中仍然有一些巨大的赢家。这些赢家包括南方公司（Southern Company，在过去 5 年中，股票价格从每股 11 美元上涨到每股 33 美元）、俄克拉何马天然气电力公司（股票价格从每股 13 美元上涨到每股 40 美元）以及费城电力公司（股票价格从每股 9 美元上涨到每股 26 美元）。

在麦哲伦基金任职时，我曾多次短暂地将 10% 的资金投资于公用事业股。我通常是在利率下降而且经济不景气的时候这么做。换句话说，我将公用事业股股价当作利率周期信号，并试图相应地确定进入与退出公用事业板块的

[⊖] 大额可转让定期存单，简称 CD，是英文 Certificate of Deposit 的缩写。——译者注

时机。

在公用事业板块中,我做得最成功的是投资于那些处于困境中的公用事业公司。在富达公司任职时,在"三英里岛"(Three Mile Island)灾难后,我们通过投资于通用公用事业公司为基金持有人挣了大钱,并通过投资于以下公司而为股东挣了更多的钱:新罕布什尔公共服务公司的债券、长岛电力公司、墨西哥湾诸州公用事业公司(Gulf States Utilities)以及现在已经更名为恩特奇公司(Entergy Corporation)的原中南公用事业公司。这让我们有了第20条林奇投资法则:

林奇法则

> 像人一样,公司因为两个原因而更改名称:要么是结婚了,要么是卷入了某个它们希望公众将会忘却的惨败中。

上述所有这些陷入困境的公用事业公司都在核电站问题上栽了跟头,或者在永远无法完工的核电站融资问题上马失前蹄,而公众对核电站的恐惧则导致了这些公司股票下跌。

总体而言,我在陷入困境的公用事业公司上的投资业绩好于我在陷入困境的其他公司上的投资业绩,其原因在于公用事业公司受到政府的监管。公用事业公司可能宣告破产,并且/或者取消分红,但只要人们需要电力,就必须找到让电力公司继续运行的办法。

公用事业公司的监管制度决定了公用事业公司向消费者收取的电力或者天然气费率、它们被允许获得多少利润以及经营失误成本是否可以转嫁到消费者身上。由于各州政府与公用事业公司的生存利害相关,因此,政府给陷入困境的公用事业公司提供资金以让它们渡过难关的可能性非常之高。

最近Natwest投资银行集团的3位分析师——凯瑟琳·拉利(Kathleen

Lally)、约翰·凯伦依（John Kellenyi）以及菲利普·史密斯（Philip Smyth）所做的研究引起了我的注意。我已认识约翰·凯伦依多年，他是一位很出色的分析师。

这些公用事业股分析师发现了他们称之为"陷入困境的公用事业公司周期"的现象，并提供了如下4个经历过这种周期的公用事业公司作为例证：统一爱迪生公司（Consolidated Edison），该公司在1973年的禁运中由于石油价格的暴涨而经历了现金危机；恩特奇公司，该公司身上曾压着一个它负担不起的昂贵核电站；长岛电力公司，该公司建造了一个核电站，却没有能够取得许可证；通用公用事业公司，该公司是"三英里岛"核电站二组的所有者，而该核电站发生过众所周知的可怕事故。

所有这4个陷入困境的公用事业公司的股票下跌到如此之低，下跌得如此之快，导致这些公司的股东也都深陷沮丧之中，而那些在恐慌之中抛售了股票的股东在看到股票价格后来反弹并上涨了4倍、5倍时，则更感沮丧，同时，那些买入了这些惨遭踩躏过的股票的投资者则在庆贺自己的好运。这再次证明：一个人的困境可能就是另一个人的机会。你有一段很长的时间来从这4个公司的反弹中获利，而根据这三位分析师的看法，这些反弹经历了4个清晰可分的阶段。

第一阶段：灾难突降。公用事业公司经历突如其来的收益损失，要么因为它们无法将巨额成本（统一爱迪生公司因为燃料价格暴涨而导致成本增加）转嫁到消费者身上，要么因为巨额资产（通常是核电站）被搁置，并且从费率基准中勾销。股票价格因而会相应地受到影响，并且在1~2年的时间中下跌40%~80%：统一爱迪生公司的股票价格从每股6美元下跌到1974年的每股1.5美元，恩特奇公司的股票价格从每股16.75美元下跌到1983~1984年的每股9.25美元，通用公用事业公司的股票价格从每股9美元下跌到1979~1981年的每股3.88美元，长岛电力公司的股票价格从每股17.5美元下跌到1983～1984年的每股3.75美元。对于那些将公用事业公司股票视为安全而稳定的投资的投资者来说，股票的这种下跌让人惊恐。

很快，陷入困境的公用事业公司的股票以其账面价值20%～30%的价位在市场上交易。公用事业公司的股票遭受这些打击是因为华尔街担心这些公司遭受的损失可能是致命性的，特别是在投资数十亿美元的核电站被关闭之后。华尔街的这种印象需要多长时间才能得以改变在历次灾难中各不一样。在长岛电力公司这一案例中，破产的威胁导致该公司的股票价格在长达4年之久的时间中都以账面价值30%的价位进行交易。

第二阶段，约翰等分析师称为"危机管理"。在这一阶段，公用事业公司试图通过削减资本开支以及采用紧缩的预算来应对灾难。作为紧缩预算的一部分，分红被削减或者被取消。局势开始表明，公司将渡过难关，但是股票价格尚没有反映出这种前景的改善。

第三阶段，即"财务稳定"。公司管理层成功地将成本削减到公司可以依靠从付费用户那里收取的现金而运行的程度。资本市场也许尚不愿意为任何新项目提供融资，公用事业公司也仍然不能为它的股东创造任何利润，但它们的生存已经不成问题。股票价格出现某种程度的反弹，并以账面价值60%～70%的价位进行交易。在第一阶段或第二阶段买入股票的投资者的财富增加了一倍。

第四阶段，"反弹终于到来了"！在这一阶段，公用事业公司能够重新为其股东创造一些利润，华尔街也有理由预期公用事业公司的盈利将增加，并将恢复分红。公用事业公司的股票现在以账面价值的价位交易。此后的情形将如何发展取决于两个因素：①资本市场的接纳状况，因为没有资本，公用事业公司就无法扩展其费率基准；②政府监管机构的支持与否，即监管者允许公用事业公司将多少成本以提高费率的方式转嫁到消费者身上。

图 16-1 ～图 16-4 显示了上述 4 个公司股票价格的历史走势。可以看出，无须为了大赚一笔而匆忙买入这些困境公司的股票。对每一个公司，你都可以等到危机已经缓和、世界末日论者已被证明错误之后才买入，这样仍然能在较短的时间内让你的投资增长 2 倍、3 倍，甚至 4 倍。

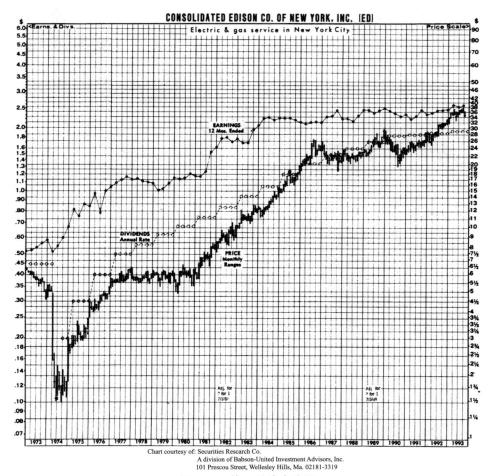

图 16-1　统一爱迪生公司

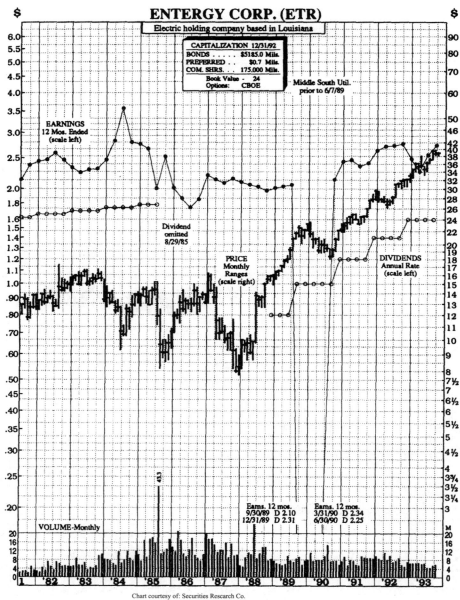

图 16-2 恩特奇公司

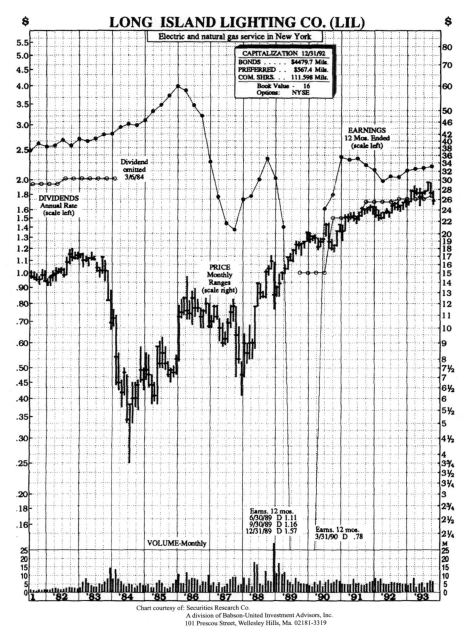

图 16-3 长岛电力公司

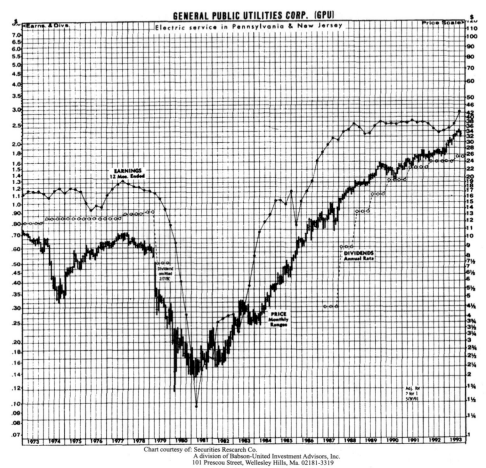

图 16-4　通用公用事业公司

你可以在公司取消分红的时候买入股票并耐心等待好消息的到来，或者在第二阶段第一个好消息已经到来之后买入。对于有些人来说，这一策略的问题是：如果股票价格下跌到 4 美元，然后又上涨到 8 美元，他们会认为自己已经错失了这一反弹。要知道，困境中的核电厂要恢复过来需要一段非常漫长的时间，你应该淡化自己已经错失在市场触底时买入的良机这一事实——此时我们需要在心理上稍做粉饰。

困境中的核电厂与歌剧的区别在于，困境中的核电厂更可能有一个令人愉快的结局。这为我们暗示了一条利用困境中的公用事业公司来谋取一笔不菲的利润的简单途径：在这些公司取消分红的时候买入它们的股票，持续持有这些股票直到公司重新分红。这是一个成功率极高的投资策略。

1991年夏天，NatWest投资银行集团的专家确认了另外5个处于不同反弹阶段的陷入困境的公用事业公司：墨西哥湾诸州公用事业公司、伊利诺伊电力公司、尼亚加拉–莫霍克公用事业公司、平纳克尔西部公用事业公司、新墨西哥州公共服务公司。所有这5个公司的股票价格都低于其账面价值，但在给《巴伦周刊》推荐股票的时候，我提及了另外一个公司，即CMS能源公司（CMS Energy）。

CMS能源公司就是以前的密歇根州消费者电力公司。在建造了中土（midland）核电站（该公司希望股东能忘记此事）之后，该公司改名换姓了。该公司的股票一直以每股20余美元的价格受到追捧，但随后在不到一年的时间中下跌到每股4.5美元，并在1984年10月分红被取消之后触底。

CMS能源公司是最近一个股票价格暴跌的公司，也是最近一个因为大意推测在核电站项目的整个开发阶段都批准了核电站项目的监管当局最终也会顺理成章地允许核电站投入运行，而设计并建造了一个昂贵的核电站的公司。美国各州的公用事业委员会似乎养成了一个习惯：一开始支持兴建核电站，直到所有者已投入全部资金——再想停止核电站项目为时已晚，然后在最后时刻，这些公用事业监管当局又撤销了这些核电站项目，并坐视公用事业公司惨遭失败。

当这种情形发生在CMS身上时，该公司被迫勾销了40亿美元的巨额资产以抵消没有获得运行许可的核电站的建造成本。正如华尔街预测的那样，对于CMS来说，破产已为期不远了。

然而CMS并没有破产，到20世纪80年代末，通过将无法使用的核电站改造为天然气电厂，CMS 将不利处境往最好的方向转化。这一转化（在 CMS 最大的顾客——陶氏化学公司的帮助下实现）代价高昂，但相比于眼睁睁地看着 40 亿美元的投资付之东流要便宜多了。改造后的电厂在 1990 年 3 月开始运行，发电成本是每千瓦 1600 美元，这一成本稍低于预算，而且电厂似乎运行良好。CMS 股票价格随后开始一路反弹，并回升到每股 36 美元——在 5 年之中上涨了 9 倍，但随后密歇根州公共服务监管委员会就公用事业公司的费率所做出的两个不利决定导致 CMS 股票价格下跌到每股 17 美元，而我就是在这一价位偶然发现这只股票的。

我是从丹尼·弗兰克那里听说 CMS 的事情的。丹尼·弗兰克是富达特殊情况基金的经理，他让数家处于困境中的核电厂得到了富达的关注。弗兰克透彻地分析了 CMS 的情形，认为 CMS 最近的问题主要是由于公用事业监管委员会的不友善行为导致的，这不足以成为 CMS 股票价格下跌 50% 的实质性理由。

1992 年 1 月 6 日，我和 CMS 的新总裁维克托·弗赖林（Victor Fryling）进行了交谈。数年前，当弗赖林还在能源/管道公司海岸公司任职时，我就认识了他。弗赖林提到了公司两个积极方面的进展。第一个方面是改造成天然气电厂后的中土电厂发电成本为每千瓦 6 美分，而通常情况下，新建煤电厂的发电成本是每千瓦 9.2 美分，而核电厂的成本为每千瓦 13.3 美分。中土电厂是低成本运行，这正是我所喜欢的类型。

第二个方面是密歇根州对电力的需求在上涨。该州对电力的需求已经连续上涨了 12 年，即使在 1991 年的经济衰退中，电力消耗量也比上年增加了 1%，而在电力消耗高峰日，CMS 只有 19.6% 的发电能力储备——在电力行业中，这一比例非常低。在中西部，为满足日益增长的电力需求而准备兴建电厂的寥寥无几，而建造一个全新的电厂需要 6~12 年的时间，此外，一些已运行多年的电厂也已经停止运营了。从经济学基础理论我们知道，当需求的增长速度超过供给的增长速度时，价格必定上升，而更高的价格必然会带来更多的利润。

不过 CMS 的资产负债表上仍然有核电站项目失败遗留下来的大量债务，为了将中土核电厂改造成天然气电厂，CMS 还发行了 10 亿美元的债券（我想这些债券持有人一定对 CMS 很有信心，因为从第一次发行后，该公司的债券价格已经上涨）。此外，CMS 还发行了 5 亿美元的优先债券，而让我感到高兴的是，10 年之内 CMS 不能赎回这一优先债券，这意味着 CMS 短期内不需要偿还这一大笔钱。当某个公司债务沉重时，你往往不希望这一债务很快就得到全部偿还。

CMS 有足够的现金流来支付债权人利息，通过研究 CMS 的资产负债表，我更确信这一点。我将该公司的收益与折旧相加，然后除以股票数量，得到每股现金流为 6 美元。由于 CMS 大部分设备都是新的，因此它无须花费大量的资金去维修设备，这样，折旧产生的资金可以用于其他用途，如：①回购公司股票；②进行收购；③增加分红。所有这些做法最终都会让股东获益，而如果是我，我会用这笔资金来做①和③。

我向弗赖林询问了 CMS 的现金使用计划。他说，CMS 准备将现金用于扩大天然气电厂的生产能力和改善传送线路的效率，这两项工作都将增加公司的发电能力。依据监管当局确定电费费率的公式，当电力公司增加 10% 的发电能力时，公司的收益会自动增长 10%。对股东来说，电力公司建造一个新电厂（一个至少取得了运行许可的新电厂）或者采取其他办法增加发电能力是一件再好不过的事情，因为发电能力增加，费率基准也会增加，而公司收益也随之增长。

弗赖林和我还讨论了最近在厄瓜多尔发现石油一事，发现石油的地域是 CMS 与科诺克（Conoco）石油公司联合拥有的，他们计划在 1993 年生产石油。如果计划能顺利进行，到 1995 年，CMS 公司每年将获得 2500 万美元的利润，这笔利润将使每股收益增加 20 美分。弗赖林还告诉我，最近一直亏损的电力集团（Power Group，CMS 的一个子公司，该子公司拥有数家并网发电的小电厂）可能在 1993 年开始盈利。

CMS 曾希望去长岛，帮助长岛电力公司将由于政治因素而一直闲置的肖勒姆核电厂改造为天然气电厂，这一合作计划在 1991 年失败了，但自始至终最让人失望的还是监管当局。

处于复苏的最后一个阶段的公用事业公司的发展，要求监管当局对它采取温和态度，并允许它将经营失误的成本转嫁出去，但密歇根州公用事业监管委员会采取的是不合作态度，该委员会连续做出了三个不利于公用事业公司的费率决定，并拒绝 CMS 按中土电厂所耗天然气的全部价款向消费者收取电费。

显然，CMS 有理由相信，密歇根州公用事业监管委员会的一位新近任命的成员可能更易于打交道——他只是比较温和的不友善，而非极端的不友善；鉴于该委员会的传统态度，温和的不友善就已经是一大改善了。该委员会自己的工作人员进行了一项研究，研究结果支持向 CMS 做出一些让步，而该委员会全体成员不久还将就这些让步进行投票表决。

如果 CMS 能够从该委员会那里得到一个从企业角度做出的合理决定，那么明年 CMS 将能获得每股 2 美元的收益（而华尔街的预期是每股 1.3 美元），此后，CMS 的收益还将稳定增长。当我在《巴伦周刊》上推荐 CMS 时，这一可能性正是我推荐它的理由。

同时我认为，看好 CMS 不仅仅是对密歇根州公用事业监管政策的赌博，长远来看，我认为无论该州公用事业监管委员会的态度如何，CMS 都将兴旺起来。CMS 强劲的现金流将会让它重返业绩坚挺的公用事业公司行列，而在 CMS 重返这一行列之后，它就可以重新以较低的利息借到资金。如果所有这些都以有利于 CMS 的方式解决，CMS 将能获得每股 2.2 美元的收益；如果不行，CMS 的每股收益将在 1.5 美元左右；但无论哪种情况，长远而言，CMS 都将兴旺起来。如果监管委员会限制它的收益，那么 CMS 可以将现金抽回用于增加发电能力，促进企业自身成长。在 CMS 股价为每股 18 美元，远低于账面价值的情况下，我认为买入 CMS 的股票将可能获得丰厚回报，而且不会有什么风险。

如果你不喜欢 CMS 能源公司，你也可以继续去研究不幸的新墨西哥州公共服务公司或者更不幸的图森电力公司（Tucson Electric）。可以肯定的是，这两个公司负责处理投资者关系的工作人员有的是时间与你高谈阔论（小结见表 16-1）。

表 16-1 小结

股票代码	公司名称	1992/1/13 股价（美元）
CMS	CMS 能源公司	18.50

| 第 17 章 |

山姆大叔的旧货出售：
联合资本公司 II 期

山姆大叔或英格兰女王出售旧货时，我总会尽力参与。在出售旧货方面，"并不那么大"的大不列颠⊖远远走在我们前面——它已经出售了从自来水厂到航空公司的各种物品。但如果我们自己的赤字开支以现在的水平继续下去的话，未来的某天，仅仅为了支付国债利息，我们可能就不得不将国家公园、肯尼迪航天中心，甚至白宫玫瑰园私有化了。

私有化是个奇怪的概念。你将属于公众的物品拿来，然后再卖给公众，该物品此后就是私人所有了。从实用的角度看，了解私有化的用处在于每当美国或者英国通过出售股票的方式将东西私有化的时候，对于买主来说，这通常是不错的交易。

这其中的原因不难想象。在民主国家，私有化企业的买主就是选民，而政府为了要重新当选已经麻烦一大堆，更别说那些要应付大批投资于电话公司或天然气公司而遭受损失并因此而牢骚满腹的投资者了。

1983 年，在最初进行的两次私有化——英国石油公司（Britoil）与阿姆斯罕姆公司（Amersham）的私有化中，因为股票定价过高而随后股票价格下

⊖ 指英国。——译者注

跌导致投资者普遍不满后，英国政府吸取了这一教训。此后，英国政府对私有化企业股票的定价都会使投资者几乎不可能亏损，至少在私有化初期不会亏损。英国电信公司（British Telecom）股票的价格在一天之内上涨了一倍，300万英国人将该公司的股票抢购一空——难怪托利党至今还在英国当政。这让我们得出第21条林奇投资法则：

---------- **林奇法则** ----------

不管英国女王在卖什么，买！

数年前，一队英国人来到我在富达公司的办公室，向我提出了一个很有诱惑力的交易建议。他们自我介绍说是××议员、××爵士。他们还带来了一大本厚厚的东西，原来是一批即将被私有化的英国自来水公司的招股说明书。该招股说明书如同限量发行的珍本书籍一样编好了页码，封面上打印着这些即将被私有化的公司的新名称与公司名牌：Northumbrian 自来水公司、Severn Trent 自来水公司、Yorkshire 自来水公司、Welsh Water PLC 等。

尽管麦哲伦基金已经从英国电信公司（British Telecom，该公司公开上市的规模在当时是世界历史上最大的）与英国航空公司（British Airways）的公开上市中获取了巨额收益，但对这些自来水公司私有化中所蕴涵的利益我毫无准备。如同全世界各地的自来水公司一样，这些公司都是垄断公司。持有垄断公司的股份永远是件让人惬意的事情，在将它们私有化之前，英国政府已经承担了这些自来水公司先前的大部分债务。

这些公司将在毫无债务的情况下被私有化，而且英国政府将给它们提供额外的资金，这些额外的资金如同一笔"嫁妆"，帮助这些公司顺利起步。这些公司准备进行一项为期10年的自来水系统更新项目，这一项目所需资金的一部分将来自政府的"嫁妆"，其余所需资金将来自提高自来水费而获得的收入。

在我办公室举行的会谈中，这些自来水水霸告诉我，英格兰的自来水费太低（每年 100 英镑），即使将费率加倍，消费者也不会有反对——他们反对也奈何不了什么，除非他们停止用水，而这是不可能的事情。英格兰对自来水的需求量每年以 1% 的速度增长。

如同汽车、组合音响或地毯一样，这些新发行的自来水公司股票可以用分期付款的方式认购。你可以先支付 40% 的首付，其余的可以轻松地分两次付清，一笔是在 12 个月内支付，另一笔是在 20 个月内付清。英国政府曾以这种方式发行英国电信公司的股票，并将以这一方式发行的股票称为"部分支付股"（partially paid shares）。英国电信公司的股票以每股 30 美元的价格公开发行时，投资者所要支付的就是 6 美元的首付，然后，在股票价格上涨到 36 美元的时候，投资者就可以卖掉股票，从而让他的资金增长一倍。

在英国电信公司公开发行股票的时候，我没能理解"部分支付股"这一概念的含义，我认为是股票价格上涨得太快了。在我终于弄清了"部分支付"这一特征的好处之后，我发现投资者的认购狂热有充足的理由。如下所述，自来水公司的股票也以同样的方式公开发行。

除了允许你以分期付款的方式认购外，这些自来水公司当年就支付股票价格 8% 的红利。至少在一年中，你可以从以 40% 的首付买入的股票上获得其全部股票价格的 8% 的红利，这样，在第一年中，即使股票价格没有任何变动，你仍然可以从自己的投资上获得 20% 的回报。

很容易理解英国自来水公司股票如此受欢迎的原因。在进行首次公开发行之前，美国的基金经理与其他机构投资者就获得了配额。我认购了分配给麦哲伦基金的所有配额，并且当这些股票在伦敦股票交易所上市交易后，在 IPO 后市场中买入了更多。此后 3 年内，由这 5 个自来水公司股票组成的资产组合的价值翻了一番。

在公开发行后的 6 个月至 1 年中，其他向公众出售的英国公司的股票业绩与自来水公司股票业绩一样出色，甚至更好。这样我们就有了另一个"怎么办"基金（what-if fund），即英国女皇旧货出售基金（Queen's Garage Sale Fund）。任何美国投资者都可以用表17-1中的股票组建一个资产组合，并获得表中所显示的投资回报。

表 17-1 英国女皇旧货出售基金

公司名称	股票发行日期	一年后股票价格上涨率（%）
英国航空公司	1981/2	103.0
英国天然气公司	1986/12	194.0
英国钢铁公司	1988/12	116.0
英国电信公司	1984/11	200.0
Northumbrian 自来水公司	1989/12	75.9
Severn Trent 自来水公司	1989/12	54.6
Welsh 自来水公司	1989/12	76.9
Yorkshire 自来水公司	1989/12	74.4

注：依据在美国市场上交易的股票价格。
资料来源：DataStream.

每次电话公司私有化时，不管是哪个国家——菲律宾、墨西哥或者西班牙的电话公司私有化，股东都获得了一生一遇的回报。全球的政界人士都致力于改善电话服务，而在发展中国家，对电话的饥渴性需求使电话公司以每年20%～30%的增长率在增长。购买电话公司的股票让投资获得的是小规模增长公司的增长率、蓝筹公司的规模与稳定性以及垄断公司确定无疑的成功。如果你错过了在1910年认购美国电报电话公司股票的机会，你可以在20世纪80年代后期认购西班牙与墨西哥的电话公司股票来加以弥补。

麦哲伦基金的持有者在对墨西哥电话公司的投资中挣了大钱。你无须亲身前往墨西哥电话公司，就可以知道财源就在眼前。墨西哥政府知道，其他经济部门要发展，就必须先改善电话服务，电话如同道路一样重要。墨西哥政府也知道，没有资本充足、管理良好的电话公司，电话系统就不可能让人满意，而且，如果不让股东获得可观的利润，就不可能吸引到资本。

下面是另一个很不错的"怎么办"基金（见表17-2），即发展中国家（地区）电话公司基金（Telephones of the Emerging Nations）。

表17-2　发展中国家（地区）电话公司基金

公司名称	增长率（%）	投资时期
智利电话公司	210.0	1990年7月～1992年9月
墨西哥电话公司	774.8	1990年7月～1992年9月
（中国）香港电信有限公司	72.3	1988年12月～1992年9月
西班牙电话公司	100.0	1987年6月～1992年9月
菲律宾长途电话公司	565.0	1990年1月～1992年9月

注：依据在美国市场上交易的股票价格。

到1990年，全球私有化公司上市的金额达到了2000亿美元，而更多的公司将通过私有化上市。法国已经将电力公司与铁路系统私有化，苏格兰卖掉了水电厂，西班牙与阿根廷已经将它们的石油公司出售，墨西哥则将航空公司私有化了。未来的某天，英国的铁路与港口、日本的子弹头火车、韩国的国营银行、泰国的航空公司、希腊的水泥厂、葡萄牙的电话公司可能都会私有化。

美国没有像其他国家那样进行那么多的私有化，因为美国本来就没有什么可以进行私有化的。美国的石油公司、电话公司与电力公司本来就是私有的。美国最近进行的最大规模私有化就是将Conrail铁路公司，即联合铁路公司（Consolidated Rail Corporation）私有化。Conrail铁路公司是通过将Penn Central公司与美国东北部另外5个已经破产的铁路公司的残余部分合并而组建起来的。美国政府曾经营Conrail铁路公司数年，连年亏损。直到里根政府认为，将Conrail铁路公司私有化是终止该公司继续向政府寻求"施舍"的唯一办法，而当时，美国政府已经向Conrail铁路公司投入了超过70亿美元的资金。

在美国政界，有些派别主张将Conrail铁路公司卖给现有的另一家铁路公司，其中诺福尔克南方公司（Norfolk Southern）是可能性最大的买家。但国会中的各派经过艰难的角力之后，一项将Conrail铁路公司向公众出售的方案占了上风。1987年3月，Conrail铁路公司进行了美国历史上规模最大的公开发行，其公开上市金额为16亿美元。美国政府花了一笔不菲的资金对该铁路公司进行包装，更新了铁轨与设备，并注入了资金。Conrail铁路公司股票的发行价格为每股10美元，而在我写作本书的时候，该股票已价值46美元每股。

在庆祝Conrail铁路公司成功私有化的聚会上，里根总统打趣地说："这下好了，那我们什么时候出售田纳西河谷水利公司（Tennessee Valley Authority，TVA）呢？"当然，美国政府从来没有认真考虑过将田纳西河谷水利公司私有化，但如果美国政府真的考虑将它私有化，我会排队等候索取招股说明书。曾经有过将美国全国铁路客运公司（Amtrak）以及加利福尼亚与怀俄明州的海军石油储备私有化的议论。如果真的这样，我也将排队等候索取招股说明书。也许未来某天，美国政府会将国家美术馆或者海军陆战队乐队，又或者尼亚加拉瀑布也私有化。

结果是，在我为《巴伦周刊》推荐股票的时候，市场上并没有出现令人兴奋的新私有化交易。我所关注的已私有化了的公司，例如墨西哥电话公司（原塔科贝尔公司）和西班牙电话公司（原Flamenco Bell公司），在上一年中股票价格大幅上涨，而且似乎上涨得太快。这是否意味着投资者在1992年不可能从政府的免费派送中获利呢？答案是，只要清贷信托公司（Resolution Trust Corporation，RTC）还在，投资者就有办法获利。

我们已经讨论过如何利用储蓄贷款协会的烂摊子获利。办法之一就是购买那些经营良好的，并正在收购已经破产的其他储蓄贷款协会的分支机构及其存款的储贷协会股票。另一个办法就是购买一只名叫联合资本公司Ⅱ期（Allied Capital Ⅱ）的股票。

联合资本公司是为数不多的公开上市交易的风险投资公司之一。它提供贷款，主要是给小公司提供贷款。作为回报，它得到的是相对比较高的利息以及某项权利（股票期权、认股权证等），这项权利让联合资本公司在它所投资的企业取得成功的情况下，可直接拥有一定的股份。这一投资策略非常成功：在联合资本公司Ⅰ期于1960年公开发行时，如果以1万美元购买，那么这一投资现在的价值已高达150万美元。

联合资本公司创业贷款的一个实实在在的结果就是我在马布尔黑德的卧室中的空气净化器。这一令人惊奇的设备将我卧室中的微尘清除得如此干净，以至于我卧室中的空气质量可以与基因工程实验室中的空气质量相媲美。我给我的岳母和秘书各送了一套空气净化器，这样她们也可以清除自己房间中的灰尘。这种空气净化器是由一个名叫环境关怀（Enviorcare）的高科技公司生产的。除了贷款之外，联合资本公司目前已经持有环境关怀公司很大比例的股份。

最近，联合资本公司的管理者决定再次募集资金进行投资。通过发行联合资本公司Ⅱ期股票，他们创建了第二个资金池（金额为9200万美元）。目前，联合资本公司Ⅱ期股票在柜台市场上交易。联合资本公司Ⅱ期的经营理念与联合资本公司Ⅰ期一样，联合资本以自有资金做抵押进行融资，即联合资本公司Ⅱ期就是以自有的9200万美元做抵押，再融资9200万美元；联合资本公司Ⅱ期的资金池现有资金1.84亿美元，然后该公司再利用这1.84亿美元收购贷款。例如，收购利息为10%的贷款，如果联合资本公司Ⅱ期自己的借款成本为8%，而它收购的贷款支付10%的利息，那么它就可以为公司股东创造一笔可观的利息差，此外还有上述偶尔得到的权利。联合资本只有有限的几个雇员，其经营成本很低。

联合资本公司取得成功的关键是公司管理层具有出色的回收投资的能力。与银行家不同，联合资本公司管理层在选择将资金借给谁的问题上非常挑剔，而且在借款人需要交付多少抵押物问题上要求也非常苛刻。据说联合资本公司将利用它的资金池中的部分资金收购清贷信托公司（RTC）的贷款。

我们通常认为 RTC 是一个销售如下产品的公司：公寓、高尔夫球场、镀金餐具、价格昂贵的艺术品以及已破产的储蓄贷款协会主人曾拥有的公务飞机等。但 RTC 也出售这些荒唐而愚蠢的储蓄贷款协会前主人所做的贷款。在众多质量低劣的储贷协会贷款资产中，事实上一些向那些声誉良好并提供了可靠抵押物的借款人发出的贷款，质量并不差。

华尔街的投资公司与大银行已经收购了那些金额在百万美元以上的储贷协会贷款，但 RTC 却不那么容易卖掉金额为 100 万或以下的储贷协会贷款。联合资本公司就是为了收购这类贷款而决定参与拍卖的。

我给联合资本公司打了电话，以确认当初管理联合资本的团队是否就是现在的管理层。我得到的答案是肯定的。联合资本公司 II 期的股票以每股 19 美元的价格在市场上交易，还有 6% 的分红，投资于联合资本公司 II 期似乎是一条将储贷协会的惨败向有利方面转化的简单途径。为给需要紧急援助的储贷协会提供资金，我们大家都缴纳过税费，而投资于联合资本公司就是一个赚回这些钱的好机会（小结见表 17-3）。

表 17-3 小结

股票代码	公司名称	1992/1/13 股价（美元）
ALII	联合资本公司 II 期	19.00

| 第 18 章 |

我的房利美公司纪事

1986年开始每年我都给《巴伦周刊》推荐房利美公司，可能都有点让人感到厌烦了吧。1986年我称赞它为"美国境内真正最具价值的公司"，因为我注意到房利美的员工人数是富达投资公司的1/4，而利润却是富达公司的10倍。1987年我又吹捧它为"终极储贷社"。而在1988年我对它的评价则是："这个公司比一年前还要好得多，而股价却反而低了8个百分点。"到了1989年，一次艾伦·埃布尔森问我："你最喜欢的股票是什么？"我回答："还是那个你听我说过的联邦国民抵押贷款协会。"

我办公室的纪念桌上摆的除了家庭照片外，就是一张房利美总部的照片。这绝非偶然，想起那个地方让我心情舒畅，况且它的股票价格如此之棒，所以这里理应有它的一席之地。

在我管理麦哲伦基金的最后3年中，房利美一直是该基金投资组合中的头仓——达5亿美元总市值。富达系的其他基金也都大量持有房利美。仅仅通过这一个公司的股票和权证（一种以固定价格在将来规定的时间购买或卖出其标的股票的权利的凭证，分别称为认购权证和认沽权证，这里只指认购权证），富达和它的客户在1980年的收益就超出了10亿美元。

我正准备把这项结果提交给吉尼斯世界纪录：这是金融史上一个基金系只靠一个股票获得的最大收益。

那么房利美获得巨大成功是不是显而易见的呢？事后观之，是的。但是一个公司不会提醒你买它的股票，而且总有让人担心的事情存在，也总会有受人尊崇的投资专家告诉你你是错的。你必须更好地知道事情的真相，并且能持之以恒。

一个能超预期发挥的公司，首先其价值必须被严重低估，否则你的买入价就可能已经过高。如果市场上的流行观点都比你的观点悲观许多，那么你必须不断核实真实情况，确保自己没有盲目乐观。

事物总在不断变化着，不是变得更好就是变得更坏，而你必须紧随变化适时调整策略。对于房利美，华尔街的投资者都忽视了这种变化。老房利美给人留下的糟糕印象还历历在目，人们看不见正从眼前崛起的新房利美。我看到了，虽称不上一眼洞悉，但还算得上及时，我凭借2亿美元的投资获得了6倍的收益。以下就是我的"房利美纪事"。

1977年

这一年，我第一次购买了这个股票，当时它的价格才5美元。对于这个公司我知道些什么呢？它是一家1938年成立的公司，政府所有，1960年私有化。它在经济生活中的功用是为房贷市场提供流动性，具体方式就是从银行或储贷社购买抵押合约。公司的座右铭是"短借长贷"。房利美以相对较低的利息借入资金，然后用它们买入抵押合约长期持有，并收受较高的固定利息，从中赚取差价。

这种运作策略在利率下降的时候效果较好。房利美在那一段时间获利甚丰，因为资金的借入成本正在下降，而从利率固定的抵押合约投资组合获得的收入却是恒定不变的。但是后来利率上升了，资金借入的成本随之上浮，房利美亏损严重。

我买入该股几个月后就抛空了，还有一点小收益。我看到利率正在往上涨。

1981 年

房利美公司与《宝林历险记》(*The Perils of Pauline*) 中的女主角有许多共同之处：它试着逆转曾经遭受的厄运。公司在20世纪70年代中期买进的长期抵押合约的支付利息是8%～10%，而短期贷款利率已经冲高至18%～20%。借入利息18%而借出利息却只有9%，长此以往，公司何以持久？投资者当然都明白这些，所以在1974年每股售价9美元的股票一下子跌到了2美元一股的历史低点。

那是一个极不寻常的时期。在那时，房产所有者会说："我的房子很好，但是抵押贷款也很划算。"纵使窗户外边是垃圾矿渣一大堆，人们仍然不愿乔迁新居。看在划算的抵押贷款合约的份上，他们纹丝不动。这对银行极为不利，对房利美更是噩梦。公司要倒闭的谣言四起。

1982 年

就在我的眼皮底下，房利美正经历着一场至关重要的角色转变，有少部分人注意到了。格兰托尔经纪公司（Gruntal & Co.）的分析师埃利奥特·施奈德（Elliot Schneider）可算是世界上最尽心尽职的房利美公司的守望者了，他曾向他的客户预测："房利美会变成那种你乐于带给父母瞧的姑娘。"

我们都知道，这家公司盈利靠的是利率差，这样的公司上一年损失数百万,下一年又可能反过来获利数百万,非常难以预测。不过房利美正在努力使自己脱胎换骨,公司启聘了戴维·马克斯韦尔(David Maxwell)。马克斯韦尔是一名律师,早先在宾夕法尼亚州做保险事务专员,他很早就成立了自己的抵押保险公司并获得了成功,他对这个行业很熟悉。

马克斯韦尔下决心要停止房利美的业绩继续疯狂动荡的状况,他想让公司转变为一个成熟稳健、收入有保障的公司。他希望采取的措施有两条:①停止"短借长贷";②模仿"房地美"(Freddie Mac)。

房地美以前叫作联邦住房贷款抵押公司(Federal Home Loan Mortgage Corporation),它也是由联邦政府创办成立的。它的业务是专门从储蓄贷款协会购买住房抵押合约。房地美于1970年成为上市公司。除了简单地购买房产抵押合约并持有它们外,房地美逐渐想出了一个新点子:打包抵押房产权。

这个点子很简单:买入一批房产抵押合约,捆绑它们,然后把打包好的房产合约再次出售给银行、储贷协会、保险公司、大学或者慈善机构等。

1982年房利美拿来了房地美的点子,并且马上开始了房产抵押合约的打包工作。假定你的房子的住房贷款来自银行A,银行A会把你的房产抵押权出售给房利美,房利美继而把这项抵押权和其他抵押权捆绑在一起,构建成一个"住房抵押担保证券"。房利美可以把这种住房抵押担保证券出售给任何人,甚至可以回售给引起捆绑包中部分抵押的银行。

房利美的这项业务的效果相当好。住房抵押是它的投资组合的重要内容,通过出售这些抵押权,它把利率变动的风险转嫁给了新买主。

这种打包服务在银行圈内非常流行。在住房抵押担保证券问世之前,银行和储贷协会总被不计其数的零碎住房抵押折腾得够呛。管理好它们很不容易,在紧要关头顺利出售它们更不现实。现在好了,银行可以把所有这些零碎住房抵押权出售给房利美,然后用获得的收入提供更多的抵押贷款,这样它们的资金永远不会枯竭。如果它们仍然想要拥有住房抵押,那么还可以仍从房利美那里买入一些住房抵押担保证券。

这样不久就形成了一个住房抵押担保证券的市场，它们可以即时交易，与一份股票、一张期货合约，或者在莫斯科买卖一瓶伏特加没什么两样。上千的住房抵押，之后是上万的住房抵押被转换成抵押贷款的合约组合。你可能觉得这不过是个小发明，但它的目标却是形成年营业额3000亿美元的庞大行业，比巨无霸的钢铁行业、煤矿行业和石油行业还要庞大。

但在1982年我还是只把房利美看作一个会玩利率游戏的普通公司而已。在我的职业生涯中我第二次购买了它的股票，因为利率又在下降。我在1982年11月23日给公司打过电话之后我做了如下注解："……我估计每股收益能到达5美元。"那年公司股价以典型的房利美方式开始了反弹，每股从2美元一直涨到9美元。这是周期性公司的发展模式：公司在1982年巨额亏损，但随着投资者对下一个黄金时期的预期的升温，股价暴涨4倍。

1983年

我在2月给公司打电话时，公司在住房抵押担保证券业务上的销售额是每月10亿美元。我感觉房利美有点像银行，但比起银行又具有明显优势。银行的一般管理费用要占到2%～3%，房利美只需支出0.2%的一般管理费用就足够了。它不拥有软式小飞艇，它不分发面包烤炉，它不给影星菲尔·里祖托（Phil Rizzuto）送钱在电视上做广告推销住房抵押担保证券。它的整个薪金名册仅仅围绕分布在4个城市的4栋办公楼里的1300名员工而已。美国银行（Bank of America）拥有的支行和房利美拥有的职工一般多。

由于房利美是一家准政府机构，它能够以比其他银行、IBM、通用汽车或者其他各类公司更低的利息获得资金。例如，它可以借到利息为8%的15年期贷款，然后用这笔资金购买利息为9%的15年期住房抵押合约，从中赚取 1% 的差价。

美国其他银行、储贷协会或者金融公司都不可能依靠 1% 的差额获得利润。这听起来似乎不多，但是额度为 1000 亿美元的贷款的 1% 的差额仍然有 10 亿美元之多。

房利美已经开始着手摆脱那些 20 世纪 70 年代中期以很高的利率买进的长期抵押合约的投资组合了，他们称之为"凿刻花岗岩块"，需要有愚公移山的精神和手段。随着新的住房抵押权的买进，房利美会逐步替换掉高利息的住房抵押权。但它依然持有高达 600 亿美元的这种不良住房抵押权，平均收入 9.24% 的利息，但付出的平均成本却高达 11.87%。

公司发展到这个时候，已经受到了美林金融集团的托马斯·赫恩斯（Thomas Hearns）、贝尔斯登公司（Bear Stearns）的马克·阿尔珀特（Mark Alpert）以及韦尔特海姆公司（Wertheim）的克林根斯坦（Klingenstein）的注意。许多分析师开始对它啧啧称好。他们看到利率水平的进一步下降会"引爆利润的增长"。

在 8 个季度的不间断亏损之后，实际上房利美在 1983 年已经开始扭亏为盈。但是股价在原地踏步。

1984 年

这个股票占了麦哲伦基金资产的 0.1%，这样的份额已经很重了。极少的份额就能让我时刻和公司保持联络。后来我开始小心翼翼地增仓，到年底该股就占了整个基金资产的 0.37%。不过股票价格又跌到了原来的一半，从每股 9 美元跌到每股 4 美元，这还是那种典型的老房利美的模式——利率升高收益下挫。看来住房抵押担保证券的收益还不敌"花岗岩块"的沉重负担。

为了将来能摆脱这种困境，房利美开始为贷款量身定做借款额。它不再以尽可能低的利息借入短期资金，转而开始以稍高的利息发行3年、5年和10年期的债券。这增加了房利美的资金成本，损害了短期收益，但是若以长远的眼光来看，公司可以少受利率波动的影响，彻底避免过去的不幸再次来袭。

1985年

这一系列的措施使我看到了一线曙光。住房抵押担保证券将来能成就一个庞大的市场，房利美现在每年打包230亿美元的住房抵押权，是1983～1984年的两倍。大"花岗岩石块"的大块片层正被凿落。管理层开始区分谈论"新投资组合"和"旧投资组合"。现在公司的主营业务包括两大部分：包装并出售住房抵押权以及买入并持有住房抵押权。

一个新的恐惧悄悄潜入：不再是利率，而是得克萨斯州。那里疯狂的储蓄贷款协会不断贷款给繁荣的油田开发。休斯敦那些获得现付5%的抵押贷款的人们开始把钥匙留于门上，径自离开这些曾经的居所和抵押合约。房利美拥有很多这样的住房抵押合约。

5月我拜访了位于华盛顿的公司并和戴维·马克斯韦尔进行了谈话。我获悉，几个做按揭业务的重要对手已经出局；随着买卖抵押权的竞争对手的减少，贷款的获利边界得到了扩展，这将大大提高房利美的收益水平。

由于房利美业务进展神速，我斗志昂扬，所以我买进了更多的股票——此时该股市值占基金总资金的2%，成为十大重仓股之一。

7月伊始，我给投资者关系部的保罗·帕坎（Paul Paquin）打去电话以获取最新信息。我办公室电话账单上最频繁出现的两个电话号码就是房利美公司的号码和我在马布尔黑德家里的号码。

对于一个有风险但又有前途的股票，有一个关键问题不得不问：如果一切顺利，我能获得多少收益？风险与收益的天平更向哪一边倾斜？我根据计算得出，如果房利美能用住房抵押担保证券获得的利润支付企业一般管理费用，并从1000亿美元的投资组合中获得1%的收益，那么公司每股收益将能达到7美元。如果以1985年的价格计算，股票的市盈率是1倍。如果一个公司一年的收益就能抵消掉为此花费的每股价格，那么它的股票就可以说是物超所值了。

我刚开始涉及房利美公司时总会一页一页地记下和公司人员的探讨内容，现在我对公司已经非常熟悉，每次的谈话略略记下最新进展就可以，一页纸足够了。

房利美在1984年每股损失87美分，在1985年每股又盈利52美分。股票价格从每股4美元反弹到每股9美元。

1986年

我抛出了一小部分，现在投资房利美的资金占整个基金的1.8%。华尔街仍然在担心得克萨斯以及插在门上的钥匙。下面是我在5月19日的笔记，它记录了公司较大的进展：房利美已经售出了100亿美元的"花岗岩块"，现在只剩下300亿美元这类不良贷款了。第一次我告诉我自己："即使只考虑公司的住房抵押担保证券业务，它的股票也值得买进！"

同时公司也正在执行另一项措施：房利美强化了新抵押贷款的借贷标准。这被证明是很明智的一项举措，在之后的一次经济萧条中它很好地保护了房利美。虽然像花旗等银行正在让住房贷款的办理变得越来越容易，手续越来越简便，甚至产生了无文档按揭贷款、弱文档按揭贷款以及简易型按揭贷款，但是房利美却反其道而行之，它让贷款的申请变得困难重重。房利美不想重蹈得克萨斯的错误，得克萨斯现在也正在吸取教训，不得不大力推进严格审核的按揭贷款服务。

房利美的污点和瑕疵掩盖了其住房抵押担保证券的优越之处。随着国家再融资需求的不断增长，这项业务必然会得到发展。即使新住房不再出售，按揭业务也仍然会发展。老住户总要搬出老住房，新住户又要采购老住房，于是新的按揭贷款合同又要继续签署。许多这类需求都要通过房利美的住房抵押合约打包服务得到实现，而房利美就可以从中赚取一定的手续费。

公司已经对自己进行了重新塑造，正如托马斯·克林根斯坦在1983年的预言所料，公司已经处在爆炸式发展的前夜。但是大部分证券分析师现在仍旧持有悲观看法。蒙哥马利证券公司（Montgomery Securities）告诉它的客户："房利美和我们研究的其他一般储蓄银行相比已经有所高估。"但它是一般储蓄银行吗？蒙哥马利继续发表看法："最近石油价格大跌，这对公司投资于该区（西南）的185亿美元的抵押贷款有负面影响。"

房利美正在竭力凿除大"花岗岩块"，它再次卖出了100亿美元的不良抵押债权。

在1986年的最后5个月中，股价从每股8美元上涨到每股12美元。公司当年的每股收益是1.44美元。

1987年

这一年中麦哲伦基金在该股上的投资额比重维持在2%～2.3%。股票先从每股12美元震荡上行至每股16美元，后又回抽到12美元，又上涨到16美元，然后受到"10月大回落"的影响，股价急挫，一直跌到每股8美元。没有定力的股市观察家开始迷惑了。

以防万一，我决定事先探个究竟。在2月的股东大会上我和4位房利美的管理人员进行了讨论。我得知房利美因贷款违约而获得的抵押房产还在继续增加。房利美在得克萨斯获得了大量房产，成了得克萨斯州最大的房产巨擘。

公司有 38 名雇员在休斯敦专门销售这些房产。公司为了从违约债务人处获得房产必须支出上百万美元的手续费用，然后为了让这些房产好看些，还要雇人进行割草和粉刷，然后花钱维护这些被遗弃的房产，直到找到买家为止；这些又得花费上百万美元的费用，而且那时的买家的确不好找。

阿拉斯加的房产市场也已经恶化。所幸房利美在阿拉斯加的房产市场规模很小。

在我看来，这些不足都可以被住房抵押担保证券的成功所弥补——每年打包出售的房产抵押债权价值达 1000 亿美元。同时，房利美还解决了利率波动的问题。它已经脱离了周期性公司的魔咒，它开始变得和百时美公司或通用电子相似了，业绩稳定增长，收益可以预测。但是它的发展比百时美公司要快得多，它的每股收益从 83 美分一跃而至 1.55 美元。

10 月 13 日，也就是股市大回落前不久，我再次拨通了公司的电话。首席执行官戴维·马克斯韦尔给了我一段有趣的论述，也肯定了我的猜想。他说："如果利率上涨 3 个百分点，房利美的收益只会下降 50 美分。"这对于老房利美是难以想象的。这是和以往划清界限的分水岭——公司透露给我们的信息是转型已经大获成功。

和其他公司的股票一样，10 月 19 日房利美公司的股票跌得惨不忍睹。投资者惊慌失措，评论家预测世界末日就要来临。随着房利美的房产没收率继续升高，其 90 天逾期还贷率正在下降，这给了我一点宽慰。由于贷款拖欠是导致房产没收的根由，所以拖欠率的降低反映了房利美已经度过了最糟糕的那段时期。

我给自己制定了更为宏大的蓝图，好公司的股票永远值得珍藏。我相信房利美是一家好公司，所以事情再坏又能坏到哪里去呢？经济会从短暂的衰退变成持久的萧条？要是那样，利率会下降，房利美可以以较低的短期利息率再筹得负债资金，从而受益。只要人们继续支付按揭贷款，房利美公司就会是这个星球上留下的最后一个有利可图的公司。

随着世界末日的迫近，人们将不再支付按揭贷款，房利美会随着银行体系以及所有其他体系的崩溃而一同没落，但这个过程的完成不在朝夕之间。人们愿意放弃（显然，休斯敦除外）的最后一样东西就是他们的房子。在这文明世界的黎明，我想不到还有什么能比房利美公司的股票更值得投资。

房利美公司也一定会赞同我的看法。大回落股灾之后，公司宣布准备回购 500 万股股票。

1988 年

买入股票的理由多种多样，买入时的心态也各有微妙的差异，但不管怎样反正都是要买入。有因为"还有其他什么我可以买的吗"而买入；有"或许这个股票能行"而买入；有"现在买以后卖做个低吸高抛"而买入；有"为了你的岳母"而买入；有"为了你的岳母，为了所有的叔叔、婶婶、堂表兄弟姐妹"而买入；有"卖房也要把钱砸进来"的买入；有"卖房、卖船、卖车、卖烤炉豁出去"的买入；有"卖房、卖船、卖车、卖烤炉，并且坚持你的岳母、叔叔、婶婶、堂表兄弟姐妹也这么做"的买入……这就是人们当时疯狂买入房利美公司股票的真实写照。

我进一步加大了麦哲伦基金在这个股票上的仓位，1988 年全年大部分时间维持在 3% 左右的资金比例上。公司该年度的每股收益从 1.55 美元上升到了 2.14 美元。公司在严格的新标准下发放的住房贷款已经占到了整个投资组合的 60%。

从 1984 年开始房利美公司没收的房产储量也第一次进入了下降通道。

不仅如此，政府也制定了按揭贷款行业的新会计准则。在此之前，按揭贷款的还款一到账就马上计为收入。公司可能上个季度收到1亿美元的还款，下一个季度却只能收到1000万美元的还款。这种会计体系造成了房利美公司每季度收入的严重起伏，公司季报的收入锐减时常发生。这可吓坏了投资者，时不时就导致股价滑铁卢。

在新会计准则下，还贷费用必须根据每一次按揭贷款的生命期平均分摊计算。自这些法规生效后，房利美再没有哪个季度收入突然严重下降过。

1989 年

我发现伟大的投资家沃伦·巴菲特持有该公司220万股股票。我和公司进行了好多次交流。6月，公司的不良资产处置有了重大进展。关于科罗拉多州的贷款违约只留下一些小问题尚待解决，不过得克萨斯州的问题已经得到了彻底解决。简直是奇迹中的奇迹：休斯敦的房价竟在不断上涨。

《国家住房抵押贷款拖欠情况调查》（*National Delinquency Survey*）也算是我的一种休闲读物，我从中了解到房利美公司的90日拖欠率又得到了进一步下降，从1988年的1.1%下降到1989年的0.6%。我又去查看了"住房平均价格"的统计数据，发现房价不但没有崩溃，恰恰相反，它们又和往常一样开始上涨了。

这是我把货车塞满的一年。"塞满货车"是华尔街的一个行业术语，意思是倾其所有买进看好的股票。现在麦哲伦基金4%的资金都投资到了房利美的股票上，随着年末的到来，这个比例一度到达5%的界限。这可是我前所未有的最大投入了。

房利美现在打包的住房抵押担保证券总额达到了2250亿美元。它可以从这项1981年还不存在的打包业务上获得高达4亿美元的利润。此时世界上还没有一家储蓄贷款协会希望拥有住房抵押权，它们统统卖给了房利美或者房地美公司。

最终，华尔街看似接受了这个观点：这家公司能以 15% ～ 20% 的增长率继续成长。股价从每股 16 美元上涨到每股 42 美元，一年的时间内涨到了原来的 2.5 倍。正如股票市场上经常发生的那样，经过几年的耐心等待，在一年中获得了全额的回报。

按照这个相对高价计算，房利美的股票市盈率是 10 倍，所以它还是被低估了。12 月的《巴伦周刊》上发表了一篇有关房市的负面文章，文章题目是"坍塌中的城堡"。文章的收尾语是："房产市场的衰退隐含着不祥的征兆。"插图表现的是一栋二层房子，门前的标牌以恳求的语气写道："出租、出售，能出手怎么都行！"

如果不是因为那种苟延残喘的房产恐惧症，房利美早成百元大股了。

1990 年

5% 是证券交易委员会规定的基金持有单个股票的最大限额，这一年我尝试维持这 5% 的最高限。房利美的股票价格又上涨了不少，有一段时间，麦哲伦基金持有的这个股票的流通市值实际已经占了整个基金资产的 6%。这不构成任何问题，因为这 5% 的限度被打破是因为股价上涨所致，不是因为我买进了更多股票。

到了夏秋两季，我饶有兴趣地观察到，虽然公司经营一切正常，但是人们的周末焦虑症越来越严重，不断地导致股价下滑。这一年萨达姆·侯赛因侵入科威特，然后我们对伊拉克的萨达姆政权发动攻击。这时期的担心是海湾战争会导致全国性房产市场的衰退，得克萨斯灾难的海岸到海岸版本。难以统计的人们将会离家出走，把他们的钥匙留给房利美公司。房利美会成为国家级地主，却得掏空自己的资金去粉刷，去制作出售标牌，去支付律师账单。

有生以来我还从没有看到过一家好公司以莫须有的罪名遭受如此沉重的打击。房利美公司的贷款拖欠问题现在已微不足道，但仍然因为人们残存的记忆而备受责难。1990年11月《华尔街日报》刊登了一篇题为"花旗银行债权人之挽词"的文章，文中描述银行贷款的拖欠率已经从2.4%上升到了3.5%。这和房利美毫不相干，但是房利美的股价却受到牵连（连同许多和抵押贷款相关联的证券票据），它很不幸地一头栽倒。

这真是一种悲哀，证券持有人为何过分在意太高层次的全球图景，而对公司内部的良好进展不加理会，仅仅因为臆想中的房市萧条就慌不择路地抛出股票？除了那些肥猫房⊖之外，房市不会有即将来临的萧条。后来美国房地产协会的报告显示，1990年和1991年的房产均价都获得了升值。

如果你一直关注公司消息就会知道，房利美公司从来没有批准过高于20.2万美元的大亨级住房抵押贷款，所以它没有卷入纪念品房产市场。房利美公司的房产抵押贷款的平均额度是9万美元，前面我们也说过，它制定了更为严格的贷款审批标准，它不再发放预付5%的得克萨斯类型的住房贷款。与此同时，住房抵押担保证券业务正在迅猛发展。

在美国股市的萨达姆衰退时期中，房利美公司的股价从每股42美元一直下跌到每股24美元，然后又迅速回升到每股38美元。

1991年

我离开了麦哲伦基金。现在"监视"房利美的工作留给了我的继任人莫里斯·史密斯。他延续了我的做法，这个股票仍然占有基金的最大份额。股

⊖ fat-cat house，指那些还贷违约，按协议已由债权人没收的房产，但由于债务人赖着不走，公司彻底缴获这些房产需花费大量人力、物力。肥猫是"大款"的形象称谓。——译者注

价又开始上涨，从每股 38 美元涨到了每股 60 美元。这个公司报道的收入是 11 亿美元。

1992 年

我已经连续 6 年给《巴伦周刊》推荐房利美公司了。公司股价现在涨到了每股 69 美元，每股盈利 6 美元，这样得出的市盈率是 11 倍。和整个股市的平均市盈率 23 倍相比，这样的市盈率非常划得来。

这一年公司又有了新的变化。房利美决定发行可赎回债券，以此降低利率风险。可赎回债券的好处在于：只要对公司有益，房利美有权随时赎回这些债券，比如在利率降到很低时，公司能够以更低的成本筹集资金。

但是发行可赎回债券对公司有短期损害，因为债券的利息必须比银行利息高才能吸引投资者，否则没有人会买这种债券。但是眼光放长一些就会发现，这其实是房利美摆脱利率波动影响，保障收益稳定的另一项措施。

房利美的增长率仍在 12%～15%，股价仍然被低估，和过去的 8 年一模一样。有一些东西是永远不会改变的（小结见表 18-1）。

表 18-1　小结

股票代码	公司名称	1992/1/13 股价（美元）
FNM	房利美公司	68.75

|第 19 章|

后院宝藏：共同基金之康联集团

前几年我一直忽略了共同基金公司，实际上它们是华尔街上表现最好的一个群体。正如购物中心经理看着销售清单在眼皮底下经过却对那么多商品的差价无动于衷一样，我对共同基金也比较麻木，以致没有买到德莱弗斯公司（Dreyfus）、富兰克林资源公司（Franklin Resources）、康联集团（Colonial Group）、罗·普莱斯公司（T. Rowe Price）、道富银行公司（State Street Bank）、大联资产管理公司（Alliance Capital Management）以及伊顿范斯公司（Eaton Vance）等这些著名基金管理公司的股票。我不知道为什么，真的。可能我是只见森林不见树木吧。我唯一买过的一个共同基金是联合资产管理公司（United Asset Management），和那个公司签约的有 30～40 位基金经理，然后被转雇到其他机构。

这些公司是所谓的"直接共同基金"，另外还有一些基金公司和它们不同，比如普特南公司，它是马什－麦克伦南公司（Marsh-McLennan）的子公司；或者凯普尔公司，它有基金投资的业务，但主要业务却是出售保险。所有这 8 家公司在 1988 年和 1989 年的表现都很出色。1987 年由于股市大回落，人们对共同基金崩盘的恐惧一时挥之不去，结果却被证明是担心过头了。

股市的回落给了我买入这些同辈的共同基金公司的股票的机会,这些公司我都事先做过仔细调研,但买入时价格也必须便宜。这里我又要给出一个假定的投资组合了:如果你把资金平均分割成 8 份,分别投资于这 8 只股票,然后从 1988 年年初一直持有至 1989 年年终,你的投资收益将会超越 99% 的这些公司发行的各类基金产品。

在共同基金的盛行期,投资这些基金公司的股票很可能比直接投资它们发行的基金产品有更高的回报率。我想起在淘金热那个时候,专门卖镐和铲的人比真正淘金的人获利还多。

当利率下降时,债券和股权基金能吸引更多的资金,提供这类基金的专业公司(如伊顿范斯公司和康联集团)利润水平将非常优秀。德莱弗斯公司管理很多金融市场资产,所以当利率上升时,人们就从股票市场和长期债券市场中出来了,德莱弗斯却得以欣欣向荣。大联资产主要为机构客户管理资金,同时也管理由经纪人出售给个人的共同基金,它在 1988 年开始成为上市公司,股票价格在 1990 年经历了微跌,然后就直冲云霄。

考虑到最近流入债券、股票以及金融市场共同基金的不知几十亿的资金,这些共同基金能战胜市场就不足为怪了。如果非要说有什么奇怪的地方,那就是为什么还没有人成立"投资共同基金公司的共同基金"?

基金的投资者以及投资的基金类型等信息必须按行业规定公布,职业投资者和业余投资者都能利用这些信息获得优势。如果你没有抓住大回调后期买入的机会,那么还有在 1990 年年末的萨达姆大甩卖时期买入的机会,萨达姆大甩卖导致伊顿范斯公司该年度股价折损 30%,德莱弗斯折损 18.86%,其他基金公司股价的降幅虽然稍小,但同样也是入木三分。

基金业要崩溃的谣言又一次被证明是无事生非。为了驱散恐慌,你只需查看一下 1990 年 12 月和 1991 年 1 月共同基金的销售数据。虽然我已下定决心不为我的老习惯所羁,但我还是神思外驰,没能向 1991 年的《巴伦周刊》

推荐哪怕是一家共同基金管理公司。那些林奇预言的狂热拥护者（除了我妻子，如果有的话）错失了富兰克林资源公司（1991年上涨幅度达75%，以下均为1991年）、德莱弗斯（55%）、罗·普莱斯公司（116%）、联合资产管理公司（80%）、康联集团（40%）以及道富银行（81.77%）的回升机遇。我们的共同基金公司的共同基金投资组合如同神话一般，那一年市值几近翻倍。

作为我的辩词，我尊敬的读者，希望能允许我提及我曾推荐过凯普尔公司。凯普尔是一家开放式共同基金公司，基金投资总资产达500亿美元。但这不是我挑选凯普尔的全部理由，实际上，它的保险子公司业务开始好转，这也带动了它的经纪公司业务的增长，包括普雷斯科特（Prescott）公司、伯尔（Ball）公司以及特尔本（Turben）公司。凯普尔的股价在1991年也得到了加倍，所以从那个角度上说，我还是可以脱咎免责的。

1992年一到，我就提醒自己不要再犯早在1987年犯过而在1991年又犯的同一个错误。这一次，我对基金行业的情况进行了详细调查，但是利率正在下降，每个月又有2000亿美元的定期存款到期。一波资金的大潮正从银行的大闸汹涌而出，翻滚进形形色色基金公司的储库。显而易见，这又会使得上述7家基金公司牛气冲天。此外，自1991年的巨大收益后，这些公司的股价大多似乎是高估了，但有一家应该还处于相对低估状态，那就是康联集团。

虽然这只股票在1991年已经有了40%的增值幅度，但康联公司现在的股价，每股17美元才和1985首次公开发行的股价处在同一水平。早在那个时候，康联管理着50亿～60亿美元的基金资金，每股收益为1美元。如今它管理90亿美元资金，每股收益高达1.55美元，此外每股现金已达4美元且已回购了7%的股份。所以说公司上市6年成就了一个更为坚实可靠的公司，现在却能仍以当初的低价购买其股票！如果你再减去4美元现金，实际上你的购买价比1985年还便宜4美元，而且该公司没有负债。华尔街分析师两年之中对康联集团不置一词。

依靠这种从一个热点群体中筛选出低估股票的技术，我总能得到不错的收获。罗·普莱斯公司的市价是收益的20倍，富兰克林资源公司也正以20倍市盈率交易，但康联集团的售价只是每股收益的10倍。不过当然，你得先问一下你自己：为什么康联集团被如此低估？

其中一个原因可能是这个收入水平已经4年停滞不前了。康联集团的基金管理使它的资产得到了加倍，但比起全局的向各基金公司涌入的资金狂潮，这只不过是沧海一粟。人们久闻德莱弗斯、罗·普莱斯公司以及伊顿范斯公司，但康联集团这个名字还不是家喻户晓。

但这意味着康联集团和对手相比应该定一个折半的价格吗？我想不出理由。公司正在创造金钱，不断提高分红并且回购股票，而且随着未来收益增加，这些有益股东的行动还会延续。

1月3日我和公司的财务员戴维·斯库恩（Davey Scoon）进行了谈话，他说业务正向好的方面发展，尤其是公司管理的市政公债基金。康联集团管理着好几个这样的基金。人们为了躲避高税收，市政公债的受欢迎程度不断提高，康联集团也将从中受益。公司还投放了一些有意思的新型基金，比如公用事业基金等。

很早我就听说，如果你向10家不同的公司进行10次调查，你将至少发现一家公司有意料之外的重大进展。意料之外的进展是导致股价上涨和下落的动力源，而斯库恩也有一个有趣的信息要透露给我：康联集团最近刚被道富银行选中，正要上市销售几种道富银行开发的新型基金。

道富银行是一家商业银行，专做文书工作，或可称为"后台办公"工作，大多数共同基金公司都接受其服务。这种后台办公的业务（包括客户服务、记录购销、维护资产所有权档案等）为道富银行带来了滚滚利润。道富银行在1991年股票增值达81%。

斯库恩一谈起道富银行，我就回想起我对我的岳母犯的一个错误。几年前，正当资产市场的资产价格正在下滑时，我劝说我的岳母卖出她的道富银行的股份，理由是：①公司的收入水平可能要下降；②她已经在这个股票上翻番了。自从她采纳了我"英明"的忠告后，道富银行的股价又在该基础上涨到了原来的3倍，这个股票实行了1配2的分拆，可惜她对此概念不清。当她查看股票资料时，她能看到的就是自从我给出卖出信号后股票价格似乎没有什么改变。她为了我那个有见地的电话还经常感激我，可是直到现在我都还没有勇气去承认真相。

股票拆分给人的感觉就如同脖子被叮了一下一样，但它有一个好处，那就是可以让选股者隐瞒过早卖出股票的错误，至少骗过不密切关注股市动态的朋友或亲属是不成问题的。

无论从哪方面考虑，道富银行向他人的共同基金提供后台办公服务的经验都使它想要成立自己的基金公司，站到这座金融富矿的最前线。但是道富银行不想因为和它的客户直接对抗而惹恼它们，所以它决定雇用康联集团来让它的基金产品上市，给道富银行的基金饰以伪装。这项额外业务能给康联集团带来不错的收益（小结见表19-1）。

表 19-1 小结

股票代码	公司名称	1992/1/13 股价（美元）
COGRA	康联集团	17.38

| 第 20 章 |

餐饮股：把你的资金投入到你的嘴巴所到之处

在 1992 年的时候，我并没有推荐任何餐饮业的股票，但我是应该给大家推荐的。每年，似乎都有一家餐饮公司出现在机场或者购物中心，或者是在高速公路的出口处。自从 20 世纪 60 年代以来，当快餐几乎成为汽车的附属品时——人们开始在路上解决午餐，甚至是早餐和晚餐也在路上解决，餐饮业就开始迅速地成长起来。在餐饮业成长的过程中，新的餐饮公司永久性地取代了原来的旧餐厅。

在 1966 年的时候，我就被餐饮行业的巨大潜力所吸引。当时，在我的职业生涯早期，作为富达基金公司的一名分析师，第一家引起我注意的公司就是肯德基。肯德基是在高速公路改建之后，从陷入困境的一个叫"桑德斯上校家"的乡村饭馆转变而来的。由于缺少顾客，这家乡村饭馆曾一度面临破产的威胁，饭馆的创始人——已 66 岁高龄的桑德斯上校开着他的卡迪拉克，开始给高速路边位置优越、生意火爆的餐厅供应自己的炸鸡秘方，换取使用费。桑德斯上校总是穿着黑西服，而不是后来成为商标的那种农场主的白色服装。

肯德基的股票于 1965 年上市。在那之前，马萨诸塞州的 Dunkin'Donuts

连锁店已经上市，并在此后保持了连续32年的收益增长。还有收费公路餐馆的先锋——Howard Johnson，也在1961年时开始上市交易。Bob Evans Farms，美国中西部非常有名气的一家餐厅，也是在1963年上市的。20世纪60年代中期，麦当劳和Shoney开始进入股票市场。那些能洞察到餐饮业盈利性的成千上万的消费者，就有机会从他们对餐饮业股票的关注中获益。

在那个时候，如果有人说这些出售油炸圈饼和汉堡包的餐厅能够和"漂亮50"一争高下，华尔街定会表示嘲笑和不屑。著名的"漂亮50"大部分都是科技股，后来被证实它们的股票估价过高了。Shoney的股票价格后来上涨了168倍（从开始的每股22美分，经过调整拆分，达到36.875美元）。Bob Evans Farms上涨了83倍，而麦当劳上涨了400倍。Howard Johnson在被私有化的时候就上涨了40倍，而肯德基在被百事收购之时就上涨了27.5倍。

如果你在这5只股票上投资了10 000美元，即把钱放在你的嘴巴所到之处，那么到20世纪80年代末的时候，你的身家就至少为200万美元以上。如果你将这10 000美元全部用于购买麦当劳的股票，那么届时你的身家就至少为400万美元以上。在当代历史中，麦当劳的股票投资回报率是最高的，然而它并没有满足于当前所获得的桂冠，还在不断用麦克唐纳式美食来推陈出新、持续改进、丰富自己的菜单以及不断推进麦当劳快餐店的海外扩张。

汉堡包连锁店、自助餐厅（Luby's、Morrison's）、家庭式牛排屋（庞德罗莎牛排店）、Bonanza、全能型餐馆（Denny's、Shoney's）、冰淇淋店、酸奶店、地方风味餐厅、国际风味餐厅、咖啡吧、比萨店、瑞典式自助餐厅以及各种小快餐店，这些不同类型的餐厅、饭店至少有一家或几家企业巨头矗立在股票市场当中，深受投资者的关注。对这些饭店我们都很了解，我们知道哪家店是最受欢迎的并且经营得很好的，哪家店是杂乱无章、奄奄一息的，哪家店已经达到了饱和状态而哪家店还有发展的空间。

如果你错过了20世纪60年代餐饮行业的蓬勃发展，那么，在70年代当婴儿潮中出生的那一代人开始获得驾照，并开车驶向可以购买外卖的午餐店的时候，你应该行动起来了。在海客滋（Long John Silver）出现在交易所大屏幕上的时候，你就应该开始购买DQ冰淇淋、Wendy's、Luby's、塔科贝尔、必胜客等股票。如果你是在1972年的熊市之后，即当优质股票都被抛售套现之后开始投资，那么你还有可能赚得更多。塔科贝尔曾遭遇了历史上的最低点，价格下跌到每股仅为1美元，但是，很快它的价格就反弹到40美元，并且不久之后就被百事公司兼并了。百事公司很喜欢收购餐饮公司，因为这些餐饮公司能帮助其销售软饮料。

在20世纪80年代的时候，你可能已经发现了以礼品店、海产品和点心闻名的Cracker Barrel餐厅，或者是1984年上市的Chili's辣餐厅，而愚蠢的我居然根本没有注意到。此外还有Sbarro（1985年上市）、Ryan's家庭式牛排屋（1982年上市）以及Uno餐厅（1987年上市）。琪琪墨西哥快餐店也是一个高收益的投资对象——最后它被收购了。

每个地方都会有一个或多个成功的当地餐厅，它们能够持续吸引全美各地人们的胃口，能够吸引人们的资金流向，比如西南部地区的Luby's、Ryan's和Chi-Chi's、中西部地区的麦当劳，明尼阿波利斯的DQ，纽约的Sbarro，新英格兰地区的Dunkin'Donuts连锁店，南部腹地的Shoney's和Cracker Barrel以及远西部地区的Sizzler和塔科贝尔。

餐饮链，比如说零售店，在其扩张之初，一般都会有15～20年高速发展的时期。我们可能认为这个公司将来会很危险，但是这个还不完全成熟的餐饮公司可以在某种程度上获得一定的保护，而这种保护是其他行业公司所不具有的。因为餐饮行业具有这样的特点：如果在加利福尼亚州出现了新型的炸鱼和炸土豆片的餐厅，并且在纽约也出了一家更知名的同类餐厅，那么，纽约的炸鱼和炸土豆片餐厅会对加利福尼亚州的同行产生什么样的影响呢？答案是一点也没有影响。

尽管一家餐厅要在全国市场中打响需要很长的一段时间，但好在这一过程中它不会面临什么国外同行的竞争。无论是 Denny's 还是必胜客，它们都一点也不担心国内韩国餐厅的低成本带来的冲击。

能不断地将成功的餐厅和失败的餐厅区别开来的是管理能力的胜任、资本的充足以及扩张的系统方法。 缓慢而稳健的发展节奏可能不能使公司成为世界顶尖的公司，但却能使它在这种竞争中获得胜利。

Chili's 和 Fuddrucker's 这两个专营汉堡包的公司的成长经历是非常有教育意义的。这两家公司都是在得克萨斯州开始营业的（Chili's 在达拉斯，Fuddrucker's 在圣安东尼奥），它们都是以美味的碎肉夹饼而闻名。这两家公司都营建了愉快且与众不同的用餐环境——尽管 Chili's 采用点餐的形式，而 Fuddrucker's 采用自助餐的形式。然而，这两家公司中的一家成为知名的公司，但却没有获得财富，而另一家却同时收获了名誉和财富。

为什么？因为当汉堡已经不再流行之时，Chili's 开始不断丰富自己的产品，而 Fuddrucker's 却仍然坚持以汉堡为主。但实际上，区分这两家公司成败的关键是 Fuddrucker's 的过快扩张。如果一家公司打算在一年之内建立起超过 100 家分支机构或连锁店，那么它就很可能遇到问题。因为在急于获取知名度的扩张过程中，它可能会选择了错误的地点或不适当的管理者，也可能会为经营地点的房价或租金支付了过高的价格，还可能没有为员工提供适当的培训。

Fuddrucker's 陷入了前面所说的困境，步上了 Flakey Jake's、Winners 和星期五餐厅（TGI Friday's）的后尘，即扩张过快并为此遭受了巨大损失。Chili's，相反地，则以每年增加 30～35 家分支机构或者连锁店的适当的节奏来发展自己。在 Chili's 以及 Steak & Ale 和 Bennigan's 的富有经验的创始人诺曼·布林克尔（Norman Brinker）的带领下，Chili's 的收入、销售额和净收益都在稳步增长。Chili's 的目标是在 1996～1998 年达到 400～450 家分支机构或连锁店的规模，并且销售收入达到 10 亿美元。

餐厅获得盈利的方式多种多样：可以增设分支机构或者连锁店，如 Chili's 所做的；也可以改善当前的经营，如 Wendy's 所采用的方式。此外，一些公司采取价格低廉但流动性高的方式来获取收益（如 Cracker Barrel、Shoney's 和麦当劳），而另一些公司则采取价格昂贵但流动性低的形式（如 Outback Steak House 和 Chart House）。一些公司的主营收入来自食品的销售，而另一些公司则是靠礼品店来盈利（如 Cracker Barrel）。一些公司的盈利可能是因为原料的价格低廉（如 Spaghetti Warehouse），而另一些公司的盈利可能是由于经营成本的低下。

如果餐饮公司要实现盈亏平衡，那么公司的销售收入就必须等于经营的投资成本。分析餐饮公司的盈利状况和分析零售商店的方法一样，关键的要素是增长率、负债和单店销售额等指标。单店销售额每个季度都在增长是很理想的情况；公司的增长率不应该过快——如果公司每年的新增机构数量大于 100 个，那么公司就存在潜在的危险；如果可能的话，公司应该没有负债。

加利福尼亚州的蒙哥马利证券公司一直都在关注整个餐饮行业，并提供可靠的分析报告。最近的一份分析报告指出，像麦当劳和 Wendy's 这样的以汉堡为主的公司目前正在面临扩张过度的痛苦（排名前 5 家的餐饮公司在美国就有 24 000 家机构或连锁店），而在婴儿潮中出生的那一代人也在开始减少快餐的食用了。瞄准了这个机会的餐饮公司开始引领市场的方向，比如说 Au Bon Pain 和 Spaghetti Warehouse，还有提供各种菜式的价格适中的家常菜餐馆也开始闪烁出光芒。

第 20 章 餐饮股：把你的资金投入到你的嘴巴所到之处

如果你在1991年年初的时候按照蒙哥马利证券公司的推荐，购买了排名在前八名的餐饮业的股票，那么到年底的时候你的资产就会翻一番。这前八名的公司是：Bertucci's，Cracker Barrel，Brinker International（Chili's），Spaghetti Warehouse，Shoney's，Rally's，Applebee's，Outback Steakhouse。

在写本书的时候，以上的大部分股票价格都可能已被高估了，因为市盈率已经达到了30倍甚至更高，但是这些股票还是值得持有的。整个餐饮行业每年的增长率只有4%（很快这个行业就不再是成长性行业了），但是财务报告喜人的知名公司的业绩在未来还是会蒸蒸日上的，正如以往一样。只要美国人保持有一半的饮食是在餐厅进行，那么在商场、住宅区的周边就还将会出现新的一批价格可以上涨20倍的上市餐饮公司；关注餐饮业股票的人将会发现这些公司的兴起。

Au Bon Pain 就是其中一家这样的公司，它就在伯灵顿商场。它是1977年在我家附近，即波士顿开始营业的，1991年它上市时价格仅为10美元。我不知道这家餐厅名称的正确发音，但是这个名字的含义很棒。在机场或是在餐厅聚集的地方，你可能都见过 Au Bon Pain。这是一家提供咖啡和新月形面包的店铺，并且它将法国的情调和美国的效率很好地结合在一起。

在 Au Bon Pain，你可以买到一块简单的面包作为早餐，你也可以买到火腿和芝士夹心的面包作为午餐，你还可以买到巧克力夹心的面包作为餐后甜点，而所有这些产品，你都可以在3分钟内获得。这些面包是统一在一个地方制作的，然后以未煮熟的形式配送到各家分店，顾客点餐之后就把面包放到烤炉上烘烤，这样面包在出售的时候都是热的，并且是新鲜的。

后来，Au Bon Pain 引进了鲜橙汁和水果沙拉，并且打算推广运用先进技术制作的百吉饼。如果要我选是投资计算机芯片还是百吉饼，那么无论在任何时候我都会选择百吉饼。

到1992年年初的时候，Au Bon Pain 的股票价格已经翻了一番，市盈率也达到了 40 倍（按照 1992 年的预期收益计算的），这就是我为什么决定不再建议购买这只股票的原因。但是 9 个月之后，Au Bon Pain 的股票价格又下跌到每股 14 美元，这低于 1993 年预期收益市盈率的 20 倍。无论何时，如果你发现有 25% 的成长性股票是按照 20 倍市盈率的价格进行出售的，那么这就是一个买入的信号。如果股票价格进一步下跌，我就会大量购入股票。Au Bon Pain 这家公司在经济衰退中表现出色，并且可以长时间保持增长，同时，它还有很多潜在的境外投资者。

| 第 21 章 |

6个月的定期检查

稳健的投资组合需要我们定期进行检查和思考——大约每6个月就要进行一次。即使我们持有的是蓝筹股,或者是《财富》500强当中最出色的几个企业的股票,买了就忘的战略(buy-and-forget)也会是没有收益并且显然是危险的。图21-1、图21-2和图21-3就很好地解释了这一点。那些购买了IBM、西尔斯和伊士曼·柯达的股票,又遗忘了或者是不关注这些股票的投资者,肯定会为自己的做法感到愧疚。

6个月定期检查并不是简单地从报纸上看看股票的价格,相反,这种每6个月一次的定期检查被华尔街的研究人员认为是一种训练。作为股票的挑选者,你不能对任何事情进行假设,你必须遵循市场行情。目前,你正在尝试回答以下两个基本的问题:①和收益相比,股票目前的价格是否还具有吸引力?②是什么导致公司的收益持续增长?

这里,你可能会得到以下三个结论当中的一个:①市场状况日益好转,因此你可能打算增加投资;②市场行情日益恶劣,从而你可能会打算减少投资;③市场行情没有发生变化,因此你既可以维持原来的投资计划,也可以投资到另一只股票当中,以获得更好的投资回报。

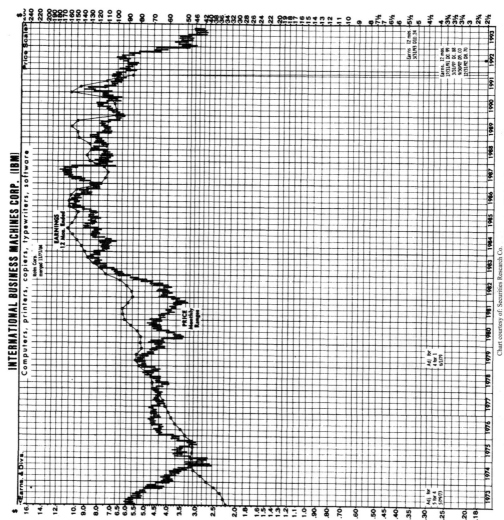

图 21-1 IBM 公司

第21章 6个月的定期检查 337

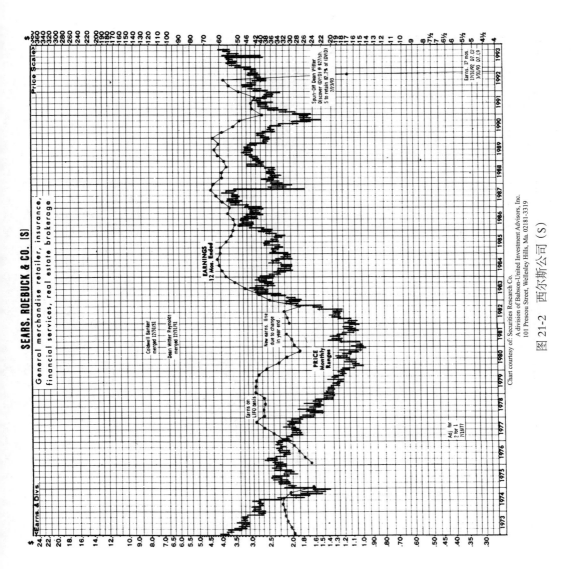

图 21-2 西尔斯公司（S）

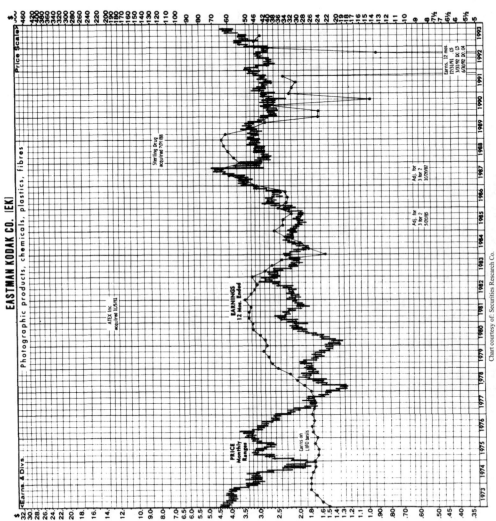

图 21-3 伊士曼·柯达公司（EK）

带着这种思考，在 1992 年 7 月的时候，我对自己 1 月在《巴伦周刊》所推荐的 21 只股票进行了 6 个月的定期检查。从整体上看，这 21 只股票在平静的市场中的表现确实不俗。我的投资组合的价值提高了 19.2%，而标准普尔 500 指数仅仅上涨了 1.64%（见表 21-1 和表 21-2）（这些数据已在这半年度公布的大量股票分割、特殊股利发放等消息的基础上做了调整）。

表 21-1　1992 年巴伦圆桌所挑选的股票：6 个月的定期检查

公司名称	1992/1/13 股票价格（美元）	6 个月的投资回报率：直到 1992/7/13（%）
联合资本公司 II 期	19.00	6.00
美体小铺	3.25	−12.31
CMS 能源公司	18.50	−4.11
康联集团	17.38	18.27
Eagle 金融公司	10.97①	38.23
房利美	68.75	−6.34
第一艾塞克斯银行公司	2.13	70.59
GH 公司	7.75	10.39
通用汽车	31.00	37.26
德国小镇储蓄公司	14.50	59.31
冰河银行	10.12①	40.91
劳伦斯储蓄银行	1.00	36.78
国民储蓄金融公司	11.00	26.00
费尔普斯·道奇公司	32.50	48.96
Pier 1 进口公司	8.00	3.31
苏维瑞银行公司	4.59①	64.50
太阳批发有限合伙公司，B 型股票	2.75	6.95
Sun Television & Appliances	9.25①	−10.74
阳光地带园艺公司	6.25	−30.00
超级剪理发店	11.33	0.73
特纳拉有限合伙公司	2.38	0.00

（续）

公司名称	1992/1/13 股票价格 （美元）	6 个月的投资回报率： 直到 1992/7/13（%）
林奇投资组合		19.27
标准普尔 500		1.64
道琼斯工业指数		6.29
纳斯达克综合指数（NASDAQ）		−7.68
价值线混合指数（Value Line）		−2.13

① 由于这些价格都在 1993 年 9 月 30 日的股票分割之后进行过调整，因此一些股票的价格可能会和本书前面所出现过的价格不一致。

表 21-2

	股票业绩 （截至 1992 年 7 月 31 日）	前景	行动
联合资本公司 II 期	轻微上涨	不变	购买
美体小铺	有一定程度的下跌	轻微下跌	持有 / 购买
CMS 能源公司	有一定程度的下跌	不明	等待
康联集团	上涨	更好	购买
Eagle 金融公司	急剧上涨	更好	持有
房利美	有一定程度的下跌	不变	购买
第一艾塞克斯银行公司	急剧上涨	更好	持有 / 购买
GH 公司	有一定程度的上涨	不变	持有 / 购买
通用汽车	急剧上涨	进一步下跌	转向购买克莱斯勒
德国小镇储蓄公司	急剧上涨	进一步上涨	持有
冰河银行	急剧上涨	不变	持有
劳伦斯储蓄银行	急剧上涨	进一步下跌	持有
国民储蓄金融公司	上涨	不变	持有
费尔普斯·道奇公司	急剧上涨	不变	持有
Pier 1 进口公司	有一定程度的上涨	不变	购买
苏维瑞银行公司	急剧上涨	进一步上涨	持有
太阳批发有限合伙公司，B 型股票	有一定程度的上涨	不变	购买
Sun Television & App-liances	下跌	上涨	踊跃购买
阳光地带园艺公司	急剧下跌	下跌	持有 / 购买
超级剪理发公司	平稳	上涨	购买
特纳拉有限合伙公司	平稳	轻微上涨	购买

我阅读过这 21 家公司最近一个季度的所有季报,并且我还给其中大部分公司打过电话。一些公司的市场业绩一直很平稳,而另一些公司和以往相比却表现出了更大的波动。还有,在不少情况下,一些研究会让我对其他公司的股票更加感兴趣,甚至比我自己曾经推荐过的股票感兴趣。这就是股票市场所经常见的情况。股票市场的行情变化非常迅速,没有什么事情是绝对肯定的。现在我就把我的处理方法告诉大家(见表 21-2)。

美体小铺

早在 1 月的时候,我就认为美体小铺是一家非常有前景的公司,但是它的股票价格和公司当时的收益相比已经被高估了,我就打算等股票价格下跌的时候买入更多股票。很快我就等到了这样的机会——在 7 月的时候,股票价格下跌了 12.3%,即从每股 3.25 美元下跌到每股 2.63 美元。美体小铺的销售价格是 1993 年预期收益的 20 倍。如果公司的年增长率为 25%,那么我不介意支付市盈率 20 倍的价格来购买股票。在我写本书的时候,整个纽约股票交易所的市盈率都是 20 倍,公司的平均增长率为 8%~10%。

美体小铺是一只在英国上市的股票。英国的股市在最近这几个月遭受了严重的打击,而美体小铺也传出了一些负面的消息。美体小铺雇用的生产巴西核果护发素的印度卡亚波部落的一个首领在伦敦被逮捕,其被控诉的罪名是殴打其众多孩子的葡萄牙籍奶妈。无论你怎么努力去猜测公司接下来将会面临什么样的麻烦,总会有一些事情是你所想象不到的。

回顾这只股票的历史价格,我注意到其出现过两次大幅度的下跌,一次是在 1987 年,另一次是在 1990 年。尽管公司一直都在茁壮发展,也没有迹象表明公司停止了发展的步伐,但是公司的股票价格还是在下跌。我认为这些大面积的抛售行为是因为英国的股东并不如我们这样熟悉小型的成长型公司，因此他们就会更加不假思索地放弃这些股票来避免市场危机。与此同时，由于美体小铺是一家全球性的公司，英国投资者可能会将其和众所周知的在海外扩张失败的企业，比如说马莎（Marks & Spencer），相联系在一起。

如果你是在1990年股市下跌的时候购买美体小铺的股票，并且考虑继续购买，那么你就要做好股票价格将会进一步下跌的准备，不过这只股票的基本面情况还是非常好的。这就是我们要进行定期检查的原因所在。我给公司的首席财务官杰里米·克特（Jeremy Kett）打了个电话，他告诉我，鉴于美体小铺的4个主要市场——英国、澳大利亚、加拿大和美国，在这期间都经历了经济衰退的阵痛，因此可以说公司1991年的单店销售额和收入都有相当大的突破。

另一家非常有前景的公司也突破了经济衰退的影响，它运用了部分资金对各种护肤化妆品进行了全面收购，彻底地降低了产品的成本，提高了利润。这就是肖氏工业公司，正是运用这种技巧，肖氏成为地毯市场中成本最低的公司。

我和我的老朋友凯茜·斯蒂芬森——伯灵顿商场和哈佛广场美体小铺的经营者，进行了讨论。她说去年她的美体小铺的销售利润率是6%，并且她说，现在估算哈佛广场的美体小铺的业绩有些为时过早。她的客户最近一直在追捧几种新产品，包括睫毛膏、腮红和唇彩，还有带有防晒功能的面部滋润霜、脚部磨砂以及她好像在柜台上没有看见的芒果身体黄油——"谁知道她们用这些东西用来做什么？"她说。

护肤品、化妆品以及洗浴用品的市场非常广阔，并且还有很大的发展空间。美体小铺就一直在坚持自己的扩张计划——1993年在美国新建了40家连锁店，1994年又新建了50多家连锁店，其中50%的新建连锁店在欧洲，另外50%在远东地区。我认为公司正处于引人关注的扩张阶段——30年增长期间中的第二个10年。

Pier 1 进口公司

Pier 1 进口公司的股票走势也很不错,从每股 8 美元上涨到每股 9.50 美元,但是很快股票价格就反转下跌了。这是华尔街对好消息充耳不闻的一个例子。分析报告指出,Pier 1 的每股收益在第一季度应该能达到 18 ~ 20 美分,但是 Pier 1 的每股收益实际仅为 17 美分,于是股票价格就开始下跌了。公司预计当年的每股收益可以达到 70 美分,这就是一种被套牢的情况。

Pier 1 通过出售价值为 7500 万美元的可转换债券,并使用退休债券(retire debt)的计划来美化自己的财务报表,长期负债又得到了进一步的降低。

Pier 1 一直在削减负债、降低库存,同时还在持续扩张。它的主要竞争对手——百货超市,都在慢慢地淡出家用家具的领域。经济衰退持续的时间越长,就会有越多的竞争对手摔下马。当经济得到复苏的时候,Pier 1 可能就会成为真正意义上的垄断企业。

根据 Pier 1 连锁店的业绩,加上来自一家刚刚从困境中恢复过来的控股企业——阳光地带园艺公司所创造的每股 10 ~ 15 美分的盈利,我们很容易就可以预见 Pier 1 的盈利可以达到每股 80 美分。阳光地带园艺公司是一只潜力股,市盈率达到了 14 倍,这也就使得 Pier 1 的股票价格达到了每股 14 美元。

GH 公司和阳光地带园艺公司

GH 公司(General Host)是另外一只价格迅速上涨,然后又回落到我估计的水平之上的股票。那些行动敏捷的出售股票者获得了 30% 的收益,而长期投资者却看着他们的账面利润从每股 2 美元缩水到每股 50 美分。

不久之后,公司做出了一个令人失望的决策。4 月,公司发行了价值

6500万美元的可转换优先股债券，利率为8%。这正是仿照Pier 1的做法，不过GH公司需要支付更高的利率，因为公司的财务状况不稳定。

可转换股票或者债券的持有者在将来能够按照既定的价格将他们所持有的可转换股票或者债券转换成普通股。这会使公司的普通股数量增加，从而稀释了当前普通股股东的收益。在早些时候，GH公司回购了部分普通股，从而使得公司的股票价格上涨，但是现在，公司发行可转换股票或者债券的做法使形势发生了逆转，即股票价格开始下跌。

Pier 1是通过出售可转换债券的方式来获得收入以偿还债务，从而降低公司的利息费用，而GH公司却在出售可转换债券的过程中进一步恢复其弗兰克园艺连锁店的运营。这是一种危险的做法，因为公司不能即时获得收益。

与此同时，弗兰克园艺连锁店还持续出现危机，其复苏的室内花圃市场开始出现下滑。早在1月，公司的股票价格在每股7.75美元的时候，公司预计当年的收益为每股60美分，但是现在公司的股票价格为每股8美元的时候，公司却预计收益仅仅为每股45美分。

尽管如此，GH公司仍然具有非常稳健的现金流，它的股息在连续14年当中一直保持上升的趋势，股票价格低于账面价值，公司也还在继续进行计划中的扩张行动。从GH公司进入我的挑选清单时起，我就知道马里奥·加贝利已经动用了他自己的价值导向型基金（value-oriented fund）来购买了100万股GH公司的股票，因此我将GH公司股票列入继续持有的名单中。

阳光地带园艺公司——在苗圃和栽培花木这个领域中被我所选中的公司，从1月开始就出现亏损。阳光地带园艺公司所在的西南部地区在那段时间的降雨量比往年有所增加，从而降低了人们在户外工作的热情。这样一家有实力并且拥有每股1.50美元现金在手的公司，它的股票在1991年上市的时候价格为每股8.50美元，而现在竟然只值4.50美元。如果你现在就购买阳光地带园艺公司的股票，那么你就能以每股3美元的价格获得所有的花园。在以后的日子，当雨水减少，人们开始重新种植鲜花的时候，人们就会给阳光地带园艺公司的股票重新估价。

是什么让我没有进一步购买阳光地带园艺公司的股票？是卡拉威（Calloway's）。你可能会想起卡拉威曾经被认为是这个行业的领先者，但是由于阳光地带园艺公司的股票价格更加低廉，所以起初我并没有推荐卡拉威这只股票。然而，在定期对阳光地带园艺公司进行检查和分析的过程中，我发现在这个雨季里卡拉威的股票价格也下降了一半。

为了获得更多的消息，我给卡拉威公司负责投资关系的丹·雷诺兹（Dan Reynolds）打了个电话。他告诉我，公司行政办公室中大约有20名员工，所有的这些员工都在同一个面积为3000平方英尺的办公大厅里办公。我可以想象得到他们办公的场景。很明显，公司不存在沟通的隔阂——如果要和管理层沟通或者引起管理层的注意，你只需要站起来说话即可。

卡拉威拥有13家苗圃和栽培花木的园林，拥有相当于每股50美分的现金，并且公司预计在1993年的时候能够获得每股50美分的收益，这就使得公司的市盈率达到了10倍。在华尔街，卡拉威并没有追捧者，因此公司正在回购股票。

和投资于竞争力较弱并且可能以低价出售股票的公司相比，在行业中最优秀的企业开始以低价出售公司股票的时候买入这些股票是很有益的。我更加愿意持有玩具反斗城而非中国世贸（China World），我更加愿意持有家得宝而非Builder's Square，或者我更加愿意持有纽柯钢铁而非伯利恒钢铁。我还是很看好阳光地带园艺公司的，但是在这一刻我还是稍微倾向于选择卡拉威。

超级剪理发店

经过一段时间的强劲走势和一次3∶2的股票拆分之后，超级剪理发店的股票价格同样也回落到 1 月的水平。超级剪也经历了两件令人难受的事情。第一件是从计算机世界过来的一位叫埃德·费伯的精通如何加盟连锁经营的专家离开了公司。用费伯的话来说,他希望致力于自己的超级剪理发沙龙。这种解释并不能完全令人信服。

另一件令人难受的事情是我在股东签署的委托书中看见的。我应该早一点就觉察出来的。一家叫 Carlton Investments 的集团持有超级剪 220 万股股票。由于 Carlton Investments 是华尔街中濒临破产的 Drexel Burnham Lambert 的一部分,因此 Drexel 的董事当然会要求 Carlton 进行清算,这也就意味着和其他财产一样,这 220 万股超级理发的股票也将要被出售。这就导致了超级剪股票价格的下跌。事实上,由于对这种华尔街所谓的即将抛售到市场中的大量股票所带来的"悬疑"的恐惧,超级剪的股票价格可能早就已经开始下跌了。

超级剪公司自身的经营业绩还是很不错的。超级剪被授予了"奥林匹克官方发型沙龙服务供应商"的称号,因此那个曾经为我剪鬓角的女服务生可能就会为游泳运动员打理头发。这个异常重要的单店销售额在 1992 年的第一季度就上涨了 6.9%。另外超级剪在纽约北部还新开了几家连锁店,纽约市市长罗切斯特(Rochester)在开张仪式上还免费进行了一次理发。

只要单店销售额一直在提高,并且公司在新开发的市场中也能成功获得一定的份额,那么我就会增加自己手中的股票数量,尽管我开始忧虑超级剪公司可能扩张过快。超级剪公司在 1993 年计划增开 80 ～ 100 家新的连锁店。

从 Color Tile 到 Fuddrucker's,再到 Bildner's,我已经看见了很多家很有前景的连锁店被欲望过于热切的征服者所毁灭。"如果你要在 15 年还是 5 年时间里实现自己的目标之间做出选择,那么 15 年是一个更加稳妥的答案。"在 6 月的时候我曾经对超级剪的首席执行官这样建议过。

7 只储蓄贷款协会股票

到目前为止，在我向《巴伦周刊》推荐的 21 只股票中，业绩表现最好的就是储蓄贷款协会的股票。这类股票表现没有出现什么异常的现象。那些充满着忧虑和黑暗的行业，如果基本面还是值得肯定的，那么你就可以找到一些黑马。随着利率的下降，储蓄贷款协会从总体上看在这一年的表现还是不错的。通过抵押贷款所收取的利息与支付给存款账户和存款凭证的利息之差，储蓄信贷协会获得了巨大的收益。

自从我推荐储蓄贷款协会股票以来，德国小镇储蓄公司的股票价格已经上涨了 59%；苏维瑞银行已经支付了两次 10% 的股利，同时股票价格还上涨了 64.5%；Eagle 金融公司股价已经从每股 11 美元上涨到每股 16 美元；冰河银行也已经上涨了 40%；国民储蓄金融公司也上涨了 26%。

就我自己的两只比重最高的金融股来说，劳伦斯银行股票上涨了 37%，第一艾塞克斯银行上涨了 70%，这也说明了风险是和收益成正比的。我给第一艾塞克斯银行的首席执行官伦纳德·威尔逊打了个电话，向他请教今后的市场行情。正是他曾经将自己的困境描述为"拿着 600 英尺长的线在钓河底的鱼"，但是，到了春季的尾声的时候，他已经将绳子的长度减短到 60 英尺。

威尔逊对外报告了几种形势的改进：丧失赎回权的抵押财产正在被出售，不良贷款正在降低，还有抵押贷款市场正在恢复。第一艾塞克斯银行不仅在第一季度的时候努力实现了盈亏平衡，而且它实际上还开始了新的工程贷款。尽管我一直以来并不喜欢工程贷款，但是，第一艾塞克斯银行觉得在经济萧条之后现在已经是时候开展工程贷款这一业务了，而且事实表明有部分人开始认为这个领域大有市场。

威尔逊对他们最强大的竞争对手 Shawmut Bank 同样也从财务危机中恢复过来这个消息表现得非常愉快。第一艾塞克斯银行股票的账面价值依旧是 8

美元每股,但是股票实际的卖出价格仅为 3⅝ 美元。如果房地产市场持续发展,第一艾塞克斯银行最终就可以获得每股 1 美元的收益,然后股票价格就可以达到每股 7～10 美元。

劳伦斯储蓄银行——另一家存在问题的储蓄贷款协会,我也在 4 月和 6 月的时候接触过。4 月的时候,该公司的首席执行官保罗·米勒(Paul Miller)对外报告说他们长达 7 页的不良贷款名单现在已经减少到只剩下 1 页,并且新兴的抵押贷款业务也非常强劲。听起来他对将来的市场充满了信心,很乐观。

6 月的时候,他却表现得有些失望。此时,劳伦斯银行仍然有 5500 万美元的商业房地产贷款在外,而目前这部分贷款仅仅价值 2100 万美元。如果这些贷款有一半出了问题,那么劳伦斯银行将会垮台。

这就是劳伦斯银行和第一艾塞克斯银行之间最大的差别。第一艾塞克斯银行拥有 4600 万美元的净资产和 5600 万美元的商业贷款,因此如果这些贷款有一半出现违约,那么第一艾塞克斯银行可能还可以渡过这个难关继续存续下去。劳伦斯银行则处于一个更加不稳定的局面。如果经济衰退进一步恶化,并且出现新一轮的违约浪潮,那么劳伦斯银行将不复存在。

密歇根第一联邦储贷协会(FFOM)

6 个月之后,我将向《巴伦周刊》推荐的那 7 只储蓄贷款协会股的 6 只列为继续持有,主要是因为它们的价格已经开始上涨。同时,一个更好的购买机会又出现了,就是密歇根第一联邦储贷协会(以下简称 FFOM)。

在 1 月飞往纽约的航班上,富达公司的金融分析员戴夫·埃利森让我对 FFOM 产生了兴趣。此时进行分析已经为时已晚,因此我将这只股票暂时放到一边。我很庆幸自己没有购买这只股票,因为在所有的储蓄贷款协会股的价格都在上涨的时候,FFOM 的价格却没有变化。

如果所有的股票都以同样的速率上涨，那么除了购买之外就没有什么可做的了，同时，各地的股票分析家也将会失去饭碗。幸运的是，事情并不是这样发展的。当你在股票价格下跌之前出售股票后，股票价格通常都会有一段迟缓的回落。1992年7月，FFOM就出现了这种现象。

这是詹姆斯·斯图尔特为了避免商业贷款的不足以及使经营成本最小化所借下的90亿美元。由于以下两个负面的原因，这笔资金被隐瞒起来了：这笔资金是从联邦家庭贷款银行（Federal Home Loan Bank，FHLB）借来的，并且采用的是对自己不利的利率期货合约。

大部分的储蓄贷款协会都从近年来的利率下降中获得了收益，但是FFOM除外。这是因为FFOM为了满足经营需要从FHLB处进行贷款，而这部分贷款是按照固定利率来计算的。在这笔昂贵的合约到期的时候，FFOM必须在1994年按照8%～10%的利率向FHLB归还贷款。与此同时，FFOM的借款人却可以按照一个更低的利率从FFOM这里获得抵押贷款；这就给FFOM造成了压力。

当你按照8%～10%的利率来发放贷款，同时你也可以按照同样的利率来获得资金时，那么你就不会从中获得收益。这就是FFOM不得不学习的一个痛苦的教训。总体上来说，FFOM的业务都是盈利的，只有FHLB"这块硬石头"降低了公司的总体收益。

只要FHLB的债务得到偿还，那份固定利率的期货合约得到解除，那么这种不利的情况就会得以改变，然后，FFOM的收益就将会激增。这两个问题的解决可能能够给FFOM在1994～1996年带来超过每股2美元的收益。目前FFOM的每股收益为2美元，股票价格为每股12美元，所以我们可以想象一下，当公司可以获得每股4美元的收益的时候会发生什么样的变化。

此外，FFOM股票的账面价值已经超过了26美元每股。早在1989年的时候，FFOM就已经发展得非常迅速，当时它的权益资产比率仅为3.81。

从那之后，FFOM 的权益资产比率就跨越了 5 这个大关。在 1992 年年初，FFOM 就恢复了分配股利，并且一直保持上涨的趋势。FFOM 的不良贷款占资产的比例已经低于 1%。

如果短期的利率持续下跌，那么 FFOM 的股票价格可能会下跌到低于 10 美元的水平，但是了解这段历史的投资者在股票下跌的过程中将会大量购买股票。这笔交易在经纪行中是不可能实现的。

康联集团

6 月 30 日刊登在《华尔街日报》的一篇文章提醒了我，当前有大量的资金涌入到债券基金当中。康联集团特别擅长进行债券基金的业务，特别是在避税和近期特别盛行的美国限制性到期国债基金的运作方面。康联集团仅仅只有 9% 的资金投资在股票基金当中。如果我们遇到大部分人所预期的熊市，那么投资者将会恐惧地从股票市场中退出，然后将资金投入到债券基金当中，那么此时康联集团将可以比现在获得更多的收益。

戴维·斯库恩——康联集团的投资关系负责人，他告诉我康联集团的资金在最近一个季度就增加了 58%。现在公司管理着价值 95 亿美元的资产，而在上一年，公司管理的资产只有 81 亿美元。康联集团目前的每股现金大约为 4 美元，股票价格大约为 20 美元。将这 4 美元从股票价格中刨去，那么公司的股票价格就是 16 美元，并且公司预期在 1992 年至少能够获得每股 1.82 美元的盈利。为了巩固这个利好消息，公司宣布回购 1000 万美元的股票。

CMS 能源公司

由于公共服务委员会将会接受一个有利于公司的妥协价格这种说法的影

响，密歇根州公用事业公司的股票突然上涨到每股 20 美元。在委员会否认了这个妥协价格之后，股票价格又回落到每股 16 美元，随后又反弹到每股 17.75 美元。由于目前没有达成任何协议，穆迪将 CMS 的股票评级降低到投机的水平。

这就是陷入困境的公用事业股票在反弹时所经常预见的问题——监管部门将会允许多大幅度的变化？由于没有国家相关委员会发布的公平合理的规定，CMS 将可能会不得不用部分收益来抵消不能转移给消费者的成本。如果是这样的话，那么 CMS 的股票价格将会下跌到每股 10 美元左右。除非你已经提前对股票价格的下跌做好了进一步购买的准备，那么在这一段不明朗的时期中最好还是不要持有 CMS 的股票。

从长期来看，我相信 CMS 能够运作良好。CMS 公司获得了足够的盈利，并且它过剩的现金流最终能够使公司获得更高的收益。中西部地区的能源需求一直在上升，如果没有新的厂商来满足能源需求，那么供给就会不足。能源供给减少，需求增加，那么你应该会知道电力的价格将会发生什么样的变化了。

阳光电器公司

和我们的名单当中的另外几只股票一样，阳光电器公司的股票价格在起初的时候上涨得非常高，然后又回落到我推荐的水平之上。我在 6 月 5 日的时候给阳光电器公司的首席执行官鲍勃·奥斯特（Bob Oyster）打了个电话，他提醒我阳光电器公司仅有 400 万美元的债务，这是一个非常稳健且有潜力的公司，并且竞争力比它稍次一些的对手都逐渐消失了。自从 1 月之后，一家竞争对手关闭了它在俄亥俄州地区的所有连锁店，另一家对手则完全退出了这个行业。

尽管经济是在衰退，但是阳光电器公司还是继续获得盈利。除了春天和初夏时冷空气对空调销售的影响的例外，阳光电器公司的销售盈利甚至比正常时期的空调销售还要高。人们在冷的时候并不一定购买空调，但是人们还是会购买冰箱和电视的，因此阳光电器公司在1993年的时候坚持按计划又新开了4家连锁店。

奥斯特先生还表示，即使不出售股票或者举借外债，阳光电器公司也有足够的资金来支付最近几年公司扩张所需要的资金。

业主有限合伙企业：太阳批发公司和特纳拉公司

卢·希晨（Lou Cissone）——太阳批发公司的财务副总监，他将各分支机构的名单分发下去。他报告的声音听起来非常悲观，以至于我开始怀疑公司在第一季度的总体盈利情况。公司最大的问题仍然是债务，即在1993年2月到期的2200万美元的负债。太阳批发公司准备通过众所周知的削减成本和压抑购买需求这两种方式来偿还债务。太阳批发公司还继续避免进行兼并的行动。按照希晨的说法，这不是一个好消息，因为太阳批发公司的整个产业链——玻璃、水利和自动部分都能够以一个低廉的价格被收购。

这个故事，正如你可能会想起的1997年公司A型股股东可以按照每股10美元的价格出售股票来获得现金，而B型股股东则可以获得剩余的资产。如果经济环境得到改善，我估计B型股的每股价值将会达到5～8美元，而在当前的市场当中，这些股票的出售价格仅为3美元。

与此同时，我提醒我自己，如果经济进一步恶化，太阳批发公司可以轻易地出售其以前兼并的企业来套现资金，偿还债务。这些很有价值的被兼并的公司给太阳批发公司提供了一些保护。

特纳拉公司——陷入困境之中的核能咨询公司，也是另一个在利好消息中的牺牲品。公司宣布签订了两份新合约，一份是和 Martin Marietta 签订的，另一份是和 Commonwealth Edison 签订的，而 Commonwealth Edison 是美国最大的核能厂运营商。这就证明了特纳拉公司的咨询企业还是有发展潜力的，否则，为什么 Martin Marietta 和 Commonwealth Edison 要花时间来和他们进行生意来往？特纳拉公司宣布公司即将解决所面临的一场诉讼，这场诉讼所需要的成本比一些投资者所想象的要少，紧接着公司在第一季度就实现了盈亏平衡。随之而来的是公司股票价格的稳定。

我记得最先吸引我购买特纳拉公司股票的原因是公司没有负债，并且经营着一家有潜力、有实力的咨询公司——虽然那时公司的软件部门经营混乱，股票价格仅为每股 2 美元。如果特纳拉公司能够每年获得 4000 万美元的收益——在现在看来这 4000 万美元的收益比公司 1 月的收益要多很多，那么，公司就能够实现每股 40 美分的收益。对于公司目前的环境和股票价格不变的情况来说，这是一笔风险很大的赌注，也就是这样，我将特纳拉公司列入了购买的名单之中。

雪松娱乐公司

如果没有检查我过去已经持有和推荐的股票，我不会考虑业主有限合伙企业。高收益率和税收优惠使得业主有限合伙企业成为一个非常吸引投资者的集团。在这一次，我找到了两个候选公司并打算购买：雪松娱乐公司和优尼玛公司（Unimar）。

雪松娱乐公司经营着伊利湖旁边的 Cedar Point 游乐园。在 8 月初的时候我和我的家人曾经到那里去玩过过山车，那是我最欣赏的一次暑期调研了。

雪松娱乐公司刚刚宣布了一项重要的决定：公司正在收购 Dorney Park，一个位于阿伦敦之外的游乐场，并且公司将在另一个地方进行暑期调研。公司并没有徒然使自己的股票成为娱乐股。

在1992年年初我没有买雪松娱乐公司股票的原因在于，我没有看到公司的盈利所在。Dorney Park的收购正好回答了我这个问题。雪松娱乐公司将会接管Dorney Park，增加新的娱乐设施，并使用久经考验的雪松娱乐公司的技术来吸引更多的消费者，同时削减成本。

尽管有400万～500万人住在离伊利湖的Cedar Point游乐园不太远的地方，人们开车很快就能到达Cedar Point，但是，有2000万人能够在3个小时之内就到达Dorney Park。

雪松娱乐公司的人实际上对收购Dorney Park并没有觉得很兴奋——这是公司在20年当中的第二次收购。从数学计算的角度看，这笔收购是非常划算的。Dorney Park的购买成本为4800万美元，因为Dorney Park在上一个年度的收益大约为400万美元，市盈率为12倍。

雪松娱乐公司并没有全部使用现金来支付对价，其通过负债融资的方式用现金支付了2700万美元，剩余的对价通过给Dorney Park的所有者支付100万股雪松娱乐公司的股票来实现。

以下就是我对这笔交易的分析：在进行收购之前，雪松娱乐公司的每股收益为1.80美元，加上新发行的100万股股票，公司需要拿出额外的180万美元才能维持当前的收益状况。同时，公司还需要对融资借款的2700万美元支付170万美元的利息费用。

雪松娱乐公司上哪里去弄到这350万美元来支付这额外的收益和利息费用呢？答案是从Dorney Park的每年预计400万美元的收益中获得。从这个角度上看，这笔收购的交易增加了雪松娱乐公司的收益。

因此，当Dorney Park被出售的消息公布之后，市场上会有什么反应？雪松娱乐公司的股票价格在几个星期之内都没有偏离每股19美元这个水平。你不用像内部人士一样参与这笔交易，你可以通过报纸来获得这一消息，然后投入一定的时间来分析公司的状况，然后以收购之前的价格来购买雪松娱乐公司的股票。

优尼玛公司

优尼玛公司并没有雇员，也没有员工的薪酬支出。这是一家控股公司，它只有一项简单的工作，即接收来自印度尼西亚的液体天然气的销售收入。这些销售收入都会以高额股息的形式在每个季度分配给公司的股东。近年来，这种股息以每年20%的速度增长。

在1999年第三季度的时候，优尼玛公司和印度尼西亚的石油天然气生产商的合同将会到期，随后优尼玛公司的股票将会变得一文不值。这是一个和时间赛跑的游戏，即在合同到期之前的6年半时间里，有多少天然气能被分离出来并被销售，有多少红利能够被分配。

当我写到这里的时候，优尼玛公司的股票价格已经达到了每股6美元。如果到1999年的时候股东能获得每股价值6美元的红利，那么优尼玛公司也就没有太多的投资价值了；如果股东能够获得每股10美元的红利，那么优尼玛公司就是一个不错的投资对象；如果股东能获得每股12美元的红利，那么优尼玛公司就是一个令人兴奋的投资对象。

红利的多少取决于以下两个因素：①优尼玛公司能从印度尼西亚的油田（近年来，公司的产出不断增加，这就增加了股票的吸引力）中分离出多少天然气；②这些天然气能够按照什么价格销售出去。如果石油和天然气的价格上涨，那么优尼玛公司所能支付的红利就会上涨；如果石油和天然气的价格下跌，那么优尼玛公司所能支付的红利也会下跌。

优尼玛公司给投资者提供了一个从未来石油价格上涨的环境中获得收益的机会，并且投资者可以从中获得可观的红利。这笔投资和昂贵且风险高的石油天然气期货合约相比，难道不是更胜一筹吗？

房利美

还有一次股票价格的波动给投资者提供了大量的以折价购买优质企业股票的机会。由于有利于房利美的立法在国会讨论中被延迟通过，因此房利美的股票价格下跌到每股 55 美元左右。

与此同时，公司在第一季度和第二季度的财务状况良好，并且其有抵押品支持的证券投资组合也增长到了 4130 亿美元。在房地产行业衰退的中期，房利美的呆坏账也是非常微小的，只有不到 0.6%，是过去 5 年的 1/2。公司在 1992 年将可以获得每股 6 美元的收益，在 1993 年将可以获得每股 6.75 美元的收益；同时，公司还维持着两位数的增长速率，市盈率仅仅只有 10 倍。

在 1992 年 6 月 23 日的时候，我给公司的新闻发言人珍妮特·普安（Janet Point）打了个电话，目的是了解这次被延迟的立法是否通过。她向我保证立法肯定是会通过的。这份说明了房利美、房地美等职能的草案通过国会立法的可能性是非常大的，但是，无论这份草案能否通过，都不会影响房利美，因为即使没有这份草案，房利美同样也能运营完美。

联合资本公司 II 期

这是通过进行风险资本融资来回报借款给他们的公司的一群人。联合资本公司 II 期吸引我之处是这样一个计划：获取那些陷入破产的中小型金融机构所拥有的一些质量较好的贷款，然后这些贷款被清贷信托公司所拍卖，并且通常都是以一个较低的价格拍卖。

自从我考虑联合资本公司 II 期这只股票之后，一个全新的 Allied 系列基金，Allied Capital Commercial 已经被发起，它的目的是收购各种不同的贷款。现在 Allied 家族已经有 5 只基金了，它们的这种繁殖扩张让我对 Allied Capital Advisors——一家从其他 Allied 风险基金中收取管理费用的独立公司，开始产生了兴趣。Allied Capital Advisors 也是一家上市公司，这也是 Allied 的执行者创建那 5 只基金来获取收益的地方。

周期性股票：费尔普斯·道奇和通用汽车

你不能像持有那些处于扩张阶段的零售商的股票那样持有周期性股票。费尔普斯·道奇在过去 6 个月内上涨了 50%。在我所挑选的 21 只股票当中，费尔普斯·道奇是其中收益最高的一只，但是我很害怕所有的这些轻易就获得的盈利只是虚构的。在 1992 年年初的时候，和后来 1992 年整年的收益相比，费尔普斯·道奇的股票价格真的非常低，但是它未来的收益要取决于 1993 年的铜价。

我和公司的首席执行官道格拉斯·耶尔利进行了探讨，他告诉我随着股票价格的上涨，那些华尔街的分析员将会提高公司未来收益的预期。这就是一个审时度势的例子。因为没有人能够预知铜价是上涨还是下跌，可能只有占卦者才会对此做出预测。我不能够按照这个价格来购买费尔普斯·道奇的股票，我情愿购买 Pier 1、Sun TV 或者密歇根第一联邦储贷协会的股票。

通用汽车的股票价格和 1 月相比已经上涨了 37%，然后就开始出现下跌。由于汽车销售依旧保持几百万美元的趋势，所以我认为汽车行业在未来几年的时间里还是大有前景的。市场对汽车的需求应该依旧强劲，同时美元的贬值以及日本的问题应该能帮助美国赢回更大的市场份额。

我喜欢通用和福特，但是我最近的调查说服我自己将克莱斯勒重新列入选择名单当中的首选——尽管克莱斯勒的股票价格在 1992 年的时候已经翻了一番，业绩胜过了其他的汽车制造商。我对这个结果也感到很惊讶。

由于股票价格在最近翻了一番、两番、三番甚至四番就拒绝这只股票，这是一种严重的错误。数以百万的投资者上个月是否在克莱斯勒上获得盈利或者亏损也不能代表克莱斯勒这只股票在下个月也同样会盈利或者亏损。我尝试将股票看成没有过去和历史，然后公平地分析和挖掘每一种投资的可能性，即"现在开始"的方法。之前发生的事情和现在并没有关系，重要的是股票价格是会高于还是低于当前按照预计的每股收益为 5～7 美元的基础计算出的每股 21～22 美元的水平。

从账面上看，克莱斯勒最近传来的消息令人非常兴奋。尽管公司曾经在破产的边缘上徘徊过，但是公司最终成功地融资了 36 亿美元的现金来清偿其 37 亿美元的长期债务。克莱斯勒的财务危机现在已经解决了。随着公司逐渐发展壮大，公司的财务机构——克莱斯勒财务公司（Chrysler Financial），将可以按照相当优惠的利率来获得借款，这将能很好地提高克莱斯勒的收益。

改装后的吉普切诺基非常受欢迎，以至于克莱斯勒不用打折扣就能够顺利将它销售出去。公司在每辆吉普车和小型货车的销售上都获得了几千美元的利润。在汽车市场不景气的环境当中，这两种产品每年都能够单独为公司带来将近 40 亿美元的收入。

T300 系列加长型皮卡汽车，即汽车行业所号称的"工程机械宝马"，给克莱斯勒在卡车市场上带来了首次强烈的挑战机遇，因为卡车一直是福特和通用的最大利润所在，克莱斯勒从来没有生产过加长型的卡车。克莱斯勒的普通小型车系列——Sundance 和 Shadow，已经开始逐步被淘汰，它开始在 10 年内引进第一种真正的全新汽车设计系统，LH 系统。

LH 汽车——Eagle Vision、Chrysler Concorde 和 Plymouth Intrepid 都是高价位的，能够给公司带来足够的利润。如果这些高档汽车能够像 Saturn 或者 Taurus 那样畅销，那么克莱斯勒将能够获得巨大的收益。

如果说有什么事情阻碍了克莱斯勒的发展，那就是公司在近年来不得不增发数以百万的股票来融资。在 1986 年的时候，公司有 2.17 亿股流通股，现在公司有 3.4 亿股流通股。但是如果克莱斯勒能做到自己的承诺，那么 1993～1995 年所能获得的利润就足以抵消额外发行新股所产生的负担。

　　在 9 月的时候，我重新回到路易斯·鲁凯泽的《华尔街一周》节目。从我第一次参加这个节目到现在已经 10 年了，同时这也是推荐新一批股票的机会。我花了几个星期来做功课，正如我当初为《巴伦周刊》推荐股票一样，并且准备和路易斯的成千上万的观众来分享成果。

　　在这个节目上，你不会知道观众都会问你什么问题，而且你只有很短暂的时间来思考并回答这些问题。如果他们能给我一段很长的时间来回答那些问题，那么我一定会利用这些时间来给大家讲述我最近的股票选择，正如祖父母会将时间花在谈论孙子孙女上一样。实际上，我花费了过多的时间来讨论 Au Bon Pain，以至于我都没有谈论到房利美、密歇根州第一联邦储贷协会，或者是其他一些我非常喜欢的金融股。

　　我尝试着给福特和克莱斯勒一个不错的评价，这是我在这个节目上第一次推荐的股票，但我的几个同事却提出了反对的意见。我猜想我们又回到了原地。

25条股票投资黄金法则

到此为止,本书已经写完了,在关掉电脑之前,我忍不住想要抓住这最后的机会,回顾一下我从20年投资生涯中得到的经验和教训,我把它们总结成25条股票投资黄金法则。尽管其中大部分我已经在本书及我的其他著作中详细讨论过了,但我还是要在这里呈现给大家,就算是我的临别赠语吧。

1. 投资很有趣、很刺激,但如果你不下功夫研究基本面的话,那就会很危险。

2. 作为一个业余投资者,你的优势并不在于从华尔街投资专家那里获得所谓专业投资建议。你的优势其实在于你自身所具有的独特知识和经验。如果充分发挥你的独特优势来投资于自己充分了解的公司和行业,那么你肯定会打败那些投资专家。

3. 过去30多年来,股票市场被一群专业机构投资者所主宰,但是与一般人的想法正好相反,我认为这反而使业余投资者更容易取得更好的投资业绩。业余投资者尽可以忽略这群专业机构投资者,照样战胜市场。

4. 每只股票后面其实都是一家公司,你得弄清楚这家公司到底是如何经营的。

5. 经常出现这样的事：短期而言，比如好几个月甚至好几年，一家公司业绩表现与其股价表现毫不相关；但是长期而言，一家公司业绩表现肯定与其股价表现是完全相关的。弄清楚短期和长期业绩表现与股价表现相关性的差别是投资赚钱的关键。同时，这一差别也表明，耐心持有终有回报，选择成功企业的股票方能取得投资成功。

6. 你得弄清楚你持股的公司基本面究竟如何，你得搞明白持有这只股票的理由究竟是什么。不错，孩子终究会长大，但是股票并非终究会上涨。

7. 想着一旦赌赢就会大赚一把，于是大赌一把，结果往往会大输一把。

8. 把股票看作你的孩子，但是养孩子不能太多，投资股票也不能太多，太多你就根本照顾不过来了。一个业余投资人，即使利用所有能利用的业余时间，最多也只能研究追踪8～12只股票，而且只有在条件允许的情况下才能找到机会进行买入卖出操作。因此，我建议业余投资者在任何时候都不要同时持有5只以上的股票。

9. 如果你怎么也找不到一只值得投资的上市公司股票，那么就远离股市，把你的钱存到银行里，直到你找到一只值得投资的股票。

10. 永远不要投资你不了解其财务状况的公司股票。让投资者赔得很惨的往往是那些资产负债表很差的烂股票。在买入股票之前，一定要先检查一下公司的资产负债表，看看公司是否有足够的偿债能力，有没有破产风险。

11. 避开那些热门行业的热门股。冷门行业和没有增长的行业中的卓越公司股票往往会成为最赚钱的大牛股。

12. 对于小公司股票来说，你最好躲在一边耐心等待，等到这些小公司开始实现盈利时，再考虑投资也不迟。

13. 如果你打算投资一个正处于困境之中的行业，那么一定要投资那些有能力渡过难关的公司股票，而且一定要等到行业出现复苏的信号。不过，像生产赶马车鞭子和电子管这样的行业是永远没有复苏的希望了。

14. 如果你在1只股票上投资1000美元，即使全部亏光也最多不过是亏损1000美元，但是如果你耐心持有的话，可能就会赚到1000美元甚至50 000美元。业余投资者完全可以集中投资少数几家优秀公司的股票，但基金经理人则根据规定不得不分散投资。业余投资者持有股票数目太多就会丧失相对于专业机构投资者能够集中投资的优势。只要找到几只大牛股，集中投资，业余投资者一辈子在投资上花费的时间和精力就远远物超所值了。

15. 在任何一个行业，在任何一个地方，平时留心观察的业余投资者就会发现那些卓越的高成长公司，而且发现时间远远早于那些专业投资者。

16. 股市中经常会出现股价大跌，就如同东北地区严冬时分经常会出现暴风雪一样。如果事先做好充分准备，根本不会遭到什么损害。股市大跌时那些没有事先准备的投资者会吓得胆战心惊，慌忙低价割肉，逃离股市，许多股票会变得十分便宜，对于事先早做准备的投资者来说反而是一个低价买入的绝佳机会。

17. 每个人都有投资股票赚钱所需要的知识，但并非每个人都有投资股票赚钱所需要的胆略，有识且有胆才能在股票投资上赚大钱。如果你在股市大跌的恐慌中很容易受别人影响，吓得赶紧抛掉手中所有的股票，那么胆小怕跌的你最好不要投资股票，也不要投资股票型基金。

18. 总是会有事让人担心。不要为周末报刊上那些危言耸听的分析评论而焦虑不安，也不要理会最近新闻报道中的悲观预测言论，不要被吓得担心股市会崩盘就匆忙卖出。放心，天塌不下来。除非公司基本面恶化，否则坚决不要恐慌害怕而抛出手中的好公司股票。

19. 根本没有任何人能够提前预测出未来利率变化、宏观经济趋势以及股票市场走势。不要理会任何对未来利率、宏观经济和股市的预测，集中精力关注你投资的公司正在发生什么变化。

20. 如果你研究了10家公司，你就会找到1家远远高于预期的好公司。

如果你研究了50家公司，你就会找到5家远远高于预期的好公司。在股市中总会有让人惊喜的意外发现，那就是业绩表现良好却被专业机构投资者忽视的好公司股票。

21. 不研究公司基本面就买股票，就像不看牌就打牌一样，投资赚钱的机会很小。

22. 当你持有好公司的股票时，时间就会站在你这一边；持有时间越长，赚钱的机会就越大。耐心持有好公司股票终将有好回报，即使错过了像沃尔玛这样的优秀公司股票前5年的大涨，未来5年内长期持有仍然会有很好的回报。但是如果你持有的是股票期权，时间就会站在你的对立面，持有时间越长，赚钱的机会越小。

23. 如果你有胆量投资股票，却没有时间也没有兴趣做功课研究基本面，那么你的最佳选择是投资股票型基金。你应该分散投资于不同的股票基金。基金经理的投资风格可分为成长型、价值型、小盘股、大盘股等，你应该投资几种不同风格的股票投资基金。注意：投资于6只投资风格相同的股票基金并非分散投资。

投资者在不同基金之间换来换去，就会付出巨大的代价，得支付很高的资本利得税。如果你投资的一只或几只基金业绩表现不错，就不要随便抛弃它们，而要坚决长期持有。

24. 在过去10年里，美国股市平均投资收益率在全球股市中仅仅排名第八，因此，你可以购买那些投资于海外股市且业绩表现良好的基金，从而分享美国以外其他国家股市的高成长。

25. 长期而言，投资于一个由精心挑选的股票或股票投资基金构成的投资组合，业绩表现肯定要远远胜过一个由债券或债券基金构成的投资组合，但是投资于一个由胡乱挑选的股票构成的投资组合，还不如把钱放在床底下更安全。

后　记

　　股票的挑选是一个动态的过程。正如前面所述，自从我在1992年为《巴伦周刊》推荐了21只股票之后，每个公司的股票都发生了很多变化。我在1993年巴伦圆桌会议上进行了新一轮的股票选择，其中包括8只1992年我所挑选的股票。当你看到这里的时候，我即将完成1994年股票选择的调研工作了。

　　我选择股票的方式基本是固定的。首先我会研究和分析价值被低估的公司，一般来说我会从非热点行业或者部门来寻找这些被低估的公司。在这两年时间里，我发现，包括默克、雅培、沃尔玛和宝洁在内的蓝筹成长股当中并没有价格低廉的。这些受人欢迎的股票所表现的不尽如人意证明了在第7章所介绍的读图技术是起作用的。

　　通过观察1991～1992年这些公司的股票长期走势图，你可以发现这些股票的价格已经远远偏离了它们的收益，这是一个危险的信号，它告诉我们，20世纪80年代后期迅速上涨但是后来又出现震荡的默克、沃尔玛和其他类似的成长型企业的股票价格将会有所调整。

　　只要当前流行的股票，特别是那些被公务人员退休抚恤基金和共同基金所大量持有的股票在价格上出现了大幅度的下跌，那么华尔街的分析师就不得不编制各种导致基金经理不再持有这些股票的理由。最近我们都听说过医药公司股票价格的下跌是因为华尔街对克林顿总统所提倡的健康计划（Clinton Health Plan）的忧虑，可口可乐股票价格的下跌是因为投资者害怕强势美元对公司收益的负面影响，还有家得宝股票价格下跌是因为房地产市场的萧条。其实，这些股票价格下跌的真正原因是这些股票的价格和它们当前的收益相比已经被远远地高估了。

通常来说，随着公司收益的持续稳定增长，价格被高估的成长性蓝筹股的股票价格在最近几年都会下跌或者是在一定的区间波动，最终股票价格和公司收益将会回归到一个平衡位置。当股票价格和公司收益达到平衡的时候，股票价格线和公司收益线将会产生交点，正如1993年雅培的股票价格图（图7-2）所体现的一样。可能成长型蓝筹股的股票价格会自我调整修正，因此在1994～1995年的时候我可能就会推荐这些股票。

在我的经验当中，按照市盈率的计算公式，股票价格不能过多地超前于每股收益，而每股收益，就没有什么可考虑的了。

尽管一些规模庞大的成长型股票的价格被哄抬得过高之后开始震荡，但我们还是可以从规模较小的成长型股票当中发掘出很多值得投资的低价股。图3-1所讲述的新地平线指标（new horizons indicator）已经给我们展示了一些价格相对于标准普尔500指数来说位于价格区间底部的规模较小的股票。只要这些规模较小的公司的股票价格和规模较大的同行企业的股票价格相比是廉价的，那么，至少在新型水平指标的方向改变之前，它们就有机会超过那些规模较大的同行企业股票。

另一个非常有意思的变化就是1993年天然气行业恢复到了能源和能源服务公司所应该达到的辉煌，但是在我的印象当中，这些企业却一直处于令人忧虑的状态。然而，经过几年的削减成本、公司整合以及减少开采，这些公司已经恢复了其颇具希望的前景。

这些公司的风险和收益之比是非常不错的。很多天然气公司在经历了风浪之后变得坚不可摧，同时，当前的机会也给其中的一些公司提供了更加明朗的前景。因此，在1993年的时候，我推荐了5只能源公司的股票：2只服务型公司的股票和3只生产型公司的股票（见表PS-1）。

表PS-1 林奇在1993年推荐的《巴伦周刊》投资组合

股票代码	公司名称	总回报率（%）1993/1/11～1993/12/31	价格（美元）1993/1/11	1993/12/31
ABBK	Abington 储蓄银行	27.78	9.00	11.50
AMX	AMAX,Inc.（到1993/11/15）	47.71	16.88	—①
AHC	Amerada Hess Corporation	3.78	44.00	45.13
APA	Apache Corporation	33.12	17.75	23.38
AS	Armco,Inc.	-5.77	6.50	6.13
—	美体小铺	37.20	1.64	2.25
BP	英国石油 PLC-ADR	46.81	44.88	64.00
BST	英国钢铁 PLC-ADR	97.81	9.50	18.50
C	克莱斯勒公司	49.00	36.25	53.25
CCI	花旗集团	71.51	21.50	36.88
CMS	CMS 能源公司	39.30	18.50	25.13
CSA	Coast Savings Financial,Inc.	34.12	10.63	14.25
DBRSY	De Beers Consolidated Mines-ADR	84.64	13.75	24.25
DME	Dime Savings Bank of New York	20.37	6.75	8.13
FDX	联邦快递	27.99	55.38	70.88
FNM	房利美	3.66	77.50	78.50
FFOM	密歇根第一联邦储贷协会	62.24	16.08	25.50
FOFF	50-Off Stores,Inc.	-42.71	12.00	6.88
F	福特汽车公司	47.37	45.13	64.50
GH	General Host Corporation（GH 公司）	-18.38	9.00	7.00
GM	通用汽车公司	63.26	34.25	54.88
GLM	Global Marine,Inc.	65.00	2.50	4.13
GGUY	Good Guys,Inc.	18.18	11.00	13.00
HWG	Hallwood Group,Inc.	-8.89	5.63	5.13
HAR	哈曼国际集团公司	94.92	14.75	28.75

（续）

股票代码	公司名称	总回报率（%）1993/1/11～1993/12/31	价格（美元）1993/1/11	价格（美元）1993/12/31
AHM	H.F.Ahmanson & Co.	11.07	18.50	19.63
HPBC	Home Port Bancorp,Inc.	66.46	7.38	11.75
IAD	Inland Steel Industries,Inc.	51.43	21.88	33.13
MAXC	Maxco,Inc.	106.06	4.13	8.50
MSEL	Merisel,Inc.	67.05	11.00	18.38
NSBK	North Side Savings Bank, Bronx, NY	39.67	13.33	18.50
NSSB	Norwich Financial Corporation	62.44	5.75	9.00
PXRE	Phoenix RE Corporation	80.16	15.25	27.25
RLM	Reynolds Metals Company	−13.65	53.88	45.38
SERF	Service Fracturing Company	16.96	3.31	3.88
SBN	阳光地带园艺公司 GRP/DE	−40.21	5.75	3.44
SDP.B	太阳批发有限合伙公司	25.26	3.50	4.25
CUTS	超级剪理发公司	2.62	14.50	14.88
TLP	特纳拉有限合伙公司	4.72	1.31	1.38
1993年林奇投资组合总收益		35.39		
标准普尔500指数		11.23		
纳斯达克综合指数		13.83		
价值线混合指数		18.31		

① AMAX 的总回报率反映在1993年11月15日的合并/分割上，即1股 AMAX 可转换成0.5股 ALUMAX、0.5股 Cyprus AMAX 以及0.245股 AMAX Gold。

根据图15-3所介绍的被压抑的需求指标，我还考虑到汽车行业能够销售比人们预期更多的汽车和卡车。在汽车行业的衰退周期之后，在被压抑的需求得到满足之前，通常会有5～6年的增长周期，而我们现在仅仅处于最近的增长周期的第3年。出于这个原因，我推荐了3只汽车制造商的股票，外加为汽车制造商供应汽车扬声设备的哈曼国际集团公司（Harman International）。

在对钢铁股票买卖的各种分析以及各个公司的不同运作的讨论过程中，我注意到钢铁的价格开始变得稳定起来。此外，美国的钢铁生产商正期望政府能采取保护措施，以避免受到国外生产商在国内市场上进行"倾销"而带来的损失（如果是这样的话，那么国内的生产商是不能获得他们所期望的保护的）。我同时还了解到，欧洲有好几家历史悠久但效益低下的钢铁厂，为了保住成千上万的工人毫无效益的工作，几十年来消耗了大量的政府补贴，因此政府可能会关闭这些钢铁厂。私有化也进一步加速了这些钢铁厂倒闭的进程，所以我停止了对原来的3家钢铁企业和2家金属企业的股票推荐。

我在1993年《巴伦周刊》资产组合上的推荐重点为具有周期性的股票，尽管我自己还没有开始购买这些周期性股票，但这是投资者在经济复苏的早期应该购买的股票。在我所调查的公司和行业当中，最值得购买的最廉价的股票是具有周期性的股票，那也正是收益正在波动的股票。

那7只我在1992年推荐的储蓄贷款协会股票的价格都在上涨。在1993年的时候，我又推荐了8只新的储蓄贷款协会的股票。我对这类组织的股票价格的表现依旧感到非常惊讶——自从这些股票在1991年上市以来，储蓄贷款协会的大部分股票都已经翻了两番、三番甚至四番，并且好像没有停止的迹象。

很多储蓄贷款协会在最近几年的运营都非常优秀，因此此时并不是必须要购买或者抛售这些股票的时候。当我写到这里时，市场上还是有很多投资机会的。如果说还有其他这样的机会，即存在大量的经营稳健的机构，而它们所出售的股票价格又低于账面价值，同时还保持良好的收益增长率，并且还有在不久的将来会被更大的银行或储蓄贷款协会溢价收购的可能，那我还没有发现。

华尔街传统的忧虑是，随着经济的发展和利率的提高，储蓄贷款协会将可能面临破产的威胁，因此储蓄贷款协会当前从利率价差中获得的可观收益将会被席卷一空。我不同意这种说法。隐含着两位数的通货膨胀的经济快速增长可能会影响储蓄贷款协会的发展，但是以一个合理的速度增长的经济并不会损害储蓄贷款协会的发展。

事实上，储蓄贷款协会将能够从经济的改善中获得收益。由于房地产市场的好转，储蓄贷款协会能够以更高的价格更快地将他们手中的取消了抵押品赎回权的房屋销售出去，并且贷款的违约率和呆坏账的比率也会更低，从而丧失抵押品赎回权的房屋也会减少。这就能够增强他们的财务效益，提高他们的收益，因为他们不用为了给贷款损失提供保证而留置更多的资金。同时，随着经济环境的改善，留置资金的减少使得他们能够更多地为有信誉的借款人提供贷款，这最终又能够增加他们的收益。

最后，我在1993年开始对加利福尼亚的公司产生了兴趣。这是因为加利福尼亚正处于经济的衰退时期，并且舆论的消息都是负面的，你可能会认为整个经济都将处于失控状态。在新英格兰，我的家乡，其经济环境和1990年所预期的完全一样，报纸的头条也都是令人沮丧的消息，但是如果你不理会这些令人沮丧的消息，并且购买了这些表现不良的新英格兰公司的股票，特别是银行和除了一些零售商之外的储蓄贷款协会的股票，那么你现在的收益就是非常令人羡慕的。

乐观地看，加利福尼亚同样也能像新英格兰一样从衰退中复苏（到目前为止，我们没有就业的增长），所以，在1993年的推荐名单上，我增加了3家加利福尼亚的公司：Coast Savings Financial 公司；H.F.Ahmanson & Co.——加利福尼亚州最大的储蓄控股公司；Good Guys 公司——销售电视、音响和相关电子器件的零售商。同时，我还推荐了房利美，我长期看好的公司，它是持有并进行一揽子抵押贷款的公司。房利美的股票价格一直在下跌，因为其25%的抵押贷款都是加利福尼亚州的房地产贷款。

24个月的定期检查

在第21章当中，我们介绍了林奇投资组合的6个月定期检查，现在我们可以延长为 24 个月的定期检查。由于人们非常关注股票价格的变化，因此我们很容易忘记这样一个观念：持有一份股票就意味着对公司拥有一份所有权。除非你每隔一段时间就去检查建筑物的结构是否维护妥当，是否有脱落的部分，否则你不会感觉到自己对租赁的房屋的所有权；类似地，当你拥有公司所有权的时候，你必须时刻关注公司的发展状况。

在进行了本书所介绍的最后一轮对公司的分析这份作业之后，我可以做出以下的汇报。

联合资本公司 II 期的业绩在短期内出现了下降，这在股票价格上已经反映出来了。在这 6 个月的检查中，公司的运营并没有问题，但是还需要等待更长的时间才能对公司进行 24 个月的检查。公司将其所有的权益都投资在贷款上，但是并不是所有的资金都能够有效运作。公司的部分计划是从清贷信托公司那里购买储蓄贷款协会的除被政府接管之外的资产组合，并且打算购买的是信誉良好的借款人的贷款，以获取 10%～11% 的利息收入。

不可预见的问题是，很多投资者——包括银行和所谓的兀鹫基金（vulture fund）也有购买这些资产的计划。联合资本公司没有获得他们所期望的那部分贷款，同时也不打算降低标准购买风险更高的贷款，因此联合资本公司就倚靠大量的现金从货币市场中获得 3% 的收益。对股东来说这并非有利的情况，因为他们每年需要给联合资本公司支付 2% 的管理费用。

联合资本公司 II 期逐渐开始购买贷款，但是购买的速度非常慢，比任何人所想象的都要慢。与此同时，管理着 Allied 系列基金的联合资本公司的投资是最成功的，它的股票价格在这一年之内就翻了一番。

谈到管理公司，康联集团在 24 个月内获得了 69.7% 的收益。再一次地，当近年来大量的资金涌入到共同基金的时候，康联集团也对持有和管理共同基金的人们进行了投资。

我对园艺公司（GH 公司、阳光地带和卡乐威）的偏好是一个巨大的错误，我被整个行情所迷惑。我对消费者大量购买植物、耙子、铁铲等的行为印象非常深刻，同时，人们普遍认为园艺是20世纪90年代的主流，烹饪是20世纪80年代的主流，以至于我忽略了园艺店的激烈竞争。园艺店的激烈竞争一点也不亚于航空公司的竞争。

凯马特、家得宝等这些销售一些数量较少的绿色植物和种类繁多的肥料、覆盖物、杀虫剂以及园艺工具的折扣店总是门庭若市，在阳光地带公司或GH公司也可以看到同样的情景。我低估了这些折扣店的影响以及那些小园艺中心附近的小零售店的经久不衰，它们总是那么顽强地存活下去，并且不断地降低价格来和那些折扣店进行竞争。最后这个链条被挤压成了两个极端。同时，恶劣的天气如洪水、干旱等，也都给他们带来了负面的影响。

卡尔威，这家公司在其股票价格为每股8美元的时候就给我留下了非常不错的印象，到1993年年底的时候，卡尔威的股票价格就降低到了每股3美元，几个月前看起来可能的增长机会现在也开始出现了变化。这也是一场资产游戏，卡尔威的每股现金流为1.30美元，没有负债，并且在达拉斯州还有17栋建筑物。

我曾经认为阳光地带公司可能是一个被兼并的对象，果然，它最后被GH公司收购了。Alas，在我推荐这只股票的时候它的价格为每股6.25美元，最后的收购价格为每股5美元。这是一个付出极大代价而获得的胜利。

如果你对阳光地带仍然有信心，你可以通过购买GH公司的股票来继续获得对它的所有权。不过，它的前景已经大不如以前了，其弗兰克园艺连锁店的销售业绩非常令人失望。总体上说来，1993年对于弗兰克园艺是惨痛的一年。我们都经历了席卷全国的炎热，这导致很多人选择待在家里不到花园去。

GH公司的业绩可能会出现转机，在将来可能会获得很好的收益，但是和联合资本公司II期的例子一样，它也同样需要花费比我预期要长的时间才能实现这个目标。

Pier 1 进口公司同样也是园艺领域的一部分——在阳光地带公司被 GH 公司收购之前，它持有大量阳光地带公司的股票。在经济衰退中 Pier 1 同样也经历了不振，但是它还是通过临近消费者的家具连锁店来不断地获得了市场份额。我要说的是这家公司绝对是值得投资的。

CMS 能源公司接下来的明朗前景取决于其和 Michigan Publish Service Commission（Michigan PSC）之间的价格争端能够得到公正的解决，我并不知道最终的解决方案是什么样的，但在公司的股票价格为每股 18.50 美元的时候我就对这家公司有了深刻的了解和认识。即使公司和 Michigan PSC 之间的价格争端的最后解决方案对公司是不利的，公司的股票还是值得购买，因为公司的风险和收益之比是令人满意的。

在 1993 年 3 月的时候，与 Michigan PSC 之间的争端有了结果，这个结果从 CMS 的角度来说并不是很糟糕，相反，对 CMS 还颇为有利，CMS 的股票价格由此提高到了每股 25 美元左右的水平。在这个价格水平上，CMS 的股票成为人们愿意购买并持有的对象。

费尔普斯·道奇公司在 1992 年的时候由于成本的削减和铜价的下降而获得了繁荣。1993 年铜价的更加疲软进一步影响了公司以及公司的股票价格。如果你持有开采铜矿的公司的股票，那么你最好时刻关注市场的变化，看看其什么时候能够度过这段冰冻期。

美体小铺在 1992 年的运营并不理想，但是公司的基本面状况在 1993 年得到了改善。当我推荐这只股票的时候，它的价格仅仅为 325 便士，并且我建议那些只购买了一小部分这只股票的投资者在股票价格下跌的时候可以增加持股数量。不出我所料，在 1993 年 2 月的时候，股票价格下跌到 140 便士！我从来没有想到股票价格会下跌这么多，但是没有人能够预料股票的价格会下跌多少。如果你持有了足够的股票，那么这些股票当中的某一只肯定会经历这种下跌的。

当股票价格下跌时，就到了分析行情的时候了。如果行情依旧看好，那么我们对股票价格下跌了50%就会感到高兴，因为你可以在一个更低的价格水平上购买到股票。因此重要的问题不是美体小铺的股票价格下跌了，而是为什么它的股票价格下跌了。

我给公司的相关人士打了电话，并被公司的经营状况所吸引。美体小铺依然没有负债，并且还在新的市场领域里持续扩张，这些都是好消息。但此外，公司在其本地市场，即英国市场的销售业绩却令人忧虑。很显然，英国经济的衰退导致人们在香皂、洗发水等方面缩减了开支，人们降低了基本的生活水平。可能人们会去购买普通的洗发水，而不是花4英镑从美体小铺那里购买海藻和桦树精华香波或者Rhassoul矿物泥香波。

美体小铺主要的4个市场所在的国家当中的3个——加拿大、英国和澳大利亚，都经历了经济衰退。在美国，美体小铺的好几家竞争对手都新开张了自己的化妆护肤品连锁店，不过，美体小铺仍能从其他国家，如法国和日本，获得最高的业绩增长，因为在这些国家里美体小铺还没有竞争对手。我将这看成是跨国企业发展30年中的第二个10年。在我1992年开始关注这只股票的时候，它的行情已经变得更好了。我和一位经营美体小铺连锁店的朋友一起分析了美体小铺的情况。她对自己购买的多家美体小铺连锁店的销售业绩感到非常高兴。当1993年1月美体小铺的股票价格略低于我在1992年初次购买的价格水平的一半时，我再次推荐了美体小铺股票。

太阳批发公司经历了一次重大的发展，而按照计划，这次发展应该是在4年之后才会进行的。在1993年9月的时候，公司宣布将考虑出售大部分的分支机构。投资者希望这种出售能够实现，而不是等到1997年，太阳批发公司享受最后一年业主有限合伙企业所享有的税收优惠时才进行出售。

在分支机构被出售之后，太阳批发公司的A型股股东将能够获得每股10

美元的收益，而B型股股东将能够获得剩下的资产。我在1992年和1993年的《巴伦周刊》上就推荐了太阳批发公司的B型股股票。

太阳批发公司一直在通过降低负债和削减成本的方式来使B型股的价值最大化。在公司宣布可能将要出售分支机构这个消息的几个月之前，公司就完成了一笔长期贷款融资的交易。由于公司的负债问题是一个潜在的危险，因此获得融资贷款无疑是一个令人兴奋的消息，你可以在公司的年报上看到它。此外，公司的年收益一直在稳步增长，甚至是在经济衰退的时候，公司的每股自由现金流也以每股1美元的速度持续增长。从理论上说，这就意味着B型股的内在价值是以每股1美元的速度在增长。

这是另一个公司运营良好且股票价格上涨的例子。太阳批发公司的B型股股价在过去的两年时间里一直徘徊在每股2.50～3.00美元的区间，1993年9月，公司宣布可能被收购的消息的时候，B型股的股票价格一下子就上涨到了每股4.40美元。股票市场总是这样考验你的耐心，如果你看好一家公司，那么你就一直持有它的股票，直到你的耐心能给你带来收益为止。

如果一直到1997年的时候公司也没有被收购，那么它的B型股股票价格就可能上涨到每股8美元的水平。我认为太阳批发公司可能出售的情况和20世纪70年代后期塔可钟被百事所收购的情况是一样的。塔可钟的股东很快就从收购中获得了收益，但是如果公司持续经营没有被收购，那么其就有获得10倍增长的可能性。

特纳拉——恢复当中的有限合伙企业，并没有完全得到恢复。如果特纳拉不是因为没有负债，那么其在很久之前就已经破产了。在你对一个挣扎中的企业进行投资的时候，你一定要确保公司有足够的现金来支付恢复过程中所需要的费用。

特纳拉的股票价格先是上涨随后又开始下跌，当我写到这里的时候公司的股票价格大约是我在1992年1月推荐它的时候的一半，而和1993年1月我再次推荐这只股票的时候的价格相同。公司新任命了首席营运官，并从银行获得了200万美元的贷款来回购部分股票，公司的公用事业服务管理机构还吸引了新的客户，公司存在的6大问题现在已经只剩下两个了。公司和监管部门之间的合约纠纷还没有得到解决，但是公司已经拥有足够的现金来支付纠纷败诉后可能产生的损失。当然，如果公司胜诉，那么无疑公司就会获得收益。

我分析特纳拉这家公司的思路是这样的：如果公司不能恢复正常运营，那么最后的清算价格就是每股1美元；如果公司能够恢复盈利，那么股票价格就会上涨到每股4美元。

我在1992年推荐的《巴伦周刊》投资组合如表PS-2所示。

表PS-2　林奇在1992年推荐的《巴伦周刊》投资组合：24个月的定期检查

股票代码	公司名称	总回报率（%）1992/1/13～1993/12/31	价格[①]（美元）1992/1/13	1993/12/31
ALTI	联合资本公司Ⅱ期	−14.11	19.00	14.25
—	美体小铺	−30.77	3.25	2.25
COGRA	康联集团——A型股	69.70	17.38	28.00
CMS	CMS能源公司	43.30	18.50	25.13
EAG	Eagle金融公司[①]	101.81	10.97	20.50
FNM	房利美	19.34	68.75	78.50
FESX	第一艾塞克斯银行公司	222.68	2.13	6.75
GH	GH公司	−1.32	7.75	7.00
GM	通用汽车公司	87.45	31.00	54.88
GSBK	德国小镇储蓄公司	287.15	14.50	54.75
GBCI	冰河银行[①]	117.37	10.12	21.00
LSBX	劳伦斯储蓄银行	225.00	1.00	3.25
PBNB	国民储蓄金融公司	85.42	11.00	18.75
PD	费尔普斯·道奇公司[①]	60.97	32.50	48.75
PIR	Pier 1进口公司——DEL	23.53	8.00	9.75
SVRN	苏维瑞银行公司[①]	250.90	3.83	13.13
SBN	阳光地带园艺集团/DE	−44.99	6.25	3.44
SDP.B	太阳批发有限合伙公司	65.87	2.75	4.25

(续)

股票代码	公司名称	总回报率（%）1992/1/13～1993/12/31	价格①（美元）1992/1/13	1993/12/31
SNTV	Sun Television & Appliances,Inc.①	130.48	9.25	21.25
CUTS	超级剪理发公司①	31.26	11.33	14.88
TLP	特纳拉有限合伙公司	−42.11	2.38	1.38
	林奇1992年投资组合的总回报	**80.43**		
	标准普尔500股票指数	19.19		
	纳斯达克综合指数	25.77		
	价值线混合指数	33.07		

①刚刚进行股票分割。

另外两家我在1992年没有推荐但却一直在跟踪观察，并且现在非常值得一提的业主有限合伙企业是雪松娱乐公司，这是一家经营游乐园的公司，它在收购了费城的Dorney Park游乐场之后持续保持高增长。我和我的家人在1993年的时候曾经到过Dorney Park游乐场，雪松娱乐公司有世界上最高的海盗船，更重要的是，在1997年之前由于税收优惠的作用，公司的股票能够保持6%的收益，并且公司能够通过增加设备和收购的行为持续获得增长。公司也可能成为被收购的对象，我能够想到大量可能存在的买家，特别是娱乐业的巨头，他们可能会希望拥有自己的Bart Simpson rides、Arsenio Hall of Fame rides或者其他设施的游乐场。迪士尼已经购买组建了一支曲棍球队，并将这支球队命名为棒球天使（Mighty Ducks），因此想象一下，如果迪士尼购买了一家游乐园它会怎么做呢？它可能会将迪士尼乐园建成世界著名的游乐世界。

EQK绿地公司——在长岛拥有购物中心的合伙企业，为公司的大部分债务完成了再融资，解决了公司一直未解决的难题。同时，公司在1993年的时候还报告了两项利好消息：①家得宝并购了EQK绿地公司的部分机构，这将有利于公司减少负债；②在季度报告上，公司向股东通告了公司的原始股东首席执行官增加持有公司56 000股股份。

在公司宣布了再融资的消息之后不久，公司的股票价格开始上涨，但是股票价格并不是在消息传出来之后就立刻上涨的。这是另一个投资者不需要利好消息来获得盈利的例子。甚至在这些利好消息公布之后，华尔街对它们的反应也是比较缓慢的。

EQK 绿地公司同时还宣布公司可能将转向不动产信托投资，这将能够增强公司的财务状况，同时也给公司提供了能够以更低的利率获得借款的机会。在这种变化之中，公司可能需要以不动产信托投资公司的股份来对公司的主要合伙人 Equitable 做出补偿。但是这种新型的组织结构可能使得 EQK 绿地公司能够利用自身的融资来购买额外的购物中心。雪松娱乐公司也是利用这种方式来融资收购其他游乐场的。

超级剪公司发布了令人震惊的消息：公司将在纽约增开 200 家连锁店，而这些连锁店将会由公司和其他合伙人共同成立的合资企业所共同持有。公司正通过借款来支付扩张所需要的费用，而这些借款将会损害公司 1993～1994 年的收益。尽管分析家都预期超级剪公司在 1994 年将能够获得每股 80 美分的收益，但是公司实际所能获得的收益可能要比这要少。

从一个更加长远的角度考虑，这些新增的连锁店将会加速公司的增长。公司股票的市盈率倍数将会保持低于市场市盈率的状况。在当前的市场中，投资者给增长较慢且不是行业领头人的企业投入了过多的资金，而超级剪公司最后还是成为这个行业的领头羊。消费者都排队来购买超级剪公司的洗发露和清洁用品。在去年一年时间里，在价格没有上涨的情况下，超级剪公司的单店销售额这个最重要的指标上涨了 4%～5%。

公司最近一份季度报告包含着这样一条消息：公司推出了一种优惠券，持有该券在消费时则可享受 3 美元的折扣，这也是购买股票的另一个理由。但是当我在波士顿接受了一次服务之后，我就拒绝接受他们的优惠券了。

阳光电器公司是俄亥俄州的零售商，它也同样经历了难忘的一年。1993

年，公司的单店销售额上涨了15.2%，并且公司在过去的两年时间里增开了11家连锁店。在本地市场获得成功之后，阳光电器公司又在匹兹堡、克利夫兰和罗切斯特开始了竞争，很快，公司又开始进入了布法罗⊖和锡拉库扎⊖的市场。通过在五大湖这个领域兴建自己的势力，阳光电器公司在这个地区成为强大的市场占有者，很少有竞争对手能够在这个领域里立足。公司保持着20%的增长速度，并且股票的销售价格还不到按照1994年收益计算的市盈率的20倍。在24个月之内，公司的股票价格已经高于原来的两倍。如果公司的股票价格在股票市场中会得到调整修正，那么我就会购买更多的股票。

在汽车制造商三大巨头之中，通用汽车是最不被认可的，但是在最近几年中，它的股票业绩却是最好的。尽管我在1993年年初的时候推荐过这三大汽车制造商的股票，但是克莱斯勒到那时为止已经经历了收益良好的一年，原因和通用汽车一样，都是受益于海外汽车的火热销售。当欧洲的经济开始复苏的时候，通用汽车从中获得了巨大的收益。

在当前美国汽车需求高速上涨（市场中依旧有像表15-3所讲述的被压抑的需求）的阶段结束之前，通用汽车同样也在国内的汽车市场中获得了巨大的利润。由于占有着30%的市场份额，通用汽车应该能够获得利润——福特从占有的20%的市场份额中获得收益，克莱斯勒占有着10%的市场份额。通用汽车已经开始进军卡车事业，并且它的非汽车部门机构同样也经营不错，因此即使公司在美国的汽车市场中仅仅只实现了盈亏平衡，公司也能获得每股10美元甚至更高的收益。

这是不同类型的转变，比如说IBM。对于IBM来说，要获得复苏就必须在美国的计算机市场中获得利润，但是通用汽车即使在美国的汽车市场中没

⊖ 美国纽约州西部一城市。——译者注
⊖ 意大利西西里岛东部一港市。——译者注

有获得利润,也能实现经济的复苏。

房利美的股票仍未受到华尔街的欣赏,同时也被华尔街低估了。随着你对公司的了解,你会发现房利美已经接近成功了。在1993年年末的时候,尽管房利美前3个季度的收益都相当不错,但是公司的股票价格在年末的时候并没有上涨多少。

房利美只有3000名员工,但是却实现了20亿美元的利润。没有哪个企业的收益是能够被预测和衡量的。华尔街通常都在寻找能被预测的、经济持续增长的公司——但是这又和房利美有什么关系呢?

最近人们对房利美的担忧主要来自低利率,因为随着数以百万的房屋所有人对他们的抵押贷款进行再融资,当前的低利率可能会损害公司的收益。在几年前,人们对高利率都感到非常的忧虑,但是房利美并不担心利率的高低,因为其大部分贷款都是可以随时偿还的,当利率下降的时候房利美就可以降低它的借款成本。这样,从负债中节约的成本将可以抵消再融资抵押贷款收益的损失,最后,公司的收益就被固定下来了。

人们对房利美的第二个忧虑是公司将可能从加利福尼亚的经济衰退中受到损害,因为公司拥有或者担保的25%的抵押贷款的载体都是加利福尼亚的房地产。房利美在几年前得克萨斯州的经济衰退中确实受到了损害,但是那已经是过去的事情了,公司已经加强了业务的保险标准。公司的平均贷款上限为100 000美元,并且在加利福尼亚州的贷款与价值比率⊖都达到了68%,这个比率在全国是最高的。公司贷款的呆坏账比率在最近7年时间里也在持续下降,即使是在全国经济衰退的年份。目前公司的呆坏账比率为0.6%,这是历史的最低点。这并不是什么内部信息,因为房利美对向公司进行询问的所有股东都告知了这些情况。

人们对房利美的第三个担忧是和处理学生贷款的沙利美(Sallie Mae)公

⊖ 通称按揭成数,即贷款额与抵押品的公平市值的比率。——译者注

司有关的。沙利美受到了克林顿总统和国会的质询，因为克林顿总统和国会都声称政府部门在学生贷款的管理上做得更好。但是无论如何，鉴于邮政储蓄局的表现，这种声明还是令人质疑的。政客们打算成立由政府监管的机构来和沙利美竞争，并且，他们也如愿以偿了。

然而，房利美和沙利美并没有什么关系。去年，国会通过的一项议案重新定义了政府参股或者政府举办的企业，房利美和这些一点关系也没有。房利美1993年的收益将近上涨了15%，并且预计在1994年将实现10%～15%的增长。如果要在今天的市场行情中给房利美一个公正的估值，它的股票价格应该是每股120美元。

我已经给大家介绍了最新的储蓄贷款协会——Eagle、冰河、第一艾塞克斯、德国小镇、劳伦斯、国民储蓄金融公司以及苏维瑞储蓄银行。当这些公司上市的时候，我肯定会很果断地对它们进行投资。

目前有大约1372家互助储蓄银行和储蓄机构将来最终会变为上市公司。如果在你家附近有互助银行的柜台，并且如果你打算存一笔50 000美元的资金，那么建议你用这笔资金在50家还没有上市的银行机构中各存1000美元，这样你就会更加容易地感受到这些机构的转变过程。借贷机构的数量在接管或者收购的作用下将会变得越来越少，因此我们可以肯定地说，所有的互助储蓄银行和储蓄贷款协会最终都将会变为上市公司。

新情况

当我将本书交给编辑准备排版印刷的时候，银行监管机构决定延迟储蓄银行转变为上市公司的进程。问题在于一些官员和银行的领导人可能利用这种转变的交易从中获得以低价购买股票的权利，甚至有部分人可以免费获得股票。政府希望阻止知悉内情的人士所获得的不正当利益。目前这项议案正处于国会讨论的听证阶段，国会将监控整个转变的过程。

　　我完全赞成这种做法。与此同时，全国范围内仅有 2% 的存款人能够按照优惠的发行价格购买到股票，因此剩余的 98% 的存款人的资金就会回到他们家附近的当地储蓄机构。我猜想一旦规则发生变化，内部人士不能免费获得股票，那么这些储蓄机构的上市进程就能得以进行。像这样的情况就需要我们关注时事！

巴芒投资学

分类	译者	书号	书名	定价
坎宁安作品	王冠亚	978-7-111-73935-7	超越巴菲特的伯克希尔:股神企业帝国的过去与未来	119元
	杨天南	978-7-111-59210-5	巴菲特致股东的信:投资者和公司高管教程(原书第4版)	128元
	王冠亚	978-7-111-67124-4	巴菲特的嘉年华:伯克希尔股东大会的故事	79元
哈格斯特朗作品	杨天南	978-7-111-74053-7	沃伦·巴菲特:终极金钱心智	79元
	杨天南	978-7-111-66880-0	巴菲特之道(原书第3版)	79元
	杨天南	978-7-111-66445-1	巴菲特的投资组合(典藏版)	59元
	郑磊	978-7-111-74897-7	查理·芒格的智慧:投资的格栅理论(原书第2版·纪念版)	79元
巴菲特投资案例集	杨天南	978-7-111-64043-1	巴菲特的第一桶金	79元
	杨天南	978-7-111-74154-1	巴菲特的伯克希尔崛起:从1亿到10亿美金的历程	79元